高等学校公共管理类核心课程规划教材

"湖北大学教学研究建设项目（编号201630）"研究成果，"湖北大学政法与公共管理学院公共管理学位点建设"经费资助出版

公共事业管理

主　编　李文敏

副主编　方伶俐　赵红梅

编　委　李文敏　方伶俐　赵红梅　汪晓春　陈　泳
　　　　田新俊　李倩倩　万　晗　罗可心　蔡　佩
　　　　皮诗媛　向　丹　付　晶　余晓凤　舒　露
　　　　覃应路　张赛岚

Public
Affairs
Management

WUHAN UNIVERSITY PRESS
武汉大学出版社

图书在版编目(CIP)数据

公共事业管理/李文敏主编.—武汉：武汉大学出版社,2019.12
高等学校公共管理类核心课程规划教材
ISBN 978-7-307-20930-5

Ⅰ.公…　Ⅱ.李…　Ⅲ.公共管理—高等学校—教材　Ⅳ.D035-0

中国版本图书馆 CIP 数据核字(2019)第 095435 号

责任编辑:徐胡乡　　责任校对:李孟潇　　版式设计:马　佳

出版发行:**武汉大学出版社**　(430072　武昌　珞珈山)
　　　　(电子邮箱:cbs22@ whu.edu.cn　网址:www.wdp.com.cn)
印刷:武汉中科兴业印务有限公司
开本:720×1000　1/16　印张:23　字数:413 千字　插页:1
版次:2019 年 12 月第 1 版　　2019 年 12 月第 1 次印刷
ISBN 978-7-307-20930-5　　定价:50.00 元

目　　录

第 1 章 导　　论

随着人类社会的发展，公共事业已逐步成为一个涉及众多人类活动领域，规模庞大、内容复杂的社会公共空间，对社会经济、政治的整体运行和公众的日常生活起着非常重要的作用，因而，公共事业管理也越来越受世界各国政府重视。那么，公共事业管理是什么？它从何而来？我国公共事业管理发展如何？本章将介绍公共事业管理的相关概念、特征、专业学科发展情况以及公共事业管理的主要理论基础。

第一节　公共事业管理的起源

需要是人对客观事物需求的表现。需要即因"需"而"要"，是有机体感到某种缺乏而力求获得满足的心理倾向，它是有机体自身和外部生活条件的要求在头脑中的反映。① 在人类社会中，公共事业管理正是起源于社会对公共产品与公共服务的需要。

一、人类社会的需要——公共需要

(一)私人需要

在人类的社会生活中，个体需求可以分为两类：私人需要和公共需要。私人需要是指单个人内在产生的、不依赖于他人

---

① 蔡秋. 从经济学理论看房地产价格居高不下——对房价持续变化的研究[J]. 中国电子商情：科技创新，2013(20)：34.

而独立存在并得以满足的需要。私人需要可以通过市场来予以满足,并具有排他性和竞争性。如某一个体购买一份午餐,这份午餐只供其自己食用或支配,其他人无法享用。

一般而言,私人需要具有两个基本特点:一是收益的内在性,即一个人需要的满足不会使他人从中受益,当满足需要的物品有限时,一个人需要的满足则同时排斥其他人需要的满足;二是需要的分散性,即需要的主体不具有整体性,即使多个主体都具有某种需要,但其中一个主体需要的满足并不意味着其他主体也能得到满足。①

人类在种族发展过程中,一方面因维持生命和延续种族,形成对某些事物的天然需要,如对食物、自卫、繁殖后代的需要;另一方面在生存的基础上,形成更为高级的精神需要,如对社交、劳动、文化、科学、艺术、政治生活等的需要。对此,被誉为"人本主义心理学之父"的马斯诺(1908—1970)提出了需要层次理论,认为人的需要是有层次的,按照它们的重要程度和发生的先后顺序分成五个层次:生理的需要(食物、空气、水、性等)、安全的需要(职业稳定、生活保险、环境有序)、归属和爱的需要(爱、情感、归属、友谊、社交)、尊重的需要(成功、力量、权力、名誉)、自我实现的需要(潜能的发挥、理想的实现、事业的成就等)。

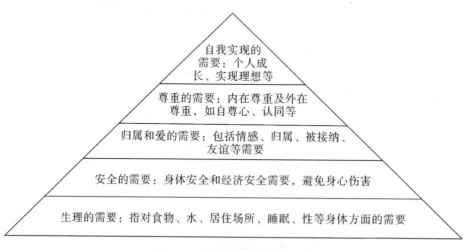

图 1-1 马斯诺需求层次理论

---

① 谭建立. 论我国基本公共服务均等化的范围[J]. 中国国情国力,2013(1):32-33.

马斯诺认为生理及安全需要属于低级需要，爱的需要属于过渡需要，尊重及自我实现需要是高级需要。人对低级需要的追求是有限的，一旦得到满足便不再成为人的行为的积极推动力；人对高级需要的满足则是无限的，对高级需要的追求将对人的行为产生持久的激发作用和巨大的推动力。①

(二)公共需要

1. 基本概念

由于人类社会是由单个个体通过一定的方式所组成的共同体，因而无论是原始社会还是现代社会，单个个体对利益的追求即对客观事物的需求，是人的活动的出发点和归宿，因而单个个体的私人需要是人类社会所有需要的基础，也是社会成员需要中基本的需要。

但人类社会的本质在于，它是一个在一定区城内的人们以一定方式所组成的共同体，因而生活在一个特定区域内的人们就必然会产生既是个体的但又带有共同性的需要，而当人类社会作为一个整体时产生的需要，常被称为公共需要。公共需要与每个人的利益密切相关，是共同的私人需要的集合体，用以满足和保证公众基本生活的需要，它反映了全体社会成员的共同利益，社会愈发展，生产力愈发展，这种共同成分愈充分，共同利益愈明显。但公共需要又不是私人需要的总和，具有不可分割性，如社会公共秩序的维护、防治水旱灾害、环境保护、国防建设等。

2. 基本特点

公共需要并非抽象需要，它也是一种私人需要。作为一个社会整体的共同需要，主要具备以下几个特点：

(1)受益的外部性。当一个人的需要得到满足的同时，其他人的需要也得到了满足。

(2)公共需要具有整体性，无法分割。这种需要不仅是既定区域内众多个人的需要，也是众多个人无法分散或单独得到满足的需要，社会中的单独个体不能享受其消费独占权。

(3)公共需要不以人们的地位和收入为界限。这与私人需要不同，私人需要是以地位和收入为界限的，不同收入水平有不同需要，富人和穷人的私人消

---

① 卢霏霏. 需要层次理论在高职院校特殊学生管理工作中的应用[J]. 史志学刊，2011(1)：163.

费水平显然不同，而公共需要则不分富人和穷人。例如，在享受国防、环境卫生、交通秩序管理、防洪水利等利益方面，是完全平等的，同时也是机会均等的。

(4)公共需要一般是通过公共机制来满足，消费者无须为满足需要而直接付费。

(5)公共需要是一种有效需求，是社会总需求的一部分，等同于政府需求。社会总需求包括政府需求和私人需求，二者各代表着一定的社会购买力。公共需要作为政府需求，是一种现实的购买力，代表着一定的货币流量和货币存量。

公共需要具有一定的范围。确定一种需要是否应归属公共需要，可以从以下三方面判别：一是是否符合公众共同利益；二是私人不能满足(或私人不愿提供)；三是根据社会利益应该由国家提供或垄断。

3. 不同历史时期的公共需要

在不同的历史发展阶段，社会公共需求的具体内容和表现形式不同。旧石器时代早期，人们靠狩猎、采集、打鱼为生，人们以血缘家庭为单位零散居住，婚姻也在血缘家族内部建立，家庭内进行男女分工，生存是远古人类的根本需要，此时的公共需要非常简单，仅限于安全等。旧石器晚期，随着生产力的发展，人们开始定居，形成氏族公社，开始实行族外婚制，部落规模增大，公共需要也就随之增加，例如协调氏族成员的利益、安排氏族内部的生活和生产、维持伦理血亲关系、防御外来侵略等。现代社会的到来，随着政治、经济、文化的进一步发展，社会公共需要的范围进一步扩展，形式也更加丰富多样。一般来说，现代社会的公共需要主要包括以下六个方面：

(1)维护社会公共秩序与安全秩序的公共需要，如国防、公安、外交等。

(2)维护经济秩序和市场交易秩序的公共需要，如市场监管、知识产权保护、公正司法等。

(3)为全体社会成员提供公共设施与公共管理的公共需要，如公众医疗保健、义务教育、公共交通、公共图书馆等。

(4)建立社会保障与救济体系，扶助社会弱势群体的公共需要，如公共组织的扶贫、社会保险等。

(5)公共资源与公共财产管理的公共需要，如国有资产管理、环境治理、自然资源和人文资源保护等。

（6）在生活水平进入发达状态后，公众对人权、自由等公民权利的公共需要。[①]

在同一历史发展阶段，不同的国家或地区的公共需要的具体内涵也不完全相同。要回答哪些具体事物应当归属公共需要，并不是一件容易的事。公共需要是历史发展的事物，决定着公共需要范围和内涵的首先是生产力发展水平，其次是社会生产关系状况。生产力发展水平决定社会公共需要，实质上是剩余劳动生产率的水平决定社会公共需要。因为公共需要的满足建立在私人需要满足的基础之上，只有当社会满足了私人劳动者的基本衣食住行之后，还能提供剩余劳动时，才谈得上社会公共需要。社会生产关系，则是该社会的生产资料所有制、分配制度、劳动制度，这些制度决定着社会公共需要在多大程度上得以满足。在从原始社会末期到资本主义的不同社会制度的进步过程中，社会公共需要是随着生产力的发展而不断扩大其范围的。如果不顾生产力发展水平而盲目扩大公共需要的范围，则将阻碍生产力的发展。

二、公共需要的满足——公共产品

(一)公共需要的满足形式

在日常的政治经济生活中，每一个个体都有其自身的需要，一般而言可以通过市场得以满足。而同一时间、空间内不同个体的某些共同或共有的需求（公共需求）无法通过市场或以自身供给的形式得以满足，需要一个民主机制传递这些公共需求。

公共需要在观念形态上是一种欲望、理念。作为价值形态的公共需要以两种形式传递出去，一种是购买性支出，公共需要直接转化为公共产品。另一种为转移性支出，这部分支出，在其形成结果上，可以有两种：一是仍用来购买公共产品，例如，中央政府给予地方政府的补贴，一般主要用于购买性支出；二是虽然为了公共需要的目的而支出，但其最终结果归个人使用。例如，对企业补贴的支出，用于社会保障救助穷人的支出，最终形成私人产品。所以，政府需要从根本上说，是为了满足社会公共需要，但从最终结果上，公共需要却转化为公共产品与私人产品两类产品。当然，政府需要的绝大部分转化为公共产品，并常常由政府提供公共产品的形式予以满足。

[①]　尚晓丽. 西方公共事业管理概论［M］. 广州：新世纪出版社，2015：4-5.

(二)公共产品

公共产品(Public Goods)又称"公共物品",是私人产品的对称,是指具有消费或使用上的非竞争性和受益上的非排他性的产品,如国防、公安、司法、义务教育、公共福利事业等。

公共产品是为整体意义上的社会成员提供的。对于纯公共产品来讲,一旦被生产出来,所有社会成员均能够从消费这一产品中受益。如果想把某一个人排除在享用公共产品的行列之外,那么,这种排除的成本和代价是相当高昂的。正是从这个意义上讲,萨缪尔森认为,公共产品的重要特征是每一个人对这种产品的消费并不减少任何他人对该产品的消费。公共产品的总体特征可以归结为两点:非排他性和非竞争性。但是,在现实生活中,同时集这两个特征于一身的公共产品并不十分多见,而且即使具备这两个特征的话,也可能有着特征上的强弱之分。与此同时,由于排他性基本是一个技术问题,并取决于可获得的技术,因此,纯公共产品的边界可能会发生变化。正是从这层意义上讲,可以把完全具备非排他性和非竞争性特征的产品称为纯公共产品,而不完全具备这两种特征者,如具有排他性和非竞争性(如在达到拥挤点之前的高速公路),或者具有非排他性和竞争性(如海洋中的鱼),这类产品被称作准公共产品。①

三、公共产品的提供——公共事业

(一)公共产品的提供方式

如前所述,社会的公共需要主要通过提供公共产品来满足,公共产品是为公共服务的产品或服务,是有特定用途的产品,一般通过生产、交换和消费这样一个过程,最终满足公共需要。公共产品的非排他性和非竞争性,要求公共产品生产必须有公共支出予以保证,经营管理必须主要由非盈利组织承担。但是,一种产品产出之前或刚刚产出而没有买主之前,它的身份并没有打上公共产品或私人产品的烙印,它的身份是中性的,可以成为私人产品也可以成为公共产品,只有当它被公共需要所购买之时,它的身份才被确定为公共产品。例如,一座花园,被政府购买,成为公园,即成为公共产品;被私人购买,成为私家花园,即成私人产品。又如,当一条道路被政府购买,供给社会公众使

---

① 孙开. 公共产品学说与分级财政理论[J]. 山东财经大学学报, 1999(4): 41-44.

用，便是公共产品；如果它被一个企业购买，作为营利的工具，向行人收费，则又变成私人产品了。因此，公共产品的生产和提供(或称购买者)主体，决定了公共产品不同的提供方式。总体而言，公共产品的生产和提供的组合可以有以下几种方式：

第一，公共生产、公共提供。即由公共部门生产出公共产品，然后，由公共部门向社会提供(包括物品和劳务)。所谓公共提供，首先是指这些公共产品是由公共部门供给的；其次它是一种以不收费的方式来提供公共产品的。政府特别是行政部门的纯公共产品，主要指采用公共生产和公共提供方式来供给的公共劳务或服务。

第二，公共生产、混合提供。即由政府组织生产，并通过收费方式向市场提供。如我国的国有事业单位以及行政机关为公众提供的某些产品和服务。

第三，公共生产、市场提供。即由公共企业生产，按盈利原则定价，并向使用人收费的提供方式。通常，具有政府垄断性质的私人产品，或者接近私人产品性质的准公共产品，如煤气、水、电、电信、公共交通等常常采用这种方式生产和提供。

第四，非公共生产、公共提供。即由非政府组织乃至私人部门生产，通过政府采购方式由政府获得产品的所有权，并无偿地向社会提供的公共事业产品，如公共工程的建设等。

第五，非公共生产、混合提供。即在政府相关的法规、行业政策和规划的指导和监督下，由非政府组织或私人部门投资和组织生产，并由其自行向社会提供。一般来说，涉及教育、医疗、文化等事业产品生产的非政府组织的事业产品就是以这种方式提供的。[1]

回顾历史可以发现，公共产品提供方式，传统上是政府直接负责公共产品的提供和生产，使得政府承担了越来越多的经济活动规制与公共产品生产的功能，政府规模越来越庞大，而财政开支的规模也与日俱增。但是，政府在经历了扩张性财政政策带来的一个时期的经济繁荣之后，制度安排的效用递减，传统官僚体制内在的弊病，使得自身无法经济、有效地提供公共物品，存在着过度提供公共产品、财政赤字负担过重和无法迅速回应公众多元化需求等诸多问题，要求政府选择更为有效的供给制度安排。[2]

---

[1]　袁雪琼，安娜. 中国住房社会政策基于政府责任的分析[J]. 西部皮革，2016，38(24)：91.

[2]　舒燕. 对公路供给和收费问题的探讨[J]. 北方经济，2007(14)：22.

（二）公共事业

公共产品理论认为，应根据公共产品的不同属性和特征，安排公共产品的多元供给制度，使各种公共产品的需求与供给平衡，生产效率达到最优。为了满足公民基本权利与公平分配的需要，政府必须对某些涉及国计民生、国家安全、公民基本权利与利益的纯公共产品予以提供，可以通过多种组织形式，利用私营部门的经营与技术优势，更有效率地生产各种不同性质的公共产品或准公共产品，这样既体现了公平性，又兼顾了效率性，并能降低公共财政的支出规模，提高公众满意度。① 在这个过程中，政府应该购买哪些公共产品？哪种组织方式最优？如何提高公共产品提供的效率？这些事务都属于公共事业管理的范畴。

一般来讲，公共事业是介于政府组织与企业之间的为人民群众提供社会保障的各种福利及福利设施体系。公共事业管理则是指关系到社会全体公众整体的生活质量和共同利益，以社会公共事务为基本内容的活动。这些社会活动面向社会，以满足社会公共需要为基本目标，直接或间接为国民经济和社会发展提供服务或创造条件，并不以营利为主要目的。公共事业主要涉及教育、科学、文化、卫生、体育，以及通信、邮电、铁路和公共交通、水、电、煤气等领域。

第二节　公共事业管理概述

一、公共事业管理的内涵

管理是一种普遍的社会活动。管理活动包括主体、客体、目的、方法和环境五个基本要素，根据各要素在实际管理活动中的作用和地位，以及它们之间的内在逻辑关系，可以把管理定义为：在一定环境中，管理主体为了达到一定目的，运用一定的职能和手段，对管理客体加以调节控制的过程。② 而公共事业管理，就是在一定的环境中，以政府为核心的公共组织凭借公共权力，为满

---

① 姚卓含. 我国保障性安居工程政府审计问题研究[D]. 长春：吉林财经大学，2016：35.

② 郑建明，顾湘. 公共事业管理[M]. 上海：上海交通大学出版社，2011：12.

足社会公共需要，促进社会整体利益的协调发展，采取一定的方式对公共事业活动进行调节和控制的过程。

公共事业一般是指那些面向全社会，以满足社会公共需要为基本目标，直接或间接为国民经济和社会生活提供服务或创造条件，并且不以营利为目的的社会活动。公共事业管理的基本目标，是为了更好地满足社会的各种公共需要，运用公共权力和公共资源为社会的生存和发展创造条件。

从公共事务的角度看，这一协调和控制就是处理关系到社会全体公众整体生活质量和共同利益的特定的社会公共事务；从公共产品的角度看，这一协调和控制就是对关系到社会全体公众整体生活质量和共同利益的，由纯公共产品和准公共产品构成并以准公共产品为主的公共事业产品的生产和提供过程。[①]

公共事业管理，简单地说就是对公共事业进行的管理，是指公共事业组织在一定的环境和条件下，动员和运用有效资源，采取计划、组织、领导和控制等方式对社会准公共事务进行协调，实现提高生活质量，保证社会利益目标的活动过程。"公共事业管理是公共管理的一个子领域，是在公共事业组织特征的基础上研究公共事业组织的活动和管理过程及其规律的学科，其目的是要提高公共事业组织活动绩效，促使公共事业组织更有效地提供公共物品和服务。"对公共事业管理的理解往往离不开对其主客体的认识。

一般而言，政府是公共事业管理的主要主体，这是由政府代表国家行使的公共权力决定的。公共事业管理的目标是有效地提供公共物品与使用公共资源。由于"个体的理性必然导致集体的非理性"，因此，公共事业管理必须建立与使用公共权力，其核心问题是通过公共权力的运用来满足社会公共需要。不同等级的公共事业管理，需要不同等级的公共权力，但就整个社会而言，只有政府才具有这一公共权力。所以，政府必然要管理公共事业并成为公共事业管理的主要主体。民众是公共事业管理的基本主体。民众是公共权力的最终拥有者，运用公共权力进行的公共事业管理必然要有民众的参加，以使民众行使公共事业管理的终极权力。只有民众的广泛参与，公共事业管理才能真正实现决策的民主化与科学化。

公共事业管理的客体包含丰富的内容。从实体角度看，公共事业管理的客体包括公共组织与非公共组织。公共事业管理是由各类组织参与的，当各类组

---

① 陈琳琳. 公共事业管理专业人才培养模式相关理论综述[J]. 北方经贸，2014(6)：240.

织参与公共事业时，就需要对它们进行管理，这样才能保证这些组织实现公共事业管理的根本目标并不以赢利为目的。特别是在我国现阶段，从事公共事业的非政府公共组织追求利润最大化的企业行为（如教育与医疗的乱收费等）比比皆是，而各类非公共组织的根本目标就是获取最大利润。因此，对参与公共事业的各类组织进行有效管理是公共事业管理的重要内容，它不仅是确保公共事业管理实现公正与公平价值取向的需要，也是确保公共事业管理实现效率与效益价值取向的需要。从这里我们可以看出，政府作为公共事业管理的主要主体对包括自身在内的各类公共组织和非公共组织进行管理的必要性，因为这一管理任务只有政府才能承担，也是政府必须承担的。

从提供物品角度，公共事业管理的客体包括纯公共物品、准公共物品与私人物品。公共事业包括教育、科技、文化、卫生、医疗、体育等领域，这些领域不仅包括纯公共物品的提供，也包括准公共物品的提供，甚至还包括私人物品的提供。如教育领域的义务教育与科学技术领域的基础理论研究属于纯公共物品；教育领域中的高等教育属于准公共物品；志愿者服务中的家庭服务则属于私人物品。

从管理层面角度，公共事业管理的客体包括宏观客体与微观客体。宏观客体是公共事业整体，对公共事业整体的管理属于宏观公共事业管理，宏观公共事业管理研究的是公共事业管理的一般规律；微观客体是公共事业的局部与个体（如学校、医院等），对公共事业的局部与个体的管理属于微观公共事业管理，微观公共事业管理研究的是公共事业管理的特殊规律。严格地说，公共事业管理主要是宏观公共事业管理，微观公共事业管理是在宏观公共事业管理理论指导下对公共事业管理价值的具体实现过程。无论是从管理层面还是从理论层面上讲，微观公共事业管理都已经接近企业管理了。因此，公共事业管理理论研究的重点应该是宏观公共事业管理。换言之，公共事业管理理论研究的重点应该是公共事业管理的一般规律。

二、公共事业管理的特征

（一）公共性

公共事业管理作为一项管理活动，最鲜明的特点就是具有公共性。这一公共性可以从两个方面来认识：第一，体现在管理目标上，即公共事业管理的目标是满足公众特定的公共需求，维护和提高公众的基本生活质量，保证社会的稳定和发展。因此，在整个管理活动中，服从于这一目标，公共事业管理的出发点是公众特定的需求，管理活动的实施是运用公共权力整合社会资源，弥补市场机制的不足，为社会提供必需的公共产品，为社会的全面进步奠定基础、提供动力。第二，体现在管理的手段和过程中，即公共事业管理凭借的是公共权力，因而管理的手段和方式都必须按照公共权力运行的公共性的要求进行，这不仅体现在对管理者角色的定位及相应手段的选取上，同时在现代社会，必须更加强调公众的参与性。这种参与一方面表现为公众对公共事业管理决策过程的了解与影响，并通过法律法规对公共事业管理行为的约束，以及通过各种渠道对公共事业管理进行监督；另一方面表现为在生产和提供公共事业产品的意义上，公众通过一定的非政府组织对一定层次和内容的公共事业进行管理。

(二)强制性

在"管理"是管理者通过自己的行为处理、控制事物的过程或实行监管的意义上，任何管理都带有强制性，但相比较而言，公共事业管理的强制性总体上较之其他非公共性的管理更为突出。公共事业管理的强制性从根本上来源于其运行所凭借的公共权力。如上所述，强制性是公共权力的最基本的表现形式，这是人类社会文明进化的结果，更是在利益多元的社会中，公共权力实现对社会公共事务进行有效控制的必要条件。就公共事业领域而言，由于公共事业本身具有的公共性和外部性，自由竞争的法则难以保证公共事业产品的生产和提供，更难以保证公共事业产品对公共利益的维护和促进。因此，必须由公共组织尤其是政府代表公众的利益，出面弥补市场机制的不足，对公共事业进行统筹管理；同时，为了保证这一统筹管理得以顺利进行，作为公共权力部门的政府必然凭借公共权力的权威，从公众的需要和社会发展的要求出发，通过大量的立法、管制、政策以及规章制度等，强制规定诸如义务教育及其年限、公共卫生的基本条件、公用设施的基本规模、城市公用事业的价格等，相应地，强制规定进入这一领域活动的各类组织的条件，以及活动必须遵守的规则及其范围，等等。这一切均充分体现出公共事业管理的强制性。

当然，公共事业管理具有强制性，并不意味着公共事业管理者可以随心所欲地滥用公共权力。依法进行管理，是现代公共事业管理的基本要求，也是公共事业管理强制性能发挥出应有效力的基本前提。

（三）非营利性

是否以营利为目的，是区分私营性组织与公共组织的重要标志，也是区分市场行为与公共部门行为的最根本的界线。公共事业的基本特点决定了其管理主体必须是公共组织，而公共组织代表公共权力，从事社会公共事业管理的时候，就必须从组织的基本目标和公共事业活动的基本特性出发，以非营利作为依归。进一步言之，就是政府在制定公共事业管理的政策时，不能考虑从管理的结果中获得经济收益，尤其是不能考虑从中获得政府自身的经济收益。作为一项统筹管理为公众提供保证基本生活质量、促进社会进步和发展事业的活动，政府在制定相关管理政策和规定以及实施管理的过程中，最先考虑的是通过管理带来多大的社会效益。

当然，说公共事业管理必须考虑社会效益，并不意味着政府不用考虑在整个管理过程中的人力、物力和财力的投入。恰恰相反，为了在一定的物力和财力条件下给公众提供更多、更好的公共事业产品，政府必须充分考虑投入与产出的问题，即要计算成本，考虑公共财政的支出额度。社会效益是以经济效益作为基础的。

（四）服务性

充分认识公共权力的主体，从满足公共需要的角度出发进行相应的管理，服务于公众，从而使公益与私利均获得发展，这是当代公共事务管理的基本发展趋势，也是对管理者的基本要求。就公共事业管理而言，由于公共事业活动涉及的是关系人们日常生活及基本发展需要的社会性事物，直接面对公众，从产品的特点看，多是非物质形式的服务，如科学、教育、文化、邮政、电信、交通、市政、气象、医疗卫生等，需要创造更多、更好的条件使服务得以顺利进行，因此，公共事业管理具有明显的服务性。虽然在管理过程中，政府会运用价格管制、质量检查、法律监督、经济调节等手段，但公共事业管理的目的在于统筹协调好公共事业活动，为公众提供更多、更好的公共事业产品，满足公众基本的日常社会生活需求，因此，公共事业管理活动本质上都是为公众服务的。因此，现代公共事业管理必然是要在整个管理中体现出强烈的服务意识，以服务公众的效果作为基本绩效指标，同时，在推动公共事业管理社会化的过程中，将单向的监管转向多方位的服务，积极建立完善的公共基础设施，改革管理体制，增加服务项目，提高服务水平，一方面直接为公众提供更多、更好的公共事业产品；另一方面为具体的公共事业产品的生产和提供者提供良好的服务，创造必需的条件，使其更好地为公众服务。①

三、公共事业管理与其他管理学科/专业的比较

随着我国管理学科和专业的进一步发展，公共管理、公共事业管理、行政管理、工商管理等管理学科和专业应运而生。从各学科专业的发展历程来看，公共事业管理在我国是一门新兴专业，与其他管理学科和专业既有一定联系，又有一定的区别。要准确区分公共事业管理与其他管理学科或专业的差异性，先应明确这是一个学科概念，还是一个专业概念上的区分。

我国国家标准 G/TI3735—92 将学科定义为"学科是相对独立的知识体系"。一般而言，一门独立学科的形成需要具有：①独特的、不可替代的研究对象，具有特殊的规律；②理论体系，即形成特有的概念、原理、命题、规律，构成严密的逻辑系统；③研究方法。② 而专业是指高等学校根据社会分工、经济和社会发展需要以及学科的发展和分类状况而划分的专业门类。③ 与学科不同的是，专业主要是由专业培养目标、课程体系和专业中的人等因素构成。培养目标对整个专业活动起导向和规范作用，专业建设很大程度上取决于对专业培养目标的定位与设计。课程体系直接影响专业建设与发展，即课程体系合理与否、质量高低、实施效果好坏直接影响到专业的人才培养质量。

学科与专业本质上存在一定的联系。首先，学科是专业的基础，而专业是对学科的选择。大学设置专业时，一般会按专业培养要求，在系列的学科门类中选择一至三个学科作为专业的主干学科。其次，专业特色实质上就是学科特色。一个学科的特色愈强，以其作为主干学科的专业特色也就愈强。

与此同时，学科与专业也存在一定差异性。首先，划分学科与设置专业依据的原则不同。学科划分遵循知识体系自身的逻辑，学科及其分支是相对稳定的知识体系，即使是在一些学科分化与综合的演变中形成的新的交叉学科、边

---

① 崔运武. 公共事业管理[M]. 上海：复旦大学出版社，2013：30-32.

② 陈琳，龚秀敏. 基于协同理论的应用型大学学科、专业一体化建设研究[J]. 郑州师范教育，2013(3)：23.

③ 袁东升，高志扬. 面向新形势的安全工程专业人才培养方案修订的思考[J]. 课程教育研究：学法教法研究，2015(22)：253.

缘学科和综合性学科，也都有自身相对稳定的研究领域。专业是按照社会对不同领域和岗位的专门人才的需要来设置的，处于学科体系与社会职业需求的交叉点。从大学的角度看，专业是为学科承担人才培养职能而设置的；从社会的角度看，专业是为满足从事某种社会职业所必须接受的训练而设置的。不同领域的专门人才需要什么样的知识结构，专业就组织相关的学科来满足。① 专业以学科为依托，有时某个专业需要若干个学科支撑，有时某个学科又下设若干个专业。有时一个学科往往就是一个专业，当然除了一些公共基础知识。目前倡导的"跨学科专业"以培养复合型人才为目标，就是不同学科在教学功能上的交叉，而不仅仅是学科在自身发展意义上的交叉。②

其次，学科与专业所追求的目标不同。学科发展的核心是知识的发现和创新。学科以本学科研究的成果为目标，向社会提供的产品一般称为科研成果，科研成果又可分为科学型和技术型两种。专业则以为社会培养各级各类专业人才为己任，适应社会对不同层次人才在质量、数量上的具体要求，专业的目标是出人才，所以专业自然要把目标定位在社会对人才的需求上。

（一）公共事业管理与公共管理

根据国家标准《学科分类与代码》（GB/T13745—2009），我国普通高等学校的研究生教育和本科教育的学科划分均为 12 个门类（哲学、经济学、教育学、法学、文学、历史学、理学、工学、农学、医学、管理学、艺术学）。其中，管理学科分为管理科学与工程、工商管理、农林经济管理、公共管理以及图书馆、情报与档案管理五大门类，公共管理一级学科下又分为行政管理、社会医学与卫生事业管理、教育经济与管理、社会保障、土地资源管理五个二级学科。从这个学科分类来看，公共管理是一个学科概念，而公共事业管理仅是一个专业概念。

与此同时，考虑到我国众多高等院校开设了公共管理专业，因此，公共管理既是一个学科概念，又是一个专业概念。公共管理专业是以公共管理学科为基础，旨在为政府部门和非政府机构以及企事业单位的人事和行政机构培养宽

---

① 李承辉. 汉语言文学专业的应用性解析［J］. 现代语文（学术综合版），2014（7）：85.

② 朱伶俐，赵宇. 高校学科建设与专业建设的辩证关系与体制改革之思考［J］. 文教资料，2014（8）：111.

口径、复合型、应用型的公共管理高层次专门人才为目标设置的相关课程。①
开设的专业主干课程有：公共管理、公共政策、人力资源管理、管理文秘、电
子政务导论、行政学、公共关系学等。

从各高等院校的课程设置和培养目标来看，公共管理专业与公共事业管理
专业之间的差异性尚在进一步探索之中。作为我国高等教育的一门新兴专业，
公共事业管理专业的特色、就业方向、课程设置、社会认同等方面还处于建设
之中，如何构建更科学合理的课程体系，推进专业建设，提高公共事业管理专
业的辨识度，进而提升公共事业管理专业的竞争力和社会认同度，是目前我国
公共事业管理专业建设面临的主要问题。②

(二)公共事业管理与行政管理

行政管理是指国家权力机关的执行机关依法管理国家事务、社会公共事务
和机关内部事务的活动。因而行政管理包含行政机关对公共事业的管理。行政
管理和公共事业管理，同属公共管理范畴，两者在目标、方法、手段等方面有
许多相同和相似之处。可以说，行政管理和公共事业管理一定程度上就是针对
同一客观事物——社会公共事务，从不同的角度出发形成的两个密切相关的学
科。因为从学科形成的角度看，无论是公共管理还是作为其部分的公共事业管
理，都是以管理对象即社会公共事务作为逻辑起点来构建学科的，而目前对行
政管理学科，人们更多的是从管理主体即行政组织或政府作为逻辑起点来构建
和划分学科的。正因为存在这种不同的划分标准，使得公共事业管理与行政管
理两个极为相近的学科之间的关系变得很复杂。从目前人们的认识来看，一般
认为两者之间既有联系又有区别，但在什么地方有联系，区别又在哪里，则是
不统一的，有争议的，也是认识比较模糊的。

1. 联系

第一，管理目的是相同的。虽然行政管理与公共事业管理的具体目标不一
定完全相同，但作为以公共组织为基本组织载体对社会公共事务的管理，两者
的最终目的却是完全相同的，即都是维护社会秩序，维持和增进社会公共

---

① 韩娜娜, 朱颖. 公共管理类专业本科人才培养质量影响因素及提升途径探析[J].
高教学刊, 2016(13)：24-26.

② 王丹, 胡金荣, 占绍文. 公共管理理论对我国公共事业管理专业建设的启示[J].
商情, 2009(7)：12.

利益。

第二，在管理范围上有联系。公共事业管理的基本内容是对特定的公共事务即一般所说的狭义的社会公共事务的管理，而从行政管理来看，作为唯一主体的政府，其存在的基本前提和基本的职能就是管理社会公共事务，特别是在市场经济条件下，政府职能必须严格限定于公共事务领域，这是市场经济的基本要求。因此，两者在特定公共事务管理上是重合的，具体来说，在诸如科学、教育、文化、卫生等领域内的纯公共事务和准公共事务，都是行政管理和公共事业管理涉及的对象。而如果从政府管理手段和内容的组合来看，行政管理可以划分为工商行政管理、税务行政、财务行政（公共财政）、审计行政等，应该说，这些行政管理都是在一定范围内针对一定对象而进行的管理，脱离了特定管理范围和对象的行政管理是不可思议的，也是不存在的。显然，作为公共事业基本内涵的特定的社会公共事务，正是上述各种行政管理活动的一个重要领域。就此而言，管理公共事业是行政管理的一个重要部分，是政府通过社会管理职能的实施，实现国家意志的一种活动。

第三，在管理主体上有联系。行政管理的主体是政府组织即行政组织，而公共事业管理的主体是公共组织，公共组织包括行政组织、准行政组织和非政府组织等，其中，行政组织即政府居于公共组织的核心地位，决定着整个公共事业管理的基本方向。因此，虽然行政管理的主体与公共事业管理的主体并不完全一致，但却是有密切联系的。

2. 区别

正因为公共事业管理与行政管理学科的逻辑起点不同，因而在所构成的管理体系上的区别是很明显的。

第一，管理对象和范围上的区别。公共事业管理的对象是特定的社会公共事务，而行政管理的对象则是广义的社会公共事务，包括政治事务、经济事务和社会事务。如果从政府职能的角度看，公共事业管理体现的是政府的社会管理职能，而行政管理则包括政府的政务管理职能、经济管理职能和社会管理职能。相应地，如果将行政管理视为政府管理，那么行政管理则包括政治管理、经济管理和社会管理。所以，行政管理的范围要大于公共事业管理的范围。

第二，管理主体上的区别。行政管理的主体是政府机关，公共事业管理的主体除政府外还包括公共事业组织。政府行政管理具有宏观决策职能，公共事业管理主要表现为具体的执行性行为和服务性行为。二者管理职能不同。行政管理是一个国家的统治阶级为了维护其统治利益，利用行政权力对整个社会的各类组织和部门进行整体规划与指导，并制定一定的政策或规章作为强制组织和部门运行的手段。公共事业管理是由公共事业组织履行管理职能，通过动员一定的社会资源提供公共服务，不具有履行国家行政权力的职能。

第三，管理方法和手段上的区别。通常，尤其是从传统的观点来看，行政管理主要依靠直接的行政管理手段进行监督、检查等，而公共事业管理不仅具有行政管理手段，而且随着管理层次由高到低的不同，还有法律手段、经济手段，尤其是柔性手段在公共事业管理中占有十分重要的地位，从而使得整个公共事业管理中管理与服务融为一体且具有强烈的服务性，体现出整个管理的社会化和服务化趋势。所以，一般意义上说，行政管理的手段较单一，而公共事业管理的手段较丰富。①

第四，公众参与程度不同。行政管理的主体是国家权力机关的执行机构，是以国家权力为依托，行使国家权力的管理，要体现国家意志，公众的参与程度较低。公共事业管理具有公共性，这不仅表现在其管理目标上，还表现在管理的手段和过程中，它强调公众的参与性，既表现为公众对公共事业管理决策过程的影响，也表现为公众通过一定的非政府组织对一定层次和内容的公共事业进行管理。

第五，成员管理上下不同。在行政管理中，政府实行国家公务员制度，公务员的录用、考核、提升和社会保障等，遵守国家统一制度。而公共事业管理组织在国家指导下实行自主人事管理制度。行政管理内部等级分明，上级与下级之间存在命令与服从的关系。而在公共事业管理组织中，内部成员大多为专业技术人员，成员的活动具有相对较大的独立性。

第六，学科基础不同。行政管理的主要学科基础是政治学，尤其是以政治—行政二分法作为理论基础，而公共事业管理更多地以管理学和经济学来分析管理问题，因此，它往往被人们称作以经济学为基础的新管理理论。②

(三)公共事业管理与企业管理

现代社会可分为公共领域和非公共领域两大基本领域。在公共领域，代表社会公共利益，承担社会公共事务的行政组织和社会公共组织是其主要组织形式，其运行遵循着公共生活的制度和规则。在非公共领域，企业构成了其主要

---

① 崔运武. 公共事业管理[M]. 上海：复旦大学出版社，2013：38-39.
② 温来成. 现代公共事业管理概论[M]. 北京：清华大学出版社，2007：32.

组织形式。自主经营、自负盈亏、自我发展、自我约束的，具有法人资格的企业作为市场的主体，其运行遵循着市场的规则和规律。而企业管理一般是指为实现企业目标，对企业拥有的资源进行计划、组织、领导和控制的活动过程。

从宏观方面来说，企业管理和公共事业管理都属于管理的范畴。就管理本身而言，它们都是人类一种普遍的社会活动，并且随着社会经济的进步，管理的内涵更加丰富，管理的外延不断扩大。虽然不同的管理领域有着不同的具体内容和形式，但管理的构成要素、管理职能基本相同，即任何一项管理活动都离不开管理主体、管理对象、管理目的、管理环境等因素，都需要履行计划、组织、领导、控制等管理职能，但是正如美国管理学家华莱士·塞尔所说："公共事业和私营企业的管理，在所有不重要的方面都是相同的。"作为一个特殊的领域，公共事业管理呈现出其特定的范围和特殊的规律，已经从一般的管理领域中区分出来。以公共组织为依托，运用公共权力，为有效实现社会公共利益而进行的公共事业管理活动，与企业管理在活动目的和经费来源等方面存在一定的差异性。

第一，管理目的不同。公共事业管理是以提高人们的生活质量、实现公共利益为目标，具有追求多元价值的特点，它至少包含着生存、安全、持续、公正、民主、责任等多元价值，因此，其工作绩效不能简单地用利润或效率作标准。为了弥补公共事业的经费不足，或者是为了体现在享受公共事业所提供的服务方面实际存在的差异，部分公共事业管理也可以采取收费方式，但是，相应的政策规定了这种收费不以营利为目的。与此同时，那些具有准公共产品性质的行业或企业，因其有公共事业的特性，决定了它受某些特定政策法规的限制，并需要财政支持，只能在保证社会效益的前提下，在规定的利润空间里进行营利。因此，公共事业管理以非营利性为主要特征。而企业管理目的相对单一，根本目的是追求最大利润。利润是评估企业领导者能力、企业综合效益及企业成员利益的获得与否的主要标准，是可以进行量化分析的，是否以营利为目的是区分公共事业管理与企业管理的主要标志。

第二，经费来源不同。公共事业管理既然是非营利的，其生存就不能靠出售产品或服务来维持，组织活动所需要的各种物资源主要来自税收，有时也来自发行债券和社会捐赠等。在这种情况下，公共事业管理的经费预算属于公共财政支出，不能任意由公共事业管理人员支配，而必须公开化，接受纳税人的监督。而企业管理中，所需要的各种物资资源完全来自其生产经营所得。顾客购买企业的产品或享受企业提供的服务是企业生存的依据。因此，管理中的资源耗费属于企业的"内部事务"，其他人无权干涉，不需要公开化。正因为如此，公共事业管理的决策常常要反映公众或立法机构的倾向性，而企业管理的决策在很大程度上受市场因素即顾客需求所左右。

第三，管理权力的来源不同。公共权力是公共事业管理活动得以进行的基础，主要来源于社会成员在公共生活中的权利。在我国，公共权利来源于全体人民的政治权利。公共权力的行使，往往是与公共责任和法律规范联系在一起的，这就使得公共事业管理在运用公共权力进行管理的过程中，必须对公共利益的实现和权力机关的授予者承担公共责任，必须遵循法定的规范和规则，其管理活动必须接受公众的监督和社会舆论的评价，必须公开化。而企业管理权力来源于生产资料的所有权以及由此委托的经营管理权，管理者对产权拥有者负责，接受产权拥有者或由其委托的监督者监督。

第四，影响因素不同。公共事业管理的整个过程都受到法律的限制，即立法机构对其管理权限、组织形式、活动方式、基本职责和法律责任，都以条文式明确给予规定，这使公共事业管理严格地在法律规定的程序和范围内运行着，并且公共事业管理是一种跟政治密切相关的管理过程，它包括了广泛而复杂的政府活动，公共组织和管理人员常常对政治气候十分敏感，并直接受政治法律思想的影响。而企业管理则不同，法律在其活动中仅仅是一种外部制约因素，服从法律规则并不是企业的原初动力，遵纪守法常常只是盈利的附属物，其主要运行是在利益轨道上进行的。企业管理由于在经济领域进行，并不直接为政治所影响，而是对市场的供求变化非常敏感，它必须按照市场机制的要求去管理，经济气候是企业管理的主要影响因素。

第五，管理范围不同。公共事业管理的内容是社会公共事务，范围遍及社会生活的各方面和全体公民，从公民自己所在社区的水、电、燃气、治安、绿化、环境卫生、医疗等，到整个社会的教育、科技、文化、卫生、社会保障事业发展，再到计划生育、环境保护与可持续发展等。与企业管理相比，公共事业管理所包含的内容更丰富也更复杂，并且都是围绕公共组织对外实施管理展开的。这既涉及要素配置的有效性问题，也涉及利益分配的公平性问题。在企业管理中，管理目标是既定的，管理的主要问题是在管理过程中，如何配置资源，使之更有效，关注的是管理过程。且企业管理主要研究企业内部问题，管理往往集中在组织内部。由此也决定了公共事业管理有更广泛的研究领域和适用性。

第六，业绩评估标准不同。行为的合法性、公众的满意度、公共项目的实施与效果、公共产品的数量及其消耗程度等是评估公共事业管理成效的主要指标。在企业管理中，利润额、销售额、净收益率、资本的净收益以及生产规模的扩大程度、市场占有率的提高等是主要的评价标准，也是企业管理水平和管理人员绩效的标志。公共事业管理的绩效评估偏重于社会效益，企业管理的绩效评估则强调经济效益。由此可见，公共事业管理与企业管理是两个不同的管理领域，存在许多方面的差别，不可等同视之。从全球发展趋势看，公共事业管理开始从企业管理的方法中汲取营养，在公共部门中开始广泛采用私营部门成功的管理方法和竞争机制，如将绩效管理、目标管理、人力资源开发、合同雇佣制等方法和技术应用于公共部门管理的理论与实践之中，以提高公共事业管理效率。[1]

第三节　公共事业管理专业的发展历程

一、公共事业管理专业的形成和发展

(一)公共事业管理专业的创立

19世纪末期，马克斯·韦伯创建了传统公共行政学的核心理论——官僚制。官僚制是建立在法理性权威基础上的一种高度理性化的组织机构，其特点是：在职能专门化的基础上进行劳动分工；严格规定等级层次结构；运用规章制度清晰明确划分责权；人际关系非人格化；遵守严格的系统工作程序；以业务能力作为选拔提升的依据。管理效率是官僚制的核心价值观念。传统公共行政学获得了极大成功，为世界各国政府广泛采用。

20世纪六七十年代，以美国行政学家弗雷德里克森为代表的新公共行政学派对官僚制行政理论的效率至上原则提出质疑。他们认为传统公共行政学只重视效率，将公民当做实现政府目标的工具。他们提出的改革主张是建立政府与公民对话、沟通、互动的机制，使政府能对公民的需求积极地做出响应，从而实现公共行政的社会性效率。

20世纪70年代全球石油危机以后，伴随着信息化及全球化时代的来临以及公民社会的兴起，公众对政府官员和公共机构管理人员的服务品质要求更

---

① 侯江红. 公共事业管理的比较研究[J]. 思想战线，2002(2)：17-20.

高，于是在世界范围内掀起了一股持久不衰的政府机构改革潮流，出现了以市场机制逐渐取代政府干预，减少政府开支，鼓励私人投资，缩小文官队伍的规模，鼓励公司竞争及公共事务向私营部门转移为特征的"新公共管理运动"。新公共管理运动对传统的行政管理进行了反思，强调调整政府和社会管理公共事务职能之间的关系，重塑政府管理自身和社会事务的手段、过程和模式。基本的做法是为了提高政府提供公共服务的效率，将政府的"掌舵"职能和"划桨"职能相对分离，将后者转移给非政府组织，实现公共服务的市场化、社会化、民营化。①

公共事业管理作为一种专业教育，最早产生于 18 世纪的德国，但是，作为一种专业学位的公共管理教育，被明确提出来并付诸实施，则是在美国。美国前总统威尔逊把科学管理的方法运用到政府的公共部门，形成了公共管理，它的理论基础来源于泰勒的科学管理和马克斯·韦伯的"官僚制"。公共管理的发展是迅速和曲折的，1887 年，伍德罗·威尔逊发表了《行政学之研究》的论文，是美国公共管理教育开始的标志。1911 年，纽约市政研究局创办"公共服务培训学校"，美国公共管理教育正式启动。1924 年，"公共服务培训学校"迁到了锡拉丘兹大学，并与新成立的"马克斯维尔公民与公共事务学院"合并，面向公共管理领域创办了综合性的教育与培训课程。可以这么说，公共事业管理源于公共行政学，发端于 19 世纪末 20 世纪初，形成于 20 世纪 20 年代，并持续到 60 年代。公共事业管理专业已经发展成为一个成熟的专业，并且随着社会分工的逐步细化，该专业在西方发达国家已呈细化的趋势。现代意义上的公共行政与公共事业管理的研究和教育至今仍方兴未艾。

（二）公共事业管理专业的国外发展情况

1. 战后发展情况

"二战"后，尤其是 20 世纪 70 年代以来，随着社会、经济的不断进步和科学技术的迅速发展，各种社会问题日益增多，情况愈加复杂，社会公共事务的管理面临着前所未有的挑战，对公共事业管理工作的科学化、专业化要求日益增加。20 世纪 60 年代以后，在欧美发达国家兴起了一个重要的学科领域——与传统的公共行政学相区别的公共事业管理学。从 20 世纪 70 年代开

---

① 丁煌. 西方行政学说史（第二版）[M]. 武汉：武汉大学出版社，2013：74-77，304-317.

始，在西方政府改革浪潮的推动下，一门以研究政府和其他公共部门的管理问题为核心，综合运用当代经济学、管理学、政策分析学、政治学、社会学等学科的相关知识和研究方法的新兴学科——新公共事业管理学便诞生了。

2. 发展现状

在西方国家高校的学科专业设置中，并无"公共事业管理"这一专业名称，他们对该类人才的培养，一般是通过公共管理类专业或其他相关专业来实现的，并且是立足于自身的经济、政治、文化、历史等背景来考虑的。总之，公共管理类专业在西方国家应用范围相当广泛，受到了社会的高度重视，发展前景极其广阔。公共事业管理作为公共管理下的一个分支学科也获得了新的发展契机，开设公共事业管理专业已成为很多国家培养高层次、应用型公共管理人才的主要途径之一。在美国，公共管理教育的培养目标通常是培养从事公共事务管理和公共政策研究与分析等方面的高级应用型人才，为政府机关和非营利组织培养具有现代公共管理理论和公共政策素养，掌握先进分析方法及技术，精通某一具体政策领域的专业化管理者、领导者和政策分析人才以及中高级职员。这种培养目标决定了在培养过程中，注重实际能力与素质的培养，教学内容面向社会，尤其是公共领域中所面临的实际问题。

二、公共事业管理专业在我国的发展历程

(一)我国公共事业管理专业的兴起

公共事业管理专业教育在国外已相当普及，也有很长的发展历史，它对培养社会中高级管理人员起到了很大的作用，但在我国，这却是个新兴学科。在中华人民共和国成立后，公共事业管理专业被人们称为一门被遗忘的学科而长期排斥在教育学科之外。这是由于，当时我国正处于百废待兴的阶段，各项事业的建设刚刚展开，经济、文化、教育等事业由于经过长期战乱而停滞不前，由于科技水平的落后，专业人才的匮乏，加上受苏联的影响较大，因此认识不到公共事业管理人才的重要性。当时，我国并没有专门设置管理学大门类，更没有独立的公共管理学科，各种具体的公共管理学科都下辖在其他学科门类(如政治学、教育学、医学和经济学等)之中。改革开放后，随着经济建设的顺利进行，人们生活水平也得到提高，经济交往日益频繁，人们对文教、卫生、体育、环保、社会保险等公共事业机构的建立和完善呼声高涨，各项公共事业机构随之建立起来。而此时国外公共事业机构的管理经验、管理方法也进

入我国，这就迫切需要专业人才来加以掌握，以便更加科学、有效地管理公共事业机构，使这些机构处于良好的运作状态之中，于是我国的公共事业管理专业应运而生，并加以了细化分类。

20 世纪 80 年代开始，为适应公共管理改革与发展和培养人才的需要，我国公共行政和公共管理研究和教育，开始了恢复与重建。经过 20 多年的发展，特别是公共管理一级学科的设置和我国公共管理硕士（MPA）专业学位研究生教育的启动，以及高校公共管理本科专业的大量开设，公共管理已经成为社会科学和管理科学领域教学与研究的一个充满生机活力的学科。

（二）公共事业管理专业在我国的发展

根据社会改革现实，并借鉴西方国家对公共事务管理的先进经验，我国于 1997 年对学科目录进行调整，公共管理学正式成为管理学门类下的一级学科，包含行政管理、社会医学与卫生事业管理、教育经济与管理、社会保障、土地资源管理 5 个二级学科。为适应政府对于新型公共事业管理体制改革的需要和社会需求，实现政府的社会管理体制从"大政府，小社会"向"小政府，大社会"的转变，1998 年教育部在新的普通高等学校专业目录中正式设立了公共事业管理本科专业，后又于 1999 年 5 月正式批准开展 MPA 学位教育。这些都为公共事业管理专业的起飞做出了政策上的宏观指引。

从公共事业管理专业发展的学科基础来看，公共事业管理专业作为我国特有的学科，其学科背景主要是公共管理学，其专业基础是高校已经开设了的行政管理、教育管理、文化艺术管理、卫生事业管理、体育管理等专业。这些学科和专业在我国的高等教育中已经发展得相对完善和成熟，这为在此基础上发展起来的公共事业管理专业奠定了扎实的学科基础。因此该专业比起之前相对成熟的公共管理学等专业虽处于初创阶段，但由于它适应了现实的需要，具有突出的应用性而得到了迅速发展。自 1999 年秋季，东北大学、云南大学两所高校在全国率先招生，到 2000 年全国招收该专业本科生的学校已有 57 所。2001 年 4 月，教育部公共管理类学科教学指导委员会成立，并于 2001 年 12 月在广州召开了第一届会议，对学科发展方向和课程设置作了充分讨论。① 公共管理类本科专业在课程设置上，基本上有 4 个方向：行政管理、公共事业管理、劳动与社会保障、土地资源管理。公共事业管理专业作为我国新兴的、

---

① 王高玲. 公共管理专业导论［M］. 南京：东南大学出版社，2014：11-13.

紧缺而急需的专业地位得到肯定。

国家教育部对公共事业管理专业人才培养目标的定位也日益明确，即公共事业管理专业应培养"厚基础、宽口径"人才，也就是要培养具备现代公共事业管理理论、技术与方法等方面的知识，并具有运用这些知识的能力，能在文化、教育、体育、卫生、环保、社会保障等公共事业单位从事管理工作的复合型、应用型人才。具体而言，本专业学生应掌握现代管理科学方面的基本理论和基本知识，受到一般管理方法、管理人员基本素质和基本能力的培养和训练，掌握现代管理理论、技术与方法，能从事公共事业单位的管理工作，具有规划、协调、组织和决策方面的基本能力，以适应我国事业机构改革的要求，适应 21 世纪公共事业发展的需要。政策上的指引，强劲的社会需求加上之前就具备的高校学科和专业基础背景，公共事业管理专业迎来了大发展时期。开设该专业的院校涉及师范类、医药卫生类、农林类、艺术类、财政类、综合类等各类院校。从我国高校公共事业管理专业建立的路径来看，无外乎两种：第一，全新建立的，主要是依据原有相关的专业和师资力量建立，如依据行政管理专业等，从学校类型来看主要是综合类大学。第二，在原来的基础上改建的，主要由原来的教育管理、卫生管理、艺术管理等专业更名而成，从学校类型来看，主要是师范院校、财经院校、医学院校等高校。

(三)公共事业管理专业在我国的发展趋势

近些年来，我国市场经济发展迅速，各行业都需要具备专门知识、受过良好专业训练并适应社会进步和时代发展的专业人才，而国内外竞争更加激烈，这就要求我们的专门管理人才要具备国际社会同类人才的知识水平，以便在各种竞争中立于不败之地。因此要求在教育层次上与世界同步，这对于我国仍是新兴学科的公共事业管理专业来说是个巨大的挑战。

但是挑战也意味着机遇。尽管从目前来看，由于社会环境的制约，我国公共事业管理专业的发展相对滞后而且不规范，但是巨大的社会需求为公共事业管理专业的发展注入了巨大的社会动力。随着社会主义市场经济体系的日臻完善、政府职能的变化和角色的转换，过去完全由政府统管的教育、科技、文化、卫生、基础设施、社会保障、资源与环境保护等涉及全社会公共利益的事务，需要从市场经济的角度重新认识和定位；随着政企、政事、政社(会)的分开，以及社会中介组织的大量涌现，公共事业管理逐渐成为一个新兴的有较大发展空间的部门，从而拓宽了公共事业管理专业的服务领域。

另外，随着本专业的发展和所培养的专业人才的大量增加，反过来又会进一步推动政府管理体制改革和社会的转型，促进我国公共事业管理制度的变革与创新，形成一个有利于高校公共事业管理专业发展的良性循环的环境。因此，我们可以乐观地说，我国高校公共事业管理专业的发展，将会呈现出一派欣欣向荣的景象。

第四节　公共事业管理的理论基础

20 世纪后期，伴随着全球的行政改革，公共事业逐渐受到各国政府的重视，呈现出蓬勃发展之势。随着相关理论的完善与发展，公共事业管理的领域不断扩大，手段也逐渐多样化。总体而言，与公共事业管理有关的理论主要包括公共产品理论、公共选择理论和公共事务治理理论。

一、公共产品理论

人们对公共产品的研究源于人们对公共性问题的讨论。最早对这一问题做出贡献的经济学家是大卫·休谟。在《人性论》一书中，休谟论述了政府的起源，他试图说明，某些对每个人都有益的事情，只能通过集体行动来完成。[1]因此，后人有时也称之为集体消费品（Collective Consumption Goods）。此后，亚当·斯密在论述君主或国家的义务时提出并分析了公共产品的类型、提供方式、资金来源、公平性等内容。[2] 不过公共产品理论作为一种系统的理论，直到 19 世纪 80 年代才出现，奥意财政学者将边际效用理论运用到财政领域，创立了较为系统的公共产品论，其代表人物有潘塔莱奥尼、马左拉和马尔科。此后林达尔、约翰森和鲍温对公共产品的补偿问题做出了研究，提出了自愿交换理论。现代经济学对公共产品的研究起点以 1954 年和 1955 年保罗·萨缪尔森发表在《经济学与统计学评论》第 36 和 37 期上的两篇著名的文章——《公共支出的纯理论》和《公共支出理论图解》为标志。此后，马斯格雷夫、科斯、布坎南、阿特金森、斯蒂格利茨、蒂布特等人分别从不同的角度对公共产品进行了分析，从而形成了丰富的公共产品理论。[3]

① ［英］大卫·体谟. 人性论[M]. 关文运，译. 上海：商务印书馆，1983：11.
② ［英］亚当·斯密. 国民财富的性质和原因的研究[M]. 郭大力，王亚南，译. 上海：商务印书馆，1996：9.
③ 许彬. 公共经济学导论：以公共产品为中心的一种研究[M]. 哈尔滨：黑龙江人民出版社，2003：5.

无论是休谟、斯密、穆勒，还是威克塞尔、林达尔，虽然都分析了有关公共产品供给或均衡的一系列问题，但都没有明确地对公共产品本身进行明确的界定。公共产品与多数人的利益相联系，是可以被许多人共同使用的物品和劳务。也就是说，公共产品仅仅是与私人产品相对应的概念。私人产品是所有权和使用权利归属于私人的产品，私人可以排除其他人对私人产品的使用，相应地，除了这种私人产品，那些被许多人消费的产品和服务就是公共产品。这种观点停留在人们对所有权及其派生的使用权的认识，并不深究私人产品和公共产品本身具有什么样的特性，以及为什么有些产品可以成为私人产品，而有些产品却不能成为私人产品。人们在分析公共产品问题时，把公共产品当做一个不言自明的概念，而并不加以定义。这样的分析显然不容易使问题得到深入的研究和解决。

萨缪尔森转变了研究上的这种模糊状态，给出了公共产品的严格定义。按照萨缪尔森的经典定义，公共产品是指任何一个人对该产品的消费都不会减少其他人对该产品的消费的产品。

(一)公共产品的特点

萨缪尔森揭示了公共产品的非竞争性特征。后来，马斯格雷夫在萨缪尔森的基础上进一步指明了公共产品的这种非竞争性特征以及由此造成的公共产品在排他方面的困难。这样，非竞争性和非排他性就作为公共产品的两大基本特征而加以使用。同时，人们早就注意到了公共产品的"共用"或者"不可分割"的特性，所以也将公共产品的特征归纳为共用性和非排他性。

1. 非排他性

排他性是指"除非他愿意支付激励价格，不然将被排除在享受任何特定的商品或服务之外"。公共产品的非排他性是指公共产品在技术上难以把不付费的人排除在外使之无法受益，或者，虽然可以这么做，但是为此却要付出高昂的成本。

公共产品的非排他性主要与其劳务产品属性有关，但根本原因是由于其收益的外溢性，即它具有外部性。外部性是指个人或企业不必完全承担其决策成本或不能充分享有其决策成效，即成本或收益不能完全内生化的情形，当个人或企业在行动时并不付出行动的全部代价或享受行动的全部收益时，经济学家就认为存在着外部性。外部性有负外部性、正外部性之分。

(1)负外部性。个人或企业不必承担其行为带来的成本情况是负外部性。

例如，工厂在生产中所排放的污染物就是一种负外部性。它所造成的社会成本包括政府治理污染的花费，自然资源的减少，以及污染物对人类健康造成的危害，但是工厂并没有承担或没有完全承担此行为带来的社会成本。

（2）正外部性。个人或企业不能得到其决策和行为带来的额外收益则是正外部性。例如，一个药品或其他能提高生产力的发明，虽然发明者能通过价格收费，但通常只能得到这项发明带来的一部分利益而不是全部。环境保护人员或保护珍稀动物机构的努力和投资，能给社会带来巨大利益，但当事人本身通常难以得到充分的经济补偿。养蜂人在生产蜂蜜过程中帮助果树传授花粉，而果园主在生产水果时为蜜蜂提供了产出蜂蜜的原料，这些经济活动通常没有通过市场的方式得到补偿，因而具有正外部性。

由于非排他性使一个产品既不能被个人所排斥，也不能被个人所拒绝，具有极大的外部收益，是一种人人都有权使用，人人都获益的产品，因此，非排他性使产品具备了公共性的特征，是衡量一个产品是否为公共产品的重要特征之一。非排他性决定了公共产品不适合由个人和家庭或者企业经营，而只能由政府或其他非政府的公共组织来进行经营和管理。

但外部性可能导致市场配置资源缺乏效率。市场经济条件下，经济活动的决策是基于私人成本和私人利益的比较。当私人成本与社会成本不相一致，或私人利益与社会利益不相一致时，对于企业或个人是最优的决策不一定是社会的最优决策。因而，存在外部性效应时，完全竞争不能达到有效率的资源配置。

2. 非竞争性

非竞争性是相对于私人产品所具有的竞争性来说的。这里的竞争性是指消费上的竞争性，公共产品的非竞争性的基本含义如下：一是边际生产成本为零。这里所说的边际成本，是指增加一个消费者对供给者带来的边际成本，而非微观经济学中分析的产量增加导致的边际成本。公共产品的边际成本为零，通常是指增加一个公共消费者，公共产品供给者并不增加成本。典型的例子是海上灯塔：海上灯塔是较典型的公共产品，通常增加一艘船经过并得到指引并不需要增加任何生产成本。一般来说，边际生产成本是否为零，是判断某一产品是否具有竞争性的重要标准。二是边际拥挤成本为零。在公共产品的消费中，每个消费者的消费都不影响其他消费者的消费数量和质量，也就是说，这种产品不但是共同消费的，也不存在消费中的拥挤现象，不存在消费者为获得公共服务需排除他人而付出代价。

一般认为，公共产品具有非竞争性，原因是公共产品的消费具有可分割性，即它可以分割成很多单元，每个公共产品的消费者消费的仅仅是其中的某一单元，不是消费整个产品，因而它不会同其他消费者的利益相冲突。因此，有的人也将可分割性作为公共产品的一个特征。

总之，公共产品的非排他性和非竞争性是其基本特征。同时，也使其在生产和消费上与私人产品有明显的不同：首先，公共产品都必须具有相当的规模才能提供公众同时消费，因而其成本是很高的，但又正是由于它可以同时为许多人享用，因而每个享用者所分摊的费用并不一定很高。这也就决定了在现代社会中，公共产品的费用最好由所有的居民共同分担。这种共同分担的基本形式就是通过税收，以公共支出予以保证。其次，公共产品的非排他性，决定了它不仅可以让许多人同时消费，还可以反复消费，因而其效益远远高于私人产品，这也就决定了公共产品不可能由营利机构来经营管理，而只能由非营利的组织来负责。再次，由于公共产品的非排他性，就可能有"免费搭车"的现象，即不管是否付费都可以获得消费利益，使得有些人认为既然不付费可以获得利益，而付费也未必能获得更多利益，从而尽可能地逃避付费。因此，公共产品的生产费用的筹措通常需要采用税收的方式强制地进行分摊。①

(二)公共产品的分类

具有非排他性和非竞争性的产品是公共产品，但在现实中，并非所有具有公共性的产品都同时具备这两个特征，或者这两个特征都表现得很鲜明。因此，可以依此将公共产品进行分类。

公共产品一般可以分为纯公共产品和准公共产品。纯公共产品是指完全具备非排他性和非竞争性特点的产品，如国防、行政管理、基础科学研究、社会科学研究、立法、司法、环境保护等。准公共产品是指具备上述两个特点中的一个，另一个不具备或不完全具备，或者虽然两个特点都不完全具备但却具有较大的外部收益的产品。准公共产品是介于纯公共产品和私人产品之间的公共产品，如教育、文化、艺术、医疗、交通等。有的经济学家也将其他的视为半公共产品或混公共产品。实际上，绝大多数的产品与服务都是介于纯粹的公共产品和私人产品之间，是准公共产品。准公共产品根据具备两个特性的强弱，还可以继续细分。

私人产品是与公共产品相对应的一大类产品。私人产品按其性质也可以分

---

① 郑建明，顾湘. 公共事业管理[M]. 上海：上海交通大学出版社，2011：14-16.

成纯私人产品和俱乐部产品。纯私人产品是指完全具有排他性和竞争性特点的产品，由于这类产品只适宜市场供给，所以称为市场产品。俱乐部产品是指虽然具有私人产品的基本特点，但却不十分强烈，且在一定程度上具有准公共产品的特征，其受益范围较小或有特定的规定，如通常的一些会员制的运动俱乐部、读书社、行业协会等。

根据受益范围可以将公共产品划分为全国性公共产品和地方性公共产品。全国性公共产品大多属于纯公共产品，而地方性公共产品则以准公共产品为主，因为即使公共产品对使用者来说并不是选择性的排他，但是真正能从公共产品提供的服务中受益的往往仅限于或者主要集中于该公共产品所在地区的居民。比如说某一城市绿化的受益者主要是本市居民，电视节目的无线转播使在转播台一定范围内的人获益。这样，以排他性和竞争性为标准，社会产品就可以分为三类：纯公共产品、准公共产品和纯私人产品，这三种产品的供给方式有所不同。

在认识公共产品时必须注意以下几点：第一，由于私有制国家也有公共产品，公有制国家也有私人产品，因此，公共产品和私人产品的划分不是由社会制度决定的，与社会制度并无必然联系。第二，在不同社会中，由于受社会制度和社会发展程度的影响和制约，公共产品的范围存在着客观的差别。例如，森林、土地、矿产资源等在私有制国家完全可以成为私人产品，公共性并不确定，而在公有制国家则成为公共产品，具有较强的公共性，这往往是通过法律予以明确规定的。[1]

（三）准公共产品的特点

1. 非排他性和非竞争性特点的不充分性

非排他性和非竞争性是公共产品的基本属性，但部分产品的这两种属性表现得并不充分，这种不充分性主要表现为两种情况：一是某些产品只具有两种属性中的一种，即只有非排他性或只有非竞争性；二是某些产品并不具有完全的非排他性或非竞争性，但又并非完全具有私人产品的特性，即具有完全的排他性和竞争性。这两种产品通常被称为准公共产品，准公共产品的这些特点，使其兼有纯公共产品和私人产品的性质，但从总体上说，在公共性和私人性两者之间，其还是偏重于公共性，因而才被称为准公共产品。

---

[1]　崔运武. 公共事业管理［M］. 上海：复旦大学出版社，2013：23-24.

准公共产品是一个历史的范畴，它是历史发展到一定阶段的产物，即社会的发展程度和变化使一部分本应是公共提供的物品，只能满足部分成员的需要，或者是某些具有私人产品特征的物品，由于关系到社会公众的基本生活质量和共同利益，需要在其生产方式或管理上以偏于公共产品的方式进行，从而具有了公共产品的性质。

准公共产品构成了纯公共产品与私人产品之间广阔的中间地带，或者说，在一个社会中，准公共产品在数量上占据多数。从政府提供公共服务角度看，准公共产品由于具备公共产品的某些特性，因而也属于政府提供公共产品的范畴，通过政府提供的公共产品除国防、行政和法律等外，大部分属于准公共产品，也因此形成了提供这一类公共服务的应有方式。①

2. 外部性

虽然外部性并非准公共产品独有，如纯公共产品甚至准公共产品普遍具有外部性，因而这是它的一个鲜明特点，这些特点私人产品也具有，但准公共产品的外部性是指外部收益。外部收益是准公共产品的普遍现象。例如，交通的发展不仅使那些乘车的人节约时间，获得了内部收益，同时也改变了人们的时空观念，使整个社会获得了收益，这就是外部收益。再如，科学技术的发展，使运用这一技术的人获得了收益，同时也使没有直接使用这一技术的人在观念上发生了变化，并且当人们将这一技术应用于不同产品的生产时，使产品变得便宜，或者使产品的功能增加。这就是科学技术的外部收益。准公共产品的这种外部性也称溢出效应。

准公共产品的外部收益有两种表现形式：一是生产的正外部性，即生产的社会成本小于私人成本。它表现为生产成本的下降。如一个人提供了技术的研究费用，由于这种技术不仅有利于企业，也促进了社会的发展，而且，由于它能复制，使以后的生产者不必再花费研制费用，因而出现了社会成本低于私人成本的现象。如果将技术完全按照市场方式供给，则会产生消费不足的问题。二是消费的正外部性，即消费的社会收益大于私人收益。它表现为社会对该产品的需求下降。如在教育消费中，如果教育产品的生产成本全部由私人负担，那么家长就会以自己的效用（如支付的学费相当于多少日用消费品等）来判断其价值。但在现实社会中，社会对于教育的估价往往超过个人的估价。因此，通常会产生消费不足的问题。

---

① 郑建明，顾湘. 公共事业管理［M］. 上海：上海交通大学出版社，2011：17-18.

无论是出现上述两种情况中的哪一种，如果准公共产品完全由市场供给，都会产生消费不足的问题。因此，公共组织如政府必须以一定的方式对这些重要的准公共产品予以管理。①

(四)准公共产品的分类

按照公共产品的两个基本特点及其在准公共产品中的表现，可以将准公共产品分为以下三类：

一是具有非排他性且非竞争性不充分的准公共产品。这类准公共产品的共同特点是具有较强的非排他性，同时又在消费上具有一定的竞争性。这里的竞争性弱于私人产品。教育就是这类准公共产品的典型例子：随着社会经济的发展和人们教育意识的加强，具有非排他性的教育逐步成为社会福利，但由于教育本身具有一定的消费竞争性，且在一定的社会历史阶段，任何一个政府都难以将教育作为纯公共产品，因而一方面要以巨大的公共财政保证义务教育的实施，另一方面也允许在义务教育阶段以上的某些领域中进行竞争。

二是具有非竞争性且非排他性不充分的准公共产品。这类准公共产品的共同特点是具有消费上的非竞争性，同时又具有一定的消费排他性。这里的消费排他性弱于私人产品。道路是这类准公共产品的典型例子：由于其具有非竞争性，因而最适宜的方式是由非营利的组织进行管理，而由于具有一定的消费排他性，也就具有采取收费的方式进行管理的可能。

三是非排他性和非竞争性都不充分的准公共产品。这类准公共产品虽然非排他性和非竞争性都不充分，但又不完全等同于具有排他性和竞争性特点的私人产品，它们可以说具有一定的排他性和竞争性，但总体上又偏于公共产品。例如，文化、艺术、医疗、体育等，在一定程度上，这类产品与属于私人产品的俱乐部产品比较接近。

当然，这类产品总体属于公共产品的范畴，因而它与俱乐部产品还是有明显的不同，这主要表现在：第一，俱乐部产品的受益人是相对固定的，而这类准公共产品的受益人一般不固定，即其外部性是向社会发散的；第二，俱乐部产品虽然具有溢出效应，但其溢出范围通常局限于少数利益相关的受益人，而这类准公共产品的溢出范围则较大。实际上，在现代社会中，在纯公共产品和纯私人产品之间是一个由准公共产品及俱乐部产品构成的巨大空间，认识这一

---

① 崔运武. 公共事业管理［M］. 上海：复旦大学出版社，2013：21-22.

区别具有十分重要的意义，因为一般来说，俱乐部产品相对于其成员来说是一个利益共同体，可以通过共同费用分摊实现收益内在化，而这类准公共产品由于受益人不固定，难以做到收益内在化。所以，俱乐部产品适宜私人经营，而这类准公共产品则更适宜作为一种大众的事业，由公共组织如政府进行相应的管理。

二、公共选择理论

公共选择理论产生于 20 世纪 40 年代末，并于 20 世纪五六十年代形成了公共选择理论的基本原理和理论框架，20 世纪 60 年代末以来，其学术影响迅速扩大。公共选择理论的形成与发展有着特定的历史背景。在 1929—1933 年的经济危机冲击下，备受古典经济学家推崇的自由市场经济理论遇到了巨大的挑战，为应对挑战，克服和纠正市场失灵，各国相继加强了国家对市场经济的干预，由此造成了政府公共经济活动范围的扩大和公共收支规模的不断增加，从而引出对政府公共经济活动应如何行事，公共经济活动如何才能提高配置资源的效率以增进公共福利、促进社会公平等问题的思考。

约瑟夫·熊彼特于 1942 年在《资本主义、社会主义和民主》一书中，首次提出了公共选择理论。20 世纪 50 年代，邓肯·布莱克发表了《委员会与选举理论》，引发了人们对于公共选择中的政治程序与过程的关注。60 年代，布坎南等人把政治因素纳入经济分析，并分析各项制度和规则对经济的影响。1962 年，布坎南和塔洛克发表了《同意的计算》，为公共选择理论的深入研究奠定了基础。1969 年，他们创建"公共选择研究中心"，并创办了《公共选择》杂志，进一步促进了公共选择理论研究的国际化。1982 年，公共选择研究中心扩展到乔治·梅森大学，使越来越多的经济学家重视且利用公共选择理论来研究财政政策、分析市场失灵与政府失灵，为市场经济条件下公共政策和"游戏规则"的制定奠定基础。这种理论被传播到欧洲和日本后，成为国际上公认的公共选择理论的重要内容。

公共选择理论试图把人的行为的两个方面重新纳入一个统一的分析框架或理论模式，用经济学的方法和基本假设来统一分析人的行为的这两个方面，从而拆除传统的西方经济学在经济学和政治学之间的学科壁垒，创立使两者融为一体的新政治经济学体系。

(一)理性经济人假设

公共选择理论认为，人类社会由两个市场组成，一个是经济市场，另一个是政治市场。在经济市场上活动的主体是消费者(需求者)和厂商(供给者)；在政治市场上活动的主体是选民、利益集团(需求者)和政治家、官员(供给者)。在经济市场上，人们通过货币选票来选择能给其带来最大满足的私人物品；在政治市场上，人们通过政治选票来选择能给其带来最大利益的政治家、政策法案和法律制度。前一类行为是经济决策，后一类行为是政治决策，个人在社会活动中主要是做出这两类决策。在经济市场和政治市场上活动的是同一个人。同一个人在两个不同的市场上不会根据两种完全不同的行为动机进行不同的活动，即在经济市场上追求自身利益的最大化，而在政治市场上则是利他主义的，自觉追求公共利益的最大化；同一个人在两种场合受不同的动机支配并追求不同的目标，是不可理解的，在逻辑上是自相矛盾的。所以市场经济下私人选择活动中适用的理性原则，也同样适用于政治领域的公共选择活动。也就是说，政府以及政府官员在社会活动和市场交易过程中同样也反映出"经济人"理性的特征。政府及其公务人员也具有自身的利益目标，或者说政府自身利益本身也是一个复杂的关系，其中不但包括政府本身应当追求的公共利益，也包括政府内部工作人员的个人利益，此外还有以地方利益和部门利益为代表的小集团利益等。

(二)利益集团

公共选择理论的主要结论之一，便是主张在一个民主政体里，由于选民间有着理性的无知现象，政府所能提供的公共利益最终无法满足民众的需求。每个选民都面临一个残酷的现实：他所投下的一票对于选举的结果影响微乎其微，然而若要更充分地了解选举的候选人和议题，便需要花费更多的时间及资源。也因此，选民会理性地选择在政治上保持无知，甚至不参与投票。

一方面，虽然政府的存在纯粹是为了提供公共利益给广大民众，但却有可能有许多利益团体出于私利而进行游说活动，推动政府实行一些会给他们带来利益却牺牲了广大民众利益的错误政策，个别的政治决策最后会导致违背公众民意，与民主政治理念相反的结果。例如，制糖产业的游说者可能会游说政府补助他们的糖产品，或是施加贸易保护主义的政策，无论采用哪种方式，结果都会导致效率低下的经济生产。而这些政策所带来的后果则必须由所有民众一同承担，因此有些人并不会特别注意到自己正蒙受其害。另一方面，这些效率低下的政策所造福的只是一小群分享共同利益的团体，而这些团体也因此会继续进行游说以维持自己的利益。绝大多数的民众则由于理性的无知而忽略了这些政策的后果,政客们却有可能出于自己的私利而支持这些政策。首先这些政策可以在心理上带来满足感,让他们觉得自己掌握权力,而且有重要性。这些政策也可以在财务上给他们带来游说或贿赂所得的大笔收入。在享受这些政策带来的利益的同时,政客们并不需要对此付出任何代价。专门游说的利益团体都是理性地采取行动,通过简单的游说途径,他们可以从政府手上获得价值数百万甚至数十亿的补助或优惠。而他们若是不继续进行游说,将会面临被市场上的竞争者淘汰的下场。个别的纳税人想要废除任何由政府施予政客的利益都是难上加难,而同时个别的纳税人很少从这些政治分肥里受益。纳税人也是理性地采取行动,虽然他们对于民主政治的最初期望完全不是这样,但也无能为力,除非付出高昂的代价。也是因为这种结论,公共选择理论经常被视为反政府管制的理论。

由此可见,政府及其公务人员并不一定只代表公共利益。从另一个角度来说,即使政府基本上代表着公共利益,但由于公共利益本身有不同的范围和层次划分,因此中央政府与地方政府作为不同的利益主体,除了自身利益诉求之外,在公共利益的总体目标方面也有着不同的价值取向和偏好程度上的差异。

(三)投票

由于存在利益集团,理性的选民投票对决策结果的影响太小,选民选择不投票对结果的影响也太小,于是选民选择不投票或不认真投票。投票制度也有一个复杂的机制,大量的研究探讨不同的投票制度,以及更具体的,要如何将选民们的期望转换为一个完整的集体偏好。一些研究则发现即使是在看似简单的状况下,也不可能出现完整的集体偏好,这个理论又称为阿罗不可能定理。阿罗不可能定理是对于投票制度悖论的经济学归纳,主张选民们根本没有理由去期望民主政治会使每个人拥有相同的选择权利,即使是在进行集体决策的最好方式下也必定会出现一定程度的误差。许多研究便是聚焦于探索集体决策在实践上的问题。在人们想象中,民主政治的决策仿佛是由全体选民集体做出,而不需付出任何集体决策代价,然而这与实际上由各选区选出立法代表进行表决时的情况却可能有天壤之别。重要的问题之一在于立法代表们在实行立法权力时可能采取各种拉拢支持、谈判斡旋的措施,同时政党和利益集团也会影响立法代表们的决策。公共选择理论也因此广泛地研究了这些领域,研究立法代表们在决策时会产生的问题以及如何以宪法体制约束立法决策便是公共选择理论的主要子领域。

(四)官僚

另一个主要的子领域研究是对于官僚的研究。一般的研究模型假设高层的官僚是由政府首脑或立法委员所挑选的，这取决于民主制度是采用总统制还是议会制。研究模型通常假设高层官僚有着固定薪水、必须持续讨好指派他的人（总统或国会）以保任职位，指派他的人则有权力决定继续雇用或开除他。然而，数量占绝大多数的中低层官僚是一些被政府制度所雇用并保护的小公务员，每当新上任的高层官僚人员要进行重大改革时，必然会面临这些小公务员的反弹和排斥。这样的尴尬情况，与在私人企业里，商人必须替自己公司的产品生产和销售成败负起完全责任（同时也会享受到完全的利润）产生鲜明对比，而且老板还可以弹性地雇用或开除任何员工。

(五)政府失灵

就是在市场经济活动中，人们企盼政府用"看得见的手"办理"看不见的手"所不能为的事情，结果却往往发现"看得见的手"把事情办得更糟。它通常表现为：一是政府过度干预，即超过政府应该管理的范围、层次和力度，非但不能弥补市场失灵，反而妨碍了市场机制正常的发挥；二是政府无效干预，即政府管理的范围、层次或力度不够，或干预方式及其预期选择不当，从而不足以弥补市场失灵，维护市场机制的正常运作。那么，在政府干预经济中，为什么会出现政府失灵的情况呢？除了信息不够、决策失误之外，还在于政府有寻租活动。寻租与创租又称寻利，是市场经济条件下两种既有联系又有区别的经济行为。在市场竞争的推动下，当一个企业成功地开发了一项新技术或新产品，就能享受高于其他企业的超额收入，这种活动就是"创租活动"或"寻利活动"。一旦其他企业家看到应用这一新技术或生产这一新产品有超额利润可图，就趋之若鹜，从而使这一新产品价格降低，超额利润便渐渐消失，这一行为亦属"寻利"范畴。创租活动的这两种方式，是正常的市场竞争机制的体现，它有利于新技术、新产品的开发，有利于降低产品成本，有利于增加积累扩大生产，有利于增进社会福利。总之，寻利活动是推动经济发展的动力和杠杆。但是，如果人们追求的是既得的社会经济利益，其活动性质就变成了"寻租"。在现代市场经济条件下，各国政府在干预经济和加强宏观管理过程中，常常利用行政的和法律手段进行更为高级的寻租活动，以维护其既得利益或既得利益的再分配。

公共选择理论试图从研究官僚和政客的角度探索政府带来的影响，并且假设这些人都是根据自己的私利采取行动，他们的一举一动都是为了增进自己的经济利益（如他们的个人福利）。公共选择理论利用经济学的分析方式（通常是博弈论和决策论）探索政治上的决策进行过程，以此揭露在政府体制下必然出现的效率低落现象。许多奥地利经济学派的经济学家也进行了类似公共选择理论的研究（包括米塞斯、哈耶克等人），这样的研究模型先假设政客们是真心要造福人民的，然而却无法取得足够的经济信息（这个问题又称为经济计算问题）。由于他们在进行决策的过程中无法得知充分的经济信息，这些决策往往就会造成和一般公共选择理论所假设的理性私利行为相等的悲惨后果。

公共选择理论对政府面临的问题及其原因的分析，独到之处在于它提出了解决问题的出路。公共选择理论关注的是社会与政府的关系，它认为"没有任何逻辑理由证明公共服务必须由政府官僚机构来提供"，既然政府内部问题重重且历次改革收效甚微，那么要做好工作的出路是打破政府的垄断地位，建立公私机构之间的竞争，从而使公众得到自由选择的机会，以此改善公共部门和公共服务。

(六)公共选择理论的局限性

1. "经济人"假设前提有失偏颇

首先，自利和理性并非人永恒不变的行为动机。从历史的纵断面来看，人的自利和理性动机是随着商品交换的出现而逐渐形成的，"经济人"概念也不是从来就有的，而是直到商品经济和市场制度有了相当程度发展的亚当·斯密时代才逐渐形成的，并且必将随着市场制度的消亡而消亡。

其次，"经济人"假设抹杀了政治活动和经济活动的差异性。与经济活动相比，个人往往出于理想、信念、归属感等非经济因素而参与政治。并且，个人在政治活动中对自己的行为结果所承担的责任（成本）并不总是直接的，对其行为带来的收益也不是独享的，这就淡化了人们进行理性的成本收益计算的动力。

再次，"经济人"假设把人的一切行为都归结为趋利避害、谋求自身利益的最大化是不全面的。现代社会科学，特别是行为科学的发展，提出了关于人性的种种其他假设。其中，马斯洛的需要层次理论得到了实验和观察的支持。

最后，我们认为人总是受一定的社会制度或规则塑造和约束的，分析人的行为不能脱离他生活的那个社会制度环境。

2. 政府失灵的分析工具

从解决方案上讲，公共选择理论提出矫正政府失败的基本方法之一是进行宪法改革，"政府失灵的原因不应当从政治家和政府官员品质上去寻找，而应当从宪法规则上去寻找"。"要改善政治，首先必须改革规则"，同样，纠正市场失灵并不是要用政府来取代市场，而是需要另一套规则来纠正市场失灵，因为市场失灵的根源是现行的法律——政治规则的失灵。较之那些就事论事的改革措施，这种主张对于市场失灵和政府失败的矫正无疑更具根本性的意义。但是宪法改革真的会到来吗？那些从现有国家机器中获益的既得利益者会反对并切实阻碍这种变革，因为包括宪法在内的任何法律都是统治阶级意志的体现，古往今来，没有哪一个阶级会制定束缚自己手脚的法律。而进一步的推论就是，让政府行动受政策规则约束的设想也是靠不住的。

3. 方法论上的局限性

(1)在方法论上它强调个人主义，强调人们在政治活动中的理性行为，其"理性行为"的假设在现实中暴露了很多缺陷。

(2)在理论上有保守性，它坚持维护个人经济自由，主张分权的政治体制，它关于政府官员官僚主义的观点带有片面性，否定了政府官员对社会的献身精神，忽视了政府官员的精神价值的追求。

(3)倾向于自由放任。公共选择学派字里行间充满了古典自由放任的色彩，这种色彩有许多值得仔细推敲之处。

公共选择理论把经济市场分析方法运用于非市场抉择的政治领域，从而把政治、经济的分析结合起来，为经济学的研究开辟了一个新的领域，在西方经济学界引起了广泛的重视。特别是它对国家和政府官僚机器缺陷的分析，迎合了 20 世纪 60 年代以后随着凯恩斯主义国家干预的衰落而蓬勃兴起的新自由主义经济思潮，更加引人注目。如果说亚当·斯密发现了"一只看不见的手"，公共选择理论则发现了"一只看不见的脚"。

虽然公共选择理论在假设和方法论上有些走极端，它的一些理论还有待检验和证实，但是无论从理论上还是实践上，它都不失为一种富有创造性和启发性的学说。其应用范围也已远远超出了主流经济学和传统政治学的研究范围，几乎涉猎当今社会所有的热点问题，具有广阔的应用前景。

当今研究政府问题成为世界政治经济问题研究的一个热点，我们不能只在政治的层面研究政府问题，也应该将政府看成一个经济人，在经济的层面研究政府问题，将两者很好地结合起来才能全面、准确地研究政府问题。所以，从这个角度来讲，公共选择理论应该是有很大的发展空间。①

三、公共事务治理理论

伴随着公共事务的产生，人类社会出现了对公共事务治理的社会活动。古希腊哲人亚里士多德曾经断言："凡是属于最多数人的公共事务常常是最少受人照顾的事务，人们关怀着自己的所有，而忽视公共的事务；对于公共的一切，他至多只留心到其中对他个人多少有些相关的事务。"②从历史来看，在不同的历史时期，人类对公共事务的治理在主体、客体和手段方面有所不同，根据这些方面的差异，可以把公共事务治理的发展粗略地划分为三个阶段。

第一个阶段是早期成长阶段，从公共事务治理产生之初一直到19世纪中叶。这一时期还可以分为两个阶段：一是在原始社会中，仅存在简单的社会性公共事务，社会依靠自身的力量实现自我治理；二是在国家产生之后，政治性公共事务产生并日益突出，政府在公共事务治理中的作用越来越重要，但由于当时社会发展条件的限制，主要运用的是经验式的治理手段。

第二个阶段是公共行政阶段，从19世纪中叶到20世纪80年代。在这一阶段，无论是政治性公共事务还是社会性公共事务，其内容和范围都迅速扩大，迫切需要通过有效治理来满足社会共同需要；政府最终成为公共事务治理最重要的主体，主要运用行政手段保证公共事务治理的有序规范。

第三个阶段是公共治理阶段，从20世纪80年代开始至今。在这一阶段，社会性公共事务的内容和范围更为扩大，复杂性大大提高。主要依靠政府治理公共事务暴露出诸多弊端，由此引发了西方发达国家大规模的政府改革浪潮，公共事务的治理主体日趋多元化。另外，现代企业治理中的许多治理方法被引入公共治理之中，公共治理手段趋于多样化。

可见，对公共事务的治理活动古已有之，但长期以来，或者是特定的社会条件限制了政府参与或不需要政府参与，或者是政府力量过于强大而拒斥了社会参与，一直没有形成政府与社会合作治理公共事务的社会条件。换句话说，

---

① 郑建明，顾湘. 公共事业管理[M]. 上海：上海交通大学出版社，2011：19-25.

② 陈潭. 集体行动的困境：理论阐释与实证分析——非合作博弈下的公共管理危机及其克服[J]. 中国软科学，2003(9)：139-144.

一直没有形成现代意义上的"公共治理"，当然也不会产生单独的公共治理学科。今天我们所说的公共治理实际上是指对公共事务治理的一个发展阶段，在这一阶段中，形成了以政府为核心的多元的、开放的治理体系。具体来说，公共治理就是政府和其他社会组织为了维护社会秩序，满足社会需求，推动社会进步，在互动合作过程中，采取一定方式、方法对公共事务施加治理的活动。随着历史发展和社会进步，对公共事务的治理将越来越依靠社会自身的力量，在国家消亡之后，国家权力复归社会，公共事务治理将完全依靠社会自身力量来完成，公共治理这一特定的历史范畴也就会结束其使命。

从知识论的角度来看，治理理论是人类在寻求解决社会一致和有效性问题上做出的一次深刻的认识转折与制度突破，在一定意义上，包括近代以来在内的一切政治学知识都在这一框架下实现了新的整合，无论是在事实上还是在判断上，政治学知识体系都在悄悄地脱离统治这一核心，而转向个人对公共事物的关心这一主题。迄今为止影响较大的公共事务治理理论分析模型有四个：哈丁的"公地悲剧"、"囚徒困境"、奥尔森的"集体行动逻辑"和埃莉诺·奥斯特罗姆的"自主治理"理论。

(一)公地悲剧

1968 年，英国科学家哈丁在美国著名的《科学》杂志上发表了《公地的悲剧》一文。此文描述了理性地追求最大化利益的个体行为是如何导致公共利益受损的恶果。哈丁设想古老的英国村庄有一片牧民可以自由放牧的公共用地，每个牧民直接利益的大小取决于其放牧的牲畜数量，一旦牧民的放牧数超过草地的承受能力，过度放牧就会导致草地逐渐耗尽，而牲畜因不能得到足够的食物就只能挤少量的奶，倘若更多的牲畜加入到拥挤的草地上，结果便是草地毁坏，牧民无法从放牧中得到更高收益，这时便发生了"公地悲剧"。出于自身利益最大化的决策，导致最优点上的个人边际成本小于社会边际成本，纳什均衡总饲养量大于社会最优饲养量。正如哈丁所说："这是悲剧的根本所在，每个人都被困在一个迫使他在有限范围内无节制地增加牲畜的制度中。毁灭是所有人都奔向的目的地，因为在信奉公有物自由的社会中，每个人均追求自己的最大利益。"[1]"公地悲剧"警示人们避免对公共资源的过度利用。

---

① 陈潭. 集体行动的困境：理论阐释与实证分析——非合作博弈下的公共管理危机及其克服[J]. 中国软科学，2003(9)：139-144.

(二)囚徒困境

著名的"囚徒困境"博弈模型由美国普林斯顿大学的数学家塔克于1950年提出，故事提出这样的假设：两个合谋犯罪的嫌疑犯被警察抓住，分别被关在两个不能互通信息的房间审讯。警察告诉他们："如果两人都坦白，则各判刑5年；如果一人坦白一人沉默，则坦白者立即释放而沉默者重判8年；如果两人都拒不认罪，以现有证据来看也可以各判1年。"如果用年数代表收益，则入狱收益均为负值，−1、−5、−8分别表示罪犯被判刑1年、5年、8年的收益，0表示罪犯被立即释放的收益，支付矩阵如图1-2所示。

甲

		坦白	沉默
乙	坦白	−5，−5	0，−8
	沉默	−8，0	−1，−1

图1-2 "囚徒困境"博弈图

对该博弈中的博弈方来说，在没有任何外在威胁和利诱的前提下，各自都有两种可供选择的策略，即坦白或沉默；共有四种可能结果，其中，最好的收益是0，即无罪释放，最坏的收益是−8，即被判8年。假定A选择的是坦白，B选沉默，则会被判8年，作为理性经济人，B这时的最优策略是选择坦白；假定A选择的是沉默，B同样面对两种选择，若也选择沉默，则被判1年，但若选择坦白则会无罪释放，当然，比较之下，他也会选择坦白策略。因此，无论A选择何种策略，对于B来说，选择坦白都是其最优策略。而A也面临同样的问题，最终也会决定选择坦白策略。因此，(坦白，坦白)不仅是该博弈的纳什均衡策略组合，而且也是一个占优战略选择。

但是从支付矩阵的总体收益中可以看出，(坦白，坦白)策略组合是集体总收益最差的选择，收益为−10，却是该博弈中的唯一纳什均衡解；而(沉默，沉默)是集体收益最大的策略组合，收益为−2，但是它不是纳什均衡，因为它不满足个人理性要求，即便囚徒被捕前订立攻守同盟也没有用，因为没有人有积极性去遵守协定。这说明，个体的理性选择最终导致了集体的非理性结局。

（三）集体理性与集体行动

早期的古典政治经济学家们很少关注到集体行动的问题，他们描述的理想状态是：一群原子式的个人通过市场来实现自己的效用最大化，而市场自有一只"看不见的手"来调节，市场配置资源能自动达到最有效率的均衡解（即"帕累托最优"）。如今经济学家们开始认识到，在真实世界中，市场并不像遵循力学原理那样遵循效率准则，通过市场形成的交易关系并不是人际关系的全部，有时集体理性起到了重要的作用，因而集体行动逐渐引起了关注。

美国著名经济学家奥尔森演绎的"集体行动的逻辑"说明个人理性不是实现集体理性的充分条件，原因是理性的个人在实现集体目标时往往具有搭便车的倾向。奥尔森批驳了传统的集体行动观，即由具有相同利益的个人所形成的集体是要为他们的共同利益而行动的，认为"除非一个集团中人数很少，或者除非存在强制或其他特殊手段以使个人按照集体的共同利益行事，有理性的、寻求自我利益的个人不会采取行动以实现他们共同的或集团的利益"。在奥尔森看来，集团的共同利益实际上可以等同或类似一种公共物品。任何公共物品都具有效用的不可分性、消费的非竞争性和受益的非排他性特征。公共物品的特点决定了集团成员在公共物品的消费和供给上存在搭便车的动机，即使个人不为公共物品的生产和供应承担任何成本也能为自己带来收益。

与囚徒困境描述的一次博弈所导致的个人理性与集体理性的矛盾稍有不同，奥尔森阐述的是 n 人存在的场合下，反复式的叠演博弈所导致的集体非合作性结局；与哈丁叙述的个体理性导致集体非理性的过程稍有不同，奥尔森阐述的是存在共同利益的情况下，理性的个体不会为共同利益采取合作性的集体行动。尽管如此，三种分析模型在本质上仍然是一致的：集体行动存在着困境，人类对公共事务的管理并非轻而易举。奥尔森在为桑德勒《集体行动》一书所做的序言中写道，所有的社会科学研究范畴，几乎都是围绕两条定律展开的。第一条定律是"有时当每个个体只考虑自己的利益的时候，会自动出现一种集体的理性结果"；第二条定律是"有时第一条定律不起作用，不管每个个体多么明智地追寻自我利益，都不会自动出现一种社会的理性结果"。

传统的政治学并没有认识到集体行动中存在什么问题，具有共同目的的个人组织起来促进其共同利益或价值的实现被视为当然。20 世纪 50 年代，奥尔森和阿罗分别从不同侧面提出了集体行动和集体理性的难题。奥尔森指出：由于集体行动所产生的利益通常成为一种公共物品，集体中的所有人都能自动分享集体所获得的利益，不管他是否为获得这种利益作出过贡献。因此，理性的个人会尽量逃避为集体效力，力图不花费任何成本而享受集体的福利。这就是"搭便车"或"吃大锅饭"的难题。至少在大的集团中，理性的行动者通常都不会自愿地为自己所属集体的共同利益而行动。当集体中的"搭便车者"达到一定数量时，集体行动就会陷入瘫痪。为解决这一问题，奥尔森提出了一种"选择性激励"。"选择性激励就是以是否为集体物品的供应作出贡献为基准而有选择地适用于个人的刺激。""选择性的激励既可能是正的，也可能是负的。例如，它可能是加于不为集体物品的供给作出贡献者的一种损失或惩罚。"但这种措施只能适用于小集团或若干小集团联合而成的大集团中。当集团大到一定规模时，搭便车现象或是由于对他人影响微小而不易被察觉，或是虽被察觉但采取惩罚性集体行动所付出成本过高而予以免除。因此，有效的集体行动只能存在于小集团中。①

(四)自主治理理论

1. 公共事物自主治理理论

传统的集体行动理论认为"公地悲剧""囚徒困境""集体行动困境"是难以避免的。西方社会从 20 世纪 70 年代末就开始了政府治理的变革，重新定义政府职能、塑造政府形象。这一变革的主要方向是"政府职能市场化、政府行为法制化、政府决策民主化和政府权力多中心化"。各国的相关理论学者们从各自的研究领域出发，针对这一变革，提出了许多新理论、新模式、新思想和新观念。埃莉诺·奥斯特罗姆在大量经验研究基础上，提出了颇具影响的公共池塘资源治理之道，即公共事物自主组织与治理的集体行动理论，也就是保持公共池塘资源的原状，让使用者们自己创造出最适合的管理制度，反对要么私有化要么国有化这种非此即彼的简单二分法。资源使用者联盟，经常能发展出用于解决利益冲突的决策和精密执行的机制，使公共资源得到有效管理。而中央政府的干预往往创造的是更多的混乱而不是秩序。自主治理理论本质上就是解决集体行动的逻辑，消除个人理性致使集体的非理性而导致的"公地悲剧"，从而实现理性个人进行互惠的交换与合作的合理博弈以促进"公

---

① 王刚. 公共物品供给的集体行动问题——兼论奥尔森集体行动的逻辑[J]. 重庆大学学报，2013(3)：62.

地繁荣"。

文森特·奥斯特罗姆认为，集权制和分权制作为过去经常用到的两种制度安排，有无法克服的缺陷，如集权制增加管理过程中的信息成本和策略成本，并容易滋生寻租与腐败，分权制难以避免制度的缺失和责任的规避。正是为了解决这两种单中心制度安排所无法解决的"一收就死，一放就乱"的两难选择格局，他提出了多中心治理概念，建立了多中心的制度安排。所有的公共事务管理机构具有有限但独立的官方地位，没有任何个人或群体作为最终的或全能的权威凌驾于法律之上。这样就打破了单中心制度中最高权威只有一个的权力格局，形成了一个由多个权力中心组成的治理网络。①

2. 多中心治理理论

多中心治理理论的核心在于因地制宜，主张采用分级、分层、分段的多样性制度安排，主张政府、市场和社区间的和解与合作。在基础设施等公共事物持续发展的制度选择中，多中心制度安排既保留了集权制度安排的一些优势，还同时增加了其他优势，是公共事物获得可持续发展激励的源泉。

单中心治理对政府的信任过头，忽视了权力导致腐败，绝对权力导致绝对腐败的普遍规律，政府的权力集中并不必然导致高效率。事实证明，只有将个人动力激发起来的组织才能够获得更好更快的发展，权力集中只是为统治者的意志实现提供了更为便利的条件，其自上而下的命令结构需要付出多方消耗和很高的行为监督等成本，忽视了民间力量及其智慧。只有切合民间实际的秩序才能获得很好的维持，也只有公民自身才能够了解自身的需求与偏好所在，政府没有能力也没有必要对本来可以由民间来做的事情费心地设计一切；社会的发展日益呈现出多元化的特征，而要回应无限复杂的多元化社会，"社会要求的多样性和复杂性总会把政府置于回应不足的局面"，单一中心的治理结构无疑与民主化存在着无法协调的矛盾。

多中心治理主张同时存在着多个相互独立的行为单位，这些单位能够计算受风险和不确定因素影响的潜在的成本和收益，促进自身利益的扩大；同时，体系的各组成部分之间受着一般性规则的制约，可互相调适，使利益相关的决策者通过相互作用和相互影响来保证整个秩序的稳定和运行，从而使这一体系成为富有活力的系统。随着社会的不断发展进步，民众对于政府的期望越来越

---

① ［美］奥斯特罗姆. 公共事物的治理之道：集体行动制度的演进［M］. 余逊达，陈旭东，译. 上海：上海译文出版社，2012：156.

高，也越来越趋于多元化，而传统的以政府为中心的"单中心供给"思路在庞大的需求面前是缺乏效率和回应性的。因此，以支持"权力分散、管理交叠和政府市场社会多元共治"为特征的多中心理论就成为满足民众需求、提高服务质量和效率的理想模式。

在治理主体方面，社会秩序的生成并不是一个单一的权力中心努力构建的结果。在秩序生成过程中，来自于基层的力量和智慧起着更为重要的作用。多中心治理理论发展了以是否具有竞争性和排他性为标准的物品分类方式，认为大部分公共物品不是严格意义上具有非竞争性和非排他性的纯公共物品，而表现为具有一定竞争性或排他性的准公共物品。这一特性的区分使得在公共物品生产和公共事务治理上，可以通过产权契约安排来使相互独立的分散主体提供，从而将传统的集中式供给转变为按照地域、特性等方面的分散供给。每个供给主体拥有所供物品的有限生产权，或公共事务的有限处理权，对自己生产的物品、提供的服务承担责任。每个主体既相互独立，又相互联系。多中心治理试图通过多种参与者提供性质相似、特征相近的物品，从而在传统由单一部门垄断的公共事务上建立一种竞争或者准竞争机制，公民可以根据各生产者的相对优势，按照自己的意愿，在各个生产者之间进行选择，从而迫使各生产者自我约束，降低成本，提高质量和增强回应性。

多中心治理意味着多种治理手段的综合应用。以政府能力有限为前提，主张政府和市场既是公共事务处理的主体，又是公共物品配置的两种不同的手段和机制，主张在公共事务的处理中，既充分保证政府公共性、集中性的优势，又充分利用市场的回应性强、效率高，以及社会组织的公益性、成本低的特点，综合多个主体、多种手段的优势，从而提供一种合作共治的公共事务治理新范式。

综合而言，多中心治理包括以下基本观点：（1）一个社会的权力中心具有多元性和分散交叠的特质，政府或国家是多极权力中最大的一极。（2）政府具有有限理性，它无法胜任"无所不能"的角色要求。一群相互依赖的人可以把自己组织起来，进行自主治理，从而能够在所有人都面对搭便车、规避责任或其他机会主义行为诱惑的情况下，取得持久的共同利益。（3）权力越分散，政府就越容易针对不同的公民需求做出有效的回应，越容易进行及时的科学决策并采取相应的行动，越容易防止权力的非公共性滥用。反之，集中的权力在信息收集、做出决策、灵活性等方面具有无法回避的劣势。（4）政府官员和决策机构分享着有限、相对自主的专有权，来决定、实施和变更法律关系，其中没有一个机关或者决策机构对强制力的合法使用拥有终极的垄断权。(5)政府并非是公共物品和服务的唯一供给者，在公共物品的生产和提供上，社会组织和个人可以有所作为。

多中心治理理论是人们在寻求解决社会问题上的一次深刻的认识转折，拓展了国家与社会关系的分析架构，超越了自由主义与国家主义的传统对立，形成了一种新型的国家与社会关系范式，打破了社会科学中长期存在的两分法传统思维方式，即市场与计划、公共部门与私人部门、政治国家与公民社会等，把有效的管理看做两者的合作过程，力图发展起一套管理公共事务的全新技术，强调管理就是合作。核心思想是要打破政府作为唯一管理主体和单一权力中心的现状，实现管理主体和权力中心的多元化。

奥氏的多中心治理理论为 20 世纪 90 年代初期的治理思潮提供了重要思想源泉，并构成其核心内涵。而治理理论既是各国政府改革的实践总结，又作为一种新的理念深刻影响着各国的政府改革。根据治理理论，政府并不是国家唯一的权力中心，各种机构(包括社会的、私人的)只要得到公众的认可，就都可能成为在各个不同层面上的社会权力的中心；社会科学中长期存在的两分法传统思维方式应予摒弃，公私机构之间的界限和责任变得模糊，国家职能的专属性和排他性渐趋淡化，国家与社会组织间的相互依赖关系空前张扬；管理对象的参与倍显重要，以期在管理系统内形成一个自组织网络，加强系统内部的组织性和自主性；在政府完成社会职能的手段和方法方面，政府除了采用原来的手段之外，还可采用新的管理方法和技术，以提高效率，更好地对公共事务进行控制和引导。由此可见，奥氏多中心治理理论早已超出了诺贝尔经济委员会所谓"经济治理"的框限，已然成为一派极其重要的政治思潮与社会运动。

思考题

1. 解释公共需求的含义并列举当代社会有哪些公共需求。

2. 概括阐述公共事业管理的起源。

3. 辨析公共事业管理与公共管理、公共事业管理与行政管理的区别与联系。

4. 简述公共产品理论、公共选择理论、公共事务治理理论。

5. 结合实际，举例说明公共事务治理理论。

案例分析

沉默的呼喊

有一个国王为了显示自己的威信，决定在自己生日那天让全部子民同一时刻高呼："陛下万岁。"他把时间定在了正午时刻。子民们也十分期望这一刻的到来，因为这样他们就能听到世界最大的声音。有一位智者发现了这样一个问题：如果自己也呼喊的话，听到别人声音的效果将大打折扣。于是他决定在呼喊的时候保持沉默，只是静静地听别人呼喊。他把这个发现告诉了自己最亲密的人，想让他也能享受到此种乐趣。结果，不到半天时间，这个消息传遍了整个国家。正午时刻到了，大家翘首盼望着最大声音的到来，但是回应的却是比平时更安静的沉默。

（案例来源：华生. FBI 读心术全集［M］. 北京：中央编译出版社，2012：350.）

问题：最终的结果为什么会这样？请用公共事业管理的相关理论进行解释。

第 2 章　公共事业管理的主体

　　公共事业管理主体在整个公共事业管理中处于核心地位，是具有决定性的要素。公共事业管理主体一经产生和确立，则决定和影响着整个公共事业管理过程，即对公共事业管理需求的认识及相应的管理目标和职能的确定，一切管理职能的发挥和体现，都取决于公共事业管理主体，而且，公共事业管理主体的合法性、合理性及其行为状况，直接关系到公共事业管理目标的实现。

　　现代社会的公共事业管理主体，是在一定环境中产生的，以政府为核心的，由政府组织、非政府组织和一定的准政府组织共同构成的公共组织系统。① 这一公共组织系统在公共事业管理中的地位与作用的确定，源于政府的基本属性和职能、政府与市场的关系、政府与社会的关系，非政府组织在现代市场经济条件下的基本特性也与之密切相关。本章主要介绍政府、非政府组织、准政府组织三种公共事业管理主体的内涵、作用、规模等。

第一节　公共事业管理主体之一——政府

　　无论是社会主义国家还是资本主义国家，政府的基本属性都决定了管理公共事业是政府的一项基本职责，也是政府社会

---

　　① 王薇，任保平. 提高我国经济增长质量的公共管理创新机制研究[J]. 湖北经济学院学报，2015(5)：78.

管理职能的基本内容和主要表现形式。在现代社会，政府不是管理公共事业的唯一主体，但政府的基本属性和市场经济条件下政府的特定地位，仍然决定了政府是管理主体系统中最为基本的组织，也是整个管理组织系统的核心。

一、公共事业管理中的政府

(一)政府的概念和基本属性

政府是人类文明发展的产物，政府的起源与国家的起源相联系。关于国家与政府的起源，在中外历史上存在许多不同的主张和理论。在中国历史上，最具代表性的是先秦诸子的"止争论"，认为立政在于止争，即国家和政府的产生在于止争，为了使人趋利避害而立刑、政，设置君王则是为了"设曹断曲"。这一主张的主要代表人物是墨子和韩非等。而在西方历史上，存在自然论、契约论、分工论等。自然论的代表人物是亚里士多德，他认为由于人是天然的政治动物，因而政府起源于人类倾向于过社会生活的本性和维护秩序、控制社会的需要；社会契约论的代表人物是霍布斯、洛克和卢梭，他们认为政府是人们为摆脱自然状态的不便而自愿订立契约的结果，目的是为了保护人们的生命、财产和自由；以摩尔根为代表人物的社会分工论则认为政府起源于社会分工，政府是公共事务的管理从一般社会活动中分离出来并逐步制度化的结果，是人类政治分工的开始。这些主张最重要的理论价值是：指出了国家和政府的产生与人类的文明进程相联系，政府的产生与人类的共同生活或公共事务相关。马克思主义则科学地揭示了政府的起源：政府作为统治阶级行使国家权力、实行阶级统治和社会管理的工具，是随着私有制的出现、阶级和国家的产生而产生的，随着阶级和社会的发展而发展的。自国家和政府产生后，人类先后经历了奴隶社会、封建社会、资本主义社会和社会主义社会，但各个社会政府的基本职能都是进行政治(或阶级)统治和社会管理。

可见，所谓政府，就是国家进行阶级统治和社会管理的机关，是国家表示意志、发布命令和处理事务的机关，实际上是国家代理组织和官吏的总称。政府的概念一般有广义和狭义之分，广义的政府是指行使国家权力的所有机关，包括立法、行政和司法机关；狭义的政府是指国家权力的执行机关，即国家行政机关。公共事业管理中的政府，主要是行政机关，即狭义的政府，但在一定范围内(如有关公共事业的法律法规的制定，对这些相关法律的司法执行等)，也涉及立法机关和司法机关。本书对政府一词的使用即是在这一特定的含义上进行的。

政府的属性是指政府的本质特性。由于政府是国家的代表，是国家机器的主要组成部分，因而国家的性质决定了政府的性质，国家的特性决定了政府的属性。国家是实施阶级统治和压迫，进行社会控制和管理的机器，阶级统治和社会管理的功能是任何国家都具有的，因此也都具有阶级性和社会性。作为代表和实施国家意志的代理机关的政府，也因此具有阶级性和社会性。

所谓政府的阶级性，是指政府实施国家阶级统治功能，即指政府通过暴力机器消灭敌对阶级和敌对势力，镇压被统治阶级和敌对分子的反抗，巩固和保卫国家政权。社会公共事务可划分为政治事务、经济事务和狭义的社会事务三个类别，并有各自确定的内涵，因此，政府的阶级性主要体现在政治事务上。在任何国家，政府对社会公共事务的管理从根本上是凭借公共权力(具体是其中的政治权力)，依靠的是国家机器的权威，并且在一些公共事务管理上也是通过国家机器进行的，而国家机器作为暴力机器首先表现的正是其阶级性，因而政府对社会公共事务的管理也体现着统治阶级的意志。所谓政府的社会性，是指政府对非阶级性的社会经济、文化事务进行的管理。人类社会发展的历史表明，这些社会公共事务在阶级产生之前就存在，阶级产生后，国家和政府凭借管理社会公共事务而发展为特殊机构，管理这些社会公共事务的任务伴随着政府的存在而长期存在，其存在的基本趋势是随着社会的发展，管理的社会公共事务越来越多，政府的社会管理职能扩张，政府规模越来越大。①

(二)政府的基本职能和特性

所谓政府职能，就是政府依法对社会生活诸领域进行管理的职责和功能。政府职能是政府全部管理活动的"灵魂"，它揭示了政府管理的基本方向和主要内容。政府职能作为国家基本职能的一个重要组成部分，是行政机关依据国家通过宪法和法律赋予的行政权力来实现的。②

政府的基本职能，就是指国家行政机关所具有的最根本的职责和功能，它由政府的基本属性所决定。③ 阶级性和社会性是政府的基本属性。阶级性规定

① 崔运武. 公共事业管理[M]. 上海：复旦大学出版社，2013：81-82.
② 郑建明，顾湘. 公共事业管理[M]. 上海：上海交通大学出版社，2011：65.
③ 高建华. 社会管理：政府社会管理抑或社会自我管理[J]. 公安研究，2014(9)：96.

了政府必须用政治暴力消灭敌对阶级和敌对势力，镇压被统治阶级和敌对分子的反抗，巩固和保卫国家政权；社会性则规定政府必须完成对社会经济文化的管理。因此，政府的基本职能是阶级统治和社会管理。

政府基本职能具有下述特性：

第一，整体性。政府的阶级统治职能和社会管理职能是性质不同的两种职能，但却相互渗透、相互支撑，构成一个统一的有机整体。这具体表现在：一方面，进行经济和文化管理需要先依靠阶级统治职能确立一个必需的环境，同时，经济和文化方面的管理从根本上体现的是统治阶级的意志；另一方面，随着社会的发展，管理社会经济文化的任务就会越来越多，政府的负担也就越来越重，政府必须加强对社会的管理，否则就无法维护政治统治。

第二，适应性。作为上层建筑的组成部分，政府的基本职能的具体内涵，以及职能的重点、管理的强度和实现的方式都不是一成不变的，它会随着社会经济、政治、文化的发展而发展，随着国家形势和任务的变化而变化，随着政治体制、经济体制改革的进程而不断做出调整，以保持与外部环境条件相适应，满足社会公众对政府管理提出的要求。比如，农耕经济时代，政府不需要过多干预社会事务，其职能自然局限于较小的范围之内；现代工业社会和信息时代，由于社会经济活动的复杂性和人类活动的影响不断扩大，使原先许多属于社会自我管理和市场自动调节的职能进入政府领域，从而使政府职能的内容和范围发生了许多变化。政府基本职能的适应性是上层建筑适应经济基础和社会生产力发展这一历史唯物主义基本原理的具体体现。

第三，差异性。政府基本职能的差异性表现在两个方面：首先，在阶级社会中，虽然阶级统治和社会管理对任何性质的政府来说都是一样的，但不同性质的政府所具有的阶级统治职能的具体性质，以及通过社会管理职能体现出来的阶级性是不同的，或者说，不同性质的政府要执行不同的阶级统治职能，体现不同的阶级实质。其次，对不同国家的同一性质的政府，如均为资本主义国家的政府，或者均为社会主义国家的政府，由于各自的历史文化传统和现实国情的区别，两者基本职能的具体内涵、重点、管理方式等也不会完全相同。最后，即使是一个国家的同一性质的政府，在不同的历史时期和不同的发展阶段，其基本职能的先后位置和轻重比例等也不会完全相同。

第四，统一性。所谓统一性，主要是指行使政府基本职能的方式必须同基本职能的属性相一致，即进行阶级统治时依靠阶级统治的必要手段，而进行社会经济和文化管理时，必须以管理经济和文化的应有方式进行营理。这一基本职能行使方式与基本属性相一致，根本上是由职能所针对的对象所决定的。因此，在确定政府管理手段、方式时，不能搞一个模式。如以往我们曾经用政治职能的手段管理经济、管理社会事物，用政治标准、政府行为方式对待政府管理的其他领域，使经济和社会管理受到损害。因此，现在我们不能把管理经济的方式运用于所有的政府职能。

对于政府基本职能，必须指出的是，人类历史发展到今天，虽然任何一个国家政府的镇压、保卫等阶级统治职能仍然不能丢，并且在一定时期内还要加强，但由于和平与发展已成为当代世界的主题，阶级矛盾和对立在诸多国家中已走向相对缓和，特别是随着当代社会经济的发展、公众生活水平的提高和多样化的要求，社会管理的职能已变得越来越重要、越来越突出，在相当程度上超过了阶级统治职能。在社会政治事务的管理中，以往更主要地表现为政治统治，体现出强烈的阶级性，而在当代，由于国内政治事务中阶级对抗性相对减弱，因而政府对政治性事务的管理更多地体现为一种治理，即对国防、外交、公共安全的维护以及民族工作的开展，等等。①

二、政府在公共事业管理中的地位

政府基本属性和职能在现代市场经济下的具体表现，决定了作为公共组织最重要构成部分的政府组织是处理特定社会公共事务——实施公共事业管理的当然主体。同时，虽然公共事业管理的市场模式已成为当代公共事业管理的基本模式，政府以外的其他组织也进入了公共事业管理领域，但政府的属性和历史发展决定了政府是整个公共事业管理主体系统的核心。

(一)政府是公共事业管理的主体

政府的基本属性和基本职能从根本上决定了政府是公共事业管理的当然主体。处理公共事务，提供公共产品，这是政府得以产生的最重要的基点，也是政府存在的合理性和合法性之所在。从人们通常所认定的公共事务的基本类别来看，公共事业产品涉及的以狭义的社会事务为主的领域，无疑也就决定了统筹和管理公共事业必然是政府的职责，或者说管理公共事业是政府存在的合理性和合法性的主要支点之一。

历史的发展充分证明了这一点。在相当长的历史时期，特别是在生产力水

---

① 郑建明，顾湘. 公共事业管理[M]. 上海：上海交通大学出版社，2011：65-66.

平相对较低的农耕经济时代，由于经济活动的简单，阶级矛盾的尖锐，占据社会主要地位的是政治性公共事务，公共性主要反映的是统治集团或阶级利益，突出地表现为政治性，因而政府对公共事务的管理集中体现为阶级性极强的政治统治。但是，其统治中公共性的一面是始终存在的，这主要在于，代表统治阶级利益的政府不仅在政治统治中要具有一定的公共性，而且还必须统筹和管理狭义的社会事务领域，通过提供最基本的社会公共服务来维护统治，从而一直承包着狭义的公共事务的管理职责，也就是我们今天所说的公共事业管理的当然主体。

在市场经济条件下，政府作为公共事业管理主体的客观要求必然表现得更为突出：

第一，现代市场经济条件下公共需求扩大对管理的需求，决定了公共事业管理的主体必须是政府。在当代，随着人类进入现代工业社会和信息时代，一方面，由于社会经济活动的日趋复杂，公众生活水平的提高和多样化的要求，使原先许多属于个人的、市场的事务具有了公共的性质，进入了社会公共事务的领域，同时，政府与市场边界的日益清晰，既弥补了市场机制的不足，也扩大着政府管理的范围。另一方面，随着和平与发展成为世界发展的主题，以及在诸多国家中阶级对抗的相对减弱，政治性公共事务相对减少，从而，当代市场经济条件下呈现出公共事务不断扩大的发展势头。

公共事务从根本上必须由社会公共组织来进行协调和管理，而政府正是社会中基于管理公共事务而产生的最基本的公共机构。因此，伴随着公共需求的扩大和公共事务的增加，统筹管理这些公共事务的职能也必然进入政府领域，使政府社会管理的内容和范围发生了明显的变化，与阶级统治职能相对的社会管理职能变得越来越重要、越来越突出，为政府作为社会管理主体增进新的具体内容。而且，为了适应这一公共需求和公共事务日益扩大的趋势，需要社会从总体上对如何生产和提供公共事业产品确立基本的管理体制和规范。这一重要管理任务非公共组织中最具权威性的政府莫属。

第二，市场经济条件下公共事务管理的法制化、规范化趋势，决定了公共事业管理的主体必须是政府。上面已阐述，当代公共事业管理模式的一个鲜明特点就是法制化和规范化，而在现代社会，法制化和规范化的管理与政府密切相关。具体来说，市场经济条件下公共需求和公共事务日益扩大的趋势，其基本动因是社会经济生活的日益复杂和公众生活多样化的需求，这也正是当代民主化发展的一个具体表现。那么，应如何协调好这一民主化浪潮下市场经济中复杂的多元化利益和需求？任何民主都是在一定法律范围内的民主，因而民主化的一个基本要求就是行为的法制化，而市场经济实际上是民主在经济领域中的体现，是法制经济，因而当代市场经济条件下公共事务管理发展的又一个基本趋势，就是管理的法制化和规范化。所谓法制化，就是通过具体的法律法规开展公共事务管理活动，即一方面把公共事务的内容纳入法律之中，明确其作用的范围和程序；另一方面对公共事务管理的过程以及公共事务管理机构的权限予以具体的规定，使整个管理活动依法进行。所谓规范化，就是公共事务管理部门依据公共管理的总体目标和具体目标的要求，确定公共事务发展的标准和指标。

如上所述，公共事业管理中的政府，主要是指行政机关，但也包括立法和司法机关，而且对公共管理过程而言，法律只是确立了基本的管理范围和行为准则，此外还必须由遵循法律的更具体且更具可操作性的规章等对管理的法律化予以保证，尤其是对具体的、地区的和某一部门的管理来说更是如此。同时，一个社会或地区的公共事务的发展标准和指标，通常也是由政府制定，或最终必须经政府认可后才可颁布。这就是说，市场经济条件下公共事业管理的法制化和规范化，与政府密切相关并取决于政府。因此，公共事业管理的主体必须是政府。

（二）政府是公共事业管理的核心

政府作为公共事业管理的主体，在整个公共事业产品的生产和提供过程中，其作用和效果是基础性和决定性的。这一切表明政府是整个公共事业管理的核心。政府作为公共事业管理的核心，可以从以下几方面来认识。

1. 政府在一定的公共事业管理模式形成中起着关键的作用

如前所述，公共事业管理模式在其本质上，是在公共事业管理过程中存在或可供选择的政府与市场、政府与社会关系的处理方式，或者说是政府与市场、政府与社会的分工方式。这一特定的分工方式的产生或形成，取决于一定历史条件下的公共需求、认识程度、政府能力和社会发育程度。虽然公共需求的发展变化是根本的和决定性的，但作为一种主观对客观反应结果的公共事业管理模式，在一定的公共需求客观存在的情况下，却是取决于主体对其是否认识以及如何来解决。而在认识方面，作为社会管理者的政府对公共事业产品可能有的生产和提供方式的认识和把握有着决定性的作用；在能力方面，尽管在当代，社会资源已成为公共事业产品生产和提供中的重要部分，但无论是公共事业管理的历史还是当代公共事业管理的现实，政府的财政能力和政府的组织程度都是基础的和决定性的。即便是在社会发育方面，在现代社会，与政府相对立的社会即公民社会的合法性获得，政府与社会关系的调整和社会的发育，也与政府的认识和管理方式息息相关。因此，政府在一定的公共事业管理模式的形成和发展中起着关键性的作用。

2. 政府决定着整个公共事业管理的体制和运行

所谓公共事业管理体制，是指为实现管理目标，由一定管理主体按一定原则组成，并相应具有各自的职责权限和分工的多层次的管理系统。在法制化、规范化的现代公共事业管理中，哪些组织可以作为管理的主体，各管理主体的基本地位和职责权限以及相互间的关系、整个管理体制的运行规则，都是由相关法律法规决定的，是由必需的政策确定的。政府虽然也属于整个公共事业管理体制的一部分，但政府在社会中的特定地位，决定了整个管理体制构成的法律法规以及整个管理运行的规则等都是由政府制定的，因而，政府决定着整个公共事业管理的体制和运行。

3. 政府是公共事业管理中其他管理主体的管理者

现代社会的公共事业管理主体，基本上是由政府组织、非政府组织和一定的准政府组织构成。在这一管理主体系统中，政府居于主导地位，即除了有关公共事业管理的基本规则由政府制定、其他主体主要负责实施外，政府还负有对其他主体执行有关法律法规要求，对公共事业实施管理和服务的行为进行管理之责。这种管理既可以是直接的行政监督，也可以是通过司法机关运用法律手段的制约。正因为如此，公共事业管理主体系统中非政府组织是一身二任，既作为管理者，与政府一起在自己的职责范围内对公共事业进行管理，为公众提供公共服务，又作为被管理者，接受政府业务上的指导和监管，受制于作为法律制定者和执行者的政府。①

三、中西方政府在公共事业管理中的职能转变

（一）我国政府职能转变与公共事业管理的专业化

我国是典型的"政府主导型"的发展中国家，我国公共事业的运作和管理，几乎都是由政府来完成的。但在现代化进程中，政府职能的转变是必由之路，

---

① 郑建明，顾湘. 公共事业管理[M]. 上海：上海交通大学出版社，2011：68-71.

加入 WTO 后，国际市场和规则要求淡化政府的作用，而西方国家针对政府管理的官僚主义进行的以市场化为导向，旨在推进绩效管理和强调顾客至上的"新公共管理运动"，对我国政府化解改革进程中的社会危机，具有一种前瞻性意义。马克思也曾说过，工业较发达的国家向工业较不发达的国家所显示的，只是后者未来的景象。更为重要的是，在我国现代化进程中，公共问题正在不断地涌现，传统的价值观正经历危机。因此，对政府自身的改革把对公共事业管理的需求推向现实，借鉴市场经济发达国家的公共管理理论及实践经验，无疑是一个重要的方面。为了通过改革国家与社会、政府与市场的结构模式，实现政治民主化、经济市场化、社会多极化和生活丰富化的目标，我国在改革开放多年来，一直在努力转变政府职能、减少行政干预、修正公共权力关系、提高官员专业水准、调整公共管理方式，在"渐进"式改革中寻求动态平衡。因此，建立一个具有全新管理模式的灵活、高效、廉洁的政府，出路只能寄望于以下两个方面：

第一，提高现有政府官员的素质，建立由专业人员组成的公务员队伍，优化政府公共管理结构，对政府公共管理进行专业化分工，改善政府的品质，以达到行政的高效率、增强政府的决断力和在现代化进程中的推进作用。从政府角度来看，公共管理范围会逐渐缩小，但其复杂性却更强，因而，政府公务员的"管理"和"服务"意识尤其重要。政府官员必须要有强烈的服务意识和公共责任感。以往，成为国家公职人员并没有严格的专业限制，造成某种程度的混乱和无序，形成一种不合理的人力资源配置方式。随着公共事务复杂性的增强，国家公职人员的专业化和管理行为规范化尤其值得重视。

第二，随着国家机关政策和政府职能的转变，一部分公共事务的管理将推向"大社会"，要尽快改变政府垄断公共物品供给的局面，国家就要改变过去包揽社会事务的状况，建立起规范的公共事业管理机构，使国家官僚机构更多地从传统的政府角色转变为公共服务企业和公共服务管理部门。现在，这一系列社会事务不断地寻求社会途径来解决，政府管理的垄断企业逐渐民营化。因此，"公"的范围越来越窄，相反，私人领域的公共因素却越来越强。私营企业的经营行为不再是个体行为，它包含着社会公共主体对它的要求和规范，所以，公共管理的主体扩大了，它不仅包括政府机构，还有商业组织和非政府组织。有些社会公共事务适合政府管理，有些公共事务又适合商业组织来管理，而一些既不适合政府管理又不适合商业组织管理的公共事务则由非政府组织来管理。非政府组织从非营利的角度出发，对社会公共利益的关心会对公共管理的平衡起着制约作用，它的职能会日益加强，对管理人员的素质要求和数量要求会大幅度提高，在我国具有广阔的发展空间。在这新一轮的机构改革过程中，我们应借鉴西方"新公共管理运动"的经验，打破权力过分集中的传统政府管理体制和公共物品供给的政府垄断局面，逐步将部分公共服务职能转移给社会和企业，让其他公共机构、商业组织和非政府组织参与公共物品及服务的提供，政府主要发挥导向作用。①

(二)现代西方政府在公共事业管理的职能转变

西方国家政府先后大规模介入科技、教育、文化、卫生、基础设施、公共住房、社会保障、环境保护等社会公共事业，加强对社会公共事业的管理，因而呈现出政府公共事业管理职能强化和多元化的趋势。这些特征对我国公共事业的管理有一定启示作用。

1. 强化政府的公共事业管理职能

近一百年来，西方政府职能变化的重要趋势就是阶级统治职能有所收缩，而社会管理职能日益扩大。前者表现为，由于阶级对立和对抗有所缓和，各国政府政治统治机构膨胀势头得到一定的遏制，相关的雇员和管理开支略有下降。后者表现为，政府在社会服务，尤其是在公共事业领域的职能不断扩张，加强对教育、科技、文化、卫生、基础设施、公共住房、环境保护、社会福利等方面的投入和管理，因此，相关的政府开支与日俱增。

(1)在科技领域，西方发达国家先后制定与科技相关的金融、人才优惠政策，如鼓励投资高科技研究和开发，从外国引进科技人才等；加大科技投入，完善科技体制，实行政府、民间、高等院校分工合作制，发展科技园区制，推动国际科技合作。

(2)在教育领域，西方各国政府也采取了强化管理的举措，主要表现在：一是制定教育发展战略，加强对教育事业的管理；二是加大资金投入。

(3)在环保领域，西方发达国家政府采取积极应对措施：一是建立环境管理组织机构，健全环境管理体系。二是加大环保投资，主要集中在环境保护产业、工程和技术的投入。三是健全环境保护法律、法规。四是加强环保研究，发展环保科技。五是坚持经济、环境、社会持续协调发展的原则。

---

① 莫正彪. 浅议公共事业管理的发展现状[J]. 中国商界(下半月)，2008(6)：172.

（4）在社会保障领域，西方各国加快福利国家建设，强化了对社会福利和社会保障的管理。并扩大社会保障的范围，增强保障力度，各国政府在社会福利和社会保障方面的支出不断增加，确保社会稳定。

2. 多元化

西方公共事业发展与管理的过程中，政府虽然发挥了主体作用，但是政府从来就不是公共事业唯一的治理者，社会组织和私人也承担了相当的责任和工作，使得公共事业发展呈现多元化的格局。

第一，在公共事业投资上，除了政府大量拨款支持外，社会组织、私企也大量投入，形成政府、私企和社会组织多元并举的投资格局。

第二，在管理上，表现为分权化和社会化。虽然政府在公共事业管理中扮演主角，但由于西方国家公共事业投资主体的多元化，在公共事业管理中非官方的管理也发挥着重要作用。多元化管理在美国的高等教育中有很好的体现。美国的高等教育管理分为官方和非官方管理两种：官方对高等教育的管理，包括联邦和州、地方对高等教育的管理；非官方对高等教育的管理，是指半官方的、民间的团体和组织对高等教育实施的监督、控制或影响。

第三，20世纪80年代以来，西方国家第三部门迅速崛起，并进入制度化发展阶段。作为相对独立的社会组织，它们广泛介入公共生活领域，尤其是在公共事业管理上发挥着重要作用，这是西方公共事业管理多元化的新发展。这些第三部门大致分为文化娱乐、教育科研、医疗卫生、社会服务、环境保护、住房开发、市民倡导、慈善事业、国际救援、协会学会十类。它们弥补了市场与政府部门的不足，执行市场和政府部门所不能完成或不能有效完成的社会职能，其作用日益凸现。[①]

第二节　公共事业管理主体之二——非政府组织

国家与社会的关系，以及非政府组织的基本特性和特征，决定了非政府组织是公共事业管理中一个不可或缺的管理主体。当前我国的非政府组织正处于形成和发展之中，努力培育和管理好非政府组织，充分发挥其在公共事业管理中的作用，是发展我国公共事业的一项重要任务。

---

① 朱仁显. 现代西方政府公共事业管理的基本特征[J]. 发展研究，2002（9）：51-52.

一、非政府组织的概念和特征

（一）非政府组织的概念

所谓非政府组织，就是依靠社会权力，以增进社会公共利益为组织目标的非官方的非营利的社会组织。显然，社会组织中从事社会公共事务管理和服务的非营利的社会中介组织，就是非政府组织。[①]

在现实中，对这一类组织通常还有非营利组织（NPO）、第三部门、志愿者组织等称呼。目前，非营利组织也是一个使用十分广泛的概念。

（二）非政府组织的特征

一是组织性，也称正规性。组织性是非政府组织的一个重要特征。组织性指非政府组织有一套内部规章制度，有明确的角色与任务的分配；有职权等级体系，以保证使每个成员的行为与组织目标相符合；有交往体系，即体现不同成员之间的相互从属关系；有目标准则，用于评估和检查组织的成果以及组织中个体的活动成果。[②] 那些临时聚集在一起的人群或经常活动的非正式团体，虽然也有重要的社会功能，但应被排除在外。

二是民间性，又称非政府性。非政府组织既不是政府的一部分，又不隶属于政府或受其支配，在体制上是独立于政府的，而且其决策层是不由政府官员控制的董事会。当然，独立于政府并不是不能接受政府的资助，或完全没有政府官员参加活动，关键是接受政府资助但不改变组织目标，政府官员并不代表政府而是以个人身份参加。

三是非营利性。非营利性是指组织不以营利为目的，不进行利润分配。当然在现代社会，非政府组织从事管理或服务活动是可以收费的，在一定时期内也会有盈余，但收费是补足实现组织目标的需求，或者说进行组织活动必需的成本，而盈余除补偿成本外，只能用于组织服务于社会的活动。例如，有的国家明确规定，注册一个非营利机构，其活动享受非营利机构的有关政策和规定，但不得进行利润分配，一旦机构破产，则资产不能归个人收回，只能纳入社会公益基金等。

---

① 郑建明，顾湘. 公共事业管理[M]. 上海：上海交通大学出版社，2011：71-72.
② 林修果. 非政府组织管理[M]. 武汉：武汉大学出版社，2010：9.

四是自治性。自治性也是非政府组织的重要特征之一。自治性指的是非政府组织作为独立的自治组织，在人事、决策、财务等方面不依附于政府和其他社会组织，具有独立的决策及行使能力，能够进行有效的自我管理。与政府和营利性的企业一样，非政府组织也是独立自主的公共治理中的主体之一，它与政府之间既有功能互补、相互协调的一面，又有彼此竞争、权力制衡、相互监督的一面。非政府组织的自治性体现了其独立于政府、独立于营利性企业的社会性格，构成公民社会的自治基础。①

五是自愿性。自愿性是指成员参与组织以及组织的资源集中不是强制性的，而是自愿性的。特别是具有明确自愿性的非政府组织，往往具有由志愿者组成的董事会和广泛的志愿工作人员。政府的内在驱动力是权力原则，企业的内在驱动力是利润动机，而非政府组织的内在驱动力是以志愿精神为背景的利他主义、互助主义。正如企业是组织化的资本、政府是组织化的权力一样，非政府组织可以说是组织化的志愿精神。

六是非政治性。非政治性是指组织的目标和手段在服务社会上高度统一，不参加竞选等政治活动，不是政党组织，社会领域是其活动范围。

七是非宗教性。非宗教性是指不开展传教等宗教活动，在组织目标和活动中都不具有宗教色彩，是非宗教组织，从而区别于也具有志愿性、自治性和一定的非政治性的宗教组织。

不难看出，非政府组织的基本特征反映了这一类中介组织以增进社会公共利益为目标的本质属性。其鲜明的组织特征从目标确立、活动方式及组织内部管理等方面，适应了公民社会自我管理中社会公共事务的需求，是社会自我管理中社会权力的主要实施者之一。②

二、非政府组织在公共事业管理中的地位和作用

从公共事业管理的角度看，公民社会自我管理的诸多事务，与公共事业密切相关，属于公共事业管理的范畴。以社会权力管理社会事务的本质要求，以及非营利的中介组织的基本特征，决定了非营利的社会中介服务组织即非政府组织是公共事业产品生产和提供过程的必然参与者。非政府组织是公共事业管理的主体系统的必要组成部分，是不可或缺的。

---

① 林修果. 非政府组织管理[M]. 武汉：武汉大学出版社，2010：12.
② 郑建明，顾湘. 公共事业管理[M]. 上海：上海交通大学出版社，2011：72.

（一）非政府组织在公共事业管理中的地位

作为公共事业基本内涵的特定的社会公共事务，产生于社会最终也必然落实到社会，构成了公共事业管理的一个重要的领域或层面。在这一特定领域中的诸多涉及公众基本生活利益的事务，是政府不能干或不常干，企业不愿干，而只能交由社会并最终交由非政府组织干的事务。从人类历史发展来看，非政府组织正是为适应这一类事务管理的需要而产生的，它凭借社会权力，通过自身以市场为基础的活动，自行解决代表或反映社会公众的普遍要求。因此，从根本上说，公共事业的本质要求和公共事业管理不同层次领域的存在，以及非政府组织所具有的特性，决定了非政府组织是公共事业管理主体系统必要的组成部分。这是非政府组织成为公共事业管理主体的合理性所在。

具体来看，非政府组织是当代社会公共事业管理市场模式中一个重要的组成部分。在当今世界，随着社会的发展和进步所带来的公共产品的范围扩大，在一些发达国家的政府公共管理中已率先出现了社会化和市场化模式，在相当程度上解决了由社会需求日益丰富和多样化给政府带来的财政压力和管理压力，并得到人们的认可和采纳。所谓公共管理的社会化和市场化，主要包括：一是明确政府的核心职能就是公共政策和相关法律的制定，将政府原有的执行性和服务性的职能分离出去，相应地改变政府直接办公共服务机构的做法，参照经济领域中的"政企分离"，重构政府与下属服务机关的关系，扩大服务机构的经营自主权；二是将公共服务尽可能交由社会组织，以扩大公共服务的总供给量，满足人们的需求；三是将能够进行经营性投资、开展市场竞争的领域，如煤气、供电、铁路、电信、城市交通等，通过相关法律并建立"使用者付费"制度，交给私营部门经营。概而言之，公共管理的社会化和市场化，就是发挥社会力量在公共服务和管理中的作用，社会事业由社会办。从公共事业的基本范围来看，这一改革的基本内容就是公共事业管理的改革，显然，离开了非政府组织作为公共事业管理的主体，这一改革是无法进行的。①

（二）非政府组织在公共事业管理中的作用

在当代逐步形成的公共事业管理市场模式下，非政府组织参与到公共事业

---

① 崔运武.公共事业管理概论[M].北京：高等教育出版社，2006：135-136.

产品的生产和提供中，具体发挥着以下作用。

第一，非政府组织是微观的社会服务和管理职能的主要承担者，也就是公共事业管理的必然主体。公共事业作为涉及公众基本生活质量和共同利益的事务，本身就是产生于社会，这些事务的解决或公众需求的满足，最终也必然通过为公众提供服务落实到社会，这在现代社会表现得十分突出。而在现实中，面对广大公众丰富多样的需求，不仅诸多的具体服务如社区服务等应该交由非政府组织向公众提供，而且在许多公共领域或许多社会公共事务，如艺术院团、出版物、电视节目及各类体育活动等，可根据政策法规与行业标准，交由社会中介组织办理，实现行业自律，管理效果往往要好于政府组织。因此，在现代社会，公共事业管理的最终实现离不开非政府组织。非政府组织承担微观的社会服务和管理职能，既是社会自我管理的本质反映，也是政府进行社会管理的内在需求。

第二，非政府组织能提高公共产品的供给效率。从政府社会管理的角度看，政府管理公共事业的一个基本目的，就是提高关系公众基本生活质量的公共产品的供给效率。但在现代社会，由于政府往往受到各种势力的制约，政府庞大的科层机构所带来的对新的社会需求和发展机会反应不够灵敏，以及提供公共服务的成本过高等不足，因而在现实中，许多国家不得不进行公共产品的供给向民间转移的改革，诸多过去由政府直接提供的公共产品，变成了由政府资助的非政府组织提供，即将具体的公共事业的管理服务责任由非政府组织承包，而非政府组织在市场基础上的活动及其相互间的竞争，提高了公共产品的供给和质量，取得了很好的效果。总之，当代的实践表明，在公共产品供给的操作、实施层面，非政府组织往往比政府部门具有更高的效率，非政府组织应该成为公共事业管理的主体。

第三，非政府组织能较好地满足社会多元化的需求。在现代社会，公众的兴趣、价值观念、经济利益等高度多样化，社会也分化为众多的阶级、阶层，以及各种各样的利益集团。这样，一方面，政府社会管理日益丰富、复杂；另一方面，政府存在的基本价值要求必须对社会全体成员负责，要求自己的服务应该在所有的地方都一样，行为应该具有相当的普遍性，其结果是即便不断扩张机构，也很难对社会的多元需求做出及时、恰当的反应。而政府的弱点恰恰是非政府组织的优势。因为在公共事业的范围内，主要分为纯公共产品和准公共产品两大类。一般来说，纯公共产品具有鲜明的公益性、不可分割性、规模性等特点，通常只能由政府提供，如有关的政策制定、大型的公共基础设施等。准公共产品是在市场的基础上，以现代付费制度为基础的满足特定利益群体要求的产品，实际上，现代社会公众要求的多元化主要集中在这些产品方面，而非政府组织产生和发展本身就是社会需求利益格局多元化的结果，它所追求的也正是满足特定群体的利益要求。因此，从整个社会管理的角度看，非政府组织作为公共事业管理的主体，正好能使社会自己组织起来，生产一定社区内的公众所需要的产品或提供所要求的服务，及时回应社会多元化的需求，从而缓解社会不同群体对政府不同要求的压力，使政府可以专心地提供纯公共产品。这种政府与非政府组织的有机配合，为社会公共事业的发展提供了可能和保障。

此外，从整个现代社会运行来看，非政府组织作为公共事业管理的主体，还具有扩大就业渠道、增强社会保障制度能力、提高公民民主意识以及增加社会公民化程度等作用。总之，在现代社会，非政府组织作为公共事业管理的主体，是公共事业本身发展的内在要求，也是社会发展的必然要求。非政府组织在与政府一起致力于公共事业服务和管理、促进社会公共事业发展、增进社会公共利益的同时，也与其他社会中介组织一起，促进社会本身即公民社会的发展，形成良好的国家与社会的互动，提高整个社会的运行质量和水平。

当然，还必须指出的是，非政府组织是现代社会公共事业管理主体系统的必要组成部分，但其在公共事业管理中又具有双重性的身份，即一方面主要表现为公共事业管理操作、实施层面的公共服务的提供者和管理者角色；另一方面它又必须在政府所制定的有关法律法规的范围内进行活动并受到政府监督，是政府进行公共事业管理的对象之一。究其原因，乃在于公民社会也有着其缺陷，即主要表现为在公民社会这一领域中，并不是所有的矛盾或冲突都可以凭社会契约性的规则就能解决，因此，政府必须通过制定有关的法律法规为社会成员和非政府组织提供普遍的行为准则，并依此进行必要的干预和调节。如在社会公用事业中的电信、煤气、水、电等，往往是容易形成垄断的行业，政府一方面需要在这些公共服务领域引入私营部门为公众提供更多更好的准公共产品；另一方面还需要制定有关的法律法规，并通过建立一定的制度，对这些企业从宏观上进行统筹管理。①

三、我国公共事业管理中的非政府组织

在当代，随着我国社会主义市场经济体制的建立，非政府组织获得了很大

---

① 郑建明，顾湘. 公共事业管理[M]. 上海：上海交通大学出版社，2011：73-75.

的发展，具有了一定的规模，其作用也日益引人注目。但是，从构建科学的当代我国公共事业管理主体系统、推进公共事业管理市场模式的要求来看，无论是非政府组织的发展，还是政府对非政府组织的培育和管理，都有待进一步深入的改革。

（一）我国非政府组织的兴起

非政府组织是现代公民社会的组织载体，是公共事业管理主体系统的必要组成部分。当代我国的非政府组织主要是在社会主义市场经济改革展开后逐步形成和发展起来的。社会主义市场经济的改革从以下两个方面催生着非政府组织的出现：一方面，公民社会所要求的私有产权、平等自治的契约性关系、法治原则、尊重和保护社会成员的基本权利、自治性质、个人的选择自由等基本特性，也正是市场经济的基本特性，因而公民社会与市场经济是相生相伴的，甚至在一定程度上市场经济也就是公民社会本身。而且随着社会主义市场经济体制的建立，我国公民的个人权利，如迁徙与就业的权利，消费与福利的权利，思想、交往、隐私等权利，个人财产权利等，也得到了前所未有的发展。过一切表明市场经济在我国的出现和发展，为非政府组织的成长打下了基础。另一方面，社会主义市场经济体制的逐步建立和完善，也对非政府组织的建立提出了需求，开拓了发展空间。社会主义市场经济体制改革的深入，伴随着"单位人"向"经济人"和"社会人"的转变，以往属于单位管理但实际上应由社会管理的事务从单位中逐步剥离，同时，在经济快速发展的基础上，公民的生活需求也日益提高并多样化，这就大大增加了社会管理的任务。实践表明，传统的政府以行政方式对社会进行全面管理的方式已不适合新型公共事业的发展，而政府让出的领域也难以全部转交给营利性企业，因为有些事务实际上是政府和企业"不愿做、做不好或不常做"的，市场缺陷不能全部通过政府来弥补，而政府缺陷同样也不能全部通过市场来解决，在这一个政府和企业之外的属于社会领域中的事务，需要社会自己的组织来承担。

还必须指出的是，中共中央、国务院在社会主义市场经济体制建立过程中对包括非政府组织在内的整个民间组织发展的需求有高度的认识并做出了及时回应，十分重视民间组织的发展和管理工作，要求各级党委和政府把民间组织管理工作当作促进经济和社会发展的大事来抓，从而为民间组织的发展提供了由政策法律构成的制度保证。例如，在确立了建立社会主义市场经济的目标后，中共十四届三中全会就提出，"政府经济管理部门要转变职能，专业经济部门要逐渐减少", 要"发挥行业协会、商会等组织的作用"。中共十五大报告从促进经济和政治体制改革的总体要求出发, 提出了必须"培育和发展社会中介组织"。1996 年, 中共中央政治局常委会专门研究了社会团体和民办非企业单位管理问题, 决定将民办非企业单位交由民政部门统一登记管理, 并由中央办公厅、国务院办公厅下发了《关于加强社会团体和民办非企业单位管理工作的通知》, 肯定了民间组织在建设社会主义物质文明和精神文明中的作用, 明确了民间组织管理工作"培育发展和监督管理并举"的方针及一系列原则, 提出了民间组织管理工作的任务。① 与此相呼应, 初步形成了以《社会团体登记管理条例》《民办非企业单位登记管理暂行条例》为主, 地方性法规、部门规章和一系列相关政策共同组成的政策法规体系。

正因为如此, 伴随着社会主义市场经济体制改革的展开和深入, 结合新型公共事业的发展, 我国的非政府组织应运而生, 承担起了特定的公共事业领域中的公共服务和管理任务。这些非政府组织主要为社会团体和非营利性民办单位, 如非营利的学校、医疗机构、福利机构、研究机构, 以及基金会、志愿者组织、环保组织等, 而且随着政府管理改革的深入进行, 原来由政府承担的部分职能逐步向社会转移, 随着政府社会管理方式的逐步改变, 非政府组织的职能得到了落实和加强, 迎来了前所未有的发展机遇。

(二)当前我国非政府组织存在的问题

进行社会主义市场经济体制改革以来, 在相当程度上, 我国的非政府组织从无到有, 并在社会生活领域即公共事业管理中发挥出了越来越重要的作用, 如中国青少年发展基金会的"希望工程", 以及诸多社区公益组织在一定范围内的活动, 等等。但是, 由于种种因素的制约, 与公共事业发展的需求相比较, 当前我国非政府组织总体水平还是很低的, 也显得较为弱小, 难以承担起应有的公共事业管理的职责, 更不能与政府一起促进整个公共事业的进一步发展。

这些不足和问题可以大致分为非政府组织自身和相关政策、法律和管理构成的外在环境两个方面。

---

① 吴忠祥, 李勇, 刘忠祥. 中国民间组织管理工作报告: 进程与展望[M]//中国社会福利与社会进步报告(1999), 北京: 社会科学文献出版社, 2000: 94.

1. 非政府组织自身存在的问题

一是身份不清。这集中地表现在不少非政府组织亦官亦民或以非营利的身份从事营利活动。就前者而言，民间性和自治性是非政府组织的两个基本特点，但由于历史原因，我国缺乏民间自组织的传统，以及资金因素的制约，因而面对传统"事业"向公共事业的转型以及适应政府精简机构的需要，① 我国相当一部分非政府组织是从政府的职能部门转制过来，或者是由政府机构直接建立，它们在活动方式和管理体制上都严重地依赖于政府，作为政府的附属机构发挥作用。在行政管理体制上，我国非政府组织行政管理体制实行的是双重管理体制，即对非政府组织的登记注册及日常管理实行登记管理部门和业务主管单位双重负责的体制。民政部门是非政府组织的法定登记管理机关，只有党政机关和得到党政机关委托的单位才有资格担任其业务主管单位。这样，非政府组织实际上是主管单位的下属机构，从而导致非政府组织的管理人员缺乏管理控制权。在与政府的关系上，西方的非政府组织常用的策略是动员民众，对政府的决策进行强有力的影响。而中国的非政府组织是用政府喜欢的方式，做一些为政府拾遗补缺的工作。长此下去，非政府组织就只能是政府的补充，而丧失了其应有的独立性。②

就后者而言，非营利性是非政府组织的另一个基本特征，但是，由于我国现有的管理非营利单位的有关法律还有待完善，如注册一个非营利单位，让其在享受非营利单位的有关待遇而致力于社会公共事业活动时，对其活动过程的相关法律规范还不够明确具体，这样，一些以非政府组织登记并享受非政府组织待遇的团体在不知不觉中从事着营利活动，更有一些社团以非营利为名，欺世盗名，言行不符，采取各种手段谋取个人或小集团的不正当利益，亵渎了人们的公益心和志愿精神。

二是非政府组织缺乏资金、内部组织不健全、行为缺乏代表性。现阶段我国的非政府组织普遍经费短缺，开展公益活动所需的经费开支与组织的资金能力之间有很大缺口。在组织内部，相当多的非政府组织存在组织结构、管理体制、决策程序、财务制度、监督机制、自律机制等不健全，人员老化，财务混乱的现象。因此，这些组织较难集中、综合、表达、捍卫所代表的群体的利益，得不到成员和一定社区内公众的支持和拥护，组织行为缺乏代表性，相应

---

① 崔运武. 公共事业管理概论[M]. 北京：高等教育出版社，2006：139-140.

② 刘学侠. 我国非政府组织的发展路径[J]. 中国行政管理，2009(4)：69.

地，在参与公共决策的能力上比较薄弱，也不能很好地提供公共服务和进行必要的公共事业管理。

2. 外在环境方面存在的问题

一是对非政府组织的基本政策的实施在一定程度上存在培育和监督管理脱节、重登记管理而疏忽过程监督的现象。"培育发展和监督管理并举"是当前我国制定的对包括非政府组织在内的整个民间组织的基本政策，这是十分适合我国现阶段基本国情和社会经济改革的正确政策。但是，在实施中，还存在着一些不足。① 首先是一些地方政府在登记上严格管理，但对如何积极地对非政府组织进行培育还着力不多；其次是在非政府组织注册登记后，由于相关的法律不明确、不具体，往往只能凭行政手段进行管理，而这种管理又常常只是在年终进行审查，对非政府组织的整个活动过程缺乏必要的监督管理手段。

二是与包括非政府组织在内的整个民间组织相关的法律过于简略、薄弱。应该说，自开展社会主义市场经济体制改革以来，以宪法为核心的多层次、多领域的市场经济法律体系框架已初步形成，相应地，有关非政府组织的法律规章也从无到有，一个比较完整的体系正在形成，从而使非政府组织有了基本的得以生存和发展的法律环境。实际上，目前我国非政府组织的发展正直接得益于政府的基本政策和这一法律体系。但是，这一法律体系也存在着亟待完善之处。

首先，有关民间组织的法律规章过于简略，而各种相关的行政规定内容又较庞杂，且透明度较低。依法管理社会是现代法治国家的一个基本准则，但目前我国有关非政府组织的法律规章过于简陋，实际是以民政部及其他相关部委的行政规定作为管理的依据，相当程度上是以这些行政规定代替更为基本而透明的法律和行政法规发挥着作用。而且，大多数行政机关的内部文件是上级对下级机关工作的指示，这些规定目前进行制度化的公布渠道还不完善，从而使得行政机关在执法中有太多的随意性。

其次，有关非政府组织的民事关系调整的法律薄弱。非政府组织的内部组织、财产关系等是关系其发展的关键性因素，由于非政府组织是民间组织，这些至为重要的关系是民间契约无法调整的，因而必须有政府必要的干预，即通过相关法律加以规定和制约。正因为如此，非政府组织的民事关系历来是各国相关法律中一个极为重要的部分。但目前，我国在这方面是行政管理的规定占

---

① 王乐夫，蔡立辉. 公共管理学[M]. 北京：中国人民大学出版社，2012：64.

据了相关法律的大部分，而少有直接针对非政府组织内部组织、财产关系的规定。这显然不利于非政府组织形成一个稳定的组织框架并尽量减少内部纠纷，从而达到组织目标。

现阶段我国非政府组织发展中存在的问题，从整个社会来看，主要有社会监督机制不完善、社会仍然不够富裕因而捐赠财产数量太少、人们的公益捐赠意识不强、人们的结社意识不强等原因；而从上述两个方面来看，可以说非政府组织自身活动中存在的上述问题，相当程度上又与政府基本政策实施和法律所构成的外部环境有关。[1]

如果说公共事业是一个极具中国特色的关于公共服务提供的术语或概念的话，那么，事业单位作为参与公共事业产品生产和提供，就是这其中具有中国特色的重要内容。事业单位是我国计划经济体制下形成的在非政治、非经济的关系到人民大众基本利益的社会公共事务领域提供公共服务和进行管理的实际承担者。传统的事业单位总体上是具有准政府性的组织，政府正是通过事业单位管理体制实施对社会公共事务的行政化管理。当前，事业单位还是我国公共事业管理的主要承担者，而随着新型公共事业的形成和政府社会管理改革的深入，以及非政府组织的发展，事业单位必须进行政事分开和社会化改革。

第三节　公共事业管理主体之三——准政府组织

准政府组织是指那些虽不属于政府系统但却承担着某些公共职能的半自治非政府组织，即以非营利、增进公共利益为组织目标，但通过授权等行使一定行政权力，对公共事务的管理具有一定强制性的公共组织。[2] 它们介于公共部门与私人部门之间。在中国，准政府组织主要是指由国家出资、完全依靠公共财政举办的旨在为社会提供相关公共产品的事业单位。

一、事业单位的内涵

总体上看，我国对事业单位内涵的界定可以大致分为两个阶段。

第一阶段是 20 世纪 60—80 年代，主要从事业单位的职能和经费来源定义

---

①　崔运武. 公共事业管理概论[M]. 北京：高等教育出版社，2006：140-141.

②　王乐夫，蔡立辉. 公共管理学[M]. 北京：中国人民大学出版社，2012：60.

事业单位。1963 年 7 月，国家编制委员会代国务院草拟的《关于编制管理的暂行办法》(草案)，对事业单位的概念做出了初步界定，即"为国家创造和改善生产条件，促进社会福利，满足人民文化、教育、卫生等需要，其经贸由国家事业费开支的单位"。1965 年，国家编制委员会制定的《关于划分国家机关、事业、企业编制界限的意见》(草案)，又一次规定了事业单位和事业编制，即"凡直接从事为工农业生产和人民文化生活等服务活动，产生的价值不能用货币表现，属于全民所有制的单位，列为国家事业单位编制"。可见，这两个定义强调的是其范围，界定的标准则主要是经济来源。

1984 年，全国编制工作会议上印发的《关于国务院直属事业单位编制管理的实行办法》(讨论稿)进一步规定，凡是将为国家制造或者改善生产条件，为国家积累资金作为直接目的的单位，都可定为事业单位，使用事业编制。可以发现，这一定义与 60 年代有了变化，即主要不是通过经费来源，而是通过对其活动性质和活动目的来进行界定。

上述这些定义虽然前后并不一致，而且都只是草案或讨论稿，但由于长期以来没有专门的法律规定，实际工作中人们基本以此为依据。所以一般将事业单位理解为不具有行政管理职能、为国民经济和社会发展服务、不以营利为目的的实体性社会组织。

第二阶段是 20 世纪 90 年代至今，主要从组织目标、经费来源、组织性质来定义事业单位。

随着我国改革开放的不断发展，事业单位在提供服务的形式和主办主体的所有制结构上都在逐渐变化，国家对事业单位在改革中的经费、劳动和计划等进一步放开，事业单位在实际中的外延已比原来的概念有所扩大。1990 年，国家统计局、人事部、劳动部、国家计委联合发布的《关于在劳动计划和统计中划分企业、事业、机关单位的暂行规定》中，对事业单位的基本内涵做了以下的说明，"企业、事业、机关的划分应以独立核算单位作为划分的基本依据"，并规定事业单位是指"从事为生产和生活服务以及为提高人民科学文化水平和素质服务的独立核算单位"。

随着社会主义市场经济体制的逐步建立和完善，特别是社会结构的变化和各项公益事业的不断发展，现实中从事公益服务的机构也在变化和发展，为规范事业单位的概念，加强政府对事业单位的管理和监督，1998 年国务院发布《事业单位登记管理暂行条例》，首次对我国事业单位进行了规范性定义，即

"国家为了社会公益目的，由国家机关举办或者其他组织利用国有资产举办的，从事教育、科技、文化、卫生等活动的社会服务组织"。从此，我国事业单位的概念和定义得以法律化，事业产品提供组织的内部运行机构和政府对事业单位的宏观管理体制也不断走向规范化。①

二、事业单位的类别

按照《国民经济行业分类》的标准，根据事业单位面向的行业领域的差异，它是以事业单位的活动领域为依据而实行的行业系统分类法。按照这一分类方法，我国的事业单位可分为教育、科技、文化、卫生、社会福利、体育、交通、城市公用、农林渔牧、信息咨询、中介服务、勘察（探）、气象、地震测防、海洋、环境保护、检验检测、知识产权、机关后勤等 19 个大类，100 多个小类。其中，教育、文化、卫生、农林渔牧、科研和城市公用占大头。② 这种分类在事业单位的干部人事管理、机构编制统计、规模控制、结构平衡以及制定机构编制标准等多项政府管理活动中被普通应用。事业单位一般可划分为如下主要类别。

（一）科技事业单位

作为对自然、社会和思维知识体系的某一领域或某一方面进行研究，并将研究成果转化为生产力，直接或间接为国民经济和社会发展提供基础性或公益性服务的组织机构，科技事业单位是我国庞大事业单位的组成部分。

科技事业单位主要有：自然科学研究单位，包括基础性科研院所、应用性科研院所等；社会科学研究事业单位，包括基础理论研究院所、人文历史研究院所、综合性科学研究单位。

（二）教育事业单位

作为从事各种公共教育教学以及为教育教学提供指导和服务的各类社会公益性组织，教育事业单位是我国各类人才的最大输出港，是现代化建设的基础，事关国民整体素质的提高。

---

① 崔运武. 公共事业管理概论[M]. 北京：高等教育出版社，2006：143-144.
② 李正明. 公共事业管理教程[M]. 北京：机械工业出版社，2006：33.

教育事业单位主要有：基础教育单位，包括中小学、幼儿园、托儿所等；中等教育单位，包括各类中等专业学校、中等职业技术学校、中等师范学校、技工学校等；高等教育单位，包括各类大专院校、独立设置的研究生院（部）等；成人教育单位，包括各类干部管理院校、教育（进修）学院、党校、团校、职工大学、广播电视大学、函授学校、讲师团、各类培训中心等；特殊教育单位，包括各类工读学校、盲聋哑学校、教会学校等。

（三）文化事业单位

文化事业单位是指从事艺术、图书文献、文物、新闻出版、广播影视制作、音像品制作，以及其他为满足人民群众精神生活需要而进行创作、演出或展览活动和为群众性文化活动提供场馆服务的组织机构。

文化事业单位主要有：演出事业单位，包括各类演出团（院、队）等；艺术创作事业单位，包括艺术创作院所、艺术制作中心、音像影视制作中心等；图书文献事业单位，包括图书馆、档案馆、文献情报中心等；文物事业单位，包括文物保护站、文物考古队（所）、博物馆、纪念馆等；群众文化事业单位，包括群众艺术馆、文化馆（站、宫）、青少年宫、俱乐部等；广播电视事业单位，包括广播电台（站）、电视台、转播台（站）等；报纸杂志事业单位，包括各类报社、期刊社等；编辑事业单位，包括各类编辑部、党史编纂室、地方志编纂室等；新闻出版事业单位，包括各类图书出版社、音像出版社、电子出版社、新闻中心、新闻社等。

（四）卫生事业单位

卫生事业单位是指社会提供疾病预防控制、医疗救治、健康保健和计划生育服务等的组织机构。2017年底，我国卫生事业单位的工作人员规模已达到175万人。[①]

卫生事业单位主要有：医疗事业单位，包括各类医院、卫生院、保健院（站）等；卫生防疫检疫事业单位，包括疾病预防控制中心、各类地方病防治院站、防疫站、检疫所等；血液事业单位，包括采血中心（站）、血库等；计划生育事业单位，包括计划生育技术指导中心（站）、妇幼保健院（所、站）等；

---

① 国家卫生健康委员会. 中国卫生健康统计年鉴（2018）[M]. 北京：中国协和医科大学出版社，2018：25.

卫生检验事业单位，包括药品检验所（站）、食品检验所（站）等；卫生监督单位，包括卫生监督所、站等。

（五）农业事业单位

农业事业单位是指向农业、林业、畜牧业、渔业、水利业提供公益服务，以及从事农、林、牧、渔、水等行业资源的开发和保护以及技术推广服务的组织机构。

农业事业单位主要有：农业技术推广事业单位，包括农业技术推广站、农经站、林业站、水利站、畜牧兽医站、水产站等；良种培育事业单位，包括种子（苗圃）站、实验（养殖、试验）站、良种配种站等；综合服务事业单位，包括土肥站、水土保持站、植物（森林防灾）保护站（所）、农业（林业）自然保护区管理机构等；动植物防疫检疫事业单位，包括动植物防疫所（站）、检疫所（站）等；水文事业单位，包括水文勘测站、水流域管理（所）、水文站等。

（六）体育事业单位

体育事业单位是指从事体育竞技比赛和为体育竞技比赛及群众性体育活动提供培训和场馆服务的组织机构。

体育事业单位主要有：体育竞技事业单位，包括各类运动队、俱乐部等；体育设施事业单位，包括各类训练基地、比赛场馆等。

（七）城市公用事业单位

城市公用事业单位是指从事市政公用设施的养护、维护、管理以及园林绿化、市容环卫管理并提供相关公益服务的组织机构。

城市公用事业单位主要有：园林绿化事业单位，包括园林绿化队（站）、公园、游乐园等；城市环卫事业单位，包括环卫所、清洁卫生队（站）、管道疏通队（站）；市政建设事业单位，包括市政工程队、市政工程维护队等；房地产服务事业单位，包括住房公积金管理中心、房屋建设服务中心、房地产交易中心、房屋安全鉴定所（站）等。另外，城市的公共交通、给排水、供电、供气等在很长时间内也在这一范围内。

（八）交通事业单位

交通事业单位是指承担公路、航道建设维护、管理和交通规费征收任务，并提供相关公益服务的组织机构。

交通事业单位主要有：公路建设维护事业单位，包括公路养护段(站)、公路工程监理站(处)、公路工程造价管理站、公路管理局(处、所)等；公路运输管理事业单位，包括公路运输管理局(处、所)、汽车检测中心(站)等；交通规费征收事业单位，包括稽查征费管理局(处、所)等；航务事业单位，包括航务港监船舶检验局(处、所)、航道养护段(站)、救助打捞队等。

(九)社会福利事业单位

社会福利事业单位是指从事关乎社会福祉的公益事业，为社会上的离退休人员、鳏寡孤独人员和残疾人提供服务的组织机构。

社会福利事业单位主要有：福利事业单位，包括养老院、福利院、孤儿院等；康复治疗事业单位，包括干休所、荣军院、疗养院、休养所、伤残军人医院、残疾人康复中心、残疾人用品供应站；殡葬事业单位，包括殡仪馆、火葬场等。

(十)机关后勤服务事业单位

机关后勤服务事业单位是指承担机关事务性工作以及为机关工作和生活提供各类后勤保障服务的组织机构。

机关后勤服务事业单位主要有：生活保障类事业单位，包括食堂、水电班、车队、小卖部、门诊部、医务所等；修缮事业单位，包括修缮队等；文印通信事业单位，包括总机班、文印室、印刷所等；接待服务事业单位，包括招待所、宾馆等。

(十一)社会中介事业单位

社会中介事业单位是指运用一定手段，为机关、企事业单位、社会组织或公民等提供法律、政策、信息和技术咨询，以及为人才、置业资格评估等提供服务的组织机构。

社会中介服务事业单位主要有：信息咨询事业单位，包括信息中心、咨询服务中心(站)等；技术咨询事业单位，包括技术创新中心、技术交流中心、计算机中心(站)等；职业介绍(人才交流)事业单位，包括职业介绍中心、人才交流中心等；经济鉴证类社会中介事业单位，包括律师事务所、会计师事务所、审计事务所、价格事务所、专利事务所、商标事务所、版权事务所、交易所等。此外，还有气象、环境保护、质量技术监督检测、知识产权保护，以及银行监管、证券监管、保险监管、电力监管等各类独立监管单位。①

思考题

　　1. 政府在公共事业管理中会出现政府失灵吗？如果有，主要体现在哪些方面？

　　2. 为什么说政府是公共事业管理的主体和核心？

　　3. 非政府组织的基本特点有哪些？

　　4. 我国非政府组织的发展存在哪些障碍？

　　5. 我国事业单位的内涵发生了哪些变化？

案例分析

山东临沂：政府采购智能化交通系统

　　山东省临沂市地处鲁南，拥有近千万人口，是全国五大商品集散地之一，每天过境车辆达十万余辆，道路交通管理的任务十分繁重。因此，智能化交通管理系统的建设将对城市规划建设经济发展产生很大的促进作用。整个系统预算资金为 1600 万元，控制的主要交叉路口达 28 个，分为基于 GIS 平台的交通指挥集成系统、交通信号控制系统、交通电视监控系统、闯红灯监测系统、交通诱导系统和大屏幕组合显示系统，是临沂市政府采购中心成立以来组织的规模最大、科技含量最高、情况最复杂的政府采购活动。具体的采购过程如下。

　　1. 准备阶段

　　政府采购中心会同市公安交警支队，结合临沂市区交通现状和发展要求进行前期调研、考察论证、规划设计，初步制定了智能化交通管理系统方案。然后发布招标公告，对全国 113 个厂家进行资质审查。积极争取公安部科技司、北京市公安交通管理局、公安大学等部门和单位的国内知名专家，与市政规划等部门的专

---

　　①　崔运武. 公共事业管理概论［M］. 北京：高等教育出版社，2006：145-148.

家一起，对系统的整体设计进行反复论证，最终形成总体技术方案。

2. 招标阶段

①成立招标小组。招标领导小组由市财政局领导任组长，市政府采购中心主任、交警支队领导为副组长，整体由市政府采购中心和交警支队有关人员组成。招标领导小组下设核查小组、评标评分小组。其中评标评分小组具体负责对招标单位的资质资格审查、标书接收、评审打分以及中标厂家的初选推荐等工作。

②制定招标文件。包括招标邀请书、投标须知、合同条款、项目要求、系统功能、技术指标以及工程测试验收和售后服务等各类指标和要求。

3. 开标阶段

2002年6月6日，市政府采购中心在田园大酒店召开开标大会。宣布参加开标大会的有关单位有市纪委、监察局、财政局、交警支队、新闻单位和投标单位；宣布评标原则、评标标准、评标纪律和评标小组成员组成情况；将所有投标单位的系统报价等情况进行公布，由投标单位代表现场确认。市纠风办负责全过程现场监督，临沂电台、电视台、《临沂日报》、《沂蒙生活报》等进行现场报道。

4. 评标、定标阶段

考虑到基于G平台的集成系统是整个系统的枢纽，技术复杂，投标方案多，很难一次确定中标厂家，而其他子系统则标准明确，便于比较，政府采购中心决定分别采取竞争性谈判和邀请招标的方式确定集成系统和其他子系统的中标厂家。在整个评标过程中，政府采购中心坚持从严把关，重点做了以下四项工作：一是组成专门班子。对原来参加方案论证的专家，除保留一位教授外，又分别从上海交警总队科研所、北京交通科研所聘请交通控制系统总工程师、教授组成新的专家组，由市政府采购中心牵头，具体负责谈判工作，市纠风办和交警支队的领导及有关人员参加。二是严防谈判内容外泄。为减少外界干扰，评标小组到地理位置偏远、通信信号弱的平邑县大注度假村进行封闭式作业，每天连续工作十几小时甚至二十小时，坚持谈判工作不过夜。三是公平对待每个供应商。规定每个厂家用投影仪在 40 分钟内介绍各自情况，然后进行讨论，现场打分，去掉一个最高分和一个最低分，进行现场统计，现场公布结果。在此基础上，选取前三名作为候选中标人。四是遵循"同等质量看价格，同等价格看质量"的科学评标标准。对于价格相近的产品，着重比较产品质量、公司业绩、工程经验和公司资质。如北京布鲁盾高新技术有限公司尽管报价略高于其他厂家，但其资质和业绩较好，在 2002 年 5 月份北京市组织的交通控制系统招标中，能够与国外厂家一起竞争，并多次中标。经反复权衡，仍确定其为技术集成总包的中标单位。对于技术标准统一、设备价格透明的系统设备，侧重以价格为主。如闯红灯监测系统和交通诱导系统，选择了北京燕赛公司和上海交大高新技术股份有限公司，它们的报价分别比其他公司低 37 万元和 11 万元。对于系统主要设备的配置，注重产品质量和技术的先进性。如大屏幕组合显示系统，某公司虽然报价比另外两家低 30 余万元，但通过考察核实，该公司在生产安装软件开发、付款条件和售后服务等方面不如另外两家公司，所以决定选择西安宏源信息集成技术有限公司作为中标厂家。

总体来讲，临沂市智能化交通管理系统采购工作进展顺利、成效显著。开标后，一期工程六个包最高报价为 1620 万元，最低报价为 567 万元，差额为 1053 万元。经过综合评比，中标价格为 811 万元，比预算金额 600 万元降低 789 万元，节支率高达 493%。

（资料来源：沈亚平，王骚. 公共管理案例分析[M]. 天津：天津大学出版社，2006：166.）

问题：本案例中，政府与市场两大主体是怎样合作解决公共交通问题的？

第 3 章　公共事业管理的层次、方法与技术

公共事业管理的技术与方法是指为了实现公共事业管理目标，公共事业管理主体联系与作用于公共事业管理客体所采取的方式、手段和措施。公共事业管理的方法是一个由多种方法或手段构成的方法体系。随着时代的发展，公共事业在社会管理与服务中发挥着越来越重要的作用，其具体的管理技术与方法也随着公共事业的不断进步而推陈出新。本章从公共事业管理的层次出发，介绍公共事业管理的技术与方法，包括公共部门的绩效、人力、组织战略和政府管制技术的相关内容以及行政、市场和现代化的管理方法等。

第一节　公共事业管理的层次

公共事业管理是一个以政府为主导的多元主体参与的统一有多层次的、中央与地方相结合、集中管理与分散管理相结合、管理环节与实施环节相统一又分离的管理系统。公共事业管理是政府公共职能的一个重要方面，在从中央到地方再到具体实施环节的管理体制上应该分成相应的层级，每个层级都有各自的活动领域。

管理至少涉及三个不同层面的复杂系统，它们分别是管理对象存在的功用与价值的层面，管理要素之间的关系与过程的层面，以及管理系统整体层面。对应于公共事业管理的层次，

分文化层次、组织层次和管理系统整体层次三层。文化层次涉及管理的目标和制度的建设方面，组织层次涉及管理人员、管理手段和管理方法，而管理系统整体层次则涉及管理的体制、宏观层次上的政策法规以及监控调节等。鉴于公共事业管理活动横纵交叉的复杂性，将其分为宏观和微观两个层次，从不同层次上分述各自的目标、职能、管理机构和管理方式等。

任何一种管理活动都必须由以下四个基本要素构成：（1）管理主体，回答由谁管的问题；（2）管理客体，回答管什么的问题；（3）组织目的，回答为何而管的问题；（4）组织环境或条件，回答在什么情况下管的问题。公共事业管理活动同样必须满足这几个要素，宏微观要素的构成也体现出一定的层次性。①

一、宏观公共事业管理

宏观公共事业管理主要是指对涉及全社会的公共事业发展，即关系到全社会公众基本生活质量和公共利益的公共事业产品的供给的管理，② 同时也关系到公共事业管理观念上的变化和制度上的建设。由于其不局限于某一具体的个人和地域，所以称为宏观公共事业管理。

（一）宏观公共事业管理的目标

公众对公共产品不断增长的需求是公共事业发展的根本动力。满足公众的这种需求以及提高生活质量和促进公共利益，成为了公共事业管理的根本目标。从公共事业管理发展的进程来看，公共事业管理在不同的历史时期表现出来的特点都是公众对公共产品内在需求的结果。当前，随着公众需求水平的提高，单纯政府的投入已经跟不上时代的要求，必须让市场和社会组织参与到公共事业管理中来，但政府对于公共事业管理领域仍旧发挥着主导作用，不仅是直接的生产者和提供者，也是制度和政策的制定者，在公共产品多元化的格局中还发挥着监督和规范其他主体的作用，这在前述当代公共事业管理特点时已谈到。政府所要做的就是如何实现供需之间的平衡，这种平衡是指宏观层次上的，即全社会在公共产品方面的供给与需求之间的基本平衡，在需求增长的情况下政府更多考虑的是如何有更多的供给，比如如何刺激私人市场和社会组织

---

① 郑建明，顾湘. 公共事业管理[M]. 上海：上海交通大学出版社，2011：56.
② 崔运武. 公共事业管理概论[M]. 北京：高等教育出版社，2006：107.

来参与公共产品的生产和提供。

但供需平衡的完全实现是不可能的，这在社会发展进程中也从未实现过。这里存在一个广泛的现象就是：需求的无限性和公共产品供给的有限性之间的矛盾。这就要求政府必须通过有效的制度和政策来解决这种矛盾，当然政府可以选择的方式手段会受到内外环境的制约，比如经济发展水平等，但总体无外乎两种途径：一是扩大公共产品的供给，除通过进一步强化政府的公共职能，增加政府对公共事业的直接投入外，还可引入市场和社会组织，走多元化和社会化的路径；另一种就是通过观念和政策引导以帮助公众形成对公共产品的适当需求，压制公众对公共品的不合理需求，将公共产品的供给界定为基本公共品的生产和提供，高质量的需求由个人通过家庭和市场来获得满足。但总体上随着社会的进步，对"基本公共产品"的衡量标准也在不断变化，这也进一步打破供需平衡，使得公共品的生产和提供在很多时候只能满足政治和经济的安排，先满足最基本需求再逐步推进。

(二)宏观公共事业管理的内容

1. 观念革新和制度建设

在宏观层面上，首先，观念革新和制度建设要高于政策的制定。公共事业管理的模式渐进其实也是因为政府与市场、政府与社会之间在观念认识上发生了变化，改变了旧有的认为私人不能进入公共产品的生产和提供领域的观念，同时对于公共品的基本性有了界定，即对公众仅提供基本公共品，对政府、市场和个人之间的边界有了较清楚的确定，而这就需要相应的制度建设作为保障。西方资本主义国家都强调立法先行，通过法律法规来规范公共事业管理主体之间的关系，同时对管理的过程和结果进行监督和约束，正是这些法律法规为政府在政策方面的制定提供了依据。其次，在政治民主机制上，要搭建利益表达的平台，保障公共事业多元主体利益的均衡。"公共政策的本质在于均衡多元利益，实现作为社会利益核心的具有社会共享性的公共利益、具有组织分享性的共同利益和私人独享性的个人利益。"①通过民主机制来实现多方利益的博弈，从而保障在公共事业生产和提供过程中的各自权利责任。不能以行政权力对私人市场和社会组织的利益造成伤害和损失。最后，在公共事业相关领域

---

① 邹东升，陈达. 公共政策执行困境的解决之道：宏观逻辑与微观机制的统一[J]. 探索，2007(2).

的制度建设要配套，如再分配制度。

2. 宏观公共政策制定

为了实现公共事业产品的供需平衡，政府作为主导者必须通过公共政策的制定和实施，来保证宏观管理职能的发挥，主要包括：首先，要对公共事业产品的供给情况进行科学预测，通过供给结构和发展趋势的变化来对公共事业产品的供需进行计划；其次，通过制定和分析公共事业的社会指标，如教育方面，接受过高等教育人口占总人口比例，环境保护方面的空气污染指数、卫生公平性等，引导公共产品和公共服务的供给主体在资源投资方向和结构方面进行调整；最后，就是制定宏观性的公共政策，如教育发展规划、医疗改革方案等，从整体层面来考虑公共产品的供给政策，同时为保证政策的落实，还需要对公共事业相关的政府机构运行机制进行调整，以提高其效能。

(三)宏观公共事业管理的职能

宏观公共事业管理一般都是间接管理，不直接作用于具体公共品的生产和提供，对其管理主要体现在计划、组织协调、控制监督方面，具体如下：

从计划职能方面看，进行宏观公共事业管理的部门应该根据全社会的公共需求情况确定供给主体的生产和提供能力，其一是通过公共政策的制定，对公共事业管理发展的方向和投入结构及规模进行引导和调节，在科学预测的基础上能较好地实现公共品总体上的供需平衡；其二是要规划引导具体公共事业管理服务部门的数量、比例和布局，力求达到公共事业产品的地区间平衡，如南水北调、西气东输等工程。

从组织协调职能来看，宏观公共事业管理部门要做的主要工作是如何有效整合资源，即首先要保证有足够的主体参与到公共产品和公共服务的生产和提供中来，通过正确的政策法规和合同文书以及组织纪律来保障公共产品从生产、交换、分配到消费的整个过程能够顺利地进行；其次要协调公共事业管理各部门及外部集团、部门和组织、个人之间的关系，尤其是要协调好公共利益和私人利益、整体利益和部门利益之间的关系，在保障公共产品正常供给的同时应该切实保障各主体的自身利益。

从控制监督职能看，承担宏观管理任务的公共事业管理部门的主要工作是外部控制和内部控制。对于前者而言，由于公共事业管理机构设立的目的、权力范围以及哪些权力可以对外或向下授权等是通过法律规定的，因此，高层管理机构需要经常从立法部门和不同的利益集团那里了解信息，以随时掌握本机构或部门权力的控制和行使，同时，还要与对本机构工作可能有影响的部门保持联系，以便准确了解来自外部的因素对自己行使控制权力的影响。对于后者而言，主要表现为通过必要的控制程序，如一系列正式的指示，准确计算下属完成某项任务所需要的时间，确定工作中哪些方面需要调整、纠正等，保证整个部门按计划完成公共事业管理任务。

(四)宏观公共事业管理的管理机构

在公共事业管理的主体系统中，主要由高层次的政府组织承担宏观公共事业管理的职责。其原因是：一是宏观公共事业管理主要是公共事业范围内的公共政策的制定和实施，而制定公共政策的主体就是政府。二是进行全社会公共事业范围内公共事业产品供求总平衡需要全社会最强有力的也是公认的公共权威，在任何社会中，这一公共权威无疑是政府，并且是管理职权和范围覆盖全社会的高层次的政府。

由于公共事业管理范围内的公共政策的基本形式有法律、政令、计划、方案等，因此，承担宏观公共事业管理的政府是广义的政府，即包括立法、行政、司法机关在内的政府。在实际中，涉及宏观公共事业管理或承担宏观公共事业管理任务的政府机构包括：一是立法机构，如我国的人民代表大会、西方国家的议会；二是司法机构，如法院、检察院等；三是行政机关，即政府管理部门，例如，政府的科、教、文、卫管理部门，环保部门，我国的民政部门、计划生育部门，财政、计划、物价、税务等专职部门，以及涉及公众基本生活质量的一些经济管理部门，如交通部、铁道部、电信管理部门等。在不同的国家或地区，这些涉及宏观公共事业管理的政府管理部门(行政机关，即狭义的政府)的名称、数量等是不同的。设置这些政府管理部门的依据，正如本章第一节所阐述的，主要是特定条件下政府职能的变化和发展，环境和实际的需要，以及政府管理方式的变化和发展。[①] 当然，某些地方政府在一定程度上也具有宏观管理的权力，尤其体现在西方联邦制国家，如美国的州政府对所在州内的公共事业进行的管理，在联邦法下有制定法律法规和政策的自主权力。无论如何，就其管理的范围看，这种宏观上的管理机构主要还是中央政府。

二、微观公共事业管理

微观公共事业管理主要是指对公共事业领域内具体的公共事业产品的生产

---

① 崔运武. 公共事业管理概论[M]. 北京：高等教育出版社，2006：109-110.

和提供，以及主体相互关系的管理和规范。

(一)微观公共事业管理的目标

宏观公共事业管理的目标是实现公共产品的供需平衡，宏观管理总体上是抽象的一般性原则，那么微观层面的目标就是如何将宏观层面那些抽象的一般性原则具体由基层政府和相关主体落实到实践中去，他们工作的职能内容和运作形式是在上级部门的授权下进行的。

(二)微观公共事业管理的职能

微观公共事业管理是直接与公共产品接触、相关联的，通过直接管理的方式来实现公共产品的供给，而这些也是具体表现在计划、组织协调和控制监督等基本职能上的。

从计划职能来看，微观公共事业管理部门要做的工作可以分为两类：一类是细化上级部门的工作目标，根据本区域、本部门的具体情况来制定具体工作的计划方案、操作方式、预期目标等；另一类就是根据公共事业法律法规要求，对本区域的公共品在数量、质量和结构上进行合理调整，以达到供需的基本平衡。从组织协调来看，主要是组织整合现有区域内的资源，与在公共品生产和提供方面的目标相联系，保证可动用资源能满足现有本区域公众的需要；在协调方面主要是对公共事业管理措施的实施过程进行协调，通过项目管理和特许经营等具体的方式来形成各主体良性的运作秩序。

从控制监督职能看，主要是控制执行的结果，即按照本地区和本部门执行上级制定的目标、计划和标准，进行公共产品生产和服务达成的结果判定。具体实施中可以通过过程监督、结果监督等来对公共事业产品生产和提供过程进行监控。

(三)微观公共事业管理部门

微观公共事业管理的部门主要是地方和基层与公共事业相关的职能机构。主要有以下几类：

一是政府专门从事公共事业的基层部门，在这里局限于地方层次的对口部门，如省市的民政部门、科教文卫等专业部门。

二是直接从事公共产品生产的部门，如我国的事业单位和一些国有企业，还有非营利组织等。

三是业务涉及微观公共事业管理内容的政府部门，如物价部门、税务部门、审计部门等①。

四是从事监督、评估和协调等管理工作的非营利组织，如美国教育理事会、美国大学协会(Association of American Universities)等。

第二节　公共事业管理的方法

所谓公共事业管理的方法，是指为了实现公共事业管理目标，公共事业管理主体联系与作用于公共事业管理客体所采取的方式、手段和措施。公共事业管理的方法是一个由多种方法或手段构成的方法体系。本节将其分为行政化方法、市场化方法和现代化方法，分别介绍了公共部门从主体出发，运用行政规范、经济条款和法律规章的手段有力地对公共事业进行的一系列管理。首先，介绍我国是社会主义市场经济，市场在我国经济发展中占据主导地位。政府采取的一切管理方法，势必是使市场有序高效，符合市场运行的规律。其次，详细介绍了用者付费、内部交易和产权交易三种市场化方法。最后，随着时代的发展，社会结构越来越复杂，需要人们更多地运用现代化的传播、情感以及心理的方法进行公共部门的管理。②

一、公共事业的行政管理方法

(一)行政管理方法的内涵

行政管理方法，就是各个系统、部门和单位，依靠行政组织的权威，运用命令、指示、规定、条例等行政手段，按照行政系统和行政隶属关系，对公共事业活动进行组织、指挥、调控和监督等管理活动的方法。其实质是通过行政组织中的职务和职位来进行管理。

(二)行政管理方法的特点

公共事业管理的基本方法——行政管理方法，作为一种强制性手段，具有如下的特点：

第一，权威性。行政方法是通过国家赋予的权力，发布一定的规范性文件

① 崔运武. 公共事业管理概论[M]. 北京：高等教育出版社，2006：113.

② 吴爱明. 公共管理学[M]. 武汉：武汉大学出版社，2012：271.

来实现国家对公共事业的管理。由于发布这些规范性文件的是国家行政机关，因而一经发布就要求在公共事业领域内活动的任何组织和个人都必须严格遵照执行。这种权威性实际上也是强制性，只是相比较法律管理方法的强制性来说，行政管理方法的强制性相对弱一些。

第二，直接性。运用行政管理方法管理公共事业，通常是按照行政系统、行政层次、行政区划的上下级隶属关系来进行的，通过行政系统的这种隶属关系对调节对象的直接作用来达到管理目标，没有迂回的过程。

第三，时效性。公共事业管理的行政管理方法一般针对比较具体的问题作出较为具体的规定。因为这些规范性文件主要是在特定的时间内，针对特定的公共事业管理对象而制定的，所以，随着社会和经济的发展，这些规范性文件往往会失去效力。①

(三)行政管理方法的内容

运用行政方法对公共事业进行管理的主体是行政机关即狭义的政府，有时也包括一些经过授权的非政府组织如我国的某些事业单位。这一管理主要表现在以下几个方面：

一是政府及政府专门进行公共事业管理的部门通过制定和发布行政命令、规定、办法等，即通过制定狭义的不包括法律在内的公共政策来对公共事业活动进行管理。一般来说，行政命令、政策等行政方法，都是以令行禁止的形式实现其公共事业管理职能的。这实际上是由政府(狭义)高层公共事业管理机构制定相关公共政策对公共事业实施管理的过程。

二是专门承担公共事业管理职能或兼及公共事业管理责任的政府行政机关，通过行政监督来督促公共事业领域内的活动者执行国家的方针、政策等。在国家的各项有关公共事业管理的方针、政策、命令、条例等公布后，各级负有公共事业管理职责的行政机关即履行各自的职责，加强行政监督，以保证这些方针、政策、命令、条例等的贯彻实施。这一行政监督主要包括物价监督、质量监督、税务监督、审计监督等。

三是承担公共事业管理的行政机关通过运用行政方法对公共事业活动中违法违章行为进行查处。这一查处即通常所说的行政处罚。在公共事业管理中通常采用的行政处罚包括通报批评、没收非法所得、处以罚款、责令停止公共服

---

① 崔运武. 公共事业管理概论[M]. 北京：高等教育出版社，2006：185.

务活动以及取消活动资格等。①

二、公共事业的经济管理方法

(一)经济管理方法的内涵

经济管理方法，是指公共事业管理主体遵守客观经济规律，运用经济杠杆影响公共事业活动参与者的经济利益，以保证公共事业的发展按国家意志进行的一种管理方法。从对管理客体的作用方式来看，经济方法主要是通过物质利益的诱导来协调公共事业活动中的各种关系，属于间接调控方式。

(二)经济管理方法的特点

经济管理方法虽具有一定的强制性，但不如行政和法律管理方法那样强烈。经济管理方法具有如下特点：

第一，间接性。管理目标的实现是通过改变各种经济变量来调整利益关系，引导被管理者去追求某种利益，从而间接地影响、干预管理对象，达到调节的目标，而不是通过直接对管理对象下达命令的方式体现管理意图、实现管理目标的。

第二，引导性。即管理者利用经济杠杆的作用来体现自己的意志，通过物质利益明示参与公共事业活动的个人和组织应该从事哪些方面的活动，以及鼓励或禁止从事哪些活动。

第三，灵活性。经济规律是不以人的意志为转移的，这就要求管理主体能够随时掌握经济发展变化的脉络，使所运用的经济手段适合变化着的经济规律。而且，经济规律的具体形式很多，对不同的管理对象，可以使用不同的经济手段，对同一管理对象，为实现不同的管理目标也可以使用不同的手段。②

(三)经济管理方法的内容

公共事业管理的经济方法在实际中运用主要表现在两个方面：

一是宏观层面。主要是在一定程度上利用价格、税收和信贷三大经济杠杆进行公共事业活动的调节管理。在现代市场经济国家中，实际上都存在着市场

---

① 崔运武. 公共事业管理概论[M]. 北京：高等教育出版社，2006：186.
② 崔运武. 公共事业管理概论[M]. 北京：高等教育出版社，2006：187-188.

定价、国家定价和国家指导价等价格形式，而国家定价和国家指导价主要就集中在公共事业领域中的公共产品和服务方面，因此，价格杠杆在公共事业管理中的作用，主要是通过国家定价和国家指导价随着公共需求和公共供给能力变化而产生变化，从而来调节、适应和满足公众对公共事业产品的需求。信贷是通过利率的变化对公共产品的供给产生影响。税收则是通过一定的公共事业产品确定相应的税种、税目和税率，对参与公共事业活动的组织的活动进行调节，从而调节公共事业的发展。此外，在宏观层面还有财政因素。财政作为一种负税收，是一种特殊的经济手段。前面已经指出，在现代社会，虽然公共事业领域内公共产品和服务的提供已经多元化，但公共财政仍然是整个社会的经济基础，因而财政对公共事业活动的直接投入的变化，也必然对公共事业活动产生影响。一般来说，现代公共事业管理中，财政的调节和控制作用表现在政府供应、补贴等方面。所谓政府供应，即政府通过财政预算提供商品和服务，这些商品和服务主要是道路、教育、卫生及社会福利等。这些内容还包括转移性支付，即政府并不是经费的最终使用者，而是通过再分配将经费从某一纳税人阶层转至另一纳税人阶层。大多数政府行为是通过直接供应得以实现的，并直接体现在政府预算中。所谓政府补贴，在公共事业方面主要体现为政府对从事公共事业领域内公共事业产品生产的私营部门进行补贴，如对私人公共汽车公司和私立学校的补贴等。私营部门可提供特定的公共产品和服务，但政府须给予其一定的补助。同时，政府也对私营部门进行具体的行政管理，主要监控其是否将补贴真正用于所定项目。政府补贴大大提高了公共事业产品的产量，并为政府对这些产品进行价格控制和平衡打下了经济基础。

微观层面经济管理手段是利用物质利益的诱导作用，鼓励或禁止公众行为以达到管理目的。微观经济管理方法的主要手段有工资、奖金和罚款等。一般来说，对于某些期望实现的目标，公共管理主体可利用实现或增加经济收入的方式表示奖励，对于某些非期望的目标，则以减少经济收入或经济处罚等方式来加以阻止和挽救，最常用的是工作绩效与个人的经济收入直接"挂钩"的方式。

(四)经济管理的具体形式

1. 用者付费

用者付费是指政府对某种物品、服务或行为确定"价格"，由用者或行为者支付这种费用，其主要目的是通过付费把价格机制引入到公共服务中来。用者付费经常被用于控制负的外部性，特别是控制污染、城市交通等。英国、美国等国在很多服务领域(除教育、卫生和社会服务等领域之外)都采取用者付费制。

作为政策工具,用者付费是一种灵活的工具,它的主要优点是:克服免费提供公共服务所导致的对资源的不合理配置和浪费;无偿提供公共服务将导致无目的的补贴和资助,对社会公平造成损害;通过付费制,价格可以真正起到信号灯的作用,从而使市场机制在公共服务领域得以良好运作;客观上,通过用者付费制也可以增加政府的财政收入,缓和政府的财政危机。

其主要缺点是:收费水平难以准确确定;在得到一种最优化的收费标准的过程中,资源有可能误置;不能作为处理危机的工具;管理成本高且繁杂。①

2. 内部市场

内部市场的最大特点是将提供公共物品和服务的政府部门人为地划分为生产者和购买者两方,这样在政府组织内部就产生了"生产者"和"消费者"两个角色。一个政府可以雇佣或付费给其他政府以获取公共服务,小的社区可以从一些专门化的政府单位购买图书馆、娱乐设施或消防服务,这些单位由该地区的政府部门共同组织并向政府部门提供服务。公共服务提供的内部市场方式在社会服务中应用相当普遍。

内部市场在英国行政改革中得到广泛应用,并成为英国行政改革的一大特点。例如,从 1992 年开始,英国政府把原来给医院的大部分款项拨给家庭医生。医院的手术和住院服务明码标价,形成医疗服务的内部市场。家庭医生与病人协商选择医院,然后从自己的预算中向医院交付手术费和住院费。在不影响公民免费医疗权利的前提下,这一改革不仅彻底改变了医院效率越高越容易亏损的局面,而且迫使各医院提高质量,降低价格,为吸引更多的"顾客"而开展激烈的竞争。

内部市场的实现需要具备三个要素:明确划分生产者和消费者;内部市场的主体在内部签订准合同和商业契约,并在此基础上运作;要求一定的付费制度和会计制度作为保障。

内部市场是公共管理改革的一个新思想,很有创新性,但运作起来需要许多条件来支持,需要政府形成一种契约意识和创造一个平等的竞争环境,以及高素质的管理人员和完备的信息管理系统。②

---

① 吴爱明. 公共管理学[M]. 武汉:武汉大学出版社,2012:268.
② 吴爱明. 公共管理学[M]. 武汉:武汉大学出版社,2012:270-271.

3. 产权交易

财产权利指的是"一系列用来确定每个人对稀缺资源使用时的地位和经济社会关系，它由使用权、收益权、决策权和让渡权等组成"①。产权交易基于这样的假定：市场通常是最有效的配置工具，政府通过产权拍卖，在没有市场的公共物品和服务领域建立起市场。政府通过一定数量的为消费者指定的资源和可转移的产权而建立起市场，这可以创造人为的稀缺，并让价格机制起作用。

这种工具使用的一个典型例子是污染防治。许多国家采用这种工具来控制有害污染物的排放。基本思路是：政府确定可以进入市场的污染物的量，并定期拍卖可利用的释放数量的产权。我国已开始了这方面的实验(太原市控制二氧化硫排放量就采取了这种办法)。另一个典型例子是控制城市道路机动车数量，尤其是出租车牌照的拍卖。

产权交易的最大优点是创造了市场，将竞争机制引入公共物品和服务的提供中，是一种具有灵活性的工具。其最大的缺点是鼓励投机行为甚至产生欺诈行为，同时，它也是一种不公平的工具。

当然，各国在公共管理中应用的市场化工具远不止这些，凡是在某一方面具有明显市场特征(如价格、利润、私有产权、金钱诱因、自由化等)的方式、方法和手段，都是市场机制的反映，都可以视为市场化工具。

三、公共事业的法律管理方法

(一)法律管理方法的内涵

法律管理方法，是指公共事业管理主体根据公众的根本利益及其对公共事业发展的需要，通过立法，运用有关公共事业的法律法规来确定公共事业领域的行动规范，调整公共事业领域内各活动主体之间围绕公共服务所产生的公共关系，处理公共矛盾，解决公共问题，惩罚违法行为，以维护公共事业活动基本秩序和关系的一种管理方法。

(二)法律管理方法的特点

公共事业的法律管理方法本质上是法律范畴，它具有以下的特点：

---

① 卢现祥. 西方新制度经济学[M]. 北京：中国发展出版社，1996：174.

第一，普遍的约束性。有关公共事业活动的法律法规是由国家制定或认可，并以国家的名义颁布实施的，因而是国家意志的体现，它要求所有公共事业活动的参与者都必须严格遵守，依法执行，具有普遍的约束力。

第二，严格的强制性。有关公共事业活动的法律法规一经制定，便依靠国家机器的强制力量，要求所有公共事业活动的参与者都必须遵行，不得违背，否则就要受到法律的制裁。

第三，明确的规范性。有关公共事业管理的法律法规，都是以严格的语言，准确阐明一定的含义，而且每个条文的解释权都有明确的规定。这样，它规定了公共事业活动参与者应有的权益、责任和义务，同时也明确了违反或遵守该法律法规应受到的制裁或保障方式，从而为公共事业活动参与者提供了基本的活动依据和准则，即在一定条件下可以做什么，不可以做什么。

第四，相对的稳定性。任何法律或法规的制定、修改、废除，都有严格的法律程序，不能擅自改变，所以任何法律或法规的制定都很慎重，必须经过完备的立法程序，而一经颁布实施，也就能在较长的时间内保持不变，具有相对的稳定性。①

(三)法律管理方法的内容

公共事业法律管理方法是公共事业管理主体管理自身及公共事业中的各项公共事务，实现公共事业管理活动制度化、法治化，保证公共事业在法制轨道上运行的最基本的途径。其实质，就是通过法律规范的约束和调控作用，实现经济上占统治地位的阶级意志，维护统治阶级的利益，代表他们对社会经济、政治、文化等各个领域的活动实行强制性的、统一的管理。

在公共事业管理中，法律管理方法的形成首先由直接从事公共事业管理的机构提出法案，经由立法机构批准，形成针对某些公共事业活动的法律法规，然后由相关的公共事业管理机构进行强制性管理。

因此，使用法律手段来规范和管理公共事业的主体是广义的政府，即立法、行政和司法机关。立法机构是在确定有关公共事业管理法律法规方面承担公共事业管理职能的。有关公共事业管理的法律的执行主要由执法机关去进行，即不仅通过对有关法律法规的宣传贯彻，发挥法律法规在规范公共事业管理活动中的导向作用，而且还会对公共事业领域内违反有关法律法规的活动主

---

① 崔运武. 公共事业管理概论[M]. 北京：高等教育出版社，2006：188.

体进行依法惩处，就此而论，执法机关更主要的是对公共事业活动实行事后管理。法律方法是行政机关即直接进行公共事业管理的机构的主要管理方法之一。这主要表现在行政机关对公共事务的管理涉及以法律为依据去实现管理目标的问题，也就是说法律是管理的手段和准绳，相应地，管理行为就多了一层是否符合法律规定即依法行政的要求。同时，行政机关还担负对管理对象执行国家有关公共事业法律检查，即法律监督的任务。①

四、公共事业的柔性管理方法

(一)柔性管理方法的内涵

所谓柔性管理方法，主要是公共事业管理机构和管理人员采用说服、信息传播、解释、劝说等软的方式来进行管理。由于公共事业管理是与公众基本生活和公共利益密切相关的管理，是为公众提供公共服务的管理，它涉及人们的共同利益，需要人们共同参与，柔性的方法也是符合管理对象特点的基本方法。而且，在公共事业管理中，虽然有许多地方要采用现代手段，但越是中、低层的管理，柔性手段使用得越多，因而在现代公共事业管理中，相当程度上，柔性方法是主要的管理方法，也是一个国家公共事业管理水平高低的主要标志。

(二)柔性管理方法的具体形式

1. 传播方法

所谓传播主要是指人类赖以生存及发展过程中所特有的现象，即个人间、群体间或群体与个人间交换、传递新闻、事实、意见、感情和信息的过程。这种传播是双向性的信息交流与分享。公共事业管理中的传播方法，是指公共事业管理主体通过与公众的双向信息交流而建立起相互信任、相互理解的关系，从而达到预定的管理目标的方法。

2. 情感方法

情感是人的思想和活动中一个极其重要的制约因素，因此，在一定的条件下，将人的情感导向预定的活动方向，将有利于目标的实现。所谓公共事业管理的情感方法，就是激发公众对特定公共事业管理目标或预定价值的情感，在一定的情况下利用人们的感情因素促进和达到公共事业管理目的的方法。公共

---

① 崔运武. 公共事业管理概论［M］. 北京：高等教育出版社，2006：189，184.

事业管理中的情感方法，常用的是舆论宣传、公开激励、表彰先进、树立典型等形式。

3. 心理方法

公共事业管理中的心理方法，就是借助心理因素的作用，来达到公共事业管理目标的管理方法。这里的心理因素涉及两个方面，即公众的个体心理和社会心理。

公众的个体心理是指公众个体较为稳定的心理现象和内部构成，包括特定的认识、情感、意志以及个性；而社会心理是指一个社会在历史发展过程中所形成的，该社会成员共有的对社会生活所具有的一种不系统、不定型和自发的反映形式，主要包括传统、心理习惯、行为方式、社会时尚、风貌等。心理方法在公共事业管理中产生作用的机理是，当运用社会心理中某些有助于公共事业管理目标的因素，通过一定的方法造成一定的社会心理气氛并在公众个体心理上形成一种气势，就能激发出一种良好的心理定势，把人们的行为引向预定的管理目标中去，而且，这种社会心理和个体心理的良好互动一经形成，就可以持久地发生作用，对于人自身的进步和社会的发展都有巨大的推进作用。

在当代，随着民主化进程的发展，包括公共事业管理在内的整个公共管理的社会化即民主化已是不可逆转之势，同时，也由于人们对社会事务及其规律认识的加深和政府社会管理方式的改变，公共事业管理的现代方法在管理过程中的作用已日益重要。这样，在总体上，强制性或刚性方法的适用范围和效能相对缩小，而现代方法在管理中尤其是在基层管理中发挥着越来越大的作用。

第三节　公共事业管理的技术

20世纪90年代，传统的公共行政因行为刻板和结构臃肿而饱受诟病，新公共管理提出政府也应该像企业一样，充满效率。随着时代的发展，公共事业对公共事业部门人员的要求不断发生着变化，要求相关工作人员具备越来越专业的知识和能力。在此背景下，新公共服务理论为公共事业提供了新的管理技术，如绩效评估管理、战略管理、人力资源管理等，并逐步运用到公共事业管理中来。

一、公共事业的政府管制技术

政府管制是指政府为达到一定的目的，凭借其法定的权力对社会经济主体的经济活动所施加的某种限制和约束，其宗旨是为市场运行及企业行为建立相应的规则，以弥补市场失灵，确保微观经济的有序运行，实现社会福利的最大化。政府管制属于政府的微观经济管理职能，它与旨在保证经济稳定增长的宏观经济调控一起构成政府干预经济的两种主要方式。①

根据管制对象和实施手段的不同，政府管制可分为经济性管制与社会性管制。经济性管制主要是为解决过度竞争、自然垄断和信息不对称等问题（如进入壁垒、价格决定、欺诈竞争、垄断租金、服务条件及质量等）而实施的。早期的政府管制理论主要是经济性管制，集中考察公共事业管理中的某些特殊产业，主要体现在公用事业的价格和进入的控制上。②

（一）经济性管制及其管制技术

经济性管制是针对特定行业的管制，即"对某些产业的结构及其经济绩效的主要方面的直接的政府规定，比如进入控制、价格决定、服务条件及质量的规定，以及在合理条件下服务所有客户时应尽义务的规定"。早期的政府管制理论主要是经济性管制，集中考察对某些特殊产业，主要是公用事业（如电力、自来水和管道运输业、交通运输业、通讯业和金融业等）的价格和进入的控制上。对这些产业的管制一般与两个因素有关：一是自然垄断；二是信息不对称。由于很大一部分行业的管制与自然垄断有关，因此，人们一般将经济性管制看作是对自然垄断行业的管制。

经济性管制技术有如下几种。

1. 进入管制

在自然垄断产业，一般由政府对企业的从业资格、产品及服务内容和标准进行审查和认证，从而确定一家或极少数几家企业获准享有特许经营权，并承担该产业的供给，而且不能自由退出。从增进社会福利的角度，对垄断企业的进入管制一般采用以下三种具体方式：（1）对垄断企业实行国有化，由政府所有，并委托经理人员代理经营，使其将赢利与提高社会福利作为两个最主要的目标，并且以提高社会福利为首要目标。（2）采取授予特许权经营的办法，即通过招标的方式，将特许权授予那些有资质并且能够以更经济合理的方式提供服务的企业。（3）通过将一个全国性垄断行业分为若干的地区性部分，促使各

①　马一凡. 里根：信念坚定的变革型领导者[J]. 决策，2016(4)：79.

②　崔运武. 公共事业管理概论[M]. 北京：高等教育出版社，2006：135-136.

个地区展开区域竞争，并以此获取优秀区域的经营数据，最后通过这些数据来对其他区域进行监管，以刺激其提高内部效率，展开良性竞争。这一方式的有效性是以完全信息为前提的。①

对竞争性产业的进入管制原本是以具有竞争性市场结构的产业为对象而实施的管制。在多数情况下，这种进入管制的根据是为了避免"过度竞争"。过度竞争也被称作毁灭性竞争。从日本所实施的管制实例看，在以"大店法"为根据的管制中，对由于大规模零售企业的进入导致中小零售企业难以生存之类的竞争，按照保护中小零售企业的政策目标即可确定为过度竞争，"酒税法"对小零售企业的进入管制，就是对小零售企业的自由进入导致小零售企业的破产等结果，即可确定为过度竞争。

2. 价格管制

价格管制是指对一些行业的价格设置最高价格或最低价格，或者设置价格区间。价格管制常常会对产品供求产生影响，对产品的供给数量和质量产生影响，甚至波及整个社会的福利水平。如 20 世纪 80 年代，美国民用航空委员会对飞机票价的管制。价格管制常常会对产品销量、货物或服务的质量和其他商业交易条件产生一定影响。价格管制效果如何，取决于最优管制价格的确定。管制价格过高或过低，都将会造成社会福利水平的降低。

对自然垄断行业的价格管制主要服务于以下目的：①提高社会福利，保护消费者利益，促进社会分配效率的提高；②促进自然垄断产业提高生产和经营效率；③维护企业发展潜力。自然垄断产业具有投资大、投资回收期长的特点，同时，社会经济发展对自然垄断产业的需求具有不断增大的趋势，这就需要自然垄断产业的企业不断进行大规模投资，以保证满足不断增大的社会需求，而面对这些产业生产的内在特征，政府在制定自然垄断产业管制价格时，就要保证有利于企业形成自我积累能力，能够不断进行大规模投资，不断提高产业供给能力。

在实践中，价格管制技术是否具有可行性还需满足以下条件：一是垄断厂商必须能够营利，否则它将减少或拒绝生产。二是管制成本必须低于社会福利（净损失的消除）。现实中，往往出现这种情况：即使政府能够限制价格，但垄断者仍能获得高于正常水平的利润，因而导致人们的不满。再者，某些价格管制可能在短期内是有效的和成功的，但在长期内不一定有效和成功。

---

① 崔运武. 公共事业管理[M]. 上海：复旦大学出版社，2013：137.

3. 生产许可或营业执照管制

政府对符合条件或资质的产品或服务提供商发放许可证或营业执照，如为缓解资金压力，在公路建设上，政府制定了由企业出面向社会集资修路、收费还贷的特许经营政策，即由政府部门和投资企业签订特许经营合同，政府授予一定时期的特许经营权。如公路建设，在一些国家（如日本、法国、意大利等）的经济振兴时期，为解决建设资金不足问题，政府制定了由企业出面向社会集资修路、收费还贷的特许经营政策，即由政府部门和投资企业签订特许经营合同，政府授予一定时期的特许经营权，主要是公路收费和管理权，由企业负责筹资建设、经营管理和维修保养等。特许经营期满后，企业将公路无偿转交给政府。

4. 制定行业标准

行业标准管制是指管制机构通过规定一种产品使用原料的类型，如建筑用材、饮食用工等方面的安全与保健管制；或规定生产的方式或禁止某些工艺的使用等，如对食物和药品生产行业颁布的有关条例。

5. 信息披露管制

信息披露管制是指政府制定相关法律法规，对某些公共事业组织信息披露的内容、方式、时间等进行强制性规定，对信息披露质量进行分析与评论，并惩罚信息披露违规行为等一系列活动，[1] 如政府对非营利组织信息披露的管制。

6. 税收、补贴和政府采购管制

政府通过收税来调整产业结构、改变企业行为，还可通过补贴方式鼓励某些行业的生产，或鼓励使用某种投入，或消费某种商品。另外，还可对具有产业优势和市场前景的基础性研究开发工作进行减税和财政补贴。在高新技术产业领域，政府采用政府采购政策，如美国对航空工业、计算机和半导体工业，对大型高新技术成套设备制造业等，实施买（卖）方信贷支持，以抵御企业技术创新及新产品开发风险，促进这些产业的发展。

（二）社会性管制及其管制技术

社会性管制是基于对生产者和消费者健康和安全的考虑，制定一些规章制

---

① 祝建兵，陈娟娟. 非营利组织信息披露政府管制的理论依据与现实路径[J]. 商业时代，2009（21）：68.

度对涉及环境保护、产品质量和生产安全等方面所实行的管制，以纠正经济活动所引发的各种副作用和外部影响。社会性管制产生的经济学根据是环境资产等的外部性和安全保证中的信息不对称性。根据科斯定理，若将有关环境的权利明晰化，通过当事者之间的交涉就可以实现最有效率的环境保护和利用。但如果当事人的交易成本过高，这种市场交易方式就不是一种有效率的解决办法，于是，政府管制就成为更有效率的选择。对于安全性问题，一方面，不论是产品的安全性还是劳动的安全性等，基本上都产生于交易当事者之间，外部效应相对较小，倘若有关安全性的信息是完全的，通过与交易当事者对安全的偏好相一致的交易，即可实现"最佳安全水平"。然而，现实中的信息是不完全的，在交易当事者之间存在信息的不对称性，如卖方在产品的安全性方面，雇主在劳动的安全性方面，都拥有较其交易对手更多的信息。另一方面，尽管通过产品使用者、被雇佣者的努力和注意，也能规避风险，但产品的卖方、雇主却较难了解这种注意和努力的程度。正是由于存在这种信息的不完全性，使与安全相关的社会性管制成为必要。

社会性管制技术包括：①设定管制所应实现的目标，如环境安全应达到的水平，同时使用多种有利于实现这些目标的手段。在目标设定上，从经济学原理来说，可以将边际费用等于边际便利的水平确定为"最优目标水平"，但即使如此，对环境、安全的便利进行测量仍很困难。②数量管制，如对环境污染物的排放量的管制等。③安全标准规定，包括对产品结构、强度、样式等设定一定的标准，赋予当事人遵守这些标准的义务。④检查与鉴定，如定期进行检查、产品等的鉴定等。⑤资格制度也是政府社会性管制的一种方式，它是指通过认可具有一定资格的劳动者方可从事特定领域的业务，并赋予雇佣者只能雇佣有资格劳动者的义务等。社会性管制一般是同时使用这些手段。

与经济性管制不同的是，社会性管制不是针对特定行业，而是面向全社会所有厂商和消费者。由于社会性管制出现得较晚，且不仅仅涉及经济活动本身，目前对其研究尚不系统和深入。伴随着人们生活水平的提高，对环境、安全和生活质量的社会需求不断增加，对这些方面的需求收入弹性将越来越大。与此同时，环境资源的稀缺性以及人们对环境质量要求越来越高，这一切都预示着以安全保证和环境保护为目的的社会性管制将得到更大的发展。

二、公共事业组织战略管理技术

(一)公共事业组织战略管理的含义

越来越多的公共事业组织开始重视战略管理在公共事业管理过程中的运用，战略管理这一技术在公共事业管理领域中具有极其重要的价值，它可以帮助组织确定组织的目标，规定组织所从事的业务或服务范围，将组织所承担的经济或非经济的社会责任明确化，并强调公共事业组织服务于社会的宗旨。①

从战略管理主体来看，公共事业组织战略管理主体是指那些具有公共事业战略管理职能的部门，如教育、科学、文化、卫生、体育、城市公用事业、环境保护、社会保障等部门。

从战略管理客体来看，公共管理部门的战略管理客体涉及全部国家政务与社会公共事务，而公共事业组织战略管理的客体仅涉及教育、科学、文化、卫生、体育、城市公用事业、环境保护、社会保障等社会公共事务。

从战略规划的内涵来看，公共事业组织是实体性服务组织，其向社会公众提供的主要是服务，或劳务产品。战略规划内涵具有更强的专业性和垄断性，其主要目标是通过业务组合实现投资收益的最大化，战略规划的主要方向是技术定位、产品定位、行业定位。②

(二)公共事业组织战略管理的特点

首先，在开始制订战略计划的过程中必须取得一致意见。由于涉及公共利益，公共部门在形成战略规划时，必须最大限度地注意公众的要求，力求使规划能得到公众普遍认同。

其次，要考虑部门权限，或立法的具体规定。在制定战略时，权限是最重要的。公共部门只能在法律规定的范围内，根据法律的授权进行战略决策。

再次，努力追求组织任务的明确性。与私营部门的战略管理相比，公共部门必须更加注意对任务和目标加以说明和分析，并将战略任务和目标分解到较低的层次。

---

① 崔运武. 公共事业管理[M]. 上海：复旦大学出版社，2013：126.
② 赵立波. 公共事业管理[M]. 济南：山东人民出版社，2005：95-100.

最后，注意战略绩效评估中的社会效益指标。在考虑公共部门战略是否与外部环境相一致时，必须注意公共需求的满足，也就是对公共利益的维护和促进。① 总之，公共事业组织的战略管理在技术程序或步骤上与私营部门是基本相同的，因而公共事业组织中的战略管理也具有战略管理的一般特性，但由于公共事业组织的基本性质，决定了公共事业组织在运用战略管理这一工具时，有自己公共性的特点，即必须从公共利益出发对战略管理的程序或步骤提出特定的规定和要求。

（三）公共事业组织战略管理的过程

战略管理是为一个公共事业组织的未来方向制定决策和实施这些决策的过程。

公共事业组织在实施战略计划的过程中，必须确认：在开始制订战略计划的时候最大限度地听取了公众的要求，力求使计划得到公众的普遍认同；考虑公共事业组织的权限或关于公共组织立法的具体规定；努力追求组织任务的明确性；注意战略绩效评估中的社会效益指标。

我们将公共事业组织的战略管理过程归纳为四个阶段：战略分析、战略规划、战略实施和战略评估阶段。

1. 战略分析阶段

战略分析包括组织使命感或宗旨、外部环境分析和内部资源与能力分析。

使命感或宗旨阐述了组织在中长期发展中希望实现的目标，是公共事业组织区别于其他类型的组织而存在的原因或目的。使命感或宗旨的确定是战略管理的起点，也是战略管理的基础。

外部环境分析的目的是为了在组织外部环境中寻找可能会影响组织宗旨实现的战略机会和威胁，包括社会、经济、技术、文化、人口、政治、政府、法律等社会宏观环境分析。我们可以把公共事业组织所面临的外部环境分成自然环境、经济环境、政治环境、社会文化环境和竞争者环境。

对内部资源与能力的分析是为了帮助组织确定自身的地位，找到自身优势和劣势，以便在制定战略时能扬长避短，如确定组织自身资源和能力的数量和质量，利用组织独特的技能和资源，建立或保持其优越性。内部环境因素主要包括公共事业组织的管理、市场管理、财务分析及科学技术能力四个方面。管

---

① 张成福. 公共管理学［M］. 北京：中国人民大学出版社，2015：138.

理因素的分析内容包括计划、组织、协调和控制四个方面，而这四个方面的职能又与战略管理各阶段是相互影响和相互依赖的。

2. 战略规划阶段

战略规划是在环境分析的基础上拟定战略的过程，也是将战略意图转化为战略决策的过程。这一过程中组织的中心任务是：关于组织的任务和前景的讨论，关于组织发展目标的讨论，关于组织战略方案的选择，关于组织环境变化的讨论，完成战略规划书。战略规划是公共事业组织战略管理的核心内容。战略规划的内容由以下三个要素组成。

(1)方向和目标

组织内部在设立方向和目标时有自己的价值观和自己的抱负。但是它不得不考虑外部的环境和自己的长处，因而最后确定的目标总是这些东西的折中，公共事业管理往往是主观的，一般来说最后确定的方向目标不是一个人的愿望。

(2)约束和政策

约束和政策就是要找到环境和机会与自己组织资源之间的平衡。要找到一些最好的活动集合，使它们能最好地发挥组织的长处，并最快地达到组织的目标。这些政策和约束所考虑的机会是现在还未出现的机会，所考虑的资源是正在寻找的资源。

(3)计划与指标

计划与指标是近期的任务，计划的责任在于进行机会和资源的匹配，但是这里考虑的是现在的情况，或者说是不久的将来的情况，由于是短期，有时可以作出最优的计划，以达到最好的指标。①

3. 战略实施

所谓战略实施，是通过建立和发展行动的能力和机制，将战略规划转化为现实绩效的过程。

战略实施是战略规划的延伸，两者之间有密切的关系，且都涉及公共事业管理的一些基本职能，但两者涉及的职能有根本的不同。一般来说，战略规划是一个思维过程，是在行动之前部署力量，整个规划重在目的的有效性，且在战略规划制定的过程中需要协调的是少数人，虽然涉及了计划、组织、协调等，但偏重于计划职能；而战略实施是行动过程，是在行动中管理和运用力

---

① 崔运武. 公共事业管理[M]. 上海：复旦大学出版社，2013：131-132.

量，整个行动实施关注效率，且在战略实施过程中需要更广泛的行动者之间的协调，总体上偏重于组织和协调职能的发挥。

战略规划实施的内容，主要包括以下几个方面：

(1)确定实际目标与实施的具体指标。

(2)进行有效的资源配置。

(3)根据战略规划的要求，建立有效的组织结构，使组织结构与战略相匹配。

(4)建立和发展有效的沟通与协调机制。

(5)促进变革，克服变革的阻力。

(6)通过社会及政府营销，促进战略实施。①

4. 战略评估

公共事业管理部门的战略管理，是一项非常繁琐的工作，是公共事业管理部门为应付其外部及内部环境的急剧变化而产生的。正如一般的计划执行要有必要的反馈控制一样，战略管理过程也需要建立一种反馈机制，这就要依靠战略评估。因此，所谓战略评估，就是对战略实施进行监控，并对战略实施的绩效进行系统评估的过程。有效的战略管理对组织的生存和发展会产生积极的影响，组织领导者为保证战略管理的有效性，都十分重视战略实施过程中的评估活动。但是由于环境的复杂程度急剧增加，面临的变数日益增加，传统的战略计划方法也在迅速过时，准确计划所能涵盖的时期变得更短等原因，当今战略的评估难度更大。尽管战略评估的难度更大，但是在战略管理实践中，公共事业组织领导者认为，战略评估对组织命运攸关，及时有效的评估可以使组织对潜在的问题防患于未然。尤其是面对如此严峻的环境挑战，有计划地对战略实施过程进行系统化的检查、评估已成为公共事业组织领导的一项重要工作。

三、公共事业组织绩效评估管理技术

(一)公共事业组织绩效评估的含义

公共事业组织绩效评估是在西方新公共管理运动中孕育和发展起来的一种新的公共管理方法和新的公共责任实现机制，是放松规制改革的根本性措施。

公共事业组织绩效评估是指根据绩效目标，运用评估指标和科学的评估方

---

① 赵立波. 公共事业管理[M]. 济南：山东人民出版社，2005：104-106.

法，按照一定的评估程序，对公共部门及其公务人员履行职能或岗位职责所产生的结果及其影响，包括做了什么——业绩，做得怎么样——质量、水平、效率，以及社会影响和公众的反应(外部反应)进行测量、划分绩效等级、提出绩效改进计划和运用评估结果改进绩效的活动。

公共事业组织绩效评估具有复杂性、多层次性、难量化性、利益性、评估主体的多元性和客观性等特征。①

(二)公共事业组织绩效评估技术——360 度反馈法

由于单纯采用一种考核主体可能带来绩效考核的不准确，近年来，一种新的考核方法——360 度反馈法已经被世界上许多的组织所采用，公共事业部门同样也可以采用这个方法进行考核。360 度反馈法为员工提供了一个最正确的考核结果，并且尽可能地结合了所有方面的信息，包括：同事、上司、员工本人、下属以及客户等。

1. 360 度反馈法的含义

360 度反馈法(360° feedback)也称为全景式反馈或多源评价，是一个组织中各个级别了解和熟悉被评价对象的人员，如其直接主管或老板、同事及下属等，以及与其经常打交道的外部顾客，对其绩效、重要的工作能力和特定的动作行为与技巧等提供客观、真实的反馈信息，帮助其找出组织及个人在这些方面的优势与发展需求的过程。

公共事业部门运用 360 度绩效评估方法的意义是不言而喻的。通过全面系统的评估，不仅了解了社会公众对公共事业部门绩效的评价，也能在自我评估的基础上形成正确、客观的认识。既体现出公共事业部门公共服务、社会参与的性质，同时也避免了绩效管理过程中绩效评估结果带来的不正当竞争。

2. 360 度反馈法的实施步骤

(1)界定目标

首先需要设计通过绩效考评与反馈需要达到什么样的目标，例如，通过绩效考核的结果对员工进行培训以提高其生产技能，或者对管理者的领导力进行评价。

(2)发展职能标准及主要行为

其次，根据考评的目的来确定考评的职能标准及主要行为，例如，若考评

---

① 　王乐夫，蔡立辉. 公共管理学[M]. 北京：中国人民大学出版社，2012：252-253.

的目的是为了了解领导人员的培训需求，就必须先定出组织要求一位优秀的部门领导人所必须具备的职能为何，有可能是分析能力、沟通能力、发展部属才能等，或是个人影响力、创新等。

一旦职能确定后，再根据每项职能确定出主要行为，例如，就分析能力这项职能来说，其主要行为可能是能辨别事件的因果关系、搜集不同的资料来了解问题、归纳不同的资料、作出逻辑性强的结论等。

（3）根据职能标准发展问卷

职能及主要行为确定后，即可着手进行问卷设计，问卷的题目可从职能的主要行为来挑选，由于其正是组织期望被评估者所应展现的行为，用此作为评测的标准深具意义。

（4）选定被评估人及评估人

设计问卷的同时，可选定此次被评估的对象，并给予每位主角评分的评估者。选择评估人的考量是必须与被评估人有充分的互动，有机会观察其行为，有些组织是由上级领导来决定评估者，有些则是由被评估人挑选，然后由领导同意，可参考组织的文化来调整。

（5）宣导及培训

此步骤可以说是整个流程的核心步骤，沟通及培训深深影响到评分的心态及正确性。沟通的主要原则是必须清楚告之评测的目的及对组织和个人的利益，让参与者知道这个新的评估法对他们的好处是什么；再则是让其了解运作的细节及作答的标准，让他们对评测的公平、公正、保密深具信心。其实在整个执行的过程中，领导者的支持与参与影响甚巨，因此，多半建议高层领导对此考评法了解后，再考虑执行，如此成功的几率会较高。

（6）测试

问卷完成后，可先让少部分人员测试，测试的重点在于问题是否语意不清，问题中所描述的行为是否无法观察等，根据测试人员的反应来做最后调整。

（7）执行考评

问卷的形式有很多种，有纸张问卷、磁盘档案、网络直接作答等方式，可根据组织的设备、预算及人力来考量。此时，必须给评估人充足的时间来完成所有的问卷，并将问卷传送及回收的时间算进去。

（8）资料计算及报告发展

当所有的问卷都回收后即可进行资料整理与分析，此时的保密性非常重要，因为执行此步骤的人会看到问卷的内容，这也是为什么要借助其他事业部门或组织来执行的原因，除了专业的技术外，还希望能做到完全保密。

(9) 提供回馈并发展行动计划

针对反馈问题制订计划。公共事业部门针对反馈的问题制订行动计划，也可以由咨询组织协助实施，由他们独立进行数据处理和结果报告，其优越性在于报告的结果比较客观，并能提供通用的解决方案和发展计划指南。但是，组织的人力资源管理部门应当尽可能在评价实施中起主导作用，因为任何组织都有自己特有的问题，而且，公共事业部门的发展战略与关键管理者的工作息息相关，多方面的专家结合，评价效果会更好。①

(三)公共事业组织绩效评估的其他技术

绩效评估除了绩效指标与评估主体以外，其重要的内容就是对绩效结果进行分析和评价，以便形成简单明了的结果，使员工本人和管理者都能一目了然，并能直接将这些结果加以利用。那么，如何对绩效结果进行分析评价呢？

1. 关键事件法

关键事件法是管理实践中运用较为普遍的方法，对公共事业部门绩效评估具有一定的借鉴意义。关键事件法在应用的时候一般采用日记法。作为日记法是指上级在平时不断地(如每天工作结束的时候)对员工的表现做详尽记录，每一位需要考核的员工都有一本"工作日记"或"工作记录"，上面记载的是日常工作中员工突出的、与工作绩效密切相关的事件，既可以是极好的事件，也可以是极坏的事件。关键事件的记录者一般是员工的主管，在记录时，主管应着重于事件或行为的记载，而不是对员工的评论。

2. 行为差别测评法

行为差别测评法是先通过一个类似于关键事件法的系统作分析程序，获得大量的描述句，描述从有效到无效的整个行为系列，然后通过整理，根据相似性对项目进行分组，每一组项目具有一个概括性的描述，并将这些描述句作为"绩效标本"。之后，将这些"绩效标本"安排在问卷中，并发放给抽样产生的20位在职者和其上司。对问卷涉及的有效和无效行为的信息进行分析，最后据此制作测评表。

3. 评语法

评语法是公共事业部门中普遍应用的一种方法，它赋予"考核内容"和"考

---

① 崔运武. 公共事业管理[M]. 上海：复旦大学出版社，2013：172-173.

核要素"以具体的内涵，使每一分数有对应的描述，从而使评价更直观、具体和明确。但评语法只是在总体上对员工绩效进行评定，不能作为人事管理的依据。在某种情况下，评语法受到管理者主观因素的影响，并不一定具有客观公正性。

思考题

1. 公共部门的绩效评估与企业的绩效评估有什么区别？
2. 你怎样看待我国的公务员制度？
3. 关于公共事业管理的组织战略管理有哪些说法？
4. 公用事业自然垄断行业的管制方法是什么？
5. 如何运用柔性方法进行公共事业管理？

案例分析

景区门票为何涨价

2012年国庆长假前，忽然传来80家景区门票降价的消息。

据国家发改委消息，全国各地将在"十一"黄金周到来之前分批降低部分游览参观点门票价格，这是在按照国家要求，陆续出台高速公路小客车免费通行实施细则之后，再次为群众欢度中秋、国庆假期推出的另一项惠民举措。据统计，各省、自治区、直辖市第一批降价的游览参观点80家，平均降价幅度为37%，其中13个游览参观点实行免费。

2012年"五一"来临时，有关"未来数月内全国或将有超过20个知名景区门票涨价"的消息在网上引发持续关注，不少网民发帖指出：这些景区涨幅从20%到60%不等，不少景区选择在"五一"旅游旺季来临前"抢涨"。

（案例来源："鼓浪屿景区门票降价啦"[N]. 海峡导报.）

问题：

1. 景区属于公共产品服务吗？

2. 国家发改委推出的惠民举措属于公共事业管理中的什么技术方法？

第4章 公共事业管理的法律制度

　　法律制度是指一个国家或地区的所有法律原则和规则的总称，是运用法律规范来调整各种社会关系时所形成的各种制度，它调整了多少社会关系就包含有多少具体的法律制度，如行政法律制度、民事法律制度、刑事法律制度、经济法律制度等，在公共事业管理中起着十分重要的作用。本章主要介绍国外公共事业组织相关法律制度，我国公共事业管理的相关法律制度，以及不同公共事业领域的法律制度。

第一节　国外公共事业组织法律制度概述

一、国外公共事业组织立法的基本内容

　　公共事业组织立法的基本内容包括：宗旨和目的、设立制度、税收优惠制度、资金与经济活动管理、内部管理、责任制度、终止制度、政治活动、制裁条款。

(一)宗旨和目的

　　公益性与非营利性特征构成了公共事业组织区别于其他组织的标志。各国公共事业组织法都规定公共事业组织的活动必须遵守国家的宪法和法律，并且要符合自己章程所明确的目标。其中很重要的一点就是，公共事业组织的活动不得违背其非营利性的根本特征。

　　国外常见的具有代表性的公共事业组织类型除了非营利公

司外，还有信托公司(英美法系)和基金会。

(二)设立制度

公共事业组织设立是指设立人(发起人)依照法定的条件和程序，为组建公共事业组织并取得主体资格而必须采取和完成的法律行为。

设立不同于设立登记，后者仅是设立行为的最后阶段；设立也不同于成立，后者不是一种法律行为，而是设立人取得主体资格的一种事实状态或设立人设立行为的法律后果。公共事业组织设立的实质是一种法律行为。设立制度是指规范公共事业组织设立行为的一系列法律制度。一般包括：设立条件、设立程序、设立的法律后果等。

1. 设立模式

各国法律规定可以通过两种方式设立：异议原则和登记原则。在英美法系国家最为流行的是异议原则，公共事业组织创办时只要符合法律程序没有异议，即被视为合格的公共事业组织；异议机关可以是税务机关，也可以是类似于英联邦慈善委员会或美国州检察长等法律机构。这样的设立模式具有灵活性，便于大量的公共事业组织的产生，包括各个领域公共事业组织的设立。登记原则适用于大陆法系国家，要取得相关资格的公共事业组织，必须到政府有关部门去登记，并向该部门证明其已具备条件。

2. 设立条件

(1)注册资金。法定最低限额(与宗旨和目的相适应)，如日本要求基金会为300万美元。

(2)活动范围。一是符合宗旨与目的；二是对从事商业活动的限制。例如，菲律宾完全禁止公共事业组织参与任何具有商业目的的活动；新加坡禁止与非营利目的无关的商业活动；澳大利亚、泰国、越南允许商业活动，条件是商业活动所得用于更广泛的非营利目标；韩国允许商业活动，条件是不但商业活动所得用于更广泛的非营利目标，而且事先必须获得政府批准；印度尼西亚对合法行为的商业活动不加限制。

(3)对个人额外经济收益的限制：除印度尼西亚外，均限制公共事业组织对个人服务及捐赠给予过多报酬。

(4)时间限制。极少数国家对政府审批程序给予时间限定。

(5)章程。

(6)名称、组织机构及办公场所。

（7）开展活动必须的条件。

（8）人数限制。

3. 设立程序

由于体制的不同，不同国家设立公共事业组织的程序也不尽相同。以美国为例，美国的公共事业组织包括 501（c）（3）类型组织①、一般会员组织、商业团体、商会、贸易委员会、工会和农业组织、雇工地方协会、社会俱乐部、业主协会等。②。在美国，成立非营利组织和成立一般公司没有区别，注册流程也很简单。由于美国没有全国性的公司法，所以非营利组织都是分别在各州登记注册，非营利组织一般归到非股份公司这个大类之下，申报时需要填写 SCC 819 表，主要填报机构名称，注册法人，公司负责人的姓名和地址，同时要附一份机构章程，以及缴纳注册费。

4. 设立登记

不同国家负责设立登记的主管部门及职责各不相同。登记机关可以设置在国家或地方的法院或者行政机构内，在有的国家，不同的公共事业组织在不同的机关登记。各国都要规定登记机关的职权范围和责任义务，这是制定登记程序最重要的因素。

登记所提交文件中包括对文件类型、格式、制作形式、制作人、生效时间等方面的规定。

登记注册的有效时间也是一个需要明确的重要方面，公共事业组织的资格是永久的，还是仅保持一段时间，期满后再续。后一种方式的优点是便于经常检查，保证公共事业组织符合其设立时的初衷，但这也为政府机关施加不适当的政治控制提供了条件。

登记批准时间的规定在一定期限内必须予以回复，这是一项行政义务，否则可起诉。

5. 设立的法律后果

设立的法律后果包括两方面：一是设立成功，即公共事业组织如期成立，

---

①　501（c）（3）类型组织一般指的是慈善性的非营利性组织，通常包括私人创办的基金以及教育、宗教、科学、文学、社会福利等其他类型的慈善组织。这些组织被认为具有免税资格，并且被授权可以接受可减免税收的捐赠。

②　郑国安. 国外非营利组织的经营战略及相关财务管理［M］. 北京：机械工业出版社，2001：3.

遵守相关法律法规;二是设立失败。例如,美国非营利法人示范法第 2.04 条对法人设立之前业务活动的责任中规定,明知尚未根据本法设立法人,但是以法人或者代表法人从事活动的人,对其业务活动所产生的所有债务共同承担连带责任。

(三)税收优惠制度

1. 重要性

对公共事业组织予以税收优惠政策的理论依据是:公共事业组织这一非营利性组织提供了社会需要的"公共物品"或"半公共物品",其作用是追求利润的商业组织无法替代的。有数据表明,由减免税收优惠政策的激励而产生的私人捐助的增长要远远超过政府税收的损失。据此可以吸引更多的组织和个人参与公共事业,可以有更多的公共事业组织存在和发展,最终促进公共事业的发展和壮大。公共事业组织的税收问题是一个相当复杂也非常重要的问题,税收和减免程度直接关系到公共事业组织的生存与发展。

有关公共事业组织税收法律的规定主要有:第一,税收优惠资格的认定。第二,税收优惠的具体规定,包括:公共事业组织自身的课税规定及纳税优惠;向公共事业组织捐赠的个人、公司或者其他组织的纳税优惠。两者虽局限于纳税义务人,其实涉及整个税收法律制度。

2. 税收优惠资格

(1)税收优惠资格的认定

公共事业组织由于具有公益性与非营利性,因而世界上大多数国家规定对其实行免税或者实行比较优惠的税收政策。但是公共事业组织并非自然地获得免税待遇,而是必须经过认定。公共事业组织免税资格的获得一般必须经过两个环节:一是公共事业组织资格的获得;二是免税资格的取得。

公共事业组织资格的获得因国别不同而不同,在同一国家中,也因组织不同而有所不同。在美国,以服务社会公众或使社会公众受益为唯一宗旨的公益性公司,要先在州政府的民政厅或者州政府的其他业务主管部门注册,以获得法人资格,取得营业执照,同时,还必须向州政府司法厅的慈善信托注册处或州检察长慈善信托登记处提出登记注册申请,并按要求提供使社会公众受益而非以营利为目的的所有证明及信息材料,经获准登记,方具有公益法人或称非营利法人地位。在英国,公益性慈善团体要获得公共事业组织资格一般要履行两个程序:一是要在负责监管公司的公共机构——公司委员会登记,以使团体得到公司法赋予的有限责任的保护；二是要在慈善委员会注册，以获取慈善法赋予的公益慈善团体的法律地位。

就大多数国家而言，公共事业组织免税资格的认定是由税务行政当局组织实施的，如澳大利亚就由澳大利亚联邦税务局来对公共事业组织的免税资格实施认定。澳大利亚 1936 年的《所得税评估条例》，规定了澳大利亚联邦税务局对公共事业组织免税的管理权。后来澳大利亚税务局改为采用自我评价制，要求公共事业组织每年自我评定它们是否属免税之类。当然税务局可以对公共事业组织的状态进行审查和审计，以保证自我评价的正确性。请澳大利亚税务局做免税决定是不收费的。此种通过自我评价的免税管理办法与其他管辖机构相比，对政府和公共事业组织来讲费用都是很低的。美国尽管实行的是联邦制，50 多个州均享有立法权和独立的行政权，但是对公共事业组织免税资格的认定却只能由美国联邦政府即联邦政府的国家税务局依据联邦税法进行。

但在一些国家，税务行政当局并不参与公共事业组织免税资格的认定，而完全交由其他政府部门或者公益管理部门，如英国与日本。英国非营利性组织免税资格的获得，其决定权在慈善委员会。慈善公司和慈善信托基金等公共事业组织经过向慈善委员会注册，不仅其慈善团体地位得到权威的确认，具有法律效力，而且自动享有法定的公益慈善团体免税优惠待遇。这是由于法律要求国内税务局承认所有经慈善委员会注册为慈善团体的机构，并给予相应的免税待遇。但在处理一些关于新生事物的案例和特殊案例时，慈善委员会也会在决定前征求国内税务局的意见。日本公共事业组织依法经政府部门批准获得公益法人或者特定公益法人地位后，就自动具有了相应的减免税资格，可以自动享受税收优惠待遇，税务行政当局并不参与其中的决策与认定。

还有部分国家实行双重甚至是多重认定制度，即除了由政府有关部门认定之外，税务机关也须再次组织认定，我国实行的就是双重认定制度。比如学校，必须经过教育行政主管部门批准成立，并同时须得到主管税务机关的确认，即必须经过税务机关的审批程序，才可以享受营业税减免等税收优惠。

（2）税收优惠资格取得时间

税收优惠资格取得时间分为三种情况：一是登记时自动取得；二是登记且向税务部门申请，如菲律宾、泰国；三是自动免税制度系统与特殊自由裁量权结合。

3. 税收优惠的基本内容

税收优惠的主体包括公共事业组织自身及捐赠人，税种包括所得税、营业税、财产税、关税、契税等。

（1）公共事业组织自身的税收优惠

对公共事业组织自身的税收优惠有利于激发公共事业组织开展各种各样的公益活动以及与宗旨相关的活动。因此，各国对公共事业组织普遍实行免税政策，但是具体情况有所区别。例如，不同类型组织之间免税程度不同，不同税种之间、中央与地方税之间、财产税与流转税之间等免税程度也不同，不过对于公共事业组织的非营利收入基本上都优惠。

美国联邦税法 501（c）（3）项规定，对机构实行免税的条件是，该机构必须是"专为宗教、慈善、科学、教育目的"，而其利润不得用于任何私人身上，不得进行企图影响立法的宣传或其他活动的机构。对这类机构通常有以下的检验标准：专门为特殊目的开办的机构，机构的收入不得使私人受益，公众资助机构检验对参与政治活动的限制、时间要求、总收入测查、组织条款。①

美国联邦税法 501（c）（3）同时规定，对于所有享受免税优惠的公共事业组织，若其经营与其免税目的不相关的业务，即其经营与公益慈善目的无关或与为会员服务无关的业务所得，均要纳税，按一般公司所得税率纳税。即使对非政府机关的所有公立机构，例如公立大学等也是如此。

日本税法规定，公益法人和特定公益法人所有的土地为非课税土地，但这些法人用于其章程规定的业务目的以外的土地等，以及没用于其章程规定的业务目的利用计划的未利用土地等，不包括在非课税对象之内。当然也有一些例外。如日本对公共事业组织从事营利性的经营行为所取得的收入与所得也给予了很大的税收优惠。比如法人税法对一般企业经营所得课税的税率为 37.5%，而对公共事业组织（公益组织）从事营利性经营的所得，课税的税率则为 27%。

澳大利亚对公共事业组织的免税种类相当广泛，联邦税的免税税种有：所得税、资本增值税、小额优惠税、批发销售税、各种执照税。州税的免税税种有：土地税、工资收入税、印花税和属于市政当局征收的财产税及服务费等。

韩国《法人税法》规定，公共事业组织用于公益目的的非营利活动收入免税。根据《减免税法》第三部分第 61 条，对按照《私立学校法》建立的教育机构，按照《社会福利活动法》成立的社会福利机构以及总统法令中规定的艺术与文化社团而言，当营利性收入被保留下来用于非营利机构相关条款规定的公

---

① 郑国安. 国外非营利组织的经营战略及相关财务管理[M]. 北京：机械工业出版社，2001：34.

益活动时，这些组织可以把所有营利性收入当作亏损，即予免税。除此以外的其他公共事业组织，依《法人税法》，其营利活动的收入均须纳税。但仅对其被动的投资收入(如利息、租金和包括版权费在内的特许权使用费)中的利息收入予以减免优惠。如果应税收入留用于经过批准的非营利活动，则可从应税收人中减去利息收入的 50%。

印度税法对具有法人地位的公共事业组织的免税资格有详细具体的规定，凡符合税法规定的完全以公益为目的而不以营利为目的的公共事业组织，享有免除所得税、财富税、赠与税等国税及土地税等地方税的优惠待遇。

荷兰税法对具有公益法人资格的公共事业组织，给予免除公司所得税、增值税、赠与税等税的优惠。但若从事营利活动则要交纳公司所得税。①

(2)对捐赠者税收优惠的比较

对捐赠者实施税收优惠也是各国常见的税收优惠，各国政府通常允许捐赠者在纳税时可以从他们应纳税所得额中扣除捐赠的部分，以鼓励捐赠者向公共事业组织提供捐赠，但对象、扣除额、比例各不相同。

对捐赠者实行税收优惠待遇，就应该在法律中明确规定：一是何种类型的组织或以什么宗旨为目的的组织具有这种资格(具有接受减免税捐赠资格)，这一鼓励政策给予什么样的公共事业组织更为合适，是各国制定相关法律时要予以重视的。如果公益机构的宗旨是为全社会服务，其活动会使全社会受益，那么这一资格给予这类机构显然比给予互惠利益机构(如行业协会等)更能为人们接受。二是优惠待遇的标准，在不同公共事业组织享受不同的优惠政策的原则下，应该注意考虑优惠的具体标准。诸如，纳税优惠的结构、可享受这些优惠的捐赠物种类、优惠许可范围和程度等。三是捐赠者的类别，捐赠主体可以是公司也可以是个人，但是捐赠者不同，可扣除部分的范围也不同。例如美国，联邦税法严格区分个人和公司，对于公司一般允许扣除限额不得超过其总收入的 10%，而对个人则在 30%左右。

美国税法规定，慈善机构、教会、非营利私立学校、医院及学术机构等公益慈善团体，接受纳税人的捐赠，个人捐赠依法享有经调整后的毛收入 50%的税金扣除额的优惠，公司法人捐赠享有经调整后毛收入 10%的税金扣除额的优惠。同时还规定了对纳税人捐赠扣除的三种限制：①总的慈善捐赠扣除额

①　王名，陈雷. 新企业所得税法与我国社会组织发展[J]. 中国行政管理，2007(7)：14.

不得超过纳税人调整后毛收入的 50%。②对产生资本利得的财产捐赠按公平市场价值进行的扣除不能超过调整后毛收入的 30%。但是愿意放弃与财产升值有关的扣除额(也就是用调整后基值作为扣除额)的纳税人不受 30% 的限制。③对特定非经营性私营基金的捐赠有非常复杂的限制规定。超过限额部分的捐赠可以向后结转 5 年以得到扣除。

韩国对捐赠者的税法规定:①个人拥有商业、房地产或木材收入的个人捐赠者,向政府机构、国防建设和救灾的捐赠,可从其应税收入中扣除,对向《税收减免法》中规定的非营利私立学校等非营利机构的捐赠,也可作为费用扣除,但扣除额不得超过纳税年度将转账损失扣除之后的总收入的数额。②个人为工薪收入者,依《所得税法》,其对符合规定的公共事业组织的捐赠,作为纳税年度的捐赠扣除,其扣除额应在纳税人工薪所得的 5% 以内,若捐赠给非营利私立学校,该扣除限额可提高到工薪所得的 10%。③非个人的公司、组织或者机构对政府、国防建设和救灾的捐赠,在计算应税所得时可作为亏损予以减免,对非营利私立学校的捐赠,当其作为设备、教育或研究基金时,可计入费用予以减免,但减免额不超过纳税年度将转账损失扣除之后的总收入额。机构对其他公共事业组织的捐赠,减免部分的最大限额不超过减去转账损失基本收入的 7%,综合《所得税法》第 47 条和《税收减免法》第 61 条下的减免额,再加上资产的 2%,最高可达 50 亿韩元。

泰国的《税务法》第 47 条第 1 款和第 2 款规定,个体纳税人可以在其所需交纳的税款中减去向寺院、学校、医院或财政部门批准的慈善组织提供的捐款额。减税总额的最高标准不能超过纳税人应纳税的 10%。第 65 条第 3 款规定,公司、商店以及企业法人可以在其所需交纳的税款中减去提供给慈善、公益、教育以及体育等相关组织而且得到财政部证明的捐款。减税总额的最高标准不能超过其净收入的 2%。提供给教育和体育组织而且得到财政部证明的捐款,还可从上述 2% 的基础上在其净收入中再享受一个最高 2% 的减税待遇。

印度法律规定,个人、企业和其他机构(印度税法中统称为被核定人)向符合税法规定的公共事业组织捐赠,均享有捐赠现金总数(不包括实物)50% 的免税优惠,但免税额或称应税扣除额不超过调整后所得的 10%。

荷兰税法规定,个人对公共事业组织的捐赠,如果超过其总收入的 1%,并且捐赠额超过 120 荷兰盾以上的捐赠款,可在税前列支,但捐赠额超过其总收入 10% 以上的部分不得列支。公司、企业等机构向具有公益法人资格的公共事业组织捐赠,捐赠额不超过利润总额的 6%,且必须在 500 荷兰盾以上,可在税前扣除。

比利时相关法律规定，个人向具有公益法人资格的公共事业组织捐赠，可以作为个人净所得的费用予以扣除，捐款的扣除额不能超过净所得的 10%，且不能高于 1099.8 万比利时法郎。此外，部分捐款也可在配偶的所得中扣除。公司、企业等机构向具有公益法人资格的公共事业组织捐赠，可以作为非应税项目扣除，捐赠的扣除额既不能超过 2000 万比利时法郎，也不能超过应税所得的 5%。①

(四)资金与经济活动管理

公共事业组织需要一定规模的资源来维持其存续及开展活动，为此，法律必须明确其资金构成，具体包括：用于公共事业的资金比例，可以从事的投资活动，募捐活动的规定，对国外资金的限制。

1. 用于公共事业的资金比例

亚太地区最低年度支出(MAE)法十分流行。所谓 MAE 法是指享有所得税免税资格的公共事业组织在一定时期内必须按照一定比例分配和使用其收入，以达到免税的目的。其涉及两个比例即支出/收入、公益支出/支出总额。

2. 可以从事的投资活动

与公共事业组织活动范围相联系，一般来说，公共事业组织的经济活动包括：一方面是符合宗旨和目的的经济活动；另一方面是单纯的营利经济活动，如投资、购买股票与获利以及某些法律允许的经营活动等。一般而言，对公共事业可以从事投资活动的管理原则为谨慎原则和保值增值原则，如澳大利亚、新西兰和韩国限制公共事业资金对股票、证券投资。

3. 募捐活动的规定

为防止公共事业组织在集资尤其是募捐活动中的欺诈与滥用行为，法律应对这一敏感性问题加以限制。

募捐活动一般需要在特定的机关登记注册并得到批准，募捐行为必须符合法定标准，公众必须能够得到募捐的所有信息，如募捐金数额中实际用于非营利目的的数额，法律对募集活动中行政管理成本费用同募集基金的总额限定了最高的百分比(如 15%~35%)。募捐活动所得必须用于特定目的而绝对不能用

---

① 苏力. 规制与发展——第三部门的法律环境[M]. 杭州：浙江人民出版社，1999：23.

于公共事业组织自身成员、董事和官员的利益，违反法律法规的募捐必须受到严厉的惩罚。

4. 对国外资金的限制

对国外资金参与公共事业管理的限制原因主要是避免国外资金的控制，大多数国家规定，未经政府允许，任何组织不得接受国外资助。

（五）内部管理

对公共事业组织机构和管理予以约束的原因可以从公共事业组织的特征上来理解：一是公共事业组织的组织性特征，决定了其在法律上需要取得主体资格（法人或非法人），因此各国法律都规定了相应条款，以证明其具有一定的管理结构特征；二是公共事业组织的公共性特征和享受纳税及其他优惠政策，也要求公共事业组织内部管理活动具有透明性和公平性；三是保持公共事业组织的志愿性，其内部管理程序必须能为其成员提供参与组织活动的机会。

制定相关制度应遵循的原则包括：一是公共事业组织是自治的，而且国家应尽可能不干预其组织内部的事务；二是公共事业组织又必须具有某种组织决策结构和保证向公众公开的透明性。

各国公共事业组织机构与管理制度的渊源是法律和内部规章制度共同规定的。公共事业组织在内部管理方面的立法基本内容包括：（1）机构的设置，特指权力机关、执行机关、监督机关的设置与关系。包括组织权力机关（如社员总会）的产生、代表成员应具备的条件、以组织名义行事的法定人数等，对修改章程的特殊事宜是 3/5、2/3 以上绝对多数还是简单多数的方式通过。执行机关是指在法规中考虑到公共事业组织常设代表机构如理事会、董事会或委员会的产生方式和权利行使等。各国法律一般不规定公共事业组织的监察机关为法定机关，但公共事业组织可在章程中规定设立。（2）组织结构，其内容主要涉及公共事业组织行政管理人员的规模和事务的必要规定，如会员大会的最少人数限制，理事会或委员会成员最少人数的规定，以及其成员的任期、连任权和期限等一些敏感问题。（3）管理者。对公共事业组织内部的管理者及其权限，可由法律或章程来予以规定。主要包括：被任命或选举出来的管理者的条件、资格、任期、是否必须是组织成员等；管理者选举产生的方式程序、权利义务。如很多国家规定了利益冲突原则，即禁止组织的成员、董事或工作人员从事与本组织利益相冲突的个人或者商业利益。（4）程序。其内容一般包括：

会议召开制度、公开制度(程序和内容)、表决制度，如组织进行决策的法定最少有效人数，表决程序的要求，能否代理表决或以书面、电信等形式表决是否有效，组织所有事务全部都以简单多数通过还是特定事项必须以绝对多数通过等。

(六)责任制度

公共事业组织立法的责任制度主要包括对政府的责任、对社会公众的责任和对捐赠人的责任。对政府的责任主要体现在年度报告制度、重大事件报告制度、政府通过代理人(审计师)间接管理等方面；对社会公众的责任制度包括公众审查权和信息公开义务等；对捐赠人的责任制度包括审查权和信息公开义务等。

(七)终止制度

终止是指公共事业组织依照法律规定的程序终止某公共事业组织的主体资格的行为。

各国规定公共事业组织终止的原因主要有：公共事业组织决议解散、章程规定解散事由的出现、社员人数少于法定人数、社团目的已经达到或不能达到、主管机关的撤销许可、法院宣告解散和破产等。根据原因不同又分为：(1)自愿终止，即由公共事业组织管理机构、成员或管理机构自行决定解散事宜，有关法律一般不提及自愿解散的具体规定，而侧重于公共事业组织内部规定的解散程序。(2)非自愿解散(强制终止)，即由政府机构或法院决定其解散事宜。亚太国家法律赋予政府机构广泛的解散公共事业组织的权力，终止原因非常明确：从事超越许可经营范围的业务，变更经营目的，经营年限到期，滥用或未使用职权，无法清偿债务，违反登记条例等。

终止的后果包括主体资格的消灭和财产与义务活动的转移。终止的责任包括民事责任、行政责任、刑事责任。

(八)政治活动

由于公共事业组织扮演"社会制度的拥护者、公民的授权人以及政府政策和纲领的批评者和监督者"的角色，因此法律对公共事业组织的限制应该谨慎。

普通法传统的国家法律中，就对公共事业组织参加政治活动的某些方面加以限制，而且更多的是适用于公益性公共事业组织，因为它可以从普通公众那接受减免税捐赠，互惠性公共事业组织则不受这一限制。例如，在美国，法律严格禁止具有接受慈善捐赠或减免税资格的公共事业组织从事政治选举活动，而且禁止其"主要活动"致力于游说活动或影响立法活动，但允许其参加一些政策倡导活动，如对公共政策的争论表达意见，许多慈善机构也可以表达对立法的意见，但为该目的所花的经费不得超过年经费的20%。

（九）制裁条款

制裁条款主要针对特定的违法行为，如公共事业组织成员之间的自我交易、不当公共募捐等，制裁的手段主要有罚款、补缴税款以及强制解体。

各国制定的规范公共事业组织的法律，有的集中在一部法典中，有一个普遍使用的社会团体或非营利组织法；有的则在多部法典中。前者如法国1901年7月1日通过的法律，使以各种宗旨结社合法化。日本采用的是后一种方式，它在特定领域诸如"医疗法人"是由《医疗服务法》规定的，"宗教法人"是由《宗教团体法》加以限制的；其他领域如社会服务、教育、科研等都有单独的法律条文制约，但在这些领域以外成立公共事业组织的权利却很有限。

规范公共事业组织的法律是全国统一还是各地区有所不同，各国的情况也不一样。如在美国，社团等公共事业组织由州和全国性法律共同规范，前者规范社团的构成和地方税，后者规范这些组织的国家税收待遇。

二、国外公共事业组织管理相关法律的渊源

（一）宪法或宪法性规定

一国公共事业组织的法律制度不仅指公共事业组织立法本身，还涉及整个第三部门所根植的法律环境，即在特定的法律体系中建立公共事业组织法律、法规的可能范围。其中，对公民基本权利的保障，包括言论、非暴力的集会或游行、结社自由以及保护私有财产等，这对于公共事业组织的正常活动是至关重要的。

众所周知，宪法是一个国家的根本大法，是规定和保护公民的基本权利和义务的法律。宪法在效力上超过任何法律法规，具有至高无上性，任何法律法规和规章的内容都不得与宪法相抵触。各国的宪法虽然都体现出自己不同的国

情和特色，但在公民权利集束中，许多国家的宪法都规定了公民拥有"结社权"，而结社权的规定正是为公民自主形成各种组织赋予了神圣的合法性。可以说，"结社权"是公共事业组织存在和发展的最深刻宪法渊源，也是公共事业组织的最终法律保障。

结社权作为基本人权在各国的宪法中普遍有体现，一般可以分为两类：一类为以营利为目的的结社，各种商业结社（合伙与公司等）属于这一类，属于经济法人；另一类为不以营利为目的的结社，属于社会团体法人，各种政治、宗教、学术、慈善等结社以及各种职业团体（如劳工、教员、医师等团体）属于这一类。

公共事业组织是不以营利为目的的结社，因此西方有些国家也称之为非营利组织，在法人性质上属于社会团体法人。各国宪法对结社权持有相当的宽容度。如 1919 年德国《德意志宪法》第 124 条声明：一切结社，无论为政治的或非政治的，俱听自由，不受政府任何预防的限制。又如在英美，向来认为结社权是公认的，公民可以用各种不同方式去行使。

在大陆法系国家，结社自由的法律保障在宪法或宪章中予以了明确规定，这做到了有法可依，能更好地保护权利行使。而在普通法系国家的法律体系之下，结社自由的法律保障特征却很模糊，例如美国，虽然历来承认公民的自由结社权，但在美国宪法及其修正案中却找不到明确的表述。事实上它根植于宪法的其他权利，并散见于 200 多年前颁布的浩如烟海的判例意见中。

普通法系的优点是结社自由这一权利已经内化成为人们的普遍意识，因此，一般认为普通法系国家对组织社团更加放松。但值得一提的是，结社自由并非是绝对的、无条件的。因为公共事业组织毕竟是一种集团利益的代表，体现着社会利益的冲突与整合，难免有非法的行为和"劣性"社团出现的可能，应区分合法行使结社自由权与滥用结社自由权的界限。因此，对公民的结社自由进行规范，对损害国家、社会和其他公民权利的社团组织行为进行限制是世界各国通行的法律准则。

（二）法律

1. 基本法

《基本法》(Basic Law)是在一个国家或地区拥有最高法律效力的法律，它的含义与宪法实际上相同，在我国港澳地区亦有人称基本法为该地区的小宪法。在这里，特指公共事业组织基本法。

2. 单行法

特指公共事业组织基本法统帅下的单行法。可以是专门规范某一类公共事业组织的，也可能是专门规范公共事业组织特定行为的，如日本采用的是后一种方式，它在特定领域诸如"医疗法人"是由《医疗服务法》规定的，"宗教法人"是由《宗教团体法》加以限制的。

3. 相关法

（1）民法与公司法

大陆法系国家典型的如德国、日本，都在民法典中规定了法人制度的分类、模式及其较为详细的相关组织制度与财产制度；同时明确了社团法人与其他形式的法人享有的权利、负有的责任及违反法律所受的相应制裁等。

此外，公司法中规定的企业的社会责任及其相关的权利义务也适用于公共事业组织。

（2）税法

大多数国家在税收立法上明确了公共事业组织的法律地位，并因为公共事业组织的非营利性和公益性给予其程度不同的税收减免等优惠政策。

（3）竞争法

社团行为天然的联合性，必然隐藏着不正当竞争和垄断的风险，正如美国学者指出的：社团有天生的反托拉斯法的"爆发力"。实践也证明，公共事业组织的消极作用和对健康市场秩序的威胁自古有之。这决定了公共事业组织不可避免地成为竞争法的规制对象。如德国和欧盟的竞争法，日本的禁止垄断法都对此做出了规定。

（4）破产法

社团法人在不能清偿债务的条件下，其破产清算、剩余资产的流向与分配等规定，与企业法人应是有所不同的。国外法律的一致做法是允许公共事业组织破产，有的国家在破产法中用一定的篇幅来规定社团组织的相关法律问题。

（三）法规

法规是法令、条例、规则、章程等法定文件的总称。法规指国家机关制定的规范性文件，法规也具有法律效力。例如，1979 年之后，美国联邦法律在环保领域出现了停滞不前的状况，环保领域的法规便不断填补法律滞后性带来的空白，在西雅图市市长的倡导下，美国市长会议一致同意采取他们自己的《气候保护协议》，有 350 多个大小城市、不同政治派别的市长分别承诺遵守

《京都协议书》的目标，减少温室气体的排放。①

(四)国际条约

《世界人权宣言》(1948)是联合国的基本法之一，其第 20 条第 1 款规定：人人有权享有和平集会和结社的自由。

《公民权利和政治权利公约》(1966)是联合国在《世界人权宣言》的基础上通过的一项公约，其第 22 条也规定：人人有权享有和平集会和结社的自由，包括组织和参加工会以保护自身的利益的权利。

(五)其他规范性文件

对公共事业组织的登记和监督等管理涉及行政管理机关的权责罚的规定，需要与其相配套的一系列行政法规、规章从各方面予以规范。

三、国外公共事业组织的立法模式

(一)英美模式

美国立法模式主要是以税收规制为主的公共事业组织法体系。以税收规制为主，通过免税资格的赋予来确定公共事业组织的资格和体现政府给予公共事业组织的政策支持，是美国公共事业组织法律制度的最大特色。在美国，公共事业组织的法律基点是州政府法律法规和联邦法典中的税收条例。公共事业组织主要依据各州的具体法令设立并取得法律地位，如每个州都有自己的《非营利性公司法》(联邦没有统一的公司法，因为制定公司法属于州政府的权限)，规定了非营利公司性质的公共事业组织的宗旨以及运行管理机制，非公司的公共事业组织则不需要经政府的批准，任何人都可以设立，但是要有一套符合法律规定的规章制度并保证其非营利性。但是公共事业组织的非营利性资格要通过联邦税法的检验，联邦法典的"国内税收法典"主要以宗旨作为免税标准，最容易获得免税资格的是各种"慈善性质"的公共事业组织，如公共慈善团体和私人基金会，此外还有商会、工会和农业组织等。因此在公共事业组织的管理上每个州不仅遵循联邦的法律，还依靠本州的法律进行管理。例如，加利福

---

① 李群智. 美国公用事业管理的"绿色"思考和启示[J]. 市场经济与价格，2010(12)：36.

尼亚州在联邦税法之外，对非营利机构的管理还涉及该州的公司法、健康与安全法、遗嘱查验法等许多法律。

英国立法模式主要是以慈善法为主导的公共事业组织法。英国并没有"公共事业组织"这一概念，更多的是"慈善组织"（Charity Organization）、"志愿和社区组织"（Voluntary and Community Organization），英国的法律也更多地关注这种公益性的公共事业组织，形成了以慈善立法为主的公共事业组织管理法律制度。英国主要的社会中介法律法规有 1601 年的《慈善法》，不仅划定了公益慈善组织的范畴，强调了这类组织的公益性、慈善性和民间性，还提出了政府鼓励和支持民间慈善事业的法定框架，提供了进行各种形式的社会募捐以筹措公益资源的法律依据。① 此外，颁布于 19 世纪的关于慈善组织理事会定位及其管理原则的法规——《托管人管理法》和 1998 年签署的《政府与志愿及社区组织合作框架协议》建立了对民间公益组织登记注册和监督管理的严格法律制度，以及相对独立、职能完备、体系健全的行政管理体系，同时确立了一整套完备的行政支持体系。与此同时，英国的公共事业组织适用法律时除了慈善和非慈善的区别外，法律形式不同适用的法律也不同，若公共事业组织是一个公司，那便同时要遵守公司法；而无论是公司还是其他公共事业组织，都必须遵守各种各样的条例，如慈善条例、工业和友好社条例等。

(二)德法模式

德国有两套法律体系——公法体系和私法体系，公共事业组织立法模式是以《德国民法典》为主导的私法体系和几个为合作团体专门制定的法典，包括公法体系中的宪法、联邦和各级地方政府的社团管理行政法规，以及财政法（税法）和教会法。《德国民法典》中将社会团体分为经营性社会团体和非经营性社会团体，对社会团体的住所、治理、变更、清算等事项做出了具体规定，且在登记模式中引进诉讼机制。德国公法和私法之间的界限并不是很分明。出于简单、经济和有效的原则，私法也能限制一些公共机构的业务，同样，如果政府允许，私人也有权选择建立公法中的机构，因此，德国某些公益性社团是公私混合的。另外，德国《基本法》第 28 条第 2 款规定："各镇在法律规定的限度内自己负责规定一切地方公众事务的权利，必须得到保障。联合乡也应按

---

① 叶佳静. 西方非营利组织的发展对我国的启示[J]. 贵州省党校学报，2013(2)：66.

照法律并在法律赋予它们的职能的限度内拥有自治的权利。"因此，在德国，授权立法并不仅仅限于行政机关，还包括自治组织。① 当然，德国的自治机关行使立法，必须由议会通过法律具体授权。

与德国类似，法国采取的也是以《法国民法典》为主导的公共事业组织法。《法国民法典》是各类社会主体获得法律地位的基本依据。1989 年 4 月 9 日通过的《法国工商会法》对商会的法律地位做出了规定，确定了法国非营利组织作为一个公共机构的法律地位。在法国，《非营利结社法》规定社会团体可以自由设立，而无需核准或实现宣告。社会团体获得法律地位必须由其设立人主动将其公开化，社会团体的效力由《合同法》和《债法》的基本原则规制，② 除此之外，还有《文化赞助发展法》《国内安全法》《商法典》《刑法典》等法律制度。

(三)日本模式

在日本这种被称为"政府主导"的国家中，社会中介机构的组成更多地被视作政府授予的一项特权，体现在公共事业组织立法上就是一套以民法为基本框架的，各项单行法相配套的严密的法律制度。

日本立法模式主要是以民法和独立法规相结合的公共事业组织法。日本是大陆法系国家，向来有成文法的传统。《日本民法典》第 33 条规定：任何私人法人，不论是营利的还是非营利的，"都不能在没有得到《民法典》和其他成文法律许可就成立"。然而，却没有一个单独的法律授权建立非营利性组织或公共事业组织，而是对应各种不同类型的公共事业组织用独立的法规来规范它们的行为和保证它们的权利。其中，《日本民法典》第 34 条规定的"公益组织"包括合作基金会和法人团体，对批准建立公益组织和对这类组织的监督在政府及内阁的法令中也有详细规定。在《民法典》的总指导下针对具体类型的公共事业组织，如私立学校、社会福利团体、宗教团体和医疗团体等，相应有《私立学校法》《社会福利服务法》《宗教团体法》《医疗法》等规范和管理。此外，日本在 1998 年 3 月 19 日通过了《特定非营利促进法》，规定非营利性组织的申请不必通过相关的政府机构的批准，只需要符合法律规定，进一步完善了对公共

---

① 金锦萍，葛云松. 外国非营利组织法译汇[M]. 北京：北京大学出版社，2006：122.

② 汪梦. 议法国 1901 年非营利性社团法[J]. 理论界，2010(1)：69-71.

事业组织的登记—注册和管理—监督机制。

日本的市场中介组织按与政府关系亲疏可分为两大类：①以官方为主的市场中介组织，最典型的是审议会。审议会是政府部门咨询机构，为政府部门的决策服务的。政府的各省、厅在确立经济政策时，一般先要向审议会提出咨询，然后根据提出的咨询报告决定政策。这种做法已形成惯例。②以民间为主的市场中介组织，以强调和保护本团体、本行业的利益为主开展多种多样的经济活动，也同政府保持着密切联系，在政府和企业之间建立起协调的关系，日本的模式可以称为"官民协调体制"。①

(四)韩国模式

韩国作为新兴的资本主义国家，公共事业组织的培育和扶持被当成了一项政策，不仅出现了《非营利/民间组织支持法》，更是大力修改相关法律，为公共事业组织的发展营造良好的法律环境。

韩国政府对非营利组织的支持具有明确的法律依据，即 2000 年 4 月 17 日正式颁布实施的《非营利/民间组织支持法》。这部法律中还体现了非营利组织的官方定义。在实施这部法律的同时，韩国还修改了《捐赠法》、《公司税收法》(修正案)、《信息公开法》、《公益诉讼法》和《纳税人诉讼法》等，鼓励公共事业组织的发展。此外，韩国各部门针对不同类型的公共事业组织分别有详细的法规，对公共事业组织作出了基本的制度安排。

四、国外公共事业组织立法的特点

(一)重视公共事业组织法律框架建构

各国都比较重视公共事业组织的法律框架建构，通过法律对公共事业组织发展进行支持是大趋势。国家对公共事业组织的正式法律政策可上溯到 1601 年英国的《贫困法》，该法最早提出由政府机构确认一个机构的慈善地位并予以政策的优惠。通常认为大部分公共事业组织提供的服务内容是"准公共物品"，特别是一些扶贫济困的项目，从某种意义上讲，这些也是政府应该提供但政府又无法有效提供的公共物品，当民间机构出面提供并帮助解决社会、环境、福利等问题时，政府显然应予以支持。这种支持除了资金等物质性财政直

---

① 陈昶彧. 国外社会中介组织概况及对我国启示[J]. 中国政府采购，2011(12)：26.

接支持外，间接支持成为日渐重要的形式。政府的间接支持主要包括通过各种优惠法律和政策如税收减免，以及政府与民间组织建立成功的合作关系，如在英国和加拿大，政府与民间组织签署公私合作协议；在美国，克林顿政府于1994年建立了一个联邦级别的、跨25个行政部门和民间组织的协调机构，以加强政府与民间组织的沟通与合作；韩国更是直接制定了《非营利/民间组织支持法》。

(二)针对不同的公共事业组织有具体的法律规制

公共事业组织的日益壮大、多元化是必然发展趋势，单纯用一部总括性的法律法规显然已经行不通。而以子法分别规制的方式兼备详细和灵活的特点，不仅在对各类公共事业组织的规范管理上更具针对性，还可以尽快反映现实的变化，修改起来简便易行，所以深受各国青睐。

除了美国以外，当代各国对不同类型的公共事业组织均有相应的子法调整。法国有专门的《商会法》，英国有《慈善条例》《工业和友好社条例》等，日本的公共事业组织法最为完善和细致，如《私立学校法》《社会福利服务法》《宗教团体法》《医疗法》都对不同类型的公共事业组织在资源获取、组织章程、活动内容和运作方式等方面作了详细规定。

此外，各国在公共事业组织立法上颇为注重公益性中介组织的管理，这是由公益性公共事业组织的牵涉利益广泛，甚至被赋予行政职能，同时各国给予其比一般公共事业组织更多的税收优惠倾斜所决定的。在英国，慈善组织受《慈善事业法》《托管法》《慈善条例》等一系列法律法规的约束，同时要接受政府的监督。在法国，大部分基金会的管理者必须由政府任命。而对于其他的公共事业组织如商会等，则主要通过注册登记制度和法律监督来管理，在法律上对其内部管理留有较大的自由度，大部分交由协会的章程来控制。这样既可以防止国家过分干预公共事业组织内部事务，又保证了公共事业组织向社会公开的透明度。

(三)税法是广义公共事业组织法

从现有各国的公共事业组织法律法规来看，税收优惠或者说减免税收已经成为当前各国政府对公共事业组织发展表示鼓励和支持的重要方式。

关于对公共事业组织的税收政策在各国法律中均有体现，许多国家有专门的捐赠法或慈善法，不仅公益性公共事业组织的收入免税，捐赠人也享有一定的税收减免优惠。美国这样典型的判例法国家甚至在税法的第 501 条足足用 26 个条款界定了各类免征所得税的公共事业组织，俄罗斯在鼓励地方政府通过税收优惠、特权以及直接财政援助等支持公共事业组织也独具特色。

(四)公共事业组织法的构建和本国的国情紧密相连

普通法系背景下的英、美等国向来奉行"天赋人权"，认为结社权是人与生俱来的权利，公共事业组织的出现和有关法律催生几乎是同步进行的，加之成熟的法律体系和良好的法治观念，所以并没有出现《公共事业组织法》这样的专门法典，有关公共事业组织的法律法规更多地体现在判例和各个分散的单行条例中，公共事业组织的法律环境较为宽松。

日本这样被称为"政府主导"的国家中，社会中介机构的组成更多地被视为政府授予的一项特权，体现在公共事业组织立法上就是一套以民法为基本框架的，各项单行法相配套的严密的法律制度。韩国作为新兴的资本主义国家，公共事业组织的培育和扶持则被当成了一项政策，不仅出现了《非营利/民间组织支持法》，还大力修改相关法律，为公共事业组织的发展营造良好的法律环境。

第二节　我国社会团体法律制度概述

我国公共事业组织主要包括政府、事业单位和社会团体。从世界各国公共事业发展的历程来看，非政府组织(社会团体)发挥了重要的作用。因此，本节主要介绍我国社会团体的立法情况。

一、我国社会团体立法的历史沿革

在我国，社会团体的立法史实际上就是社会团体的发展史。我国社会团体立法大体分为三个时期：中华人民共和国成立以前，中华人民共和国成立以后至改革开放前，十一届三中全会以后。

(一)中华人民共和国成立以前的立法情况

1949 年以前，我国就存在如行会、祠庙以及各类慈善性和服务性民间组织，但是由于高度集中的专制体制，这些数量本就极其有限的自治组织的发展空间非常狭小，它们所起的作用也很有限。

1912 年，中华民国成立后，在公布的《中华民国临时约法》中第 6 条第 4 款规定：人民有言论、著作、刊行及集会、结社之自由。这是第一次在法律形式上保证人民有结社的权利。从此，保证人民有"结社自由"的法律条款出现在中华民国历次具有宪法性质的根本大法当中。1931 年 11 月中华苏维埃第一次全国代表大会通过的《中华苏维埃共和国宪法大纲》和 1934 年 1 月中华苏维埃第二次全国代表大会通过修改后的《中华苏维埃共和国宪法大纲》中都规定，"中华苏维埃以保证工农劳苦民众言论、出版、集会、结社的自由为目的"，"工农民主政府扫除反动社会束缚劳动人民自由的一切障碍，并且保障他们取得这些自由权利的物质基础"。1942 年颁布的《陕甘宁边区民众团体登记办法》规定了成立社会团体的程序和登记机关：边区内一切民众团体，皆须呈报当地政府转呈民政厅申请登记，由厅审核后发给登记证，其在延安市者，直接向民政厅申请登记。登记的条件是：文艺团体需 5 人以上，社会活动团体需 20 人以上。1949 年公布的《陕甘宁边区人民团体登记办法》规定保障人民的集会、结社自由，取缔反革命分子的集会、结社自由；并规定凡是已经成立，或者拟成立的人民团体，必须登记，只有审查合格，发给登记证后，方为合法的人民团体，享受法律之保障，并同时确立了分级登记的管辖原则。分级管理、重新登记并以登记确定社团合法性的措施，开了中国社团管理的先河。

（二）中华人民共和国成立以后至改革开放前的立法情况

1949 年以后，随着人民政权的建立，社团立法和社团管理进入了新阶段。为了保证人民以社会团体的方式参与管理国家和社会事务的民主权利，1949 年的《中国人民政治协商会议共同纲领》第 5 条规定，"中华人民共和国人民有思想、言论、出版、集会、结社、通讯、人身、居住、迁徙、宗教信仰及示威游行的自由"。[1] 以后的历次宪法（1954 年、1975 年、1978 年、1982 年）都规定了人民有结社自由。1950 年 10 月 19 日政务院颁布了《社会团体登记暂行办法》，规定了社团的类别，登记的范围、程序、原则等事宜，并确立了社团登记的分级管理体制。为了更好地贯彻这个办法，1951 年 3 月 23 日中央人民政府内务部颁布了《社会团体登记暂行办法实施细则》，对此前遗留下来的各种社会团体进行了清理整顿，依法取缔了各种反动社会团体，对新成立的社会团

---

① 赵一单. 略论日本宪法中"良心自由"的保护范围——以日本最高法院判例为线索的考察[J]. 学术交流，2014(8)：91.

体进行了登记。这样在全国范围内基本确立了我国社会团体管理的指导思想和管理体制。这一时期的成就主要表现在我国出于政治吸纳的需要建立了青联、妇联、工商联、科协等大型的人民团体和大量的学术性、文艺类社会团体，进行依法登记，确立了其法律地位，使社会团体走上了健康发展的道路。

(三)十一届三中全会以后的立法情况

十一届三中全会以后，随着改革的深入，市场竞争的激烈致使政府的行政权力对市场的影响减弱，人民群众的结社意愿逐渐增强，我国社会团体进入了前所未有的大好时期，社会团体的数量得到前所未有的增长，社会团体立法也进入了一个新阶段。

1986年《民法通则》规定了四类法人：企业法人、机关法人、事业单位法人和社会团体法人，明确了社会团体的法人地位。① 1989年10月25日，国务院颁布了《社会团体登记管理条例》，确立了新的社会团体行政管理体制，它正式改变了原来的社会团体行政管理体制，改为由民政部主管登记管理，并受业务主管部门管理的"双重管理"模式；同时对社会团体进行了清理整顿和重新登记。为了配合该条例实施，民政部发布了大量的相关规定。1998年10月25日，国务院颁布了新的《社会团体登记管理条例》，2016年2月6日，根据国务院令第666号《国务院关于修改部分行政法规的决定》，我国对《社会团体登记管理条例》进行了修订，这是目前关于社会团体的最重要的法律文件。除了关于社会团体的一般法规外，对于某些特殊的社会团体的设立、职能及组织等问题，还制定了一些特别的法律规定，如《中华人民共和国律师法》中关于律师协会的规定，《中华人民共和国消费者权益保护法》中关于消费者协会的规定，《中华人民共和国注册会计师法》中关于注册会计师协会的规定。社会团体的业务范围涉及科技、教育、文化、卫生、体育、社会福利等多个领域，正朝着适应国民经济和社会发展要求、布局合理、结构优良、规模适度的社团组织新格局发展。因此，总体看来，我国社会团体立法是以《社会团体登记管理条例》为基础，以其他特别法律法规相配套的法律体系。

二、我国社会团体立法的构成

我国社会团体立法的内容可以从以下两个层次来研究，首先是我国社会团

---

① 娄成武，郑文范. 公共事业管理学[M]. 北京：高等教育出版社，2002：78.

体立法的表现形式，其次是我国社会团体法律制度的详细内容。

（一）我国社会团体立法的表现形式

依社会团体立法的法律规范效力等级的不同，以下几个层面都或多或少地包含着我国社会团体立法的表现形式，它们互相补充，形成了一个相对完整的网络。

1. 宪法层面

宪法作为国家的根本大法，具有最高法律效力。宪法有关结社自由和其他相关权利的条款，是社会团体存在的基础，是社会团体主要的合法性来源，也是制定社会团体法律的基本依据。中华人民共和国成立以来，我国四部宪法都将结社自由作为公民的一项基本政治权利，都肯定了公民的自由结社权。1982年颁布的宪法即现行宪法第 35 条规定："中华人民共和国公民有言论、出版、集会、结社、游行、示威的自由。"第 47 条规定："中华人民共和国公民有进行科学研究、文学艺术创作和其他文化活动的自由，国家对于从事教育、科学、技术、文学、艺术和其他文化事业的公民的有益于人民的创造性工作，给予鼓励和帮助。"[①]

2. 法律层面

法律是由全国人大或人大常委会制定的，除了《红十字法》《工会法》这些针对重要社会团体的专门性法律之外，我国目前还没有社会团体的一般性法律，社会团体的一些原则规定散见于社会团体的相关法律之中。如《注册会计师法》中关于由中国注册会计师协会组织实施注册会计师全国统一考试的规定，由省级注册会计师协会负责办理注册会计师的注册登记和注销登记的规定；《律师法》关于律师协会的设立、律师协会章程的制定、律师协会职责的规定；《证券法》中关于证券业协会的性质、机构和职责的规定；社会团体作为我国重要的法人之一，在《民法通则》中关于社会团体法人也作了相关规定等。另外，在《行政诉讼法》《行政处罚法》《刑法》中也有关于社会团体的一些相关规定。

3. 行政法规层面

行政法规是由国务院制定的，行政法规内容广泛，数量众多。行政法规

---

① 王秀才. 宪法适用新背景下宪法解释方法的综合运用[J]. 江苏警官学院学报，2016，31（6）：37.

表现为普通法律的实施细则和具体措施。到目前为止，适用于我国社会团体的专门法规除了《社会团体登记管理条例》外，还有 1989 年颁布的《外国商会管理暂行规定》。其中，《社会团体登记管理条例》是最重要的法规，它所确立的管理体制是目前我国关于社会团体管理的核心制度，后者调整的是特殊社会团体——外国商会的设立、职能、组织管理等问题。一些相关的行政法规也有类似规定，如《广播电视管理条例》《印刷业管理条例》《出版管理条例》等行政法规中关于有关社会团体在各自主管部门指导下实行自律管理等规定。

4. 地方性法规层面

地方性法规是由各省、直辖市以及省政府所在的市和国务院批准的较大的市的人民代表大会及其常委会制定的规范性法律文件，是从本地实际出发，制定在本地区范围内适用的社会团体管理的法律规范，是我国社会团体管理法规体系的重要组成部分，如《深圳市行业协会管理暂行条例》。

5. 部门规章层面

部门规章是由国务院各部委根据本部门的社会团体管理职责而制定的各种具体办法，具有很强的针对性。部门规章比较庞杂，民政部、财政部等部门都有规章涉及社会团体管理，最近几年呈上升趋势，充实并完善了我国社会团体管理的法规体系，如《取缔非法民间组织暂行办法》《关于全国性社会团体专职工作人员人事管理问题的通知》《社会团体设立专项基金管理机构暂行规定》《民政部关于重新确认社会团体业务主管单位的通知》等。事实上，公民的结社自由有可能被滥用，从而影响社会秩序的运转，给国家和社会带来灾难；同样地，政府限制社会团体的权力也可能被滥用，从而对结社自由构成侵犯，因而，从某种意义上说，法律就是要在对社会团体的保障和限制之中达到一种妥当的平衡。

(二)我国社会团体法律制度的内容

1. 我国社会团体的行政管理体制

(1)归口登记

登记是实现结社自由权的形式，是对该权利的法律认可。归纳起来，世界各国对公民结社进行登记管理不外乎两种方式：预防制与追惩制。追惩制虽然较为简单，而且表面显得民主一点，但从便于管理的角度来讲，世界上大多数国家采用的是预防制。所谓"归口登记"是指社会团体统一由国务院民政部门

和地方县级以上各级民政部门登记，其他任何部门无权登记社会团体，① 颁发
《社会团体法人登记证书》。经合法登记的社会团体，就有了法人地位，具备
了民事主体的资格，依法享有民事权利、承担民事义务，以民事主体的身份参
与各种活动。

　　并不是所有的社会团体都必须进行登记。《社会团体登记管理条例》第 3
条列举了三类免于登记的团体：（1）参加中国人民政治协商会议的八个人民团
体。它们是，中华全国总工会、中国共产主义青年团、中华全国妇女联合会、
中国科学技术协会、中华全国归国华侨联合会、中华全国台湾同胞联谊会、中
华全国青年联合会、中华工商联合会以及它们的地方组织。（2）由国务院机构
编制管理机关核定，并经国务院批准免于登记的团体。这类社会团体有：中国
文学艺术界联合会、中国作家协会、中华全国新闻工作者协会、中国人民对外
友好协会等。（3）机关、团体、企事业单位内部经本单位批准成立、在本单位
内部活动的团体，即内部团体，也就是非社会团体。这种内部活动的社会团体
并非法律意义上的法人社团，它们虽然经批准而成立，但并非单位的一个附属
机构。另外还有一些只需要备案的社会团体，就是那些法律、法规规定的，自
成立之日起具备法律地位、具有法人资格的社会团体。这类社会团体有中国律
师协会、中国仲裁协会、中国红十字总会等。②

　　（2）双重负责

　　"双重负责"是指每一个社会团体都要接受登记管理机关和业务主管单位
的双重管理。成立社团必须先要经过业务主管部门的审查同意，获得同意后，
再根据《社会团体登记管理条例》到民政部门登记。《社会团体登记管理条例》
规定：国务院民政部门和县级以上地方各级人民政府民政部门是本级人民政府
的社会团体的登记管理机关，跨行政区域的社会团体由所跨行政区域的共同上
一级人民政府的登记管理机关负责登记管理。同时国务院有关部门和县级以上
地方各级人民政府有关部门、国务院或者县级以上地方各级人民政府授权的组
织，是有关行业、学科或者业务范围内社会团体的业务主管单位。登记管理机
关的职责是：负责社会团体的成立、变更、注销的登记或者备案；对社会团体
实施年度检查；对社会团体违反条例的问题进行监督检查，对社会团体违反条

---

　　①　孔凡河. 社会管理创新的制度梗阻与逻辑进路［J］. 上海大学学报（社会科学版），
2014，31（4）：112.

　　②　《民政部关于对部分团体免予社团登记有关问题的通知》。

例的问题给予行政处罚。业务主管单位的职责是：负责社会团体筹备申请、成立登记、变更登记、注销登记前的审查；监督、指导社会团体遵守宪法和国家政策依据其章程开展活动；负责社会团体年度检查的初审；协助登记管理机关和其他有关部门查处社会团体的违法行为；会同有关机关指导社会团体的清算事宜。

目前世界各国普遍建立了社会团体登记管理机关，但登记管理方式不尽相同。有单一部门登记审批、双重登记审批和三重登记审批。对社会团体登记管理是采取单一部门还是双重负责管理问题，有过长期的争论。采取双重管理体制是适应当时的情况的，它是一种双保险的策略，可以很好地对社会团体进行控制，最大限度地阻止与政府目标不一致的社会团体的成立。但是随着社会的发展，双重管理体制越来越显示出它的弊端，它严重阻碍了公民实现结社自由，将那些有益于社会的，但因种种原因未能获得登记资格的社会团体推入了"非法社会团体"的境地，而且双重管理对政府而言，成本很高，并且可能出现重复管理或管理空白的情况。

（3）分级管理

"分级管理"是指县以上各级登记管理机关和业务主管单位对社会团体（社团）进行管理。全国性社团由民政部登记；地方性社团由县级以上各级地方政府民政部门登记，由相应的部门做业务主管单位。分级管理并不表明社会团体有级别之分，只是表明社团的会员来源和活动范围。全国性社会团体可以在全国范围内发展会员，在全国范围内活动，地方性社团只能在相应的区域内发展会员，开展活动。

一个社团在民政部门登记后，就获得了独立的法人地位，依法享有民事权利，承担民事义务，不论它是在哪一级登记管理机关登记的，不论是全国性的还是地方性的，不论会员多少，规模大小，社团的地位是平等的，社团是平等的民事主体，没有权利大小之分，互相之间没有隶属关系，没有领导和被领导的关系。这并不意味着它们之间不能合作，社会团体可以作为团体会员加入另外一个社会团体，按照章程的规定，承担会员的义务，享有会员的权利。

2. 社会团体的成立条件和程序

《社会团体登记管理条例》第10条规定了我国社会团体的成立应当具备以下条件：（1）有50个以上的个人会员或者30个以上的单位会员；（2）个人会员、单位会员混合组成的，会员总数不得少于50个；（3）有规范的名称和相应的组织机构；（4）有固定的住所；（5）有与其业务活动相适应的专职工作人员；(6)有合法资产和经费来源，全国性的社会团体有 10 万元以上的活动资金，地方性的社会团体和跨行政区域的社会团体有 3 万元以上活动资金；(7)有独立承担民事责任的能力。① 除规定了社会团体成立的条件外，《社会团体登记管理条例》第 13 条还规定了不予批准的几种情况：(1)有根据证明申请筹备的社会团体的宗旨、业务范围不符合《社会团体登记管理条例》第 4 条规定的；(2)行政区域内已有业务范围相同或相似的社会团体；(3)负责人正在或者曾经受到剥夺政治权利的刑事处罚，没有必要成立的；(4)发起人不具有完全民事行为能力的；(5)在申请筹备时弄虚作假的；(6)法律、行政法规禁止的其他情形的。

　　具备了以上成立条件，社会团体的成立还必须经过以下程序：第一步，社会团体首先必须向其业务主管单位筹备申请并经其审查同意。第二步，经业务主管单位批准后由发起人向登记管理机关申请筹备。申请筹备时必须提供的文件有：筹备申请书、业务主管单位的审批报告、验资报告、场所使用权证明、发起人和拟任负责人的基本情况及身份证明和章程草案。接下来，社会团体登记管理机关要对筹备申请进行审查、核准。《社会团体登记管理条例》第 12 条规定，登记管理机关在收到上述全部有效文件之日起 60 日内，做出批准或不批准筹备的决定。不批准的，应当向发起人说明理由。第三步，社会团体完成筹备工作，向登记管理机关申请成立登记。《社会团体登记管理条例》第 14 条规定，筹备成立的社会团体，应当自登记管理机关批准筹备成立之日起 6 个月内召开会员大会或者会员代表大会，通过章程，产生执行机构、负责人和法定代表人，并向登记管理机关申请成立登记，筹备期间不得进行筹备以外的活动。对于具备条件的社会团体，由登记管理机关 30 日之内发给《社会团体法人登记证书》，社会团体凭《社会团体法人登记证书》申请刻制印章，开立银行账户。

　　社会团体可以下设分支结构、代表机构和办事机构。不论是分支机构、代表机构，还是办事机构，都是社会团体的内部机构，必须接受社会团体的领导，完成社会团体交办的任务。《社会团体登记管理条例》第 19 条第 2 款规定："社会团体分支机构、代表机构是社会团体的组成部分，不具有法人资格，应当按照其所属于的社会团体的章程所规定的宗旨和业务范围，在该社会团体授权的范围内开展活动、发展会员。社会团体的分支机构不得再设立分支

---

① 李正明. 公共事业管理教程[M]. 北京：机械工业出版社，2006：49-50.

机构。"

3. 社会团体的组织结构与管理

《社会团体登记管理条例》对社会团体的组织结构与管理没有做出详细的规定，仅在社会团体申请成立程序的社会团体的筹备工作中涉及了会员大会或者会员代表大会、执行机构、负责人和法定代表人，对其规定大多包含在有关社会团体章程的规定中。我国《社会团体登记管理条例》第15条规定，社会团体的章程应当包括下列事项：名称、住所；宗旨、业务范围和活动地域；会员资格及其权利、义务；民主的组织管理制度，执行机构的产生程序；负责人的条件和产生、罢免的程序；资产管理和使用的原则；章程的修改程序；终止程序和终止后资产的处理；应当由章程规定的其他事项。

在《社会团体章程示范文本》中，第四章对社会团体的组织机构等相关问题做了详细的规定。社会团体的最高权力机构是会员大会或会员代表大会，会员大会的职权主要有：制定和修改章程；选举和罢免理事；审议理事会的工作报告和财务报告；决定终止事宜等。会员大会须有 2/3 以上的会员或会员代表出席方能召开，其决议须经到会会员或会员代表半数以上表决通过方能生效。会员大会或会员代表大会每届最长不超过 5 年。因特殊情况需提前或延期换届的，须由理事会表决通过，报业务主管单位审查并经社团登记管理机关批准同意。但延期换届最长不超过 1 年。

理事会是会员大会或会员代表大会的执行机构，在闭会期间领导本团体开展日常工作，对会员大会或会员代表大会负责。理事会的职权主要有：执行会员大会的决议；选举和罢免理事长、副理事长和秘书长；筹备召开会员大会；向会员大会报告工作和财务状况；决定会员的吸收或除名；决定设立办事机构、分支机构、代表机构和实体机构；决定副秘书长、各机构主要负责人的聘任；领导本团体各机构开展工作；制定内部管理制度等。理事会须有 2/3 以上理事出席方能召开，其决议须经到会理事 2/3 以上表决通过方能生效。理事会每年至少召开一次会议，情况特殊的，也可采用通信形式召开。常务理事会由理事会选举产生，人数不超过理事人数的 1/3，对理事会负责，在理事会闭会期间执行理事会的主要职权。其中理事长为社会团体的法定代表人，召集和主持理事会，检查会员大会、理事会决议的落实情况，并代表本团体签署有关重要文件。秘书长行使的职权主要是主持办事机构开展日常工作，组织实施年度工作计划；协调各分支机构、代表机构、实体机构开展工作等。

从以上社会团体组织结构的介绍中，可以看出社会团体组织结构的产生程序及其职权、组织机构之间的相互关系与程序的规定等都体现了社会团体章程中规定的民主的组织管理制度。民主的组织管理制度能够确保社会团体中的全体成员民主议事、充分行使民主权利，体现共同的意愿。民主的组织管理制度是社会团体民主管理、民主决策特征的集中体现。

4. 社会团体的财产关系

《社会团体章程示范文本》第五章资产管理、使用原则中规定，社会团体的经费来源有：会费、捐赠、政府资助、在核准的业务范围内开展活动或服务的收入、利息以及其他合法收入。社会团体的支出主要包括：业务活动费开支、人员经费及管理费开支、创办经济实体和其他事业性实体的成本费开支、有偿服务承办费开支以及其他合理开支。① 要用有限的收入来保证社会团体的日常支出，维持社会团体的正常运转，就要求社会团体必须加强对社会团体资产的使用和管理，这直接关系到社会团体能否健康发展。1998 年我国《社会团体登记管理条例》第 4 条规定社会团体不得从事营利性经营活动。同时，《社会团体登记管理条例》第 33 条规定："有违法经营额或者违法所得的，予以没收，可以并处违法经营额 1 倍以上 3 倍以下或者违法所得 3 倍以上 5 倍以下的罚款。"这直接体现出社会团体对其有限的资产使用和管理的重要性。

关于社会团体财产的使用和管理，《社会团体登记管理条例》第 29 条规定："社会团体的经费，以及开展章程规定的活动按照国家有关规定取得的合法收入，必须用于章程规定的业务活动，不得在会员中分配。社会团体接受捐赠、资助，必须符合章程规定的宗旨和业务范围，必须根据与捐赠人、资助人约定的期限、方式和合法用途使用。社会团体应当向业务主管单位报告接受、使用捐赠、资助的有关情况，并应当将有关情况以适当方式向社会宣布。"第30 条规定："社会团体必须执行国家规定的财务管理制度，接受财政部门的监督；资产来源属于国家拨款或者社会捐赠、资助的，还应当接受审计机关的监督。社会团体在换届或者更换法定代表人之前，登记管理机关、业务主管单位应当组织对其进行财务审计。"这样，有利于管理机关摸清社会团体的财产状况，分清责任，防止社会团体财产的流失。

《社会团体章程示范文本》中对社会团体财产使用与管理也有详细的规定：建立严格的财务管理制度，保证会计资料合法、真实、准确、完整。配备具有专业资格的会计人员，会计不得兼任出纳。会计人员必须进行会计核算，实行

---

① 朱春敏. 提升社会团体财务管理水平的对策探讨[J]. 企业研究，2013(24)：94.

会计监督。会计人员调动工作或离职时，必须与接管人员办清交接手续。社会团体的资产，任何单位、个人不得侵占、私分和挪用。社会团体专职工作人员的工资和保险、福利待遇，参照国家对事业单位的有关规定执行。另外，在我国《公益事业捐赠法》中，对于公益性团体财产的使用及监督有着更加严格的规定。

"按照国家的有关规定，根据自己提供的服务收取合理的费用，以确保成本，略有盈余，对于维持其活动，促进和扩大其业务规模是非常必要的，这与从事营利性经营活动是完全不同的概念，必须严格区分。"允许我国社会团体在一定的条件下获得经营收入，这是可行的，这样就能保证社会团体有足够的资金来维持运转。但是需要强调的是资产来源必须合法，不以营利为目的，资产的使用必须符合社会团体的宗旨，只能用于社会团体的活动，不得在成员之间分配，国家可以用税收来调节这部分收入。正如财会便〔2002〕50号文件《民间非营利组织会计制度》(征求意见稿)第2条中规定的非营利的含义："非营利组织应符合以下三个条件：1. 不以营利为目的；2. 任何单位或个人不因为出资而拥有非营利组织的所有权，收支结余不得向出资者分配；3. 非营利组织一旦进行清算，清算后的剩余财产应按规定继续用于社会公益事业。"该文件只是财政部的非正式征求意见稿，缺乏权威性，但这无疑是一种进步。

5. 社会团体成立后其他方面的行政管理

社会团体成立之后，登记管理机关和有关业务主管单位对社会团体负有日常管理和监督检查职责。这些制度主要有：年检制度、重大活动报告制度、清理整顿和行政处罚制度。

(1)年检制度。年检制度是社会团体管理机关对社会团体实施监督检查的一项重要制度，大量社会团体违法行为的发现都是通过年检的途径实现的。《社会团体登记管理条例》第31条规定："社会团体应当于每年3月31日前向业务主管单位报送上一年度的工作报告，经业务主管单位初审同意后，于5月31日前报送登记管理机关，接受年度检查。工作报告的内容包括：本社会团体遵守法律法规和国家政策的情况、依照本条例履行登记手续的情况、按照章程开展活动的情况、人员和机构变动的情况以及财务管理的情况。"1996年5月14日民政部发布的《社会团体年度检查暂行办法》还规定：社会团体在接受年检时，应提交上一年度工作总结和本年度工作计划、上一年度财务决算并附会计师事务所审计报告、《社会团体年检报告书》、《社会团体法人登记证》或《社会团体登记证》副本以及其他需报送的有关材料。登记管理机关在对社会团体进行年检过程中，可单独或会同有关部门，对社会团体财务进行检查或对其进行财务审计。年检的结论分为"合格"和"不合格"两类，如果出现一年中未开展任何业务活动、经费不足以维持正常业务活动、违反章程规定开展活动、违反财务规定、内部矛盾严重、重大决策缺乏民主程序、违反有关规定乱收会费、无固定办公地点一年以上等情况的，为年检"不合格"，由登记管理机关责令其限期整改。如果在限期内不能达到合格的，按照有关规定进行行政处罚。

（2）重大活动报告制度。重大活动报告制度要求社会团体开展重大业务活动必须事先报告业务主管单位和登记管理机关备案，多见于一些部门规章或地方性法规中。如《民政部主管的社会团体管理暂行办法》第 12 条规定："社团开展重大业务活动，如召开大型研讨会、举办展览会等，应由业务主管司、局（厅）审查核准。"这个制度的建立，规范了社会团体的行为，为社会团体监督管理工作逐步走上制度化打下了坚实的基础。在建立和实施社会团体重大活动报告制度时应该明确以下两点：第一，明确界定社会团体必须报告的重大活动的时间和要求。第二，明确社会团体重大活动不报告和政府有关部门受理报告不作为应负的责任。

（3）清理整顿。清理整顿是用来解决社会团体过多过滥的问题的，它可以保障公民正当行使结社自由权，依法确保合法社会团体的法律地位，限制和制止那些不符合公民结社原则的非法团体，从而达到提高社会团体质量的目的。我国自 1989 年确立现行社会团体管理体制之后，先后进行过两次大规模的清理整顿工作，第一次是 1990 年国务院办公厅转发民政部《关于清理整顿社会团体的请示》的通知，第二次是 1997 年国务院办公厅转发民政部《关于清理整顿社会团体意见》的通知，两次整顿都是全国范围的。各地方社会团体的清理整顿工作一般分三个阶段进行：参加清理整顿的社会团体的自查阶段、业务主管单位的审查阶段和登记管理机关依据规定程序的审定阶段。

（4）行政处罚制度。我国《社会团体登记管理条例》第六章是对我国社会团体违法行为处理的规定，总体来看，可以发现对社会团体行政处罚的种类主要有警告、责令改正、没收违法经营额或违法所得、罚款、撤销登记、依法取缔等。在社会团体或者社会团体的有关人员进行下列违法行为的情况下，如擅自涂改、出租、出借《社会团体法人登记证》或社会团体印章的社会团体，超出章程规定的宗旨和业务范围进行活动的社会团体，拒不接受或者不按照规定接受监督检查的社会团体，以及不按照规定办理变更登记的社会团体等，登记管理机关可以予以警告处分，并责令改正。罚款适用于从事营利性经营活动，侵占、私分、挪用社会团体接受的捐赠、资助，违法国家有关规定收取费用等情形。社会团体在申请登记时弄虚作假，骗取登记的，或者自取得《社会团体法人登记证》之日起一年未开展活动的，由登记管理机关予以撤销登记。我国《社会团体登记管理条例》第 35 条规定：未经批准，擅自开展社会团体筹备活动，或者未经登记，擅自以社会团体名义进行活动，以及被撤销登记的社会团体继续以社会团体名义进行活动的，由登记管理机关予以取缔，没收非法财产；构成犯罪的，依法追究刑事责任；尚不构成犯罪的，依法给予治安管理处罚。

6. 社会团体的税收

社会团体是不以营利为目的的社会组织，主要从事社会公益事业及社会服务活动，在社会中起着不可替代的作用，因而，世界各国政府一般在税收方面给予减税或者免税的待遇，从而加强对社会团体的调控、引导和管理，鼓励社会团体更好地服务于社会公益，进而促进整个社会的发展。目前我国尚没有一部关于非营利组织的专门的税收法规，对于社会团体税收的规定分散在各个法律、法规和规章之中。总结发现，我国社会团体法律中有关税收的规定大多体现在针对社会团体的调整和针对捐赠者的调整两个方面。

(1) 针对社会团体的税收优惠

涉及社会团体的税收主要有所得税、商品税和财产税三大类。

首先，社会团体所得税方面的规定。我国于 2007 年 3 月 16 日在中华人民共和国第十届全国人民代表大会第五次会议上通过的《中华人民共和国企业所得税法》中规定："在中华人民共和国境内，企业和其他取得收入的组织为企业所得税的纳税人，依照本法的规定缴纳企业所得税。"2007 年 11 月 28 日通过的《中华人民共和国企业所得税法实施条例》中指出，企业所得税法第二条所称依法在中国境内成立的企业，包括依照中国法律、行政法规在中国境内成立的企业、事业单位、社会团体以及其他取得收入的组织。符合条件的非营利组织的收入为免税收入，但是此处的非营利组织收入不包括非营利组织从事营利性活动取得的收入，国务院财政、税务主管部门另有规定的除外。因此，对于社会团体而言，那些有应税所得，即有生产经营所得和其他所得的社会团体是企业所得税的纳税主体，而那些没有应税所得，即没有生产经营所得和其他所得的社会团体不是企业所得税的纳税主体。针对我国社会团体的实际情况，为了鼓励科研等的发展，国家税务总局于 1997 年 12 月 16 日下发的《关于企业所得税若干业务问题的通知》中规定纳税人按省及省级以上民政、物价、财政部门批准的标准，向依法成立的协会、学会等社团组织交纳的会费，经主管税务机关审核后允许在所得税前扣除。国家税务总局关于印发《事业单位、社会团体、民办非企业单位企业所得税征收管理办法》的通知（国税发〔1999〕65号）中规定了一些可以免征企业所得税的收入项目，具体有：财政拨款；经国务院及财政部批准设立和收取，并纳入财政预算管理或财政预算外资金专户管理的政府性基金、资金、附加收入；经国务院、省级人民政府（不包括计划单列市）批准，并纳入财政预算管理或财政预算外资金专户管理的行政事业性收费；经财政部核准不上交财政专户管理的预算外资金；事业单位从主管部门和上级单位取得的用于事业发展的专项补助收入；事业单位从其所属独立核算经营单位的税后利润中取得的收入；社会团体取得的各级政府资助；社会团体按照省级以上民政、财政部门规定收取的会费以及社会各界的捐赠收入。

其次，有关社会团体商品税方面的规定。商品税是我国的主要税种，包括增值税、消费税、营业税和关税四个税种，社会团体也可能从事市场活动，所以也涉及商品税的问题。根据国务院 1993 年 12 月颁发的《中华人民共和国增值税暂行条例》及财政部发布的该条例的《实施细则》的规定，增值税的纳税人是在我国境内从事销售货物或提供加工、修理修配劳务以及进口货物的单位和个人。因此，社会团体如果从事了增值税的应税活动就应该依照法律规定缴纳增值税，其中，直接用于科学研究、科学实验和教学的进口仪器、设备，可以免征增值税。根据国务院 1993 年颁发的《中华人民共和国营业税暂行条例》及其《实施细则》的规定，营业税的纳税主体是在我国境内提供应税劳务、转让无形资产和销售不动产的单位和个人。所以，有上述应税活动的社会团体，也是营业税的纳税主体。社会团体从事以下几方面的活动，可以享受免税待遇：托儿所、幼儿园、养老院、残疾人福利机构提供的育养服务、婚姻介绍、殡葬服务；医院、诊所和其他教育机构提供的医疗服务；学校和其他教育机构提供的教育劳务、学生勤工俭学提供的劳务；纪念馆、博物馆、文化馆、美术馆、展览馆、书画院、图书馆、文物保护单位举办文化活动的门票收入，宗教场所举办文化、宗教活动的门票收入等。另外，财政部、国家税务总局《关于对社会团体收取的会费收入不征收营业税的通知》（财税字〔1997〕63 号）规定：社会团体按财政部门或民政部门规定标准收取的会费，是非应税收入，不属于营业税的征收范围，不征收营业税。《国家税务总局关于在京外国商会征免营业税的批复》（国税函〔2005〕370 号）规定：对在京外国商会按财政部门或民政部门规定标准收取的会费，不征收营业税。当社会团体进口货物用于自身消费或公益事业时，在关税上享受一定的优惠。如国务院于 2003 年 10 月 29 日通过的《中华人民共和国进出口关税条例》规定，外国政府、国际组织无偿赠送的物资，可以免征关税。

最后，有关社会团体财产税的规定。财产税的主要税种包括土地税、房产税、车船税、不动产税等。《中华人民共和国房产税暂行条例》规定，人民团体自用的房产，国家财政部门拨付事业经费的单位的自用房产，宗教寺庙、公园、名胜古迹自用的房产可以享受房产税收的优惠。《中华人民共和国车船使用税暂行条例》规定，人民团体的车船，由国家财政部门拨付事业经费的单位自用的车船免纳车船使用税。《中华人民共和国契税暂行条例》第六条规定，社会团体承受土地、房屋用于办公教学、医疗、科研和军事设施的，免征契税。

(2) 针对捐赠者的税法调整

为了鼓励捐赠，规范捐赠和受赠行为，保护捐赠人、受赠人和受益人的合法权益，促进公益事业的发展，1999 年 6 月 28 日通过的《中华人民共和国公益事业捐赠法》，其中整个第四章全是对优惠措施的描述，公司和其他企业依照本法的规定捐赠财产用于公益事业，依照法律、行政法规的规定享受企业所得税方面的优惠。自然人和个体工商户依照本法的规定捐赠财产用于公益事业，依照法律、行政法规的规定享受个人所得税方面的优惠。境外向公益性社会团体和公益性非营利事业单位捐赠的用于公益事业的物资，依照法律、行政法规的规定减征或者免征进口关税和进口环节的增值税。此后，政府相继出台了相关政策，如 2001 年财政部、国家税务总局出台《关于完善城镇社会保障体系试点中有关所得税政策问题的通知》，规定对企业、事业单位、社会团体和个人向慈善机构、基金会等非营利性机构的公益、救济性捐款，准予在缴纳企业所得税和个人所得税前全额扣除。虽然这一政策只适用于试点地区，但是这无疑有力地激励了企业和个人向慈善公益性社会团体的捐赠。2001 年 1 月 15 日，财政部、国家税务总局和海关总署下发关于《扶贫、慈善性捐赠物资免征进口税收暂行办法》的通知，其中规定对境外捐赠人无偿向受赠人捐赠的直接用于扶贫、慈善事业的物资，免征进口关税和进口增值税。

2007 年 3 月 16 日通过的《中华人民共和国企业所得税法》第九条规定：企业发生的公益性捐赠支出，在年度利润总额 12% 以内的部分，准予在计算应纳税所得额时扣除。《中华人民共和国企业所得税法实施条例》中指出，企业所得税法第九条所称公益性捐赠，即指企业通过公益性社会团体或者县级以上人民政府及其部门，用于《中华人民共和国公益事业捐赠法》规定的公益事业的捐赠。2007年12月29日通过的《中华人民共和国个人所得税法》中规定，个人将其所得对教育事业和其他公益事业捐赠的部分，按照国务院有关规定从应纳税所得中扣除。《中华人民共和国个人所得税法实施条例》第二十四条指出，税法第六条第二款所称个人将其所得对教育事业和其他公益事业的捐赠，是指个人将其所得通过中国境内的社会团体、国家机关向教育和其他社会公益事业以及遭受严重自然灾害地区、贫困地区的捐赠。捐赠额未超过纳税义务人申报的应纳税所得额30%的部分，可以从其应纳税所得额中扣除。另外，《财政部国家税务总局民政部关于公益性捐赠税前扣除有关问题的通知》（财税〔2008〕160号）中规定，公益性社会团体和县级以上人民政府及其组成部门和直属机构在接受捐赠时，应按照行政管理级次分别使用由财政部或省、自治区、直辖市财政部门印制的公益性捐赠票据，并加盖本单位的印章。

7. 社会团体的变更和注销

《社会团体登记管理条例》第四章集中规定了社会团体的变更登记和注销登记。社会团体成立、注销或者变更名称、住所、法定代表人，由登记管理机关予以公告。社会团体的登记事项、备案事项需要变更的，应自业务主管单位审查同意之日起30日内，向登记管理机关申请变更登记、变更备案。社会团体修改章程，应当自业务主管单位审查同意之日起30日内，报登记主管机关核准。

《社会团体登记管理条例》第21条规定，社会团体有下列情形之一的，应当在业务主管单位审查同意后，向登记管理机关申请注销登记、注销备案：完成社会团体章程规定的宗旨的，自行解散的，分立、合并的，由于其他原因终止的。有关社会团体注销的程序，《社会团体登记管理条例》是这样规定的，社会团体办理注销登记前，应当在业务主管单位和其他有关机关的指导下，成立清算组织，完成清算工作。[①] 清算期间，社会团体不得开展清算以外的活动。社会团体法定代表人应当自完成清算之日起15日内，向登记管理机关办理注销登记。办理注销登记，须提交注销登记申请书、业务主管单位的审查文件和清算报告书。登记管理机关准予注销登记的，发给注销证明文件，收缴该社会团体的登记证书、印章和财务凭证。社会团体撤销其所属分支机构、代表

---

① 李正明. 公共事业管理教程[M]. 北京：机械工业出版社，2006：50.

机构的，经业务主管单位审查同意后，办理注销手续。社会团体注销的，其所属分支机构、代表机构同时注销。

针对社会团体注销后的剩余财产应该如何处理，《社会团体登记管理条例》第25条规定：社会团体处分注销后的剩余财产，按照国家有关规定办理。《社会团体章程示范文本》也有类似的规定："本团体终止后的剩余财产，在业务主管单位和社团登记管理机关的监督下，按照国家有关规定，用于发展与本团体宗旨相关的事业。"

第三节　我国事业单位法律制度概述

事业单位，是指国家为了社会公益目的，由国家机关举办或者其他组织利用国有资产举办的，从事教育、科研、文化、卫生、体育、新闻出版、广播电视、社会福利、救助减灾、统计调查、技术推广与实验、公用设施管理、物资仓储、监测、勘探与勘察、测绘、检验检测与鉴定、法律服务、资源管理事务、质量技术监督事务、经济监督事务、知识产权事务、公证与认证、信息与咨询、人才交流、就业服务、机关后勤服务等活动的社会服务组织。[1]

国家事业单位登记管理局先后两次颁布《事业单位登记管理暂行条例实施细则》，分别为中央编办发〔2005〕15号和中央编办发〔2014〕4号，[2] 2014年1月24日修订后的《事业单位登记管理暂行条例实施细则》基本内容主要包括以下几个方面。

(一)事业单位的设立、变更、注销

《事业单位登记管理暂行条例实施细则》第五条中规定，事业单位设立、变更、注销，应当依照条例和本细则向事业单位登记管理机关(以下简称登记管理机关)申请登记或者备案(以下统称登记)。登记管理机关对符合法定条件的登记申请应当核准登记。登记管理机关向核准设立登记的事业单位颁发《事业单位法人证书》。《事业单位法人证书》是事业单位法人资格的唯一合法凭证。未取得《事业单位法人证书》的单位，不得以事业单位法人名义开展活动。登记管理机关依法保护核准登记的事业单位有关登记事项的合法权益。登记管

---

[1]　李正明. 公共事业管理教程[M]. 北京：机械工业出版社，2006：31-32.

[2]　https://baike.so.com/doc/6784045-7000647.html.

理机关应当依照条例和本细则，实施对事业单位的监督管理。事业单位应当接受并配合登记管理机关的监督管理。

1. 登记管理机关与登记管辖

《事业单位登记管理暂行条例实施细则》第九条中规定，县级以上各级人民政府机构编制管理机关所属的登记管理机关负责实施事业单位登记管理工作。下级登记管理机关在上级登记管理机关的指导下实施事业单位登记管理工作。

2. 登记事项与登记程序

事业单位法人登记事项包括：名称、住所、宗旨和业务范围、法定代表人、经费来源、开办资金等。①

3. 设立登记

申请事业单位法人设立登记的单位，应当具备下列条件：①经审批机关批准设立；②有规范的名称和组织机构（法人治理结构）；③有稳定的场所；④有与其业务范围相适应的从业人员、设备设施、经费来源和开办资金；⑤宗旨和业务范围符合事业单位性质和法律、政策规定；⑥能够独立承担民事责任。

4. 变更登记

事业单位的登记事项需要变更的，应当向登记管理机关申请变更登记。变更名称、法定代表人、宗旨和业务范围、经费来源的，自出现依法应当申请变更登记的情况之日起 30 个工作日内，向登记管理机关提出申请。

5. 注销登记

事业单位有下列情形之一的，应当向登记管理机关申请注销登记：①举办单位决定解散；②因合并、分立解散；③依照法律、法规和本单位章程，自行决定解散；④行政机关依照法律、行政法规责令撤销；⑤事业单位法人登记依法被撤销，或者事业单位法人证书依法被吊销；⑥法律、法规规定的应当注销登记的其他情形。

(二)监督管理

登记管理机关对事业单位依法实施下列监督管理：①监督事业单位按照规定办理登记和提交年度报告；②监督事业单位按照登记事项从事活动；③制止和查处事业单位违反条例和本细则的行为。

---

① 李正明. 公共事业管理教程［M］. 北京：机械工业出版社，2006：36-39.

事业单位应当于每年 1 月 1 日至 3 月 31 日，向登记管理机关报送上一年度执行条例和本细则情况的年度报告，并向社会公示。事业单位对年度报告的真实性负责。事业单位报送的年度报告应当包括下列内容：①开展业务活动情况；②资产损益情况；③对条例和本细则有关变更登记规定的执行情况；④绩效和受奖惩情况；⑤涉及诉讼情况；⑥社会投诉情况；⑦接受捐赠资助及使用情况；⑧其他需要报告的情况。①

事业单位在报送年度报告时还应当提交下列文件：①上一年度年末的资产负债表；②有关资质认可或者执业许可证明文件（业务范围不涉及资质认可事项或者执业许可事项的除外）；③法定代表人任职文件（原提交的法定代表人任职文件未设定任职期限或者未超过任职期限且未出现依法应当申请法定代表人变更登记情况的除外）；④住所证明（原提交的住所证明未设定有效期限或者未超过有效期限且未出现依法应当申请住所变更登记情况的除外）；⑤登记管理机关要求提交的其他相关文件。

登记管理机关应当通过审查事业单位年度报告和其他相关方式对事业单位进行以下方面的监督检查：①是否遵守有关法律、法规和政策；②是否按照核准登记的宗旨和业务范围开展业务活动；③是否继续具备承担与宗旨和业务范围相适应的民事责任能力；④是否继续具备相关登记事项所要求的资质；⑤是否自核准登记后无正当理由超过一年未开展业务活动或者自行停止业务活动一年以上；⑥是否在出现依法应当申请变更登记的情况后按时申请变更登记；⑦实际使用的名称，包括单位印章、标牌及其他表示该单位名称的标记与核准登记的名称是否一致；⑧有无抽逃开办资金的行为；⑨有无涂改、出租、出借《事业单位法人证书》或者出租、出借单位印章的行为；⑩接受和使用捐赠、资助的情况是否符合条例和其他有关规定；⑪其他需要监督检查的事项。

登记管理机关依照条例对事业单位年度报告进行审查，通过审查发现问题的，依照条例和本细则处理。事业单位有下列情形之一的，登记管理机关根据情况分别给予书面警告并通报其举办单位、暂扣《事业单位法人证书》及单位印章并责令限期改正、撤销登记并收缴《事业单位法人证书》及单位印章的处罚：①不按照登记事项开展活动的；②不按照条例和本细则的规定申请变更登记、注销登记的；③不按照条例和本细则的规定报送并公示年度报告或者年度

---

① 王付林. 加强事业单位诚信体系建设的若干思考[J]. 行政科学论坛，2016（8）：29.

报告内容与事实不符的；④抽逃开办资金的；⑤涂改、出租、出借《事业单位法人证书》或者出租、出借单位印章的；⑥违反规定接受或者违反规定使用捐赠、资助的。

申请人隐瞒有关情况或者提供虚假材料申请登记的，登记管理机关不予受理或者不予登记，并给予警告；登记申请属于直接关系公共安全、人身健康、生命财产安全事项的，申请人在一年内不得再次申请。申请人以欺骗、贿赂等不正当手段被核准登记的，登记管理机关应当依法予以撤销登记；被撤销的登记属于直接关系公共安全、人身健康、生命财产安全事项的，申请人在三年内不得再次申请；构成犯罪的，依法追究刑事责任。

有下列情形之一的，核准登记的登记管理机关或者其上级登记管理机关，根据利害关系人的请求或者依据职权，可以撤销登记：①登记管理机关工作人员滥用职权、玩忽职守作出核准登记决定的；②超越法定职权作出核准登记决定的；③违反法定程序作出核准登记决定的；④对不具备申请资格或者不符合法定条件的申请人核准登记的。

思考题

1. 简述中外公共事业组织税收制度及区别。
2. 国外公共事业组织资金构成制度有哪些特点？
3. 我国事业单位成立需满足的条件有哪些？
4. 影响我国社会团体发展的法律障碍有哪些？
5. 我国公共事业组织的法律制度需要从哪些方面进一步完善？

案例分析

南通最大废酸倾倒犯罪案

2015 年 1 月 12 日，江苏省南通市港闸区人民法院公开审理了海门市汇泉化工贸易有限公司及韩某等 3 人污染环境案。

在南通市、海门市两级环保、公安部门的强势推进下，在公众的有力监督下，案件从 2014 年 5 月侦破以来，历经取证、立案、提请逮捕、公诉 8 个月时间，终于掀开了神秘的面纱。这是南通市迄今为止破获的最大一起废酸倾倒案，案情之错综复杂、排放时间之长、排放地点之隐蔽、排放数量之大均超过以往废酸倾倒案。

庭审当日，环保部门与公检法机关共同组织案件的庭审旁听活动，当地人大代表、政协委员、美丽南通使者、市民巡访团成员、环保公益联合会的环保志愿者、企业代表、法律界的专家和律师等 40 余人参加了旁听。

有的放矢——群众向环保、公安部门举报

2014 年 4 月下旬，南通市公安局接到了一封举报信。举报人在信中揭发海门市汇泉化工贸易有限公司法人代表韩某利用卧式储罐，预设地下、水下暗管，将废酸偷排至南通经济开发区的新江海河。

根据这封来信举报附有的照片，南通市公安机关认真比对后发现，实际排放地点是在南通市经济技术开发区竹行街道江东村。

2014 年 5 月 9 日，公安和环保部门联合执法，对江东村废酸存储窝点突击检查。环境执法人员根据下水道内暗管的走向、举报信中所描述的偷排点位置，找到了位于盐酸仓库西边的偷排点。

"空气中弥漫着很浓的酸味，在现场查看时发现，一共有 3 个卧罐、5 个竖罐放置在盐酸储存仓库，许多管道连接到用一块板盖住的下水道内。"海门市公安局三厂派出所民警郁耀坤说。

在枯黄的芦苇区边上，环境执法人员又发现一块板，把板取掉后，有一根暗管直接连到新江海河。环境执法人员马上用 pH 试纸对河水进行了测量，pH 试纸呈现红色，办案人员确定河水具有相当强的酸性。

环境执法人员发现，8 个用于存储的大型立罐、卧罐，罐体下私设的暗管如一张"蜘蛛网"，密密麻麻地直接伸向新江海河，导致偷排点至入江口（长江）近 3 千米范围的水域受到严重污染。

根据"两高"司法解释的相关规定，非法处置危险废物 3 吨以上即可入刑。

在掌握了确凿证据后，治安支队联合海门市公安局，将汇泉化工贸易有限公司法人代表韩某及守门人张某一举抓获。

据犯罪嫌疑人韩某交代，收购回来的盐酸销售了一部分，另一部分销售不掉，因仓库小无法储存，所以就全部排进了新江

海河。

值得注意的是，举报人在向环保部门反映问题的同时，也将线索举报至公安部门，这表明举报人比较了解政策和法律法规。为避免"以罚代刑"，举报人选择依靠公安部门的力量打击环境污染犯罪。

真相大白——嫌疑人对犯罪事实供认不讳

庭审期间，3 名犯罪嫌疑人(1 名主犯、2 名从犯)均承认了自己的犯罪行为。

从 2013 年 8 月到 2014 年 5 月案发，犯罪嫌疑人韩某在其经营海门市汇泉化工贸易有限公司期间，在南通市经济开发区竹行街道江东村十二组新河储存运场盐酸储存仓库私设暗管，直接从竖罐的出酸总口通过下水道通往新江海河。

韩某在自己偷排的同时，还分别雇用顾某某和张某某夜间偷排废酸，顾某某于 2014 年 3—4 月期间排放盐酸 20 余次，张某某于 2014 年 4 月下旬至 5 月上旬期间，排放盐酸 6 次，总计 4117 吨。

为计算犯罪嫌疑人向新江海河偷排废酸的总量，办案民警和环境执法人员相继奔赴浙江、上海以及江苏省的连云港、苏州、无锡等地，行程一万多公里，查清了韩某所在公司和相关公司在废酸交易中，一共购进废酸 2.7 万吨、销售 2.3 万吨、偷排进新江海河 4000 吨的事实。

经检测，这些直接排进新江海河的盐酸 pH 值均小于 1，有腐蚀性，属于危险废物，保守评估本次污染修复费用为 937 万余元。

法庭上，公诉机关港闸区人民检察院对认定犯罪事实的证据，包括证人证言、书证、现场勘查记录等证据进行了举证。犯罪嫌疑人韩某、顾某某、张某某对犯罪事实亦供认不讳，且与其他证据材料相互印证。

控辩双方就排放废酸的数量认定、对环境的损害评估进行了法庭辩论，法院将择日进行宣判。

公众参与——庭审成为生动课堂

2015 年 1 月 1 日正式实施的新《环境保护法》将"信息公开和

公众参与"独立成章，从法治层面明确了公众参与和监督的合法性与必要性。

这是一次具有里程碑意义的立法，标志着环境保护作为公共事务，正在由传统意义上的职能主体——政府和相关部门监督管理，转向政府、相关部门与公众共同管理，这是在民主法治大背景下，环保公共事业发展的必然。

此案的查办和审理过程正体现这一特点，从群众举报、配合侦查到群众监督审判，公众充分参与了整个过程。

2015年1月12日的本案庭审，是宣传环境法律法规、强化企业社会责任的生动课堂。通过旁听庭审，每个人都有不同的收益：企业及行为人结合案例加深了对环境法律法规、政策标准的理解，明白怎么样算违法、怎么样是犯罪；公众进一步了解了应如何参与环境保护、如何监督企业、如何监督政府；执法人员进一步了解了应如何取证、如何用足用准法律武器打击环境犯罪行为……

据了解，这起案件是新《环境保护法》实施以来，南通市首例公开审理的环境违法案件。

"随着新《环境保护法》的实施，环境污染案件的诉讼也将越来越多，法院有必要在官网发布开庭公告的同时，开辟其他便于公众知晓的信息发布渠道，如法院外的电子屏、涉及相关职能部门的网站等，以扩大受众面。废酸处理从业人员特别要认真吸取教训，避免自己做出类似行为。"南京工大环境科技有限公司南通分公司的工程师陈燃说。

（案例来源：http:js.ifeng.com/city/detail_2015-01/29/3493071_0.shtml，2015-01-29.）

问题：根据以上材料，试分析各主体在此次案件中所起到的作用。

第 ❺ 章 公共事业管理的模式和特点

公共事业管理在管理过程中由于管理主体的不同，以及自身的组织结构和内外部影响因素的共同作用，使得其在实际运作中表现出不同的模式特征，而模式的形成，意味着它拥有了相对稳定的管理层次和管理体制，管理对象之间的关系较为确定。不同的模式和体制，不仅意味着公共资源的提供方式、方法有可能不同，而且对政府在公共事业管理中的地位认识也不同，以此形成了不同的资源整合方式以及政府干预方式。

第一节　公共事业管理模式的概念与内涵

公共事业管理模式就是指在公共事业管理中管理主体的结构和组合方式，以及在社会经济发展等多种因素影响下产生的不同结果。简而言之，就是公共事业管理过程中政府与市场、政府与社会之间的结构关系。

一、公共事业管理模式的概念

在《汉语大词典》中"模式"一词的解释是："某种事物的标准形式或使人可以照着做的标准式样。"[1]而在《英汉大词典》中，"model"一词的解释是模型、原型、样式、模范、典型、榜样及款式等多种含义。[2] 国内著名学者崔运武教授对模式作

---

[1]　中国社会科学院语言研究所. 现代汉语词典[M]. 北京：商务印书馆，1981：791.

[2]　陈谷孙，等. 英汉大词典[M]. 上海：上海译文出版社，1989：21-23.

出如下的界定：所谓模式，就是构成一个事物的因素及其各因素之间的关系，以及在这一关系下各因素的活动方式，它是既有的，能对现实作出规定并产生影响。①

就公共事业活动来看，在公共事业的活动过程中，各类组织在介入公共事业领域后，都在一定的规范和要求下，从自己的组织特点出发，在公共事业的不同层面展开了各自所能承担的活动。活动期间必然会形成特定的关系组合方式，即公共事业管理模式。因此，所谓公共事业管理模式就是基于公共事务管理的需要，在特定的公共事业管理环境下，在公共事业产品的生产和供给过程中，各承担主体的构成及其相互关系的组合方式。②

二、公共事业管理模式的内涵

公共事业管理模式是在公共事业管理中能对现实产生影响的管理主体的构成及其组合方式，它是在多种因素的影响制约下产生的，并随着社会经济的发展变化而演变，其实质就是在一定的条件下，公共事业管理过程中政府与市场、政府与社会的关系状况。准确理解其内涵需要把握以下几个要点。

(一)公共事业管理模式产生于公共事务管理的需要

特定公共事业管理模式总是服务于特定的公共事务管理需要。公共事业管理的中心问题，如果从社会产品的角度看，就是如何生产并向公众提供公共事业产品。在这一过程中，谁来承担公共事业产品的生产和提供，生产者和提供者是一元的还是多元的，生产者和提供者是否可以分离，它们之间的关系如何，它们是如何分工的，对这些问题的回答及其规定，就构成了公共事业管理模式。因此，公共事业管理模式的产生是公共事务管理的需要使然。

(二)公共事业管理模式是在特定的公共事业管理环境下形成的

公共事业管理环境是公共事业管理模式产生的条件和前提，而公共事业管理模式是特定的公共事业环境作用于公共事业管理领域的结果。特定的政治、经济、文化、社会环境条件决定了特定的公共事业管理模式，环境条件不同，公共事业管理模式也就自然不同。因此，不同国家的公共事业管理模式有可能

---

① 崔运武. 公共事业管理概论[M]. 北京：高等教育出版社，2006：87-88.
② 郑建明，顾湘. 公共事业管理[M]. 上海：上海交通大学出版社，2011：38-39.

截然不同，而即使是同一个国家在不同的历史时期其公共事业管理模式也可能大相径庭。这说明，公共事业环境对公共事业管理模式起决定性作用，环境发生了变化，公共事业管理模式也将发生变化。

（三）公共事业管理模式的实质是政府、市场与社会的分工方式和关系状况

公共事业管理模式的实质是在公共事业产品的供给过程中，各承担主体的构成及其相互关系的组合方式，或者说是政府与市场、政府与社会的分工方式和关系状况。在公共事业产品的生产和供给过程中，从可能满足公共需要的条件出发，政府组织、准政府组织、非政府组织乃至私营组织，都可以成为公共产品的提供主体，各提供主体在谋求公共事务多元治理的过程中，必然会形成特定的相互关系和组合方式，当这种相互关系和组合方式固定化、模式化之后便形成了特定环境条件下的公共事业管理的模式。尽管随着公共事务复杂性的日益增强和非政府组织、企业组织的逐渐发展壮大，现代政府已经无法成为唯一的公共事务治理主体，政府必须与准政府组织、非政府组织乃至私营组织来共谋公共事务治理之道，但在公共事务多元治理主体中，政府无疑是最主要的、起决定意义的治理主体，如果从政府的角度来看，公共事业管理模式主要体现为两种关系，即政府与市场、政府与社会的基本关系，涉及政府向市场和社会分权，政府与市场和社会共同参与公共事业管理过程等内容。因此，确切地说，公共事业管理模式主要表现为公共事业管理过程中政府与市场、政府与社会的关系状况。①

第二节　公共事业管理的基本模式

长期以来，公共事业管理模式的演变更多地体现在政府与市场的关系问题上。西方经济学发展的历史可以说是学派林立，但比较清楚地可以分为两个大的派别，即经济自由主义和国家干预主义，这两大派别随着经济形势的变化，在政治经济领域的影响力或升或降，也有很多时候并存发展。在近代，西方政府的职能更多集中在政治统治方面，20 世纪以来，伴随着西方经济和社会文化的发展、社会公共事务的增加以及国家干预理论的盛行，公共管理职能才开始扩大，而到了 20 世纪 70 年代后，由于资本主义经济的滞涨，新自由主义和

---

① 廖晓明，刘圣中. 公共事业管理概论[M]. 武汉：武汉大学出版社，2009：40-41.

保守主义重新盛行，政府公共事业管理职能在收缩的同时走向了私营化、市场化。公共事业管理的历史发展轨迹，充分体现了西方国家政治经济、文化和社会环境的变化。按照历史发展的先后可将公共事业管理模式分为三个历史阶段。

一、公共事业管理的保守模式

古典自由主义的代表亚当·斯密主张"管得最少的政府是最好的政府"，反对政府干预经济，让追求自身利益的无数个体理性地计算来引导经济生活的调整，政府实行自由放任政策。这时期政府的职能被严格限制于三个方面：一是保卫国家安全，防止外敌侵犯；二是防止个人和企业在追求自身利益的时候危害公共利益；三是对私有财产的保护。因此，虽然政府还是出面创办和维护某些私人无力办或不愿办的公共事务，如桥梁、道路、运河、港湾的兴建等，甚至像在美国，为了维护政府的合法性和回应社会的公共需要，在独立之初就出面资助教育事业，规定州和地方政府有责任举办教育，必须预先划拨土地供发展教育之用，等等，但总体上，虽然公共事务属于政府管理的范畴，但政府的公共事业管理职能是有限的。加之在社会层面，由于西方国家传统的国家与社会的二元结构，对于互益性的公共事务通常也是由社区自行解决的，即今天所说的那些以准公共产品为主的事业产品基本上是由社区自行生产和提供的。政府作为个人和国家财富的"守夜人"，维护的是公众的消极权利，不得限制公众选择的自由，也不得以国家的意志对个人生活进行安排。

古典自由主义的这种思想被西方主要的市场经济国家所遵守，这也跟当时的政治环境有关，资本主义国家刚刚从农业社会脱离出来，国家和政府的财力有限，虽然也因为经济发展的需要，政府出面兴办了桥梁、道路、运河等基础设施，但这种行为并不是完全出于对公众利益的考虑；当时的公众也多为争取生存和基本的政治权利而斗争，但还没有形成生活舒适度方面的追求，所以无论是政府这个主要的公共产品提供者，还是公共事业的服务对象，双方对公共事业管理的认识都是不充分的。

在这种历史背景下，古典自由主义思想是当时社会的主流意识，由于政府财力十分有限，公共产品主要由社会自行提供，市场基本也不参与这一领域，这种公共事业管理的模式称为保守模式或保护模式。在这种保守模式下，政府在社会公共事务中的有限责任定位，市场和私人很少参与公共品的提供，社区成为有限公共事业产品的主要提供者。公共事业管理的保守模式中，政府对公共事业管理的责任并没有得到体现，虽然在公共事务领域履行着部分的职能，但这种职能也是在确保自由市场的前提下进行的。

二、公共事业管理的干预模式

1936 年，凯恩斯出版了《就业、利息和货币通论》一书，主张国家采取扩张性的财政政策，改变过去古典自由主义那种认为政府应实行自由放任经济政策的做法，即国家和政府应该全面对经济和社会生活进行干预，在公共事业管理领域集中表现为国家和政府应该为公众生产和提供公共产品。

古典自由主义强调个人自由，政府只承担消极责任，生产和提供公共品被认为不应为政府所为。随着社会的发展，古典自由主义已经解决不了深刻的经济危机和社会问题。

美国总统罗斯福秉承了凯恩斯的经济学精髓，在新政中强调政府的力量和作用，通过政府"这只看得见的手"解决当时的危机，通过建立一系列的管制机构和委员会，对国家经济和社会等多方面进行强力干预，先后颁布了《紧急银行法》《农业调整法》《全国工业复兴法》《联邦紧急救济法》《社会保险法》《全国劳工关系法》《公用事业法》等法规。新政几乎涉及美国社会经济生活的各个方面，这从整体上改变了对国家和市场、国家和社会之间关系的认识。国家和政府全盘参与到经济和社会生活中来，这种思想开始在西方主要资本主义国家占上风。在凯恩斯主义的经济思想影响下，政府成为了积极的守夜人，纷纷在本国推行社会福利方面的改革，同时推进基础设施、教育、卫生保健等事业，管理的内容和手段也开始走向规范化。同时由于两次世界大战，政府因战争获得的动员能力和对社会事务全面管理的权力都得到了加强，政府也认为兴办公共事业、提高国民生活质量是不可推卸的责任，也是不断增加自身合法性的重要工具和手段。

得益于第三次科技革命带来的生产力的大幅提高和相对稳定的政治局面，第二次世界大战以后西方主要资本主义国家迎来了发展的"黄金期"，政府的财政力量得到加强，政治的民主化使得公众开始更多参与到公共事务中来。政府更为主动地直接投资建设和管理公共基础设施，以瑞典为代表的北欧国家形成了具有自身特色的"高福利高税收"的福利模式，国家全面负责其原初由家庭和社区负责的公共产品的生产和供给，形成了空前庞大的公共事业部门，"从摇篮到坟墓"，覆盖公共生活的各个方面，形成了所谓的"福利国家"。政府全面干预公共事业的模式在 20 世纪 70 年代达到高峰，凯恩斯主义所强调的政府全面干预经济和社会生活的思想在这个阶段得到了充分的体现。①

　　这种政府依靠庞大的官僚组织对社会生活进行全面干预并垄断公共事业管理的模式或方式，后来被称为干预模式，又称官僚模式、科层模式。在这种模式下，市场对公共事业产品的生产和提供是间接而非直接的，社会力量的参与是极为有限的。在世界范围内，这一模式形成于20世纪30年代以后，在20世纪60年代前后达到高峰，至20世纪80年代后开始成为改革的对象，逐步被新的管理模式取代。②

三、公共事业管理的市场模式

　　该模式形成于西方国家陷于滞涨经济和社会双重危机的时候，新自由主义的思想占据历史舞台，深入地影响了西方几个主要资本主义国家的公共管理政策实践，不过这里的新自由主义，限于其在经济政策和社会政策方面的思想主张。在公共事业管理领域，新自由主义所倡导的完全市场竞争并不存在，只是说明公共产品的生产和提供在很大程度上受到新自由主义的影响，开始有效利用市场，走向部分的私有化和市场化。公共事业管理的市场模式的主要特点表现在政府不再对公共事业大包大揽，而是倡导政府、市场和社会共同负责公共事业产品的生产和提供，政府与市场合理确定权利边界，不再由政府单边垄断，但其最突出的还是表现在引导市场主体参与到公共事业管理领域中来，促成有效竞争，改变政府垄断的低效率以及弥补政府财力不足的缺陷。

　　新自由主义的崛起源于20世纪70年代，西方资本主义世界出现了经济停滞、通货膨胀居高不下的"滞涨"现象，国家财政危机重重，福利国家因为高福利带来的财政压力受到广泛的质疑。以哈耶克、弗里德曼为代表的自由主义者走上历史前台，他们反对国家和政府对经济和社会生活的过度干预，认为政府不仅带来了"政府失灵"现象，造成政府机构臃肿低效率，而且限制了个人的工作积极性和个人自由，而市场是实现资源优化配置的最佳途径。新自由主义可以归纳为经济自由化、私有化、市场化、全球一体化四个方面，③ 与古典自由主义的区别在于它提出的自由应该是制度框架内的自由，而不是放任自流，但新自由主义对于市场自由的推崇比古典自由主义更为细致，伴随美国总

---

① 郑建明，顾湘. 公共事业管理[M]. 上海：上海交通大学出版社，2011：40-42.
② 崔运武. 公共事业管理概论[M]. 北京：高等教育出版社，2006：89.
③ 陈士辉. 新老自由主义比较研究[J]. 经济经纬，2005(5)：7.

统里根和英国首相撒切尔夫人的上台，在否定凯恩斯主义的声浪中，占据了英美等国的主流经济学地位。新自由主义的一个重要特征是把反对国家干预上升到了一个新的系统化和理论化高度，是"对凯恩斯革命的反革命"。也正是在这个意义上，西方学者又称新自由主义为新保守主义。

新自由主义的派别众多，但影响最大的无疑是以哈耶克为代表的伦敦学派，该学派强调自由市场秩序，"只是由于生产资料掌握在许多个独立行动的人的手里，才没有人有控制我们的全权，我们才能够以个人的身份来决定我们要做的事情。如果所有的生产资料都落在一个人手里，不管它在名义上是属于整个'社会'的，还是属于独裁者的，谁行使这个管理权，谁就有全权控制我们"。① 哈耶克反对任何形式的计划经济和政府管制，认为政府干预总是无效率的。另外以弗里德曼为代表的货币学派，以布坎南为代表的公共选择学派的影响也很大，尤其是后者，与公共事业的改革直接相关。

公共选择理论出现于 20 世纪 60 年代末，代表人物是著名的经济学家布坎南。公共选择就是通过集体行动和政治过程来决定资源在公共领域的分配，是人们通过民主程序将个人的私人选择转化为集体选择的一种过程和机制。公共选择理论认为人类社会由经济市场和政治市场构成：人们在经济市场上通过货币选择私人物品满足自身需要；在政治市场上通过政治选票来选择能给其带来最大利益的政治家、政策法案和法律制度，这隐藏着理性选择假设，即人们在两个市场中都追求自身利益的最大化，而不会存在经济市场追求利己主义，政治市场追求公共利益的矛盾。由于个人"理性人"的特质，个体行为与集体行为不易达成一致，且由于组织收益具有"非排他性"，易产生"搭便车"行为，个人享用公共产品和服务的数量与它的贡献大小没有直接关系，这样会造成社会对公共品的需求很大，但公共品的供给可能为零，由此布坎南提出准公共品的概念，通过付费来减少"搭便车"现象，利用市场资源配置和私营部门的经营与技术优势，来有效地生产各种不同性质的准公共物品，很大程度上论证了公共产品生产和提供主体多元的必要性和合理性。而 20 世纪 70 年代后期的新公共管理主义，进一步论证了公共部门与私营部门在管理上没有本质的差别，私营部门具有效率、创新能力、质量、服务水平等多个方面的优势，提出私营部门适度地参与到公共产品的供给在很大程度上解决了长期困扰政府的机构臃

---

① [美]哈耶克. 通往奴役之路[M]. 王明毅，冯兴元，译. 北京：中国社会科学出版社，1988：65.

肿和效率低下的问题，同时还能够提高公共产品的服务质量和水平，满足公众对公共产品不断高涨的需求。

这些思想被西方的主要资本主义国家政府所采用，在20世纪70年代财政危机重重的情况下，新自由主义的思想尤其是公共选择理论和新公共管理理论，要求对福利国家进行改革和重建，政府在公共事业方面的职能不再无限扩大，而是有选择地缩减支出，并期待通过市场化和私营化、地方化、社会化的做法来减轻政府负担。这些理论和实践方面的发展进一步增进了人们对政府与市场、政府与社会关系的认识，公共产品的生产和提供主体应该是多元化的，政府、市场和社会三方有着各自的边界，而市场作为一种资源配置手段不仅在私人经济领域，而且在政府垄断的公共品领域也同样可以发挥作用。同时，政府的管理理念得以重塑，政府在管理公共事务方面的职责更多地放在公共政策的制定和监督公共政策的执行上，强调精简机构、优化政府职能，在推进市场化、规范市场行为方面发挥了重要作用。以英国撒切尔政府、美国里根政府为代表，福利国家在进行改革和调整的过程中采取私营化和市场化的途径，来实现政府职能的调整。一方面，在公共事业生产和提供的公共领域，推行国有企业的私营化，使得包括水、电、煤气、公共交通等公共事业，以及铁路、航空等涉及公众基本需求的行业成为改革的重点；另一方面，支持和鼓励非营利组织的发展，通过特许经营、项目管理或合资公司的方式，让其在教育、科学、文化、卫生等领域承担起监督管理以及直接生产和提供公共事业产品的责任，形成公共品供给。这在减轻财政负担的同时，也在很大程度上增加了公共品的供给，提高了公共服务的质量，同时在很大程度上对社会组织的培育发挥了重要作用。这些非营利组织利用了市场机制，又坚持了自身的公益特性，通过收取一定的服务费用和社会慈善的捐赠，在满足公众需求的过程中不断发展壮大，成为市场经济的重要组成部分，这也在很大程度上重构了市场。①

第三节　公共事业管理模式的决定因素

公共事业管理模式是历史的产物，受到一个国家经济、政治、社会和文化多方面的影响，具有一定的稳定性，同时也在时代中不断发展变化。前述的三种公共事业管理模式其实就是一个不断演进的过程，而这整个过程都在回答一

---

① 郑建明，顾湘. 公共事业管理[M]. 上海：上海交通大学出版社，2011：42-44.

个问题：如何确定政府与市场、政府与社会之间的关系，怎样确定三者之间的边界，这也就形成了公共事业管理中不同的主体地位角色以及组合方式。公共事业管理模式受到哪些因素的影响呢？具体来说主要有以下几点。

一、公共需求

公共事业管理的服务对象的需求一直是其发展的主要动力。纵观公共事业管理发展的过程，虽然受到不同时期经济发展程度和政府财力的约束，但公共事业管理的内容和范围在不断扩大。这种扩大源于不断增长的公众对公共品的需求。国家和政府通过为公众提供公共品来增强自身政治上的合法性和稳定性。当然不断增加公共品的供给，也符合人类发展的根本利益，是人们追求幸福和快乐生活的内在要求。

各界曾经在模式上对政府、市场和社会彼此的角色地位有一定的争论，即政府、市场和社会组织三者谁在公共品的生产和提供上占据主导地位，谁该进入或不该进入的问题，即使是后期的公共事业管理的市场化改革阶段，改革的主要目标也是基于怎样更好、更有效率地为大众提供公共品的问题，而不是要不要提供公共品的问题。古典自由主义时期主张"有限政府"，管得少的政府就是好政府，根本原因是因为当时社会经济发展的水平较低，公众更多考虑自身的生存问题，还没有形成对教育、科技、文化、卫生等方面的普遍需求，所以作为国家和政府的回应，自然对于公共事业产品的供给是比较少的，国家和政府仅承担较少的公共职能，如国防和部分基础设施。但在 20 世纪 30 年代，由于整体经济形势委靡，国家和政府在全面解决经济危机的同时，也开始大范围成为公共品的直接生产者和提供者，其深层原因是由于经济动荡，古典自由主义所强调的个人和社区无力承担公共品的生产，也因为此时国家和政府开始转变传统的"守夜人"观念，解决公众对于公共品需求强烈却提供不足的问题。

"二战"后随着资本主义国家的经济繁荣和政治民主化，公众的利益诉求更多地体现在政治博弈中，生活水平的提高又进一步催生了对公共品的更高需求，政府也在不断满足公众需求中扩展了自身的社会管理职能，但也带来了严重的官僚化、机构膨胀、效率低下等问题，作为新公共管理主义的重要思想，引入私有化和市场化，是解决政府失灵的重要方式和手段。如此，政府效率提高、机构精简，福利国家产生的所谓"负福利"现象减少，市场化和社会组织加入到公共品的生产和供给中来，通过有限竞争提高了公共品提供的数量和质量，这在很大程度上解决了"石油危机"后欧美资本主义国家普遍的财力有限、

153

对公共品的供给有心无力的问题，弥补了政府的缺位和不足。公众需求供给的多元化和提供方式的创新，在很大程度上迎合了公众不断增长的需求和个人性的需要。

所以说，公众对公共产品的消费需求是公共事业管理模式的根本影响因素，公众需求也是模式演进的根本动力。总体上说，这种需求是在不断增长的，所以公共事业管理模式的选择也更多体现在其如何提供更多更好的公共品，以满足公众的多方位需求。

二、主体意识

这里的主体意识，主要是指在一定条件下社会对公共事业管理相关问题的认识，其核心是一定的主体对公共事业管理相关问题的认识能力。公共事业领域内公共需求的产生，并不必然导致这一需求成为必须处理的公共性事务，然后以生产和提供公共事业产品的方式予以解决。在这一过程中，除了一定社会经济发展条件的限制外，至为关键的就是政府是否对这一公共需求有意识，以及在准确地把握一定的客观条件基础上形成可行的公共事业管理目标，并对可以采取的管理方式有必要的认识。实际上，这是主体的一种基于一定社会认识条件和经济发展条件上的，并立足于经验和专业知识的认识能力。这其中，最为重要的就是政府对社会公共事务和公共事业管理的认识能力。如上所述，在公共事业管理市场模式的形成阶段，西方各主要国家正是在相当程度上注意到了公共需求的变化，在改革政府管理方式、提高公共服务质量、满足公众需求的目标下，通过公共选择理论和新公共管理理论与实践的互动，明确了公共事业产品生产和提供主体多元化的必要性和合理性，政府以外的组织进入公共事业产品领域的可能性，以及公共事业产品生产和提供方式及其不同组合的多样性和丰富性，从而为公共事业管理模式的转化打下了一个坚实的理论基石。[①]

三、政府能力

作为公共产品的主要组织者和提供者，其主体的能力对于公共事业管理模式的形成起着决定性作用。古典自由主义时期的政府提供较少的公共品，即政府无力承担过多的社会职能，而在 20 世纪 30 年代实行政府干预政策的国家和

---

① 崔运武. 公共事业管理概论[M]. 北京：高等教育出版社，2006：95.

政府，如英国和美国，都是政治经济能力较强的政府。① 如果从社会产品的角度看，就是政府生产和提供公共产品的能力。政府能力是涉及政府的各方面因素有机构成的结果，也是各因素相互作用的最终体现。从构成因素来看，政府能力既与政府自身的个性因素有关，如政府自身组织的完备有效性、效益意识的明确性、地位的牢固合法性、竞争力的持久有效性、形象的良好性等，还与其他非个性因素有关，如政府所处的环境、拥有的资源及资源的整合程度和方式等。正是在这两类因素的基础上，形成了政府在进行公共产品生产和供给过程中的组织能力、管理能力等，从影响公共管理模式形成与发展的角度看，这是最为重要的能力。②

政府对公共品的组织和管理能力，更深层次地与政府自身的结构和整合资源的方式有关。首先，政府政治结构和民主化程度影响政府组织和提供公共品的能力。专制政府无须考虑政治合法性，也不用过分关注公众的需求，公共品的数量质量以及提供的公平性都受到质疑，而政治民主政府恰恰相反。其次，是资源组织的形式。科层制的政治组织系统被证明是高效的，但如果不恰当地分权就可能产生文牍主义、官僚主义等造成工具合理性的下降，在福利国家改革时期推行福利地方化，某种程度上就是纠正科层制的这种不足，通过分权增加地方对福利投入的积极性。最后，是公共财政的能力，这一点在公共事业发展过程中体现得很明显，政府财力雄厚时公共事业方面的投入多，财力不足时投入少，或谋求市场化和社会化。

可见，政府主体的能力对公共事业管理模式是起决定性作用的，这就要求政府不断深化自身体制的改革，提高资源的整合能力，优化政府职能和组织结构，从而不断增强自身在公共品生产和提供以及组织方面的能力。

四、社会发育程度

这里指的是作为公共品的提供主体之一——社会组织的发育程度。社会组织很早就开始作为公共品的生产和提供主体。如在 16 世纪，教会和慈善组织承担社会救济的职能。但随着教权和世俗权利的分离，国家和政府逐渐成为公共事务的直接组织者和提供者，福利国家时期达到巅峰，政府对社会事务的全面负责和直接干预，在很大程度上使自身背负了过重的责任，同时也抑制了社

① 郑建明，顾湘. 公共事业管理[M]. 上海：上海交通大学出版社，2011：46-47.
② 廖晓明，刘圣中. 公共事业管理概论[M]. 武汉：武汉大学出版社，2009：45-46.

会组织或非营利组织的发展，非营利组织或者成为行政权力的附属，或者在政府行政权力的压制下萎缩衰败，而这进一步为政府加强对公共事业的全面垄断提供了借口，从而使得政府与社会之间的关系出现不协调。政府权力的过度扩大使得整个社会有机体处于一种"机械团结"①之中，20世纪70年代后，福利国家进入改革阶段，公共事业也走向市场化、私营化，政府在缩小干预范围的同时更多地加强对社会组织的培育和监管，在税收和经费上给予优惠和补贴，促进了非营利组织的飞速发展，改变了政府职能太大、社会组织发育不充分的局面。整个公共事业也在这个时期由于社会组织的大范围参与，提高了公共品的丰富性，同时也使得公共事业管理模式的转变成为可能，政府和社会之间能够形成一种彼此借重的关系，有着合理的职责定位，推动公共事业发展的同时进一步使得市民社会的现代机制得以形成。

第四节　当代公共事业管理模式的特点

公共事业管理发展到今天，市场已经成为公共资源配置的重要手段和方式，在西方国家20世纪七八十年代所进行的公共事业改革，通过市场化和私营化在总体上达到政策的预期目标，也反映了公共管理的未来发展趋势，那就是政府、市场和社会共同成为公共产品生产和提供的主体。在某些领域市场发挥的作用有可能会更大，市场经济已成为当前社会主要的经济模式。随着对市场的认识不断深入，市场进入公共事业管理领域的技术和理论上的可能性不再成为问题，各主体之间尤其是打破政府对公共事业的全面垄断，引入市场和促进社会组织的充分发育，被认为是当代公共事业管理模式的成功之处。

一、私人参与公共产品生产和提供的可能性

从公共产品生产和提供的发展过程看，政府并不必然是公共品的天然提供者，但随着国家和政府在"二战"中管制经济和社会方面权限的扩张，以及战后民主意识的增强，国家与公民之间契约精神的充分体现使得公共产品的提供日趋变成政府独占的领域，市场被严格限制于私人领域。20世纪七八十年代的新自由主义或保守主义的理论实践，虽然带来了贫民数量上升、失业率增加

---

① 来自于社会学家涂尔干，机械团结是指社会是个几无分化的同质体，社会与个人的关系也是直接的，这里是说政府和个人之间是一种通过政府权威和法律强力耦合的状态。

等问题，但市场仍旧成为新公共事业管理的重要主体。无论是后来的"华盛顿共识"，还是"第三条路"或"中间路线"，市场都成为私人领域和公共领域里的有效手段被充分地使用，新公共管理本质上就是对市场和公共组织介入这一领域的充分肯定。

在上一节公共事业管理模式发展阶段里已经对私人(体现的是市场和社会组织)介入公共领域的必要性进行过阐释，主要是对政府全面干预和垄断公共事业领域造成的"政府失灵"以及政府自身的财政约束，而且私人参与公共事业领域的效率优势和带来的竞争都将极大地帮助政府解决现存的财政与公共品供给不足和质量不高等问题。那么私人参与公共产品的生产和提供有没有可能，即能否实现自身的良性供给机制？私人的参与会不会形成市场寡头造成同样的效率损失呢？其实有很多经济学家对此有过争论。

布坎南提出准公共品的概念，将纯公共产品和准公共产品进行区分。前者一般具有规模经济的特征，消费上不存在"拥挤效应"，不可能通过特定的技术手段进行排他性使用，否则代价将非常高昂，如国防、国家安全、法律秩序。至于准公共产品可分为两类：一类准公共产品的使用和消费局限在一定的地域中，其受益的范围是有限的，如地方公共产品(并不一定具有排他性)；另一类准公共产品是公共的或是可以共用的，一个人的使用不能够排斥其他人的使用，然而它在消费上却可能存在着竞争，如水资源，这就带来了准入性要求。戈尔丁认为在公共品的消费上存在着"平等进入"和"选择性进入"。平等进入就是说公共品可由任何人来消费，如义务教育；选择性进入则需要消费者缴纳一定的费用才可以进行消费，如义务教育外的教育、水资源等。德姆塞茨在《公共产品的私人生产》中指出，在能够排除不付费者的情况下，私人企业能够有效地提供公共产品。他进一步认为，若某一产品是公共产品，那么对同一产品支付不同价格是满足竞争性均衡条件的。由于不同的消费者对同一公共产品有不同的偏好，因此可以通过价格歧视的方法来对不同的消费者收费。可以说，德姆塞茨的论点是对戈尔丁论点的发展，两者都从技术的角度讨论了私人提供公共产品的可能性，即如果存在排他性技术，则私人就可以很好地供给某些公共产品。这为准公共产品的"拥挤性"问题提供了技术上解决的可能。

另外就是在公共产品消费过程中广泛存在的"搭便车"现象，这是由公共品的共享性和非排他性决定的。从效率的角度出发，公共品应该免费供应，但如何支付公共品的生产成本呢？政府供给论者认为，由于公共品"搭便车"理性行为的普遍存在，若按私人边际成本等于私人边际收益的原则来确定其价格和产量，将不能弥补公共品生产的全部成本，使得由市场机制决定的公共品供给量往往会低于有效率的水平（如教育），甚至其供给量为零（如国防）。市场制度的这一缺陷，只能由政府来替代。① 而市场供给论者——各种新自由主义思潮的学者们，则一直对政府替代市场来供给公共品的有效性持怀疑态度，认为即使市场本身具有难以克服的缺点，但克服与纠正市场缺点的唯一办法，仍然在于通过产权明晰等措施来予以完善，而决不能依赖市场以外的力量，即不能通过政府干预来解决。

在论证私人部门参与公共产品生产和提供的可能性方面，最著名的是科斯1974年发表的经典论文《经济学上的灯塔》，他通过对英国灯塔统计发现，自19世纪以来英国沿海的大部分灯塔是私人建设的。科斯的结论是：只要政府能够界定产权并允许产权自由转让，那么市场机制就能够有效地解决外部性、公共品等所谓的市场失灵问题，用不着政府直接插手。② 比如修建一条供该地区全体成员使用的公路，从长期来看谁都知道出资修路的好处，只是短期内存在"搭便车"的诱惑使得人们不愿为公共品付费，但假如由该社区成员在一致同意的基础上订立契约，使得权利界定清晰、有明确的规则可依循，并且出资修建道路的个人的利益回报在一定期限内能够得到保障，那么私人就会有提供公共品的动力。

基于此，私人提供公共产品是可能的，但还需要对提供的机制进行规范，而且对公共产品要做区分，纯公共产品私人是不能进入的，同时私人提供公共产品还必须满足一定的技术条件。

首先是纯公共产品一般不允许私人提供，但可以在政府管制下有条件地参与生产。纯公共产品通常具有规模大、成本高、投资周期长等特点，私人往往很难做得到，而政府则可以通过经济和政治权威来提供。同时也因为纯公共产品很难界定产权和非排他性，私人提供的利益机制难以形成。而准公共产品由于生产和提供的规模和范围较小，或为地方性公共产品或可以有限界定产权达成利益契约，私人完全可以通过订立契约合同的形式在一定时间内取得收益和回收成本，而且由于消费的对象较少，交易的成本较小，供给的效率容易达成。但随着市场化和私营化的运作日趋成熟，私人不仅参与到准公共产品提供

---

① 王晓洁，齐守印. 公共经济理论相关问题研究[M]. 北京：中国财政经济出版社，2015：16.

② 卢红友. 公共品供给效率制度设计的理论思考[J]. 财政研究，2003(6).

中，而且更多地参与到纯公共产品的生产中。当然，私人不能作为纯公共产品的提供主体，但可以作为生产主体，不仅由于私人企业的效率，也因为政府相应的管理机制较为成熟。大多数公共产品的属性不是看是谁生产，而是看供给的机制是怎样的。比如政府机构大楼的建设，是出于为公众服务需要那就是公共品，而如果建设豪华，那公共品的属性就要弱很多。可以说，只有通过制度安排来保证公共消费才可保证产品的公共属性。对纯公共产品我们完全可以将生产和提供分开，通过制度安排来保障公共产品的公共属性。例如，国防产品可以由私人生产，由国家和政府采购，也就是私人可以作为纯公共产品的投资者，但不能成为提供者，否则私人逐利的倾向会让公共品的刚性需求变成一种市场的绝对垄断。

在新的公共产品的生产和提供中，政府进一步放松管制，私人更深入地参与到公共产品的生产和提供中来。比如美国政府放开原来国家绝对控制的关键行业如航空、石油、能源、银行等，当然这也需要政府对私人提供公共品的价格机制等进行有效的监管，以防从政府垄断走向新的市场垄断。

其次是公共产品的消费上一定要有"排他性"技术，即"选择性进入"方式。私人作为独立的经营主体必须考虑到一定的收益，保证自身的投资取得一定的回报，这就要求公共品必须有效地将"搭便车"者排除在外，大幅度地降低交易成本，从而形成对私人提供公共产品的激励。如非义务教育阶段的高等教育，消费者就必须承担一定的费用，这样可以实现"选择性进入"，有效解决"拥挤性"和"搭便车"的问题。

再次就是产权界定要清晰。科斯的灯塔理论对此有准确的描述，只要政府能给予私人对公共产品的清晰界定，私人就可以解决公共品的生产和提供问题，政府要做的就是对产权进行保护且允许其自由转让。产权，即一个社会所强制实施的选择一种经济品的使用的权利。或者说，一定意义上就是产品所有者对产品拥有的"充分所有权"，即"对该物品拥有一项独立完整的权利，他能够占有、使用、改变、馈赠、处理或阻止他人侵犯"。[①] 强制性是产权最突出的特点和最重要的要求，这也在很大程度上保障了私人提供公共产品对使用者"付费"的一定强制性，就如同享受到灯塔引路的过往船只都要向灯塔的建造者缴费一样，产权的界定给予了这种收费法律上的保障。所以对公共产品而

---

① 陈晓春. 私人产品与公共产品的性质与成因研究[J]. 湖南大学学报(社会科学版)，2002(6)：51.

言，如果对私人参与产生激励的话，必须通过制度安排来界定相应的产权，对于不能界定产权的纯公共产品只能通过政府购买的形式而无其他选择。①

二、当代公共事业产品的提供方式

所谓公共事业产品的提供即公共产品的交换和消费，是公共产品通过交换进入社会消费的过程。公共产品的公共属性不是看它的生产者，而主要看提供方式，生产者可以是政府也可以是私人，但如果是私人提供，就要求政府对私人产权提供保证，且强制要求这种产权先要满足公共利益的需要。当前随着私人对公共产品的生产和提供越来越广泛，公共产品的提供方式也就有了公共提供、市场提供和混合提供三种，这在很大程度上得到了共识。

(一)公共提供

所谓公共提供，就是指由政府无偿地向公众提供消费品。对于公众来说，他们可以无条件地享受这些公共产品，不用付任何代价和报酬。② 当前符合这类性质的公共品主要是纯公共产品，如国防外交、气象等。像这些物品也只能由政府提供。由于它具有非分割性、非排他性和非竞争性的特点，使得这类公共品不必要收费，也不可能收费。

由于非分割性，这类公共产品面向的是社会公众，并不面向具体的个人，所以无法收费。

由于非竞争性，这类公共产品不会因为消费人数的增加而增加政府开支，政府也不会对新增消费该类产品的人进行收费；再就是从使用效率上看，不收费是最合理的选择，如果收费的话，还有可能妨碍这些产品效率的提高。

由于具有非排他性，所以政府对这些产品进行收费在技术上不可行。

(二)市场提供

所谓市场提供，也称私人提供，指主要由市场来生产和提供公共产品。提供者一般需要向使用产品和服务的对象收取一定费用，而提供者独立经营，自负盈亏。虽然跟一般市场主体参与竞争，但仍旧要以满足公众利益为目标，在很多时候需要政府对其进行一定的补贴。在公共事业市场化和私营化的趋势

---

① 郑建明，顾湘. 公共事业管理[M]. 上海：上海交通大学出版社，2011：48-51.
② 崔运武. 公共事业管理概论[M]. 北京：高等教育出版社，2006：102.

下，市场成为公共品生产和提供越来越重要的方式，但更多集中在准公共产品方面，如水、电、煤气城市交通等，有些政府也向私人逐步开放电信、航空、邮政、铁路运输、石油等行业，但这些更多还是由政府直接开办企业即国有企业的形式来生产和提供，虽然这些国有企业也可能面临着市场的竞争，但竞争相对有限。

市场提供公共产品要考虑一定利润和成本，提供的产品和服务一般是有偿的，如水、电、煤气等，虽然费用总体是廉价的，但水务、电力、煤气公司作为独立市场主体也必须收费才能维持生存。

从私人参与公共产品的生产和提供来看，如果以私人为主体，这一市场提供方式可以有如下表现：

一是私人的完全提供。即公共产品的投资、生产以及提供完全由私人单独完成，私人通过收费的方式向消费者收取费用。科斯所分析的灯塔，现代私人电视台的加密频道只有通过付费才可以观看，就是很好的例证。

二是私人与社区的联合提供。即私人与社区通过有条件地联合来提供公共产品，私人通过与社区制订契约的方式，得到社区给予的一些优惠，如提供场地等，这样私人就可以以较低的价格来提供社区公共产品，或者社区从私人那里购买一定量的产品，作为社区公共产品提供给社区成员进行消费等。①

(三)混合提供

所谓混合提供，是指政府为了平衡获益者与非获益者的负担，提高资源的使用效益，通过补贴和按某种价格标准向消费者收费来提供公共品。混合提供中的价格标准，一般以成本价格为基础，是一种非营利或薄利的提供方式。这类公共品主要是准公共产品，政府通过不同程度的补贴向比较明确的受益人收取一定的费用，如教育、科学、文化、卫生、住房、医疗等，都是通过政府补贴的形式来实现供给。

混合提供一般有两种形式：国有企业和政府采购。前者直接由政府以公司的形式来组织生产和提供，在我国，比如教科文卫等产品是由政府机构下属的事业单位提供的。后者是指政府通过对私人产品和服务的采购来满足公众需求。一方面，这在很大程度上可以通过私人竞标的形式来降低成本，从而以较低的价格来实现公共品的提供；另一方面，也因为政府无力进行公共产品全方

---

① 崔运武. 公共事业管理概论[M]. 北京：高等教育出版社，2006：102-103.

位的生产，通过采购可以提高政府效率。而私人可以通过公共产品的生产获得发展和壮大，也可以通过与政府合作，享受政策优惠和补贴，获取一定的经济和政策收益。①

三、当代公共事业管理模式的特点

无论是从当代世界范围内的改革实践，还是从新的公共事业产品生产和提供方式的组合运行机理来看，当代公共事业管理模式具有如下鲜明的特点。

(一)多元主体构成

如果说，在干预模式下，政府垄断了公共事业产品的生产和提供，相当程度上是公共事务领域唯一管理者的话，那么在当代世界范围内，面对现实中不断增长的巨大的公共需求，基于当代科学技术和社会经济发展所提供的可能，为了走出政府独家承担社会公共服务难以满足公众需求的困境，并随着人们对公共产品生产和提供方式认识的深化，西方发达国家通过现实中的一系列改革，最终打破政府对公共事业的垄断，政府以外的组织如非营利组织乃至企业等，开始广泛地以不同的方式参与到公共事业产品的生产和提供过程中，最终使得公共事业管理从政府独家垄断的干预模式，转变成了包括政府在内多种类型的社会组织合作的市场模式，形成社会广泛参与，共同生产和提供公共事业产品的格局。

社会各类主体对公共事业管理的广泛参与，主要表现在对公共事业的投资方面，形成了公共事业管理多元投资的良好局面，在管理上出现了以分权化和社会化为标志的管理主体的多元化，在公共事业产品生产和提供的领域，以非营利组织的迅猛发展为基础，社会各类主体广泛地参与到几乎所有的公共事业管理领域中。

(二)政府主导和统筹

随着公共事业管理市场模式的形成，政府以外的社会组织广泛参与到公共事业管理中，干预模式下，政府对公共事业的管理垄断被打破，但政府在公共事业管理中的地位与作用并没有因此而降低，恰恰相反，相当程度上，公共事业管理市场模式的形成，正是西方各国政府为了统治而加强社会性职能所致。

①　郑建明，顾湘. 公共事业管理[M]. 上海：上海交通大学出版社，2011：53.

因为从政府的产生和合法性来看，管理社会公共事务就是政府产生的一个基本
原因，现实中政府的职能基本上表现为阶级统治和社会管理，且两者是密切相
关的，即社会管理中不能不体现统治阶级的意愿，而阶级统治又必须通过社会
管理予以基本的保证。一方面，由于第二次世界大战结束后，尤其是 20 世纪
下半叶阶级矛盾和阶级对抗在大多数国家相对缓和，西方各主要国家国内阶级
统治职能有所减弱；另一方面，随着社会经济的发展和民主的进步，社会公共
需求扩大，使得处理社会公共事务、满足公共需求成为维护统治的更为直接的
任务，因而不得不在收缩阶级统治职能的同时，在社会公共服务尤其是公共事
业领域强化和扩张职能，加强对科学、教育、卫生等的管理。

　　西方各主要国家政府社会管理职能的加强，尤其体现在加强对公共事业的
统筹规划和投入上。例如，第二次世界大战后，随着科学技术在社会经济和提
升国家实力与竞争力中的作用日益突出，以及公众日常生活对科学技术的需
求，以美国为首的西方各国政府纷纷从国家发展的角度，制定国家科技发展战
略和规划，大幅度增加科技投入并制定相关金融和人才政策等，加强对科技发
展的统筹。这其中，有代表性的如美国政府提出"保持高精尖技术领域的优
势"的科技发展战略。日本政府制定了"科学立国"的战略构想，提出以发展尖
端技术为中心的知识密集型产业为主导，推进整个产业的知识密集化，等等。
如在教育领域，美国传统上虽然十分重视教育的作用，但在管理上基本是各州
政府自己安排管理的。然而近几十年来，随着国力竞争日益体现为人才竞争并
在相当程度上落实为教育竞争后，美国政府成立了联邦政府教育部以加强对教
育的统筹和管理，并加大对教育的投入，英、法、日等国也都通过不同的方
式，强化政府对教育的管理，通过不断的改革促进教育的发展。

　　西方各国在新的历史条件下强化社会管理职能，碰到的一个基本问题就是
如何走出政府独力承担、机构不断膨胀却效率低下且难以满足公众需求的困
境。正是由于对公共产品认识的深化，西方各国政府会在宏观上把握公共需求
在数量和结构上的平衡。确定某些重要产品由政府直接生产和提供的同时，通
过制定和执行保证公众基本利益的相关法律和规则，最大限度地引入政府以外
的组织，整合社会资源，扩大公共事业产品提供的路径，最终形成了公共事业
管理的多元构成格局。正是在这一意义上，最终形成了公共事业管理的市场模
式，实际上是一个政府统筹和主导下社会广泛参与的模式。这一模式以政府为
核心，同时重视发挥非营利组织和其他组织乃至企业在公共事业投资和管理中
的作用，努力满足不断增长的社会公共需求。

(三)以市场为基础

市场模式作为当代公共事业管理的基本模式,在结构上是一个以政府为主导的多元主体构成。在这一基本构成中,包含着政府与社会、政府与市场的基本关系。这一特定的多重关系不仅是结构多元的反映,而且在其运行中还表现为更为具体的政府统筹和规划、投资的多元化、管理上的分权化和社会化。其中,社会化是最显著的标志,而这一切都是架构在以市场为基础上的。

一般来说,作为个体的私人和企业,对利益的追求是其活动正当而基本的出发点和归宿,利润是其参与公共事业产品生产和提供的基本条件。而对非营利组织来说,能够从自身对社会的服务中获取一定的收益,正是其能生存和发展的条件。如前所述,在相当长的历史时期,人们将公共性等同于政治或政府,认为私人和企业活动的基本性质使得公共利益问题是不能在市场中得到解决的,因而必须由政府代表公众来解决,公共利益的实现过程是一个非市场的选择过程,典型的说法是公共领域或政治领域是市场经济的永恒禁区。正是在这一理念下,形成了政府对公共事业产品生产和提供的独立承担乃至垄断。但实际上,一方面,客观上在公共事业产品的生产和提供中存在着由税收和公众需求构成的特定的市场,且政府依托公共财政生产和提供公共事业产品也是构成整个社会资金投入与商品价格的一个重要组成部分;另一方面,由于准公共产品理论的建立,对私人进入公共产品生产和提供领域的可行性条件认识的深化,对最终必须以提供方式决定公共产品的确定,使得关于包括公共事业产品在内的整个公共产品政策,即公共政策的制定和执行分离成为可能。

当代西方国家改革的一个重要突破,就是将公共政策的制定和执行尽可能分离,承认其他组织在承担公共产品的生产和提供中获得必要的利益的正当性,并将此作为非营利组织得以存在的一个基本前提,从而使私人和企业进入公共产品领域成为可能,并形成了非营利组织生存和发展的必要空间,以这一特定的市场为基础,实现公共服务的社会化,构成了公共事业管理的市场模式,从而整合了社会资源进行公共事业产品的提供,相当程度上使政府走出了困境。所以,以市场为基础,公共产品和服务的市场化是当今公共事业管理的一个基本发展方向,是当代公共事业管理模式的一个显著特征。实际上,当代公共事业管理模式被称作市场模式,正是对这一本质特征的形象说明。

(四)法制化与规范化

以政府为主导、社会广泛参与的多元公共事业管理模式的形成，在促进社会参与公共事业管理、整合社会资源以满足公共需求的同时，也使得活动于公共事业领域内的主体及其相互关系日益丰富而复杂。因此，如何通过一定的规定确定各主体间的关系及其在公共事业产品生产和提供中的责任，保证公共事业管理过程和结果的公平与公正，就成为公共事业管理市场模式的基本内容。而西方国家自近代以来，由于其特定的政治文化传统，逐步形成了社会治理上的法理政治，信奉通过法律、法规的制定和执行来实现对社会政治、经济和文化的管理。因而，随着对社会公共事务管理改革的开展和深入，公共事业管理中的法制化和规范化也日益成为新模式的鲜明特点。

所谓公共事业管理的法制化，就是通过建立健全法律法规体系，对公共事业实施管理。这一法制化既体现在大量的公共事业活动的立法上，也体现在对活动于公共事业领域内各主体的地位、权限、管理内容和活动程序的具体规定上。在立法上，西方各主要国家都针对科、教、文、卫等领域颁布了较为全面的法律法规，如 20 世纪 80 年代以来，为了加快科技成果的转化，美国先后出台了一系列相关的法律，著名的如《史蒂文森-怀勒技术创新法》(1980)、《小企业创新开发法》(1982)、《联邦政府技术转让法》(1986)、《综合贸易与竞争法》(1988)、《国家竞争力技术转让法》(1989)等。可以说，正是通过制定和实施相关的法律法规，将新的历史条件下的公共事业管理纳入了法制轨道，确立了不同的公共事业领域内各类主体的地位和权限，以及活动的范围和责任等，同时，也减少了市场的负外部性，使参与公共事业活动的个人或组织能履行好必须承担的公共责任和社会义务，从而借助法律的权威性、强制性和稳定性，促进了公共事业的发展。

所谓公共事业管理的规范化，就是指公共事业管理部门在法律的基础上，通过研究制定一系列关于公共事业管理的规章、制度，以确保管理的科学性、合法性、公正性和可行性的活动。在这方面，西方各国借助于较为完善的行政组织体系和较高的组织水平，用全面而成熟的关于公共事业管理的规章明确不同的管理层级和不同的管理主体具体的行为程序、标准、规范和责任，从而构成了一个全面的关于管理的规范体系。公共事业管理的目标被具体化并落实到具体的管理过程和环节中，变得具有可操作性，一定程度上保证了管理过程与目标的一致性。①

思考题

1. 请概述公共事业管理模式的历史演变。
2. 公共事业管理模式发展演变的决定因素有哪些？
3. 私人参与公共产品生产和提供的可能性是什么？
4. 现代公共产品的提供方式有哪些？
5. 现代公共事业管理模式的基本特点是什么？

案例分析

"疯狂的 20 年代"暗藏危机

20 世纪初，第一次世界大战结束后，美国迎来了一个空前的经济繁荣时期。电力能源在加速机器运转的同时点亮万家灯火，冰箱、洗衣机改变了人们的日常生活习惯，汽车成为家庭新宠，大兴土木促进了建筑业的兴旺。20 世纪 20 年代的美国人在歌舞升平、物欲横流的喧嚣中尽享"繁荣兴旺"的生活。

然而，在经济繁荣的背后却有一大批被忽视的贫困人群；600 万个家庭的年收入微薄，衣食窘迫；农业一直没有从战后萧条中完全恢复过来，农产品价格下跌导致大批农场倒闭，农业面临严重衰退，使广大农民陷入困境；黑人依然在种族歧视的阴影下挣扎；工业增长和社会财富的再分配极端不均衡，工业增长主要集中在一些新兴工业部门，而采矿、造船等老工业部门开工不足，纺织、皮革等行业还出现了减产危机，大批工人因此而失业。

在 1920—1929 年，工业总产值几乎增加了 50%，而工人却并没有增多，交通运输业职工实际上还有所减少。这一时期兼并之风盛行，社会财富越来越集中于少数人手中。全美三分之一的国民收入被 5% 的最富有者占有，由于大部分财富集中到了极少数人手中，社会购买力明显不足，导致美国经济运行中商品增加和资

---

① 崔运武. 公共事业管理概论[M]. 北京：高等教育出版社，2006：103-107.

本输出困难，这进一步引发了生产过剩和资本过剩。虽然金融巨头在投机行为中都获得了高额利润，但大量资金并没有被投入到再生产过程，而是被投向能获得更高回报的证券投资领域，股市投机盛行引发财富泡沫。此外，国际收支中的潜在危机也加深了美国经济的潜在危机。

在美国貌似繁荣的经济土壤中，危机的种子在悄悄发芽。随着华尔街股市大崩盘的出现，经济繁荣达到了顶点，也走到了尽头。大危机是美国进入垄断资本主义阶段以后各种矛盾激化的产物，金融体系中的问题成了爆发危机的引信。

(资料来源：何子维. 分子失衡，被忽略的危机根源[J]. 南风窗，2019(13)：15.)

问题：这种背景下，应如何选择公共事业管理模式？

第 6 章 公共事业管理的私营化改革

20 世纪 80 年代以来，在世界性的行政改革浪潮中，私营化作为西方国家再造政府运动的重要内容之一，已逐渐成为西方公用事业改革乃至治理模式变革的基本潮流，并对发展中国家的政府改革产生了巨大的示范效应。本章将从私营化的概念开始，介绍私营化的背景、模式和实践。

第一节 私营化改革的历程

一、发达国家私营化改革的历程

公共服务私营化改革是从西方发达国家开始的。第二次世界大战后，一些由工党或社会党等左翼政党执政的欧洲国家政府推行国有化政策，将一批私有企业转变为国有企业。战后第一个 10 年被认为是西方国有企业运行最佳时期。第二个 10 年运行欠佳，引起争议。20 世纪 70 年代和 80 年代，西方的社会舆论要求私人部门的大企业分散化。右翼政党和自由主义经济学家利用这一舆论，要求公共部门的国有企业非国有化，即通过各种途径将国有企业的所有权、控制权和收益权从公共部门转移给私人部门，这实际上就是私有化。正因为如此，我们现在在西方经济文献中会读到"非国有化即私有化"这样的解释。也就是说，非国有化和私有化二者是同义语。在私有化一词普遍使用后，非国有化一词便被私有化一词所代替。

右翼政党执政的一些欧洲国家政府在 20 世纪 70 年代和

80 年代推行私有化政策，掀起了私有化浪潮。这些国家私有化的具体形式虽然很多，但其本质特征都是把所有权、控制权和收益权从"公共部门"转移到"私人部门"。这些国家的国有企业大多是大企业，很难卖给一个私人所有者，因而比较普遍地通过股份化途径实行私有化，即依照公司法将国有企业改组为股份公司，向私人出售股权。这种私有化通常可区分为部分私有化和私有化，如果改组为股份公司的原国有企业只将 50% 以下的股票卖给私人持股者，那就是部分私有化；如果将 50% 以上的股票卖给私人持股者，那就是私有化。私有化并不意味着一定要把 100% 的股票出售给私人持股者。①

日本政府早在 20 世纪 80 年代中期就开始对国有企业管理制度进行改革，目标是提高经营效率，主要措施是逐步下放国有企业的经营自主权，减少政府对其经营活动的干预，广泛推行国有企业的私营化。从 20 世纪 80 年代中期以来，日本政府先后将中央政府所属的日本电话、电信公社和专卖公社、国有铁路公社等大型国有企业私营化。具体做法是先把国有企业原资产折成股份，国家是该股份公司的唯一股东，然后向私人企业出售部分股权，形成国私共同持股的股份公司。②

在 1980 年至 1991 年期间，拉丁美洲国家私营化的企业有 800 家左右，非洲国家有 200 家左右，亚洲国家有 130 家，经济合作与发展组织国家有 170 家。在德国，有 4500 家左右的企业被出卖为私有财产，在东欧的其他国家，有将近 800 家企业被出卖为私有财产。在这个时期内，世界上总共有 6800 家左右的大型生产项目由全民所有制转为私有制。根据某个国家业已形成的具体条件，私营化后果所期望和追求的既是经济目的，也是政治目的。

自 20 世纪 80 年代开始，尤其是进入 90 年代以后，不少国家对原先由国家垄断经营的公共事业又开始逐步向私营化管理转轨，公共企业私营化运动席卷全球，开始是发达国家，然后是发展中国家，都大量出售各种类型的公共企业。撒切尔当选为英国首相后，全国掀起了关于私营化的热烈讨论，不少人将私营化视为可集中关注核心业务活动的一种方法，并认为是提高收入的便利手段。甚至自来水和电力等公用事业也分别于 1989 年和 1990 年实行了私营化。1991 年，英国通过"公民宪章"界定政府机构对于公民的义务关系，并通过改

---

① 吴易风. 关于非国有化、私营化和私有化[J]. 当代经济研究，1999(10)：7.

② 邱国栋，于萍. 西方国家国有企业管理模式的比较与借鉴[J]. 管理现代化，2003(4)：62.

革创造了"政府业务合同出租""竞争性招标"等治理方式，取消了公共服务供给的垄断性，在政府服务系统中引入了竞争机制，例如，在对全国保健事业的改组过程中，把政策管理同履行保健业务分离，迫使医院和医师为争取合同而竞争。

美国自里根时代也开始了类似的改革进程，到克林顿时代，公共服务供给的竞争机制日益完善。在地方政府层次，合同承包的私营化方式不仅涉及辅助性服务，而且涉及对公众的直接服务，如垃圾清理、街道清扫、公园维护等。私营化甚至已进入美国司法系统，田纳西州决定建造三所新监狱，一所交给一家私营企业，另外两所由州政府办，看看谁办得更便宜。警察机关也在从容不迫地私营化，私人安全保卫的数量已三倍于警察。到克林顿时代，公共服务供给的竞争机制日益完善。到 20 世纪 90 年代中期，州和地方服务的私营化在美国已十分普遍，成为联邦政府的基本政策，私营化不再是一个党派或集团问题：不论是民主党还是共和党，自由派还是保守派，黑人还是白人，都在接受并推行私营化。戴维·奥斯本等人在其所著《改革政府：企业家精神如何改革着公营部门》一书中提出，在公共服务的供给上，应该采取各种竞争方式，认为竞争不仅关乎政府向公众提供服务，也可为改善政府内部的服务工作提供思路。对该书所提出的上述观点，克林顿大加推崇，"美国每一位当选官员应该阅读本书。我们要使政府在 90 年代充满新的活力，就必须对政府进行改革。该书给我们提供了改革的蓝图"。①

与此同时，瑞典、法国、加拿大、澳大利亚等国也纷纷进行了类似的改革，"竞争服务"成为全球所普遍认同的政府治理方式。到 1992 年为止，全世界有 7000 多家公共企业(其中发展中国家的企业约占 2000 家)被私人买断(世界银行，1995)。

二、中国大陆私营化改革的历程

在中国大陆进行的公共服务私营化约有 20 年的时间。首先，部分主张非国有化的学者认为公有制经济同市场经济不相容，特别是国有经济同市场经济不相容。在他们看来，解决这一矛盾的办法就在于对占相当大比重的国有经济实行非国有化。非国有化主张在我国有不同的表现形式，最有代表性的是"退

① 陈振明. 走向一种"新公共管理"的实践模式——当代西方政府改革趋势透视[J]. 厦门大学学报(哲学社会科学版)，2000(2)：79.

出"论、"让位"论和"战略性调整"论。"退出"论的基本观点是：国有经济只适合存在于垄断性行业，不适合存在于竞争性行业。因此，国有经济应当"退出"竞争性行业。"让位"论的基本观点是：公有制经济，特别是国有经济是市场经济"不合格的主体"，非公有制经济才是市场经济"合格的主体"。因此，公有制经济，特别是国有经济应当"让位"于非公有制经济。"战略性调整"论的基本观点是：国有经济适合作为计划经济的"微观基础"，不适合作为市场经济的"微观基础"。"不是在所有领域，国有经济都有其优越性"，"在一般竞争性领域"，国有经济"往往不及"非公有制经济"具有市场竞争力"。国有经济的存在"阻碍了市场经济的建立"。因此，必须对国有经济"布局"进行"战略性调整"，为非公有制经济的发展"腾出空间"。

在社会主义国家，判断国有企业出售是不是私有化，不是看有没有完成从实物形态到价值形态的转变，不是看有没有卖出好价钱，而是看卖给了谁，看谁成了该企业资产的所有者，如果国有企业被国有企业所购买，或者，国有企业被集体(当然必须是真集体而不是假集体)企业所购买，那就不是私有化。如果国有企业被非社会主义经济组织或私人(包括外国人)所购买，那就是私有化。原因很简单，从产权方面说，在前一场合，产权的变更是在社会主义公有制经济内部的变更；在后一场合，公有产权已经变更为私有产权。从生产关系方面说，在前一场合，生产关系在性质上没有发生变化，仍然是社会主义生产关系；在后一场合，生产关系在性质上发生了根本变化，从社会主义生产关系变成了非社会主义生产关系。①

在中国大陆，政府进行公共服务私营化的目的主要有两点：第一，利用市场经济的"经济原则"与"效率原则"，改善并提高政府公共服务的水平和质量；第二，针对某些政府职能和政府业务，给予删减或终止，依次减少政府活动和政府职能的范围。私营化改革的类型主要有撤资、委托和替代三种，其中撤资是指公共事业或产业转移到民间；委托是指政府部门委托私营部门部分或全部服务的生产活动，但政府继续承担监督的责任，政府委托外包的形式包括签约外包、特许权、补助、抵用券和强制；替代是指当大众认为政府所提供的生产或服务能满足社会的需求，而民间私营部门意识到此种需求时，私营部门就可以替代政府提供某种生产社会服务，以满足大众的需求，替代的形式有功能的

---

①　吴易风. 关于非国有化、私营化和私有化[J]. 当代经济研究，1999(10)：4-8.

替代、推理的替代、放松管制的替代。

从世界范围来看，公共服务私营化是解决政府财政危机、信任危机和管理危机的必要手段，也是满足公众日益多样化的需求的必然选择。无论是在英美等发达国家，还是东欧以及亚洲一些发展中国家，公共服务私营化改革都已经在实践或者探索之中。①

第二节　私营化的内涵

一、私营化的内涵

"私营"，顾名思义，指的是私人经营。在学理上，"私营化"（Privatization）这一术语的使用纷繁复杂，其涵盖范围从公共产品释股到私人参与履行行政任务、从国家任务私人化到解除管制、从公私合伙到公办私营等，均被视为私营化。1969 年，美国学者彼得·德鲁克在《不连续的时代》一书中指出了政府功能的有限，并强调了私营化的必要性。这一举措在学术界被认为是私营化的前奏，但他并没有对这一概念进行权威性的界定。一般认为 Calvin A. Kent 是第一个以规范的形式来界定私营化的学者。他将私营化界定为把原本由政府以低于或接近完全成本价格所承担的功能转移到民间私人部门，并以市场或完全成本价格来生产及提供服务的一项行动。

萨瓦斯认为，"从狭义上看，私营化指一种政策，即引进市场激励以取代对经济主体的随意的政治干预，从而改进一个国家的国民经济。这意味着政府取消对无端耗费国家资源的不良国企的支持，从国企撤资，放松规制以鼓励私营企业家提供产品和服务，通过合同承包、特许经营、凭单等形式把责任委托给在市场竞争中运营的私人公司和个人"②，"广义而言，私营化可以界定为更多依靠民间机构，更少依赖政府满足公众的需求，它是在产品/服务的财产的拥有方面减少政府作用，增加社会其他机构作用的行动"。欧文指出，私营化是把归属于公共部门所有的资产归还给私营部门，通过股权转让的方式将企

---

① 刘冀徽，贾丽凤，陈曦. 谈公共服务的私营化[J]. 煤炭技术，2009，29(8)：183.

② [美]E. S. 萨瓦斯. 民营化与公私部门的伙伴关系[M]. 周至忍，等，译. 北京：中国人民大学出版社，2002：2.

业行为的控制权从公共部门转向私营部门。① 我国台湾学者詹中原在总结国内外私营化研究历程之后，开宗明义地指出，全球性的"私营化运动"兴起于 20 世纪 80 年代初，代表着各国政府在公共服务活动及资产所有权之缩减，而各国原本由公共部门所承担之功能，转由私人部门或市场机能运作，进而带来私人部门在公共服务及资产所有角色之增加。②

综观上述对私营化概念的定义，不同学者从不同角度对私营化现象做出了不同的解释，其涉及私营化的主体、功能、实质、实施方式、范围等众多因素。然而，私营化的复杂性和多样性、研究领域和视角的差异，更重要的是外部经济社会条件的变迁所引起的私营化本身在内涵和外延上的扩展，决定了不可能对"私营化"赋予一个固定而周全的定义。但是，尽管至今对私营化概念的界定依然不一，但从世界各国私营化改革的历程来看，私营化的核心意义为：以政府为主导，以市场化和社会化为主体，以公众满意为标准，打破政府垄断，引进竞争机制，构建政府、私营部门（非政府组织和私营企业）相互合作的公共服务体系，通过市场化途径和引进民间部门来生产并提供公共产品、改进公共服务、实现公共政策。

二、与私营化相关的概念

在经济学领域，私营化被用来指在公用事业领域，通过转让股份的方式把一部分资本转移到民间。今天，私营化已从经济学狭隘的含义中被提炼出来，广泛运用于各个领域，主要指私人部门参与公共行政的过程。政府利用市场或者私人企业来提供公共服务，让私人企业参与公共服务的生产及运输，把"国营"转变成"私营"或"民营"的过程。

"民营化"与"私营化"是同一个意思，均指把市场手段引入政府职能当中，让政府与私人企业共同承担公共产品的提供。但是，"私营化"与"私有化"的内涵存在一定差异。通常来说，"私营化"涵盖的范围比"私有化"大得多。私有化的本质属性在于产权的变更，在于生产关系的变化，尤其在于产权中所有权的变更，在于生产关系中所有制的变化。在社会主义国家，从产权方面来

---

① ［澳］欧文·E.休斯. 公共管理导论［M］. 彭和平，译. 北京：中国人民大学出版社，2001：4.

② 詹中原. 民营化政策——公共行政理论与实务分析［M］. 台北：五南图书出版有限公司，1993：5.

说，如果产权特别是所有权从国有企业或其他形式的社会主义经济组织手中转移到非社会主义经济组织或私人手中，那就是私有化；从生产关系方面来说，如果社会主义的生产关系特别是社会主义所有制变成非社会主义的，那就是私有化。①

"Privatization"一词在我国有一段时期被译为"私有化"，但是"Privatization"与我国理论界所指的"私有化"概念有本质区别。世界银行有关专家认为："所谓私有化，从广义上讲，就是指私营部门越来越多地参与由政府控制的活动，并越来越多地持有由政府所有的财产的股份。私有化的形式主要有：租赁、管理合同的所有权私人化。"(世界银行：1988)在计划经济时期，"私有化"在我国被片面理解为消除公有制、实行私有制的社会经济制度。问题的严重性更在于"私有化"的这种误译使人们对"Privatization"产生了长期的、深刻的、望文生义式的误解，特别是导致了理论界对它一贯的恐惧和回避，就像过去几十年来人们在理论误导下恐惧和回避"资本主义"和"市场经济"等词语、概念那样。改革开放以来，尤其是随着社会主义市场经济理论的发展，对"Privatization"的理解逐渐科学和全面，如周志忍教授在翻译 *Privatization and Private Partnerships* 一书时，就将 "Privatization"一词翻译成"民营化"。应该强调的是，"化"仅是指事物发展过程中的总体趋势，而不是指事物彻底的纯净。

根据国内外有关学术著作归纳的各种私营化形式，大致可以分为如下几类：

(1)将公有财产(企业的全部或部分财产)向私人转移；

(2)按私有财产的法律将公有财产转变为法人形式；

(3)将个别的公共职权转交私人，称为职能民营化；

(4)国营企业采取以营利为目的的私人企业经营方式；

(5)扩大公有企业经营者的职能；

(6)将权利委托给下属，实行分权化；

(7)公有企业和民间企业经营条件平等化；

(8)促进公共部门范围的市场竞争；

(9)将公有"自然垄断"型企业解体，私人可以出资加以利用，即公共部门的资源民营化；

(10)调整雇佣关系，与私人企业看齐，即待遇民营化；

① 吴易风. 关于非国有化、私营化和私有化[J]. 当代经济研究，1999(10)：8.

（11）国家收入民营化，鼓励私人对公共部门出资经营；

（12）公有企业的"非民族化"，或称"国际化"，类似我国的中外合资企业。

通过上述国内外有关私营化一词的内涵和形式的介绍来看，私营化既可以是所有权或所有制的变动，也可以是经营形态的改变。根据以上分析，我们认为，私营化不仅是一个管理工具，更是一个社会治理的基本战略，其本质是更多依靠民间机构（力量）而不是政府来满足广大人民群众的需要，其手段是通过市场激励而不是政治干预来改进一个国家的国民经济和公共服务。

从世界范围来看，很多国家，包括美国都认为 Privatization 直译私有化有政治上的麻烦，各国政治家发挥种种政治才能，发明容易接受的词汇。在美国，萨瓦斯建议新当选的州长和市长，不用"私营化"，而是用"公共服务中引入竞争机制"，里根政府则用"生产力改进"；希腊叫做"非国家化"（Denationalize）；西班牙叫做"社会主义私营化"；匈牙利叫做"经济复兴"；斯里兰卡叫做"人民化"；拉丁美洲叫做"人民资本主义"；越南叫做"革新"；①中国则用"市场化"替代"私有化或者私营化"。由于各国政治情况不一样，政治家出于减少政治阻力的考虑，各自选择有利于私营化的"政治话语"。

第三节　私营化改革产生与发展的动力

20 世纪 70 年代以来，世界各国掀起引人注目的行政改革浪潮，从美国的"政府再造"到加拿大的"公共服务两千计划"等，无不以公共服务的私营化为主要取向。自 20 世纪 80 年代开始，尤其是进入 90 年代以后，不少原先由国家垄断经营的公共事业又开始逐步向私营化管理转轨，公共企业私营化运动席卷全球，开始是发达国家，然后是发展中国家，大量出售各种类型的公共企业。纵观整个世界公共服务私营化的发展历程，可以发现，私营化改革的形成与发展的内在动力主要有如下几个方面。

一、公共服务质量低下

政府对公共事业管理的绩效不佳，公共服务质量低下，难以满足广大社会公众对公共服务的需求。在一个资源稀缺的世界，效率被公认为是一个重要的

---

① ［美］E. S. 萨瓦斯. 民营化与公私部门的伙伴关系［M］. 周志忍，等，译. 北京：中国人民大学出版社，2002：319.

社会目标，然而，公共部门的固有垄断性，往往会导致政府管理中的失控、低效和官僚主义，最终损害政府"最后的依靠"形象，产生庞大的"信任赤字"。20 世纪 80 年代末，美国《时代》周刊在其封面上提出了一个严重的问题："政府死亡了吗?"这背后隐含着另一个更为严重的问题：对政府的信任一再降到创纪录的最低点。① 人们发现，在经历了 100 年之后，科层官僚制已经演变成为一个庞大无比的官僚主义怪物，这使得政府不得不把诸多不该管的以及该管但管不好的服务项目交给市场。"治理"一词源于希腊语，其含义为"掌舵"，而不是"划桨"。提供具体的公共服务，都是在划桨，而政府并不擅长于此。私营化就是要使政府回到掌舵者的位置上，由社会力量承担划桨的职能。一些国家的实践证明：如果实施得当，私营化一般能明显提高公共事业管理效率，并改善公共服务的水平与质量。

二、私营企业的挑战

随着个人经济力量的增长，消费者对公共物品和服务的支付能力日益提高，人们已不再满足于被动地接受或依赖福利国家所提供的各项服务，希望有权界定并处理共同的需求，加上对这些服务的需求大大超出了政府的提供能力，由此为公共服务领域的私营化发展提供了机会。在长期的市场竞争环境中成长和发展起来的私营企业，为回应日趋激烈的竞争和挑战而进行了管理机制、管理技术和管理方法上持续的制度创新，提高了服务质量，改善了组织绩效，业绩斐然，赢得了公众和顾客的一致好评。反观政府机构，则因其所提供服务的质量低劣和态度傲慢而形成了庞大的"公共悖论"。在 20 世纪 80 年代初的欧洲，银行业和航空业的缓和管制迫使各公司为争得顾客而展开激烈的价格和服务竞争。这对公共部门产生了两方面影响：一方面，它提高了公众对水准服务的认识和期待；另一方面，它向公众表明，提供服务可以有更佳的方法，没有必要依赖官僚们根据他们自己的意愿和便利行事。因此，私营企业的革新精神及改革成果无疑对公共部门构成了现实而又巨大的改革压力。

三、理论上的支持和推动

公共选择、新公共管理(管理主义)、新自由主义经济学、后官僚主义等

---

① 金正帅. 西方发达国家政府内部管理的绩效化改革及启示[J]. 重庆工商大学学报(社会科学版)，2006，23(1)：74-75.

理论思潮起到了推动市场化行政改革的重要作用。与传统行政学致力于改革完善政府本身不同，公共选择关注的重心是政府与社会的关系。在公共选择理论看来，没有任何逻辑理由证明公共服务必须都由政府机构来提供。私人企业、非营利性公共机构、半独立性公共公司等各种类型的组织，也可以提供必要的公共服务。① 可以说，私营化既是公共选择理论的逻辑结论，又是公共选择济世药方中的一味主药。新公共理论最显著的特征就是将市场机制引入公共管理领域。就主体而言，公共服务的提供者应当是由包括政府但又不限于政府的一整套社会公共部门和行为者所组成的系统。如在英国，撒切尔主义改革的直接理论渊源在于：撒切尔夫人及其"思想部长"基思·约瑟夫深受"反费边主义"的思想库经济问题研究所（IEA）的影响，代表该研究所主流思想的是信奉市场的奥地利学派的精神领袖哈耶克和货币主义理论的代表弗里德曼。他们的论著及所提倡的公共服务市场化思想构成了撒切尔主义改革的"圣经"。在美国，则是归因于里根对芝加哥学派"政府是问题之所在，而不是解决问题的方法之所在"信念的推崇。

第四节　西方国家私营化改革的实践

私营化改革的实质主要表现为政府部门和私营部门、第三部门之间的角色重新调整和职能重新定位，其实是政府部门在一些"劣势"领域的有计划撤退，私营部门和第三部门组织在这些领域开始起着主要作用。根据政府部门、私营部门、第三部门以及消费者在私营化过程中的作用，可以将私营化改革措施大致归纳为以下几类：①政府出资和管理，私营部门或第三部门履行生产或提供职能，如合同承包、给予补助等。②政府主要进行管理，由私营或第三部门自己出资生产，最后通过消费者的购买达到补偿，如特许经营、国有企业拍卖、转让等。③政府主要进行管理，由消费者自己组成志愿团体，生产和提供自己需要的产品或服务，如志愿者行动。②

一、美国监狱的私营化改革

美国是世界上经济较发达的国家，但在私有制条件下，其所固有的矛盾也

---

① 周志忍. 当代西方行政改革与管理模式转换[J]. 北京大学学报（哲学社会科学版），1995，32(4)，82-83.

② 丁煌，定明捷. 西方民营化改革的实质[J]. 经济研究参考，2003(79)：16.

会日益突出起来，高科技机械化大生产造成了较高的失业率，民族矛盾日益加深，加之资产阶级文化日趋腐朽，社会风气日益败坏，出现了社会精神危机，社会秩序混乱，犯罪率直线上升，监狱里人满为患。由于黑人民权运动（表现为暴力冲突、抢劫、打砸商店等）不断高涨、性犯罪等暴力犯罪日益猖獗，公众对犯罪的态度日益强硬，强烈要求法律严惩罪犯。严厉打击、从严处罚的结果使美国许多州的监狱超负荷运转。据美国司法部门 20 世纪 80 年代中期的统计，美国在监狱内服刑的人数已高达 43 万人，打破了美国历史上的记录。另外，还有 21 万人正在候审或服短期刑。美国政府每年花在监狱方面的开支就高达 100 亿美元，已无法承担再建造新的监狱。

20 世纪 80 年代，美国在监狱管理方面进行了一系列的改革，其中特别引人注目的举措是美国联邦和州政府与私营企业签订契约，由私人企业家承包管理矫正机构，即将监狱私营化。具体地讲，政府将矫正机构的一些犯人作为劳动力出租给私人企业，私人企业将监狱接管过来，改造成私营企业，由私人经营者全权负责处理，政府坐收其成果，私营监狱所创造的利润除依法纳税外，其余全归私营者自己。最早由私人行业涉足监狱管理是由佛罗里达州 1981 年通过的法规加以确定的。私人企业家对政府矫正机构的承包开始于三个机构：青少年矫正机构、地方拘留所和联邦禁止非法移民机构，并与这些机构签订了契约。随后又开始进入成年矫正机构。私营监狱的犯人目前只限于危险性小、安全系数高的犯人，如等待押解出境的政治犯、非法移民和罪行较轻的犯人，而那些顽固的、难以改造的犯人仍关押在政府管理的监禁机构。

目前，租用监狱的最大主顾是美国移民规划局，该局认为花在这种监狱的费用较之正规的监狱要便宜，因而他们十分愿意扩大和发展私营监狱的生意。他们计划在私营监狱内搞各种技术职业培训，组织犯人进行能够产生经济效益的劳动。

在私营监狱内，犯人可以成立工会组织，佛罗里达州犯人的第一个工会于 1986 年在肯塔基的一个私营监狱内创办。此外，私营监狱犯人往往可得到较政府监狱更高的工资，如佛罗里达州监狱不支付犯人工资，而该州私营监狱付给犯人（技术工人）每小时 1 美元的工资；内华州监狱每小时最多付给犯人 0.8 美元，而私营监狱每小时付给犯人 6 美元工资。承办私营监狱，其主要目的还是为了经营，它用管理企业的先进办法更新出一种更为有效的方法来管理犯人。由于经营者时刻把其主要目的（利润）放在首要位置，因此，他们就会不断地开发新产品、新工艺和新技术，用这种手段刺激监狱的管理，使老问题找到新的解决办法。这种自由企业式的监狱还有利于培养有办事效率的、能胜任工作的管理人员。由于承包政府矫正机构能带来可观的利润，因而为美国商人所青睐。监狱私营化已成为美国监狱管理方面的一种发展趋势，引起很多国家的关注和兴趣。

二、法国的私营化改革

法国的国有企业已有 100 多年的历史，经过"人民阵线"政府、戴高乐政府的两次国有化，比重大为增加。1982 年，社会党政府的国有化主要是针对象征着法国金融资本主义的最后两大集团——巴黎荷兰银行和苏伊士银行与五大工业垄断集团，它们都是在国家经济生活中影响重大、经营良好、有竞争力的企业。经过这次国有化，国有化企业在金融信用领域中控制了全国存款的 87%、贷款的 81%；在工业生产中占总产值的 21%、固定资产的 35%。国有部门共占全国就业人口的九分之一，国内总产值的六分之一和投资总额的三分之一。[①]

社会党政府的国有化有双重目标：一方面，想通过国有化推行工业发展战略，克服经济困难，扩大就业，进而振兴法国经济。另一方面，他们也把国有化当作经济社会变革的核心措施，通过国有化，逐步"与资本主义决裂"，建立"法国式社会主义"。

生产资料为集体所有是法国社会党的一贯主张。战后西德、瑞典等国的社民党先后放弃改变生产资料所有制的目标，明确声称保护私有财产，依靠私人资本尽快发展经济，然后通过国民收入的再分配实现社会公正，被称为"北欧道路"。法国社会党在 1971 年的纲领中则重申要把大量生产资料变为"社会所有制"，从改革经济结构入手，实行国有化。通过"渐进的""平静的"方式，"与现存秩序、与资本主义决裂"。同时，他们认为，"至少在一段时期内，社会主义应当允许在法国有一种混合经济体制的存在"。[②]

然而，从 20 世纪 80 年代中期开始，为了克服官僚主义和垄断带来的低效率，减少亏损，以及在全球私有化运动的推动下，法国也进行了大规模的国有企业改革。

1986 年 3 月，希拉克政府上台后反其道而行之，先后制订并通过了"关于

---

① 黄文杰. 法国 1982 年国有化后的公营企业及其管理改革[J]. 法国研究，1987（4）：102.

② 加利福尼亚大学. 世界经济[C]. 北京：中国人民大学书报资料中心，1990：73.

授权政府采取多种经济和社会政策的法律""关于私营化的实施规则"以及实施这些法律的行政法规。按照法律规定，要在 5 年内对 65 家银行和企业(后又增加电视一台)实行私营化，总资产达 2.570 亿法郎。私有化的对象主要是社会党政府包括戴高乐政府收归国有的国有企业，都是经营状况良好的银行、保险公司和新兴工业集团。

私营化从 1987 年 11 月开始到 1988 年 2 月因总统选举临近而暂停，有 12 家金融和工业公司的股票在市场上出售，3 家企业通过非市场渠道完成私营化，共完成私营化计划的 40%。

国家从出售股票中共收入 838 亿法郎。希拉克政府用收入的三分之二偿还历届政府欠下的公债，其中包括 53 亿用于偿还社会党政府国有化留下的债务，另外三分之一用于补贴有亏损的国有化企业、兴建高速铁路和高速公路以及资助私营化企业等。

希拉克政府的私营化借鉴了英国、联邦德国的经验，除规模大、速度快以外，还有以下值得注意的特色。

(1)估价适当，公开招标，防止股票投机和形成垄断

政府成立专门的"私营化委员会"，向会计事务所招标，征集对私营化企业的资产评估方案。委员会根据企业的固定资产、经营状况、盈利能力和股市行情等综合计算，确定股票发行价格，报财政部长批准。同时规定公开招标，定期公布竞标结果，禁止将企业现场拍卖，更不许卖给单一投资者，以杜绝股票投机和新的垄断。由于价格适宜，措施得当，在 12 次出售股票时，除电视一台以外，多次被认购一空，共有 1500 万人次登记认购，掀起了盛况空前的"股票热"。

(2)由政府出面为每个私营化企业组织 5~10 个大股东形成核心股东

重要企业保留国家股，或设"特定股"；限制外资股份，以保证私营化企业的稳定。核心股东又称"稳定股东"或企业的"硬核"，都是与这个企业有密切业务联系的大银行、大工业集团。经政府批准，每个核心股东可在这个企业控股 0.5%~5%，全部核心股东共可控制企业 15%~30% 的股份。核心股东购进股票的价格要高于市场价的 2.5%~10%，并规定两年内不得转让。凡出售的国有化企业，要保留 10% 的国有股份。在战略性部门的私营化企业中，国家还持有"特定股"，"特定股"即统一股，对要购进企业股票 10% 的投资者也有决定权。对外国资本购买私营化企业的股票则加以限制，外资股份不得超过企业股金总额的 20%。在已出售的股票总额中，外资股票只占 10%。通过上

述种种规定，保证了企业的稳定，国家可以继续控制和影响私营化企业。

（3）设立"雇员股份制"和"大众股票制"，吸引企业内外的民众关心和参与企业管理，使所有权分散

私有化法令特别规定，私营化企业必须把 10% 的股票出售给在本企业或本集团工作五年以上的在职雇员或退休职工。他们可享有延期三年付款、按期付款减价 20%、一年半内不出售奖励 1 股等优惠条件。本国居民购买股票不超过 10 股者可享受"大众股东"的优惠待遇，如优先购买、保留一定期限免费赠送若干股、免征印花税和注册税等。

这次私营化中，约有 50 万雇员在本企业入股。在工业部门中，雇员入股率平均为 50%，在金融部门中，雇员入股率超过 50%，有的甚至达到 90% 以上。

希拉克政府实行私营化的目的不仅是为了提高企业的竞争力和扭转法国经济的困难状况，也是为了在戴高乐政府建立的"职工参与制"基础上推行"人民资本主义"。

希拉克政府私营化的设计师和实施者、国务部长兼"经济、财政和私营化部"部长巴迪尔说，"决定一个社会性质的不仅仅是政治自由，而且是这个社会的所有权的性质"。他认为，对所有权不加限制，社会就出现无政府主义和野蛮行为，限制和障碍太多，又会失去自由和活力；少数人掌握所有权，社会是不公正的，所有权广泛扩散，社会就会更加稳定。因此，他们设想通过私营化，特别是"雇员股份制"和"大众股份制"，扩散所有权，实现"人民资本主义"。在"人民资本主义"社会中，企业职工既是雇员又是股东；职工参与企业管理和利润分配；企业不再是资本与劳动相冲突的地方，而是成为百万新型劳动者与资本相结合的场所。他指出，私营化的现实目的是为这些企业提供更坚实的财政基础，使之在决策方面有更大的灵活性，以适应未来的国际市场，特别是 1992 年以后的欧洲统一市场。私有化的长远目标则是使法国同世界、法国人同法国经济、法国劳动者同企业协调起来。

"人民资本主义"的设想是从戴高乐的"职工参与制"演变发展而来的。戴高乐早在 20 世纪 40 年代就提出过"资本与劳动结合"的主张。1959 年、1967 年先后颁布有关雇员参与企业分红的法律，强制企业无偿地向雇员赠送少量股票以唤起雇员参与管理的热情。但由于种种原因，雇员参与制发展缓慢，收效甚微。雷诺汽车公司实行"参与制"17 年，雇员只拥有公司股份的 10%。银行业实行 9 年，雇员只拥有公司股份的 4%。希拉克总结参与制的经验，建立了"雇员股份制"和"大众股份制"，并把它们看作推行"人民资本主义"的主要手段。

三、智利的教育私营化

自由市场经济主义认为，政府提供的教育服务为垄断性服务，这是政府公共教育效率低下的根本原因。要提高教育效率，特别是政府掌管的公立教育，就必然要打破教育垄断、扩大教育自由，把教育放到市场中，在竞争中谋求生存。但在充满竞争的社会条件下，自由选择权的丧失，将使消费者的境遇更加恶化。弗里德曼声称，教育权的实施将会提高社会福利，并且私立学校还能提供低价格、同质量的学校教育。其他教育权倡导者还声称，"私立学校会更加有效率，私立学校的每一位学生与公立学校的学生相比，花费少而且能接受到更良好的教育"。①

（一）军事政权时期的教育（1973—1990）

在整个拉丁美洲地区，智利的教育应该说是最发达的，初等教育已经基本普及，这对于大多数拉美国家而言是一个壮举。在智利教育体制中，教育部是唯一的管理公立学校的职能部门，大量私立中小学与公立学校并存，但大约一半以上是由大主教会赞助。② 1973 年，智利军队发动政变，皮诺切特开始执政并实行极权统治，采取与前政府截然不同的经济政策——实行私有化和对外开放。这种私有化思想同样影响到智利的教育。

智利学校主要有两种类型：公立学校、私立资助学校和私人收费学校。1980 年，军人政府把公立中小学的管理权从国家教育部转移到地方自治市。教师失去公务员身份而回归地方管理，学校建筑和土地也都移交到地方市政当局手中。在国家财政的鼓励和刺激下，移交进程非常迅捷，"到 1982 年，大约 84% 的学校被地方市政当局所控制"③。然而，1982 年的经济危机打破了改革的进程，尽管如此，到 1987 年所有的学校都移交完成。而私立资助学校则由地方宗教以及营利性组织和非营利性组织管理，私人收费学校主要是由那些营利性组织进行管理。

---

① Chubb J E, Moe T M. Politics, Markets, and America's Schools[M]. Washington D C: The Brookings Institution Press, 1990: 28.

② David N. Plank, Gary L. Sykes. Choosing Choices: School Choice in International Perspective[C]. New York Teachers College Press, 2003: 26.

③ Parry T R. Achieving Balance in Decentralization: A Case Study of Education Decentralization in Chile [J]. World Development, 1997, 25(2): 211-225.

　　早在 1973 年，军人政府就解散了教师协会，解雇了那些持左翼观点的教师。由于公立学校都移交到了地方市政当局，公立学校的教师得到一笔解雇费，由此变成地方员工而不是国家职员。教师因此失去了工作安全保证、假期享受薪金的权力、工资等级标准、一周 30 小时的工作量及集体合同中应有的权利等。私立学校的教师也失去了一些法律方面的保护，如最低工资保证和一年一次的薪水调整制度等。

　　1980 年以前，智利国家的学校财政预算大多是根据现有的教师数目和设施需求来决定的。在教育改革中，政府彻底改变了公立学校和大多私立学校的资金筹措方式。学生进入公立和私立资助学校时是免费的，"每个学生的教育券数目同教育部决定的每个学生的平均费用相等，私立资助学校和公立学校的学生接受相同数量的教育券"①。换言之，公立学校和私立资助学校一样，根据在校学生人数从政府领取每个学生的教育券，私人收费学校不接受政府资助，而是靠学生缴纳的学费筹措资金。教育券的实施促使了公立学校和私立学校学生入学人数的重新分配。20 世纪 80 年代初，大约 15% 的学生进入接受教育券资助的私立学校，几乎 80% 的学生进入了公立学校。到 1996 年，大约 34% 的学生进入了接受教育券资助的私立学校，有 5%~9% 的学生进入需要缴纳学费的质量较好的私立中小学，这种增长主要是以公立中小学学生明显流失为代价。

（二）民主政府时期的教育（1990 年至今）

　　1990 年，智利民主政府上台。新政府延续了军人政府的诸多政策，教育券计划的形式及其功能也得以保存并进一步发展。除了教育券计划的实施，新一届政府还大量投资教育、集中精力提高贫困小学的质量。1990 年，智利政府开始努力改善所有低成绩的公立学校和私立资助学校。"900 学校项目"成为扶持极度贫困和低成绩学校的重大战略项目。在政府的资助下，学校的教学材料极大丰富，基础设施得以改善，教师也得到额外的在职培训。政府还提供大量资金培训和雇佣大学毕业生作为家庭教师，以帮助成绩低下的学生提高学习成绩。最后，"900 学校项目"资助的学校扩大到了 2300 所，对智利教育的发展起到了极其重要的作用。1992 年，"改善学前和初等教育质量与公平项目"（MECE）得到银行的资助，这个项目比"900 学校项目"的影响范围更大，它资

---

① 郝艳青. 智利教育券计划透视［J］. 世界教育信息，2003(5)：19.

助所有的公立学校。这两个重大项目的实施，促进了智利民主政府时期教育的发展，也带来了学生入学的重新分配。目前大约43%的智利儿童进入私立小学读书，57%的小学生仍然进入接受教育券的公立学校，这个数字相对于1980年80%的学生进入公立学校相比，已经大大降低。

1990年，智利民主政治得以回归，但同时也带来了新的政治压力——教师渴求改善工资待遇和工作条件的呼声日益高涨。1991年，针对此问题的法律通过，其中不同经验和培训水平教师的基本工资被确立，公立学校的教师可以以任期或签约的形式被雇佣。在每个自治市，任期教师将通过公开竞聘的方式被雇佣，并且解雇和再分配将受到严格的限制，而签约教师本人在解除雇佣方面有较少的限制。①

第五节　我国私营化改革的实践

我国的经济转轨经历了两个发展阶段，第一阶段是从改革开放以来至20世纪90年代初期，主要的标志是市场化，由于普遍实行了市场价格导向的利益分配机制，适应于这种市场机制导向的结果是，大量非国有企业兴起，以及国有企业实行承包制等一系列改革。第二阶段的主要标志是私营化的普遍出现，这是从20世纪90年代中期开始的。私营化改革首先是从集体企业和乡镇企业开始的，然后波及国有中小企业。然而，对于大型国有企业来说，这个私营化过程则比较复杂，可能还需要经过种种"阵痛"才能完成。

市场化是中国改革的初始选择，在转轨发展的第一阶段，市场化不仅导致了各种所有权企业的出现，还促进了国有企业内部的产权变革。因而，在市场化的利益导向机制的驱使下，国有企业日益从"计划工厂"转变为"市场企业"；在市场化的孕育下，国有企业的一部分经营者也在一定程度上从政府官员逐步转化为能够适应于市场竞争的企业家。无论是产生于私营经济的土生土长的企业家，还是从原国有企业土壤中脱颖而出的企业家，他们都随着市场经济的发展而日益成熟，成为能够承担中国私营化转轨职能的重要力量。

伴随着市场化过程的产权变革发展到20世纪90年代中期左右，不涉及所有权变更的外围产权改革已经基本完成，下一步的改革必然要涉及产权的核心

---

① 郝明君. 私营化：教育发展的动力还是阻力——基于智利教育券的研究分析[J]. 外国教育研究，2006(4)：72-73.

问题，即完全的剩余控制权和索取权以及资产处置权。这也是中国的国有企业改革发展到一定程度以后，开始出现各种形式的所有制变革探索的基本背景。从 90 年代中期开始，全国各地，尤其是东南沿海发达地区，率先出现了国有企业的股份化改造浪潮，经过不到 10 年时间，国有企业的私营化便形成了普遍发展的趋势。随后，这股私营化的改革之风也吹到了公共服务领域，带来城市公共交通、社会福利、高等教育等多个领域的私营化改革。

一、城市公共交通私营化改革

随着中国社会主义市场经济体制的逐步建立，传统的政府职能正在逐步转变，一个"小政府，大社会"的局面正在逐步形成。政府不再是经济物品和社会服务的主要生产者和提供者，而是市场经济体制和运行规则的坚定维护者、执行者、监督者和管理者。在市场经济条件下，私营经济得到更快的发展，产权制度将逐步得到确立，经济手段而不是行政手段成为管理经济的主要手段。在这样一种形势下，中国城市公共交通（简称公交）私营化将变成一个不可逆转的趋势。这和 20 世纪 80 年代以来全球的私营化潮流相吻合。中国城市公共交通管治模式逐步由公营化向公私混合型私营化方向过渡。广义的私营化指的并不是全盘私有化，而是指在城市交通管治过程中更多地运用私营经济成分来提高整个交通系统的效率，弥补公营化的不足，最终形成良性循环的公私合作交通管治模式，创造政府、私人机构和乘客三赢的局面。在中国，公营化公共交通公司指的是由政府直接经营的国营公共交通公司，而私营化公共交通公司指的是由非政府直接经营的公共交通公司（包括个体和集体经营）。

政府部门和私人机构之间是一种受合同约束的合作关系，所有权（政府部门）和经营权（私人机构）相互分开。政府部门通过私人机构的投资和参与为用户提供公共服务，而私人机构则通过取得经营权而在经营过程中获得利益。政府部门是交通设施所有权的最终拥有者，私人机构则是生意合伙人。政府部门必须监督和规范私人机构的行为使其符合公共服务的宗旨。政府主管部门和公营化公交公司等均属于政府部门的范畴。

（一）我国城市公共交通私营化的主要特点

私人机构可以提供一定的建设资金，用于弥补政府部门建设资金的不足。这是私营化提出的最初动机。快速的城市人口增长和城市化进程导致城市交通状况日益恶化，从而对扩建城市交通基础设施提出了新的要求，而满足这一新的要求迫切需要大量的建设资金。但是，由于政府机构臃肿，开支庞大，用于城市交通的资金供给已经远远小于能满足城市交通的资金需求，对城市公共交通亏损的财政补贴已经成为政府部门的负担。因此，必须从民间和私人机构筹集资金以弥补日益扩大的资金缺口。

私人机构可能以较低的价格提供更为有效的城市交通服务。同其他国营企业一样，公营化城市交通通常管理不善，官僚主义严重，效率低下，开支庞大，不能有效地服务大众。同时，公营化城市交通机构往往受制于不同的政府规章制度而不能灵活地采取适合市场经济发展的措施，例如，不能随意地调高车票价格等，从而使得亏损日益严重。而私人机构为了追求利润，必须提高城市交通服务的效率，节流开源，减少工程费用，加强管理。当然，各地的情况有所不同，对私营化是否真正能省钱仍有争议。

私人机构相互竞争带来服务质量和技术水平的提高。由于公营化城市公共交通代表的是一种政府垄断，其结果是整个公共交通服务行业缺乏竞争，服务质量下降，民众对公共交通的抱怨日益增多，但一时又无法改变现状，成为一个老大难的问题。城市交通私营化带来私营交通公司之间以及公私交通公司之间相互竞争，这样会降低交通营运成本和票价，提高用户服务水平，鼓励最新科技应用，灵活方便地进行决策，在工作和雇人方面有更少的限制。私营交通公司将减轻政府的负担，为用户提供更多的交通工具选择。

私营化使得政企分开，符合市场经济发展的要求。政府制订交通法规，管理交通项目，鼓励相互竞争，监督合同执行，并保证项目质量。而私人机构则通过提供最好质量的交通服务来降低成本和获得利润。综上所述，城市公共交通私营化的优点十分明显。但是，城市公共交通私营化也可能带来一些负面的影响。例如，私营化在短期内可能会使一部分国营公交企业职工下岗。私营交通公司如果片面追求利润，可能会忽略那些经济效益差但社会效益好的公共汽车线路，影响社会公平。此外，私营交通公司之间因为存在竞争关系，相互之间在规划、设计和营运方面缺乏协调。因此，政府要加强宏观调控，使得私营化公交公司更好地为公众服务，实现政府、私人机构和乘客三赢的结果，促进可持续交通发展。

（二）城市公共交通私营化的主要形式

1. 公共交通机构私有化

在私人机构发达和私人财力雄厚的地区，可以将一些经营管理不善、效率低下的公共交通公司出售给私人机构。出售方式包括股票转让、拍卖等。如果无法全部出售的话，可以考虑部分出售，以公私合资的方式对公交企业进行管理。公交企业私有化一方面为政府部门筹集了一部分资金，减轻了其财政负担；另一方面通过私有化为公交企业注入了新的活力。当然，这需要政府立法部门予以专门的授权，对私有化的公交企业进行规范和约束，使得经济效率和社会公平同时兼顾。

2. 公共交通机构重组

除了逐步私有化以外，对一些经营不善的公交企业可以进行内部机构重组。除了裁员和精简机构以外，重组还包括将一些效益差的公交线路转让给小型的国有公司或私人交通公司，下放和分散经营权力。小型交通公司的经营效益一般可能比大型交通公司的经营效益好，主要原因在于小型交通公司机构简单，服务范围较小，经营成本较低，有些小型交通公司所在地的物价指数较低等。当然，小型交通公司在接受大型交通公司转让的低效益公交线路之前，一般要提出一些条件，尤其是经费补助方面的条件。

值得注意的是，将部分低效益公交线路经营权转让给小型交通公司可能会削弱大型交通公司的区域协调能力，影响区域间交通服务的质量。为了避免这种情况，大型交通公司可能会采取另一种重组方法，即将原来由总公司控制的部分公交线路经营权下放给所属的公共汽车营运中心。这些公共汽车营运中心仍然是原来公交公司的一部分，但拥有相对独立的经营自主权、项目承包权、人事任免权，拥有分区董事会、总经理、规划师、调度员、维修员，等等。一般来说，各个分区公共汽车营运中心只负责地方和社区公共汽车线路的运行，而区域和全市的公共汽车运行以及制订公交政策仍然由总公司负责。公交公司对各个公共汽车营运中心的表现进行评比，做出奖惩决定和适当调整。

3. 允许私营公司参与竞争

只允许公营公司提供公交服务，而不允许私营公司参与竞争的保护性政策，表面上是为了给乘客提供较低的票价，保护乘客的利益，但是，从长远来说，这种政策只能导致公共交通服务水平的进一步下降。允许符合条件的私营公司参与竞争，可以进一步提高公共交通效率和服务质量。实行补贴的公营化公共交通和没有补贴的私营化公共交通相互竞争，可以为乘客提供更多和更好的选择。例如，南京市的小型中巴服务就弥补了南京市公共交通的不足。在中国城市里，私营出租汽车已经成为城市交通的重要补充。

4. 公私合作联合开发

公私合作联合开发是私营化的一个重要组成部分。对许多交通项目来说，联合开发主要用于共同筹集资金和项目开发方面。例如，私人机构通过捐赠土地、资金等方式参与交通建设，以弥补国家机构的资金短缺，而国家机构可以通过在规划中允许私人设施(例如，餐馆、旅馆等营利性场所)靠近公共交通设施，从而得到更多的客户和利润，创造一种双赢局面。在公共交通设施(如车站和交通枢纽等)附近可通过联合开发策略包括设立利益估算区进行收费，向业主收取连接费，从由公共交通设施带来的新增房地产税中抽成，批租土地和空间使用，等等。

5. 私人承包公共交通项目

如果内部没有专门的技术力量，或者项目的时间和质量要求很高，公共机构就会考虑将交通项目承包给私人公司。以美国为例，全美公共交通项目的总承包金额由 1984 年的 4.56 亿美元增加到 1999 年的 32 亿美元。1996 年，全美公共交通项目的总承包金额占整个公共交通营运成本的 10%。①

(三)对现阶段中国城市公共交通私营化的认识

首先，对于包括公共交通在内的公共工程承包，我国已经制定了比较完备的法律和条例体系。例如，全国人大通过的《中华人民共和国政府采购法》《中华人民共和国合同法》《中华人民共和国招标投标法》对公共工程承包有关的细节(招标投标过程、投标人资质要求、评标标准以及书面合同)等均有十分具体的规定。一般大城市对公共工程承包也有详细的规定。例如，2000 年 9 月 22 日通过的《上海市公共汽车和电车客运管理条例》对公共汽车和电车线路经营权承包的经营者资格、承包要求、服务质量、奖惩条例等均有十分详细的规定。但是，中国目前对公共交通私营化的其他方面，例如，公交公司拍卖和重组、公私联合开发、允许私人公司进入市场竞争的条件、如何规范私营交通公司经营行为等方面，相关制度还不完善。

再者，公共交通私营化在各地的进展是不平衡的。在大城市，公共交通私营化的进展比较迅速。例如，上海市城市交通管理局是全市公共汽车和电车客运的行政主管部门，该局所属的上海市公共交通客运管理处负责全市公共汽车

---

① 陈雪明. 对中国城市公共交通私营化有关问题的思考[J]. 城市规划, 2003, 27 (1)：43-46.

和电车客运的日常管理和监督检查，并按照有关条例的授权实施行政处罚。上海市的城市公共交通线路经营已经开始私营化，由企业集团承包。例如，上海巴士实业股份有限公司就是上海一个重要的股份制私营城市客运公司。企业集团股份化成为今后公交私营化发展的重要趋势。但在较小城市，公共交通私营化还不太规范。

中国至今还没有形成强大的私人交通顾问咨询公司群。在中国，交通规划一般由交通局、交通研究所或委托大学承担；交通设计由规划设计院承担；交通施工由政府下属的施工公司承担。因此，中国的城市交通规划、设计和施工目前仍然由政府垄断。只有极少量的交通规划、设计和施工项目承包给国际或香港私人顾问咨询公司。在不远的将来，中国国内的私人交通顾问咨询公司群将逐步建立，但一时还无法成为主流。

中国的中产阶级还没有完全形成，国内私人机构集资进行交通建设或将大型国营公交公司直接出售给私人目前还不太普遍。除了政府投资以外，中国主要向世界银行、亚洲开发银行和国际财团融资进行交通建设和开发。因此，中国目前的交通融资以外向型融资为主。

中国小型的私营交通公司正在逐步增加，并且参与交通业的竞争。例如，私营的出租汽车公司已经成为城市交通系统的重要组成部分。如何在城市交通规划中对这些私营交通公司予以正确的定位，如何协调公私交通公司之间的关系，如何保证经济效益和社会公平的平衡均是十分重要的课题。①

二、城市水务私营化改革

自然垄断性是城市水务的基本属性，此特征决定了在一个特定的区域内需要存在少数几个市场主体提供垄断服务，需要通过规模生产和集体行动来实现边际成本最小、边际效用最大，进而实现产业的规模效益。同时，城市水务供给又属于准公共物品的范畴，具有公益性，这又要求城市水务服务的供给必须满足公众的基本需求，必须体现服务的社会效益和社会公平。兼具自然垄断性和公益性两个属性的城市水务服务，既要保证水务企业在某一区域内的垄断经营，又要保证公益性。传统城市水务供给方式基本上是政府提供，公众消费。低廉的水价保证公众的水价负担较小，这种方式能够体现水务服务的公共属

---

① 陈雪明. 对中国城市公共交通私营化有关问题的思考[J]. 城市规划，2003，27（1）：48.

性，但与之相伴的是效率低下、水企亏损等问题。于是城市水务的市场化探索成为上述问题的解决之道。

所谓城市水务市场化是指在城市水务服务供给的某一个阶段或者所有过程引入市场主体，发挥市场机制的作用，实现更好的城市水务服务的过程。城市水务市场化可以是投融资的资金从市场上筹集，也可以是城市水务项目的具体运营由市场主体经营，还可以是公有企业和私人企业共同合作经营水务项目。随着市场经济改革的深化，中国城市水务服务引入市场主体，开放服务领域，政府采取特许经营、用者付费、合同外包等市场化工具将市场机制引入城市水务服务，通过政府管制与市场竞争的有机结合，促进投资与生产主体多元化，使城市水务由政府决策、生产、监督转变为政府决策、市场生产、政府监管、公众参与。水务服务提供机制的变化是今后中国各级政府城市水务市场化改革的基本方向。

市场化改革自20世纪70年代以来在世界各地发展迅速。就国外的城市水务市场化改革而言，法国和英国一直走在改革的最前列，并成为其他国家城市水务市场化改革的典范。法国是特许经营模式的代表，市政府通过特许经营方式即BOT方式将城市水务的经营权转交给市场主体，市场主体通过竞争性招标的方式进入城市水务行业，城市水务管理权、所有权和服务监督权仍归市政府所有。英国的城市水务服务模式类似于中国的电力、通信等行业，属于国家公共服务的范畴，由专门的监管机构对全国的水务行业进行监管，采用的是专营体制，全国的水务服务按照地区划分转让给四个不同的公司，一个公司不但拥有某一地区的水务专营权，还具有资产所有权，英国专营体制是通过地区专营公司之间的竞争实现服务的高质量和供给的高效，监管独立，地方政府不参与水务的监管工作。

与英法相比，中国城市水务市场化改革起步较晚，但发展迅速，改革模式更接近于法国的特许经营模式，即外资或者私营的水务公司通过竞标获得一定期限特定区域内的垄断经营权，政府通过财政补贴或者允许水务公司获得一定范围的利润率来保证水务企业的正常运营。从1998年中国政府批准的第一个水务领域BOT合同以来，特别是2002年(原)建设部颁布《关于加快市政公用行业市场化进程的意见》以来，中国城市大部分的自来水股权已经出让或转让，投资由原来的政府一类主体扩展到外资企业、民营企业、国有企业和政府四类主体。

中国的城市水务市场化主要采取了六种实践模式，即国有独资、国资控股或参股、外国资本合资、民营专业公司全资或合资、民营非专业公司全资或合资以及国有供水企业职工持股。其中前四种主要运用于较大的城市，后两种主要运用于县以及县级以下的城镇。

沈阳水务事业民营化改革起步较早，自 1995 年开始进行水务民营化改革。水务管理机构改革方面，沈阳并未对水务管理机构进行改革。在水务民营化的范围选择方面，沈阳选择整体出售，包括上游网管，并承诺固定回报，后造成大面积亏损。在水务民营化的期限及模式方面，规定合资期限不超过 30 年，采用资产出售的模式。由于当地政府未考虑周全，签订合同时承诺投资回报率，造成政府长期的负担，民营化项目一波三折，最终以政府回购告终。

2000 年，上海选取浦东进行水务民营化改革。浦东自来水公司转让 50% 的股权给外方，共担风险；在水务管理机构改革方面，成立新的水务局，并成立水务资产管理公司，其为浦东自来水公司的资产所有者，由水务局进行管理，通过对外资出售股份实现合作；在民营化的范围选择方面，选择出售上游网管，为外方提供经营与发展空间，同时避免固定回报，并在招标过程中加入《限制性条款》，对外商进行严格限制；在水务民营化的期限及模式方面，规定外资的经营期限最长不超过 50 年，技术选择由政府主导管控。[①]

作为公用事业民营化改革中较受欢迎的方式，特许经营在水务事业改革中得到较为广泛的应用。特许经营不同于一般的商业特许经营，二者在合同当事人、合同标的、是否收取特许费用、特许期限、被特许人的选择方式等方面存在很大差异。同时，由于其在适用对象、操作方法、运作时间、合同期限、竞争方式、有无后期谈判等方面具有独特之处，也不能将其简单地等同于一般工程招标。

多年的水务民营化改革实践提示，水务事业特许经营的运作基本上由政府（招商）方主导。因此，政府方面对准入竞争方式的理解和选用至为重要。按竞争性高低不同，遴选水务项目特许经营者的准入竞争方式包括协议、竞争性谈判、招募、公开招标及拍卖五大类。通常，越往后的方式竞争相对更激烈。

水务行业特许经营改革中的有益经验主要包括：

（1）公开招商，规范运作。相较于其他几种遴选特许经营者的方式，协议方式缺乏竞争性和公开透明性，也容易滋生腐败，大中型的水务特许经营项目

---

① 邹东升，陈鹤. 市场化境遇下的城市水务改革模式、问题与应对[J]. 中共浙江省委党校学报，2012(3)：101-102

几乎弃用这种方式选择特许经营者，在个别小型项目或吸引力较弱的偏远地区，协议可能是一种现实的方式。

而竞争性谈判、招募和公开招标都是具有竞争性的遴选程序和方法，它们之间的差异除了竞争性之外，提供给交易双方的磋商空间不同也是重要的区别。成功的水务事业特许经营改革，大多是公开招募具有竞争力的特许经营者。

(2)各方加强协调，力求利益均衡。水价调整因涉及政府、企业和消费者三方的利益而成为项目谈判的重要内容。例如，部分自来水厂改制招商项目在水价调整中规定，如果因物价水平、水质标准提高导致合营企业无法控制的制水成本提高时，合营公司应首先通过降本增效等管理措施尽力消化生产经营成本上升的影响。在此基础上，合营公司可以在市上一级政府供水指导价格范围内，周期性地向建设局提出调整供水价格的书面申请。同时，合营公司也必须在书面申请中列明申请调整水价的具体原因，并提供合理证据证明合营公司已经通过内部管理尽力降低了生产经营成本。

(3)市场化条件下政府认真履责，放弃投资责任。水务市场民营化改革中私人部门的介入并不意味着政府可以摆脱投资责任。恰恰相反，政府履行部分投资责任对改革有着重要影响，上海竹园污水处理 BOT 项目就是典型代表。该项目市场竞标价格低至 $0.34/M^2$，这不是恶性竞争的结果，而是政府进行了补贴。上海市政府不仅在管网、拆迁上为项目铺平道路，而且还通过上海排水公司利用政策性贷款予以了大额补助。哈尔滨太平污水处理项目 BOT 同样因为政府对低价、拆迁以及污泥清运等做了责任性承担，使污水处理费控制在 $0.6/m^2$ 以下。[1]

(4)特许经营后实行有效的政府监管。深圳水务集团股权转让项目界定了授权期限和授权经营范围，明确了特许经营的责任和权利。政府转变为市场监管者和公众利益代表者的表现就是"将污水处理费的征收标准调整到保本微利的水平"的定价原则，建立起合理的污水价格机制，为深圳水务集团兼顾社会效益和经济效益的良性发展奠定了基础。供水价格实行政府统一定价，维护公众利益。天津市北水业公司股权转让项目在公告阶段即明确提出供水价格不会受到本项目合作的影响。合营公司成立后的供水价格，严格实行政府的全市统

---

[1] 傅涛，钟丽锦，等. 水业特许经营的案例分析与操作[J]. 中国给水排水，2006 (4)：12.

一定价；要求意向投资商对此做出书面承诺，并用自己的财务模型校核对水价的预期。

因此，城市水务市场化改革就是将政府和市场的优势进行结合，充分发挥民间资本和市场主体的社会价值，同时要清醒地认识市场失灵问题，特别是私有公司谋求效益最大化的目标使其热衷于短期回报，较少关注水质、服务质量和环境影响。必要的政府掌舵、正确的角色与责任定位是改革成功的关键。政府责任不仅包括特许经营准入环节对市场主体的筛选，还包括服务提供环节的价格决定、经营条件说明、质量监管、合理条件下服务所有客户时应尽义务的规定、风险控制、财政补贴等责任，以便确保付费使用者的正当权益与社会公平。因此，作为公共服务最终责任承担者的政府，城市水务市场化改革绝不是政府责任的市场化，而是政府水务服务提供机制的市场化。

第六节　公共服务私营化的利弊

西方国家的公共服务私营化改革已经进行了 20 多年，改革的效果有目共睹。但是，公共服务私营化也是一把双刃剑，既有着积极的促进作用，也相伴着一些不良的影响。从政府、经济和社会利益 3 个角度来看，公共服务私营化的利弊主要有如下几点。

一、政府角度的利弊分析

对政府而言，实行公共服务私营化主要有 3 大好处：

首先，公共服务私营化有利于促进政府职能转变和缩小政府规模。公共服务私营化在很大程度上减少了政府干预和管制的范围，这不仅能够使得政府各个部门更好地划分权责，避免相互推诿和扯皮，促进职能转变，而且也有利于缩小政府规模，实现小政府和有限政府。以新西兰为例，改革的头 10 年中，公务员规模减少了 60%，这在很大程度上归功于私营化改革。

其次，公共服务私营化起到一种示范效果。由于大部分公共服务缺乏竞争压力，而通过公共服务私营化引入竞争机制，可以对政府及其工作人员造成压力，促使他们树立竞争意识、服务意识和成本意识，从而改进服务，提高绩效。

最后，公共服务私营化有利于改变传统的政府治理结构。私营化通过引入市场和社会力量参与公共服务的供给，打破了传统上政府与市场、政府与社会

"一元"对立的局面，开创了公共事务多中心治理的制度。

公共服务私营化所带来的弊端，集中表现为寻租腐败问题的发生。私营化改革本身并不必然带来腐败问题，但在公私合作、化公为私的过程中会增加腐败的可能性，即使是在美国这样法制健全的国家，也无法保证在公共服务私营化过程中不出现腐败。以美国国防部的契约外包为例，舞弊欺诈和贪污腐败现象俯拾皆是，"1983—1990 年，与五角大楼有联系的 100 个最大合同承包商中，有 25 个因欺诈被定罪"。①

二、经济角度的利弊分析

公共服务私营化改革在经济方面的最大益处无疑是降低成本、节省开支。一方面，由于实行公共服务私营化，政府机构得到精简，人员分流，国家的行政经费得以大幅度减少；另一方面，由于私营化引入了市场机制和竞争机制，大大降低了生产和供给的成本。竞争的市场可以降低生产成本、提升管理效率。

此外，公共服务私营化还在一定程度上增加了政府收入，原来那些由国家直接经营的行业在实现私营化以后，由经营机制转轨所带来的扭亏为盈直接创造了经济利益。英国的经验显示，一度是政府财政包袱的英国石油、英国航空公司、英国电信公司等转为私营以后，从 1979 年起，英国政府每年增加 50%的收入。

不可忽视的是，公共服务私营化在降低成本、创造经济利益的同时，也可能导致经济性损失。所谓经济性损失，是指私营化造成国有资产的损失，它既可以直接指政府财政的损失，也可表现为国有企业的亏损，最终，它是公众利益的损失，也远离公共事务管理的公共性出发点。私营化，正如新公共管理运动所主张的，以提高效率（经济效率与管理效率）为出发点和根本特色，但是由于私营化改革往往容易偏离最初的宗旨，其结果可能是政府在私营化中获得了财政危机的暂时解脱，而企业也通过某些非正当手段取得了相当可观的利润，而最应该保值增值的国有资产却在私营化中悄悄流失。② 以私营化较为普遍的公私合营方式为例，一般情况下，政府会把一些公共服务项目，如供水、

---

① 刘冀徽，贾丽凤，陈曦. 谈公共服务的私营化[J]. 煤炭技术，2009，28(8)：183-184.

② 张婉金. 公共服务民营化路径研究[J]. 全国商情·理论研究，2016(16)：107.

污水处理、基础设施建设等拿来与非国有资金合作，双方各占一定比例。由于政府国有资金短缺，所以只能以固定资产折价来抵充合资比例，形成外资实际出资、国有固定资产"以产抵资"的合作形式。在这种常见的私营化方式中，由于改革者缺少必要的知识与技能，没有完善的监督制约机制，缺乏科学的评估方法等，使得国有资产要么因为管理者的腐败行为而直接流失，要么因为过低的估价而间接流失。这种情况在私营化初期并不少见，特别是对于那些效益不好的国有企业更是如此。因此，必须要重视和注意私营化过程中涉及的经济问题，以免造成严重的经济损失。

三、社会角度的利弊分析

公共服务私营化所带来的社会利益也是显而易见的。

第一，通过实行公共服务私营化，公民有了更多的选择机会，他们可以自主选择公共服务的提供主体，增强了公民选择权的同时，也满足了多元社会条件下不同公民的多元化需求。

第二，提高了服务质量和服务水平。由于引入竞争，服务质量和水平就成为私营部门能否胜出的关键，所以他们在提供服务时往往都很重视服务的质量和水准。

第三，有利于整合社会资源。公共服务私营化的一个重要内容就是更多地依靠民间机构和民间资源，通过竞争和市场两个机制发挥作用，可以更好地整合和有效利用社会资源，为公民提供优质高效的服务，从而有利于整个社会的发展和进步。

从社会利益角度观察公共服务私营化的弊端，主要有四个方面：

第一，它将导致公共服务的不公正。公共服务具有非选择性，公共服务对公众是不可缺少、不可替代的，所以就要求公共服务供给做到公平与公正，体现在市场条件下，单一的供求关系可能被打破。一是生产者以盈利为目的的，它会按照市场竞争法则去选择有利于其获利的服务项目，对于那些不能很好获利但又不能不提供的服务，则有可能消极供给；二是对消费者而言，它无须集体性统一地消费，因而可以选择不同服务或不同层次的服务，但对于那些生活困难者来说，是没有选择权而言的。

第二，它将引发新的社会稳定问题。公共服务私营化以后，在利益的驱动下，企业为了降低成本，除了引入新的技术和管理方式以外，裁员是企业最好的选择，也是最容易立刻见效的方式。那么这就必然导致大量失业人员的增加，有可能引起社会动荡。

第三，私营化会导致腐败现象。在国有企业私营化的过程中，存在着国有资产流失的现象，一些老的国有企业在退出市场的时候进行设备拍卖，由于暗箱操作，很多的设备都会低于市场价格出售。在此过程中，有很多寻租者得到了实惠，但是企业员工的利益却受到了严重的损害。

第四，私营化可能会形成新的私人垄断。人们担心公共服务由政府垄断会损害消费者利益，主张通过竞争机制使服务的供给更有效率，也更加公平。但由于企业在私营化过程中因腐败问题留下的巨额利润空缺，使一些企业挖空心思去掘取垄断利润；同时，由于私营化没有形成真正的竞争局面，使企业具有了取得垄断利润的现实条件。于是，新的私人垄断就会产生，而"垄断"都可能导致效率低下、质量低劣和价格的提高。①

思考题

1. 结合国外经验看，我国的私营化改革还存在哪些问题？
2. 如果铁路私营化，利民还是害民？
3. 中国是否可以效仿美国，实行监狱私营化，请说明理由。
4. 资源型企业应该国有化还是私营化？
5. 你认为我国的私营化改革还可能发生在哪些领域？

案例分析

公立医院改制风波

中国人看病的习惯是拿着公费医疗上公家医院。如果这二者都没有了，会怎样呢？回忆起两个多月前"白衣天使"到杭州市政府门前上访的情形，杭州市政府一位人士记忆犹新。他说"当时动静不小"。那是 9 月 10 日，上百名身着白大褂的医务人员来到市政府大门口，有人喊道："反对卖医院！""要改革更要吃饭！"为了安抚这次医院职工上访事件，杭州市卫生局处级以上的干部几乎全体出动。人群从下午静坐至凌晨 1 时，才逐渐散去。

上访的导火索始于杭州市卫生局提交给市政府的一份有关医

① 刘冀徽，贾丽凤，陈曦. 谈公共服务的私营化[J]. 煤炭技术，2009，28(8)：184.

院改革方案的复印件。其主要内容是要把有着几十年国有历史的四院改成民营资本占大头的股份制医院。资产评估是改制的核心问题之一，职工首先不满的正是资产评估价。"我们医院附近的二手房价格是近 9000 元 1 平方米。附近的商品房开发地块，拍卖价格都在 1200 万元 1 亩以上，我们医院的土地价值至少有 3.5 亿元；新城区现在的地价至少也有 800 万每亩以上，土地价值在 4 亿元左右。两块土地的价格就是 7.5 亿元，怎么评估价格只有 7000 多万呢？"

事实上，杭州市第四人民医院的产权改革，只是杭州市公立医院产权改革的试点之一，也是中国医疗体制改革的一个缩影。今年 4 月，卫生部常务副部长高强在全国卫生工作会议上说，在政府增加基本医疗服务投入的同时，中国将积极鼓励社会组织和个人参与医疗服务事业，促进多种所有制医疗机构有序竞争。对于社会资金投入医疗事业，允许出资人取得合理回报。一方面，目前，中国中心城市的中心医院积累了过剩的人才和设备等医疗资源，难以在现有基础上扩大接诊规模，导致一些优质资源不能充分利用，同时导致大量就诊者积压。另一方面，非中心医院或者周边城市，特别是广大农村严重缺乏优质的医疗人才、医疗设备等资源，无法吸引病人就诊，导致众多中小型医院病源不足，大量基础医疗资源闲置，进一步加重了医疗资源分布不均导致的不良结果。

改革必然会损害一些人的眼前利益。但关键是，改革是否符合绝大多数人的利益，是否有利于解决群众"看病难、看病贵"的问题。关于杭州市医改，当地党报曾于 8 月份公布过一份民意调查，绝大多数的人对医疗界的改革持肯定和欢迎的态度。

（资料来源：崔开华，赵立波. 公立医院改制冲突，公共管理案例精选［M］. 济南：山东科学技术出版社，2006：186.）

问题：你是否同意杭州市认为通过民营化"可以解决当地的医疗问题"的看法？为什么？

第 **7** 章 公共事业管理的公私合作制

　　长期以来，无论是在计划经济国家还是市场经济国家，公共事业的发展都被认为是国家的责任，应由国家投资、国家建设及国家经营。然而，随着经济社会的发展，维持公共事业的这种制度已日显艰难，作为公共事业行业原有提供主体的公共部门的供给能力，已难以满足日益增长的需求，而其长期的巨额亏损又成为政府巨大的财政负担，使供给的数量难以增长，质量难以提高。与此同时，公共产品的生产具有收入稳定、现金流充沛等特点，对追求稳定回报的社会资金具有强烈的吸引力，于是在政府财力难以为继的条件下，消费者的要求与私人部门投资的冲动共同导演了在公共事业领域中的一场制度变迁——公私合作制。本章主要介绍公私合作制的内涵、起因、基本条件和优势。

第一节　公私合作制的定义与特征

　　公私合作制是一个相当宽泛的概念，不同的视角对公私合作制有不同的认识，且各国学者对这一概念的内涵尚未形成统一认识。在我国，公私合作制的研究相对比较晚，对公私合作制的译法和相应的定义描述也是多种多样。同样，尽管西方发达国家及其学术界专门就公私合作制概念的定义问题进行了很多尝试，但迄今为止，尚无通说。关于公私合作制的定义和概念，国内外学者们的理解和解释也不尽相同，其中，代表性的定义主要有以下几种。

澳大利亚学者 Lewis 和英国学者 Grimsey 将公私合作制定义为：在达成的合同下，私营实体参与或为公共基础设施提供服务支持。

德国学者 Gottschalk 将公私合作制定义为：为了共同的经济目标，公共部门与私营部门建立并实施的长期合同。这个定义引进了"合同""长期"以及"共同的经济目标"。

美国学者萨瓦斯将公私合作制概念归纳为三个方面，一是在广义上，它指公共部门与私营部门共同参与公共物品及服务的生产和提供的安排；二是指一些复杂的、多方参与并被民营化的基础设施项目；三是指企业、社会贤达和地方政府为改善城市状况而进行的一种正式合作。萨瓦斯的界定包含了制度安排、工程项目、关系类型等几乎所有与之有关的内容，难以分辨其本质特征。尽管如此，考察不同视角下的内涵及其分类仍有助于对这一概念的认知。① 本章对公私合作制的定义如下。

一、公私合作制的定义

公私合作制（Public-Private Partnerships，简称为 PPP），国内也译作"公私伙伴关系"。

一般而言，公私合作制是指公共部门与私人部门为提供公共服务（主要是公用性基础设施建设）而建立起来的一种长期合作伙伴关系。这种伙伴关系通常需要通过正式的协议来确立。在伙伴关系下，公共部门与私人部门发挥各自的优势来提供公共服务，共同分担风险、分享收益。②

伙伴关系的形式非常灵活广泛，包括特许经营、设立合资企业、合同承包、管理者收购、管理合同、国有企业的股权转让或者对私人开发项目提供政府补贴等，不同形式下私人部门的参与程度与承担的风险程度各不相同。③ 它可以包含介于完全由政府供给与完全由私人供给之间的所有形式的公共服务提供的安排。在 PPP 的框架下，一些原来由公共部门承担的工作转移到了私人部门，但公共部门始终承担着提供公共物品和服务的责任。这些责任主要表现

　　① 　王俊豪，付金存. 公私合作制的本质特征与中国城市公用事业的政策选择[J]. 中国工业经济，2014(7)：96-108.

　　② 　余晖，秦虹. 公私合作制的中国试验——中国城市公用事业绿皮书[M]. 上海：上海人民出版社，2005：2.

　　③ 　甄诚. 民间资本参与基础设施建设模式[J]. 合作经济与科技，2018(12)：98-99.

在三个方面：确定公共服务应达到的水平以及可以支出的公共资源；制定提供服务的价格、安全、质量和绩效标准；监督执行这些标准并对违反的情况实施裁决和处罚。建立这种关系的一个潜在逻辑在于：无论是公共部门还是私人部门，它们在公共服务的生产和提供的过程中，都有其独特的优势；成功的制度安排在于汲取双方的优势力量以建立互补性的合作关系。①

二、公私合作制的特征

公私合作制在各国都有运用，综观各国的实践，公私合作制有以下几点特征。

(一)公私合作制是以效率为导向的制度安排

公私合作制是以效率为导向的制度安排，采用以公共部门作为产业主体、垄断经营的组织形式，不可避免地会造成效率损失，而在公私合作制的制度安排下，产业运营由私人部门主导，不仅在资金筹集和管理方面具有优势，而且还具有更敏感的市场边际反应能力，具备更强的制度创新能力，从而有明显的效率提升作用。更为重要的是，公私部门签署特定合同的过程，实际上是既包含私人部门间，又包含公私部门间的竞争的过程。前者，即私人部门竞争以获得专营权(市场准入制度)；后者，即在合理界定专营权的基础上，公私合作双方对所承担的风险以及受风险因素影响的其他契约要件(如收益、投资职责等)进行理性判定并选择的过程，从而体现出不同主体(特别是私人部门主体)的市场效率。

(二)公私合作制并不排除公共部门的作用

以效率为导向的公私合作制并不排除公共部门的作用，而某些行业所具有的特殊性，又决定了公共部门必须在运营中承担更多的责任。如在自然垄断行业中，垄断的经营无疑能够实现规模经济和范围经济的最大化，但垄断企业以自身利益最大化为导向的自发行为，也必然产生与最优效率要求间的冲突。这意味着，在这一类产业中，在引入私人部门进行经营的同时，公共部门仍应具有特定的功能，旨在发挥这些特定功能的不完全对称性的制度安排，有利于公共部门与民营部门在各自资源互补的基础上形成有效制衡的合作机制，使合作

---

① 唐兴霖，周军. 公私合作制 PPP 可行性：以城市轨道交通为例的分析[J]. 学术研究，2009(2)：60-61.

双方各展所长，从而实现效率的最大化。

(三)公私合作制需要建立符合市场经济规律的第三方监管体系

采用公私合作制，决定了政府的职能必须重新定位或调整，建立符合市场经济规律的第三方监管体系。这就要求政府对公共事业的直接管理模式转变为间接监管模式，所谓间接监管模式是指建立相应的法律法规，在赋予或保障监管企业拥有相应的权利的同时，必须要求这些企业履行规定的义务，而独立的监管部门依法进行监管，其监管的核心体现在市场准入、价格形成和公共服务义务等方面，意义在于督促运营企业为社会提供不间断、可持续的价廉物美的产品和服务。这是一种建立在市场机制基础上的独立监管，从而有别于传统的依赖行政权力的政府直接管理模式。

第二节　公私合作制的起因与发展

公私合作制并不是一个全新的概念。早在 19 世纪，英国工程师查德威克就提出了在地方污水处理和卫生服务方面，可以采用特许经营权的方式提高效率，这是比较早的合同管理的思想，也是公私合作制的雏形。从那时起，各国在公用事业的经营过程中，制度变迁非常频繁，从"国有化"到"私有化"，再到目前的"公私合作制"，几经沉浮，不仅体现出人们对公用事业部门的产业特征的重新定义和理解，也深刻反映出政府和市场之间的关系变迁。我们可以从两方面的实践因素来解释推行公私合作制的动机。

一、公私合作制的起因

(一)直接因素来自财政压力、垄断势力和低效率

20 世纪 70 年代以前，各国的公用事业部门大多是采用"国有化"模式，公用事业部门的经营风险完全由政府承担。由于公用事业部门的国有垄断模式，在垄断的市场结构条件下，公用事业部门的企业势必会形成低效率和对策性激励扭曲。所谓对策性激励扭曲是指不论政府采取何种类型的监管政策，企业都会相应地采取对策，以寻求自身利益的最大化。[1] 由此一方面政府承担了国有

---

[1]　陈菲菲，薛圣凡，吴晨蕊. 高速城市化进程中公共停车场问题探析[J]. 经济视角，2013(9)：172-174.

企业建设和运营过程的全部成本；另一方面，企业占有成本信息，有意维持和扩大亏损，进一步索取补贴。在这种情况下，低效率成为各国公用事业部门运营中的通病。改革公用事业的国有性质势在必行。

但公用事业部门的私有化又难以解决市场垄断势力问题。尽管政府通过私有化部分转移了自己的财政负担，但私营企业有追求营利的动机，它会利用各种条件追求自身利润的最大化。在私有化模式下，企业会利用垄断势力采取交叉补贴、捆绑出售等各种策略性行为，逃避监管，侵害消费者的利益。因此，采取适度的市场竞争和必要的监管，以实现社会福利和企业营利的双重目标，是公用事业部门有效和持续发展的基本要求，公私合作制合同式的制度安排就成为满足这种要求的方式。

(二)间接因素来自公用事业部门的两难选择

公用事业部门与其他一般竞争性产业相比，表现出非常特殊的性质。就其产业的目标来看，公用事业部门具有二重性特征，即公共性和企业性。公共性与普遍服务的公共产品的特点相关；企业性则与企业提供这种产品和服务的可持续程度相关，企业要有一定的利润，否则就没有企业愿意进入。

各国采取"国有化"的初衷无非是解决公共产品的普遍服务问题，力求通过低收费或者免费，使全体居民享受到这种公共产品的服务，但由于低效率和财政负担，国有企业提供产品的可持续能力受到了约束。在"私有化"过程中，企业的生产效率尽管有了一定的改善，公用事业部门的营利得到了改善，但是营利的背后是价格提高、歧视性定价和"撇奶油"行为(指在支付能力高的区域提供服务)等，这势必造成普遍服务不能完全得到实现。因此，如何有效率地提供普遍服务，既能保障公共产品的公共性质，又能促使企业通过利润改善提高效率，是各国在公用事业部门制度改革过程中面临的困境。公私合作制便成为各国公用事业部门改革实践中的一种尝试。

通过公私合作制，政府可利用私营机构的运营效率和竞争压力，提高公用事业部门的生产效率和技术效率，同时政府利用合同规范私营机构中的公共福利目标，实现公共利益的最大化。私营机构则可以从合同管理中减少由于监管机构自由裁量权带来的损失，在稳定的法律环境中寻求自我发展的空间，追求自身的利润。在政府和私人机构之间这种长期的博弈中，可以形成一个稳定的纳什均衡。①

二、公私合作制的发展

从 20 世纪 70 年代到 80 年代初，西方国家掀起了一股国有企业的变革与私有化浪潮。这次私有化浪潮通过将国有企业部分出售、全部出售和关闭等方式，使国有经济占国内生产总值的比重逐步下降，并且涉及几乎所有的政府垄断部门。这次变革的重要意义和特别之处在于，它不仅仅限于国家退出以前由私人部门主导的领域，在一些传统由政府提供服务的公共基础设施领域，也通过创新手段引入了私人力量。在私有化的背景下，加上新技术的发展、国际与国内资本市场的扩大和完善，以及有私人参与、竞争的公共服务获得成功的国际经验越来越多，私人部门参与公共服务的提供逐步成为公共服务和政府改革的趋势。②

随着私人参与的不断增加，其参与的方式也在不断发生变化和创新。从私有化（Privatization）到强制竞争性招标（Compulsory Competitive Tendering），从公共服务的外包（Contracting Out）到鼓励私人投资行动（Private Finance Initiative，PFI），公共部门的理论家和改革者不断实践着利用私人参与重塑公用事业部门乃至整个政府部门的理念和方法。公私伙伴关系的概念和理论正是在这样的背景下兴起和发展起来的。

20 世纪 90 年代，英国率先提出了公私伙伴关系的概念，继而在美国、加拿大、法国、德国、澳大利亚、新西兰、日本等国家得到了广泛的响应。很多国家设立了专门的政府机构来推动 PPP 的发展，同时，非政府组织和学术界也对 PPP 的发展起到了积极的促进作用。欧盟、联合国、经济合作与发展组织以及世界银行等国际组织将 PPP 的理念和经验在全球范围内大力推广，包括中国、印度、巴西、墨西哥在内的很多发展中国家和一些最不发达的国家也纷纷开始学习和应用 PPP。

迄今为止，PPP 已经在全世界范围内得到了广泛的应用。其应用范围已从道路、桥梁、隧道、港口、轨道交通、供水、供电、燃气、电信、垃圾处理等传统公用事业及航天领域，拓展到大型信息技术系统的提供，监狱、学校和

---

① 余晖，秦虹. 公私合作制的中国试验——中国城市公用事业绿皮书[M]. 上海：上海人民出版社，2005：2-5.

② 石鸿楠. 土地储备项目 PPP 模式可行性初探[J]. 天津经济，2015(9)：48-50.

医院的建设和运营，甚至国防等更为宽广的领域，如 1996 年的巴塞罗那奥运会和 1998 年法国世界杯的体育场馆就是以 PPP 模式建设和运营的。尽管存在着很多争议，PPP 在英国的发展还是非常迅速，并取得了良好的预期效果。英国财政部对已经完成的 PFI 项目的调查显示，88% 的项目能够按时或提前完成，并且没有出现因为工程建设超出预算而要求公共部门承担额外费用的情况。调查中，70% 的非 PFI 项目都会延期完成，并且 73% 的项目都会超出预算。75% 的公共部门合作者认为他们的 PFI 项目在运营中的表现能够达到预期或比预期的还要好。①

第三节　公私合作制的表现形式

由于世界各国意识形态的不同，处于公司合作制（PPP）的不同发展阶段，使用的术语不同，对于同一个概念的理解也不尽相同，这给 PPP 的分类带来很大的障碍。目前各国或国际组织对 PPP 的分类有十几种之多，其中大多数是按照广义的 PPP 进行分类的，如英国政府将 PPP 概括为资产出售、更广泛的市场（引入私人部门的管理和技术）、股份出售、伙伴关系公司、合资、政策伙伴等。这里主要列举几种有代表性的 PPP 形式。

一、公私合作制的主要形式

（1）服务的外包（service contract），即与基础设施有关的某些特定的服务，以合同的形式承包给民营企业去完成，如铁路部门的售票，清洁和饮食服务，供水系统的读表、寄发账单和收费服务，道路清扫等。同时，公共部门依然对这些设施的管理和维护承担全部的责任，并为固定资产筹资，提供流动资金。②

（2）运营和维护的外包或租赁（operations and maintenance contract or lease），同样是拥有基础设施的政府部门与民营部门签订合同，内容是基础设施的经营和维护工作，不同的是民营部门对基础设施的经营和维护承担全部的责任（O&M 合约），但不必承担资本的风险。

（3）租赁-建设-经营（lease-build-operate，LBO），是政府与民营企业的一种

---

① 石光. 英国推进 PPP 的经验与启示[J]. 债券，2017(9)：75-79.
② 郑建民，顾湘. 公共事业管理[M]. 上海：上海交通大学出版社，2011：142-143.

长期合同，民营企业利用自己的资金扩张并经营现有的基础设施。除了要向政府部门缴纳租金和在法律上不拥有所有权外，与完全的民营差别不大。

（4）建设-转让-经营（build-transfer-operate，BTO），民营部门首先对基础设施进行建设，建成后将所有权转移给政府，再通过长期租用的形式，从政府那里获得经营权，在经营期内可以向用户收费，以收回投资。

（5）建设-经营-转让（build-operate-transfer，BOT），民营部门在特定的时期内，建设、拥有并经营基础设施，有权向用户收费，期限结束，将基础设施的所有权转移给政府，这是当前最常见的一种公私合作形式。

（6）外围建设（wraparound addition），即民营部门投资兴建已有的基础设施的一些附属设施，并在一定期限内经营整个基础设施，其中民营部门投资兴建的部分所有权归民营部门。

（7）购买-建设-经营（buy-build-operate，BBO），即将现有的基础设施出售给民营企业，授予经营权，民营部门负责扩建和经营。一般应通过特许协议规定价格、质量等标准。

（8）建设-拥有-经营（build-own-operate，BOO），民营部门特许投资兴建基础设施，拥有其所有权并负责经营，但一般要接受政府在价格和运营方面的规定。

二、公私合作制的其他形式

（1）设计-建设-经营（design-build-operate，DBO），民营资本全面负责公用设施的设计、建设和运营，并获取该设施的经营收益，但该设施的最终所有权属于政府（形式上类似于 BOT）。

（2）运营-维护（operate-maintain，OM），民营资本仅负责公用设施的运营和维护，收取约定的费用，政府仍旧保留对该设施的所有权和全面管理权。

（3）运营-维护-管理（operate-maintain-manage，OMM），民营资本就公用设施的运营、维护和管理等服务内容与政府签订合约，收取约定的费用。政府保留对该设施的所有权，同时民营资本也可以对该设施增加投资，并享有该部分投资带来的增量经营收益。

（4）设计-建设-维护（design-build-maintain，DBM），民营资本不仅负责公用设施的设计和建设，还提供在规定时期内对设施的维护服务。政府则在支付约定费用后拥有并运营、管理该设施。

（5）售后回租（sale-leaseback，SL），政府在财政紧张的时候将公用设施出售给民营资本，同时以长期租赁的方式从后者手中回租该设施，并负责其运营和管理。民营资本在收取约定租金的同时也得到了该设施的所有权。

（6）租借-购买（lease-purchase，LP），民营资本融资并建设完公用设施后，将其长期租给政府运营，并收取约定的租金，该租金用于偿还融资利息的部分往往可以免税。租期满后，政府支付完所有租金则可拥有该设施的所有权（形式上类似于融资租赁）。

（7）开发商融资（developer finance，DF），民营资本（一般为开发商）向政府的公用设施建设提供融资安排，甚至直接负责其建设、运营，以换取他们在该设施附近修建住宅、商业中心或工厂的权利。这种融资安排也常被称为能力信贷，即开发商融资。

（8）转让-经营-转让（transfer-operate-transfer，TOT），是指公有资本方把已经建好的公用事业项目有偿转让给民营资本经营，经营期满，民营资本再把该项目无偿转让给公有资本方。

第四节　公私合作制的基本条件

一般而言，"谁付费谁消费"的公共产品最适于 PPP，比如地铁、高速公路、水务、机场，其次是电网、学校、监狱等。"谁付费谁消费"的项目有稳定现金流，管理层可以利用资本市场，优化负债率，在经济周期内实现最优融资结构，从而提高股本收益率，有利于项目管理者提高效率的正向激励。

为了能成功实现这种合作方式，需要对长期目标和风险分配进行仔细分析，这离不开政府部门的有力支持，同时，法律框架也必须充分支持这种新的模式，保证契约长期有效，并能提供有效的监督和管理，专业化机构和人才的支持也必不可少。

综合国内外近年的实践经验来看，以下几点因素是 PPP 模式成功运作的必要条件。

一、政府部门的有力支持

在 PPP 模式中，公共民营合作双方的角色和责任会随项目的不同而有所差异，但政府的总体角色和责任——为大众提供最优质的公共设施和服务——却是始终不变的。PPP 模式是提供公共设施和服务的一种比较有效的方式，但并不是对政府有效治理和决策的替代。在任何情况下，政府均应从保护和促进公共利益的立场出发，负责项目的总体策划，组织招标，理顺各参与机构之间的权限和关系，降低项目总体风险等。

二、健全的法律法规制度

PPP 模式的运作需要在法律层面上对政府部门与企业部门在项目中需要承担的责任、义务和风险进行明确界定，保护双方利益。在 PPP 模式下，项目设计、融资、运营、管理和维护等各个阶段都可以采纳公共民营合作，通过完善的法律法规对参与双方进行有效约束，是最大限度发挥优势和弥补不足的有力保证。

三、专业化机构和人才的支持

PPP 模式的运作广泛采用项目特许经营权的方式进行结构融资，这需要比较复杂的法律、金融和财务等方面的知识。一方面，要求政策制定参与方制定规范化、标准化的 PPP 交易流程，对项目的运作提供技术指导和相关政策支持；另一方面，需要专业化的中介机构提供具体专业化的服务。

第五节　公私合作制的优势

基础设施项目具有投资额巨大、价格受到政府监管、投资回收期长及公益性等特点，决定了它不同于一般的产品或服务，不可能实现完全意义上的产业化，因此"民有民营"的模式很难取得成功。我国在基建项目建设初期所采取的"国有国营"的建设和运营模式证明，在城市政府经济基础薄弱的现实条件下，这一模式存在着政府财政负担重、难以保证建设资金和补贴资金的到位、运营效率低下等问题。为了拓展资金来源，提高效率，可以在基建项目的投资、建设、运营等不同环节建立多样化的收益模式，吸引社会投资，采用公私合作制。[1] 就基础设施项目而言，公私合作制模式的应用体现出以下优势。

一、弥补公共资金的不足

公共部门的责任和目标是满足公众对公共服务的需求。为满足公众对公共

---

① 蔡玉萍. 城市轨道交通项目 PPP 模式的创新与应用[J]. 都市快轨交通，2007(1)：6-7.

服务的数量与质量不断增长的要求，公共部门必须持续不断地提高资金的投入。但是，公共部门掌握的资金是有限的，这就形成了需求与供给之间的矛盾。目前世界各国政府大多面临着新的基础设施亟待建设，原有的基础设施亟待更新和维护，而公共资金却不足的问题。PPP 则为公共服务的融资提供了新的选择。通过私人部门的投资和融资，可以缓解公共部门的财政压力，尽快满足公众对于公共服务的需求。不过，需要指出的是，虽然财政问题通常是公共部门引入私人参与的一个重要原因，但并不应成为首要原因，①因为私人部门的投入最终还是要由政府或用户通过某种方式来偿还的。PPP 的重点在于"建立一个具有创造性的和节约成本的服务提供方式，而不是建立创造性的会计方式(消除政府的账面负债)"。

二、合理分担风险

借助 PPP，公共部门可以与私人部门分担公共服务的生产与服务中存在的风险，而风险分担的原则就是将特定的风险交予最适合评估、控制和管理该风险的部门来承担。可以移交给私人部门承担的风险包括成本超支、达到所要求的标准、不能按计划时间提供服务、遵守环保与其他法规的困难、资金不足以支付运营与资本成本、罢工或人为损坏资产的风险以及市场风险等。与公共部门相比，私人部门对于如何管理这些商业运营和服务提供中的元素更有经验。私人部门在全面考虑风险的基础上与公共部门签订合同并履行合同，将风险计价纳入所收取的费用之中。合理的风险分担不仅可以发挥私人部门的优势，也可以使公共部门能够有精力更加专注于执行那些基本的职能，如采购公共服务、制定服务的标准并确保标准的执行与保护公共利益等，从而更好地实现其目标。

三、促进投资主体的多元化

公共部门与私人部门合作，让一些原本只有公共部门负责的项目加入私人部门的力量，利用私营部门来提供资产和服务能为政府部门提供更多的资金和技能，促进投融资体制改革。同时，私营部门参与项目还能推动在项目设计、施工、设施管理过程等方面的革新，提高办事效率，传播最佳管理理念和经验。政府部门和私营部门可以取长补短，发挥政府公共机构和民营机构各自的优势，弥补对方身上的不足。双方可以形成互利的长期目标，可以以最有效的

---

① 黄华珍. 完胜 PPP：融资与建造的全域解析[M]. 北京：法律出版社，2006：25.

成本为公众提供高质量的服务。①

四、有利于转换政府职能，减轻财政负担

政府可以从繁重的事务中脱身出来，从过去的基础设施公共服务的提供者变成监管者，从而保证质量，也可以在财政预算方面减轻政府压力。而且在项目建设和运营的整个周期内，均以合同的方式确定政府和公司的权利及责任。公司具有充分的经营自主权，政府也有明确的监管权力，可以最大限度地避免由于权责不清产生的问题。

迄今为止，公私合作制已经突破了目前的引入私人企业参与公共基础设施项目组织机构的多种限制，该模式的应用范围已由最初的城市供排水与污水处理、集中供热、管道燃气、轨道交通等传统城市公用事业领域，逐步扩展到医疗卫生、教育培训、技术研发等公共服务甚至公共安全领域，并取得了积极成效。②

但是，虽然PPP具有上述的优势，但这些优势并不是只要应用PPP就可以自动取得的，只有经过严密的计划、严谨的评估、严格的执行，PPP安排才能发挥出其优势。而且，采用PPP也存在各种风险，如政府失去控制、使用者支付费用增加、选择程序中的不公平等。政府必须正确认识风险并建立完善的风险评估制度和程序来减少或消除风险。还需要注意的是，PPP并不一定是提供公共设施或服务的最好选择，它只是提供公共设施及服务的很多方式中的一种，它不是政府强大和高效治理的替代品。同样，私人部门的融资也不能取代公共部门投资在公共服务提供中的作用。

第六节　公私合作制的风险

在PPP模式建设项目合作过程中，政府公共部门通常资金不足、管理效率低下，但其可以通过制定政策对项目施加影响；私营合作方承担项目风险（特别是国家层面风险）能力有限，但其通常资金充足、管理经验丰富、创新力与主动性强。政府公共部门和私营合作方各有优缺点，可以实现优势互补。③ 这

---

① 何元斌，杜永林. 工程经济学［M］. 成都：西南交通大学出版社，2016：32.

② 付金存，王岭. 跨界治理视域下中国城市公用事业公私合作制的主体性质探析［J］. 经济与管理，2016(4)：61.

③ 邓雄. PPP模式如何吸引外部资金的思考［J］. 新金融，2015(7)：43.

是一个长期而复杂的过程，这种大范围建设活动的风险也存在于整个项目周期中。

一、政治风险

政治风险主要体现为由于国家政策调整、政府战略规划变化、行业政策及行业制度的变更、战争等所引发的各种风险。项目成败的主要因素，就是法律法规是否公开、合同环境是否透明、政府政策是否够稳定，如果政策变化过于频繁，项目就很容易失败，也就是说政治风险对项目有着重要的影响。① 而这里的政治风险就是指在项目的实施过程中，因为政府部门政策的变化，对项目的盈利能力产生影响。要使政治风险达到最小化，就要求不管是法律法规的执行，还是特许权合同的鉴定，两者进行的过程必须是绝对公开、公正且透明的，不能出现人为干扰的现象，官僚主义更是不能够有的，否则，参与合作的各方都将会受到不必要的损失。政治风险是私营投资者们很难预料和防范的。因此在政策缺乏稳定性时，私营投资者会因为承担了更高的政治风险，从而要求得到更加高的投资回报率，作为承担风险的补偿。一些地方政府由此而出台了许多相关的法律、法规，为特许经营的规范操作提供了必要的保障。同时也为项目的成功应用提供了政治支持，在某种程度上巧妙地化解了私营投资者的政治风险。

二、政府信用风险

政府信用风险主要表现为政府部分执行或者完全不执行项目合同中双方约定的义务和责任，为项目所带来的各种风险问题。常见的政府信用风险情景有下面几种：官员腐败，无根据承诺；项目利益与公共利益，从而发生冲突，政府虽然是项目参与方，但其国家职能代表的是公共利益，这时政府会优先保证公共利益，从而发生违约风险；金融危机、战争、自然灾害等不确定因素；地方政府换届不再与之前的项目合作，项目被清理。

三、市场需求变化风险

市场需求变化风险是指市场需求发生了变化，或者因其他因素使市场实际

---

① 陈伟清，史丽娜. PPP 项目招投标阶段风险分担研究［J］. 建筑经济，2016，37（7）：41.

需求与市场预测之间产生差异，或项目运营后的收益不能满足收回投资或达到预定的收益，因此出现的风险。例如，在山东中华发电项目中，由于我国国家内部电力体制的改革和电力市场的变化，对运营购电协议产生了极其严重的影响，致使项目由开始的运行较成功到最后的彻底失败。

四、项目唯一性风险

项目唯一性风险指政府或其他投资人新建或改建其他项目，导致对该项目形成实质性的商业竞争而产生的风险。项目唯一性风险出现后往往会带来市场需求变化风险、市场收益风险、信用风险等一系列的后续风险，对项目的影响是非常大的。

五、环境风险

环境风险是指项目所处的外部环境风险，主要包括：法律环境风险，指因为修订或颁布法律、法规以及相关政治政策，使项目的产品服务标准、产品费率、产品的市场需求和产品的合法性等诸多因素产生变化，给项目的运营及建设带来各种负面影响，严重的甚至会造成该项目的失败或被迫中止；市场环境风险，指金融市场低效率、通货膨胀率变动、利率变动、汇率变动、市场需求不足、同质项目竞争、劳动力、材料设备价格上涨；自然环境风险，包括不可抗力风险以及地质条件变化风险；气候环境风险，指工程施工地区的环境条件，对施工进展是否造成影响的风险。

六、融资风险

由于投资方逆向选择问题、政府信用不足、融资的可及性、金融市场不够健全等因素所引发的风险，最主要的表现形式为资金筹备不足和资金供应不及时。

七、不可抗力风险

指合同一方无法控制，在签订合同前无法合理防范，情况发生时，又无法回避或克服的事件或情况，如自然灾害或事故、战争、禁运等。

思考题

1. 公私合作制成功的关键因素有哪些？

2. 公私合作制主要应用于哪些领域？

3. 你认为在中国应当如何完善公私合作制？

4. 政府与市场应该如何合作提供公共服务？

5. 请举例说明公私合作制的利弊。

案例分析

1995 年，欧洲各国在数轮谈判后最终达成协议，决定在欧洲 TEN—T 铁路连接网建设中引入 PPP 模式。在该协议下，法国政府和西班牙政府依据国际铁路联盟标准，建设了一条从法国佩皮尼昂至西班牙菲格拉斯的跨国铁路。

法国佩皮尼昂至西班牙菲格拉斯跨国铁路全长 50 公里，经过 5 座大桥和一条 8 公里长的隧道。项目总投资 10 亿欧元，其中 32% 用于隧道的修建。这条铁路在法国和西班牙乃至欧洲铁路系统中都起到重要的连接作用，使法国至西班牙的货运时间缩短 10~12 小时，客运时间缩短 2 小时。

该项目从 2003 年 5 月开始招标，2003 年 10 月收到报价，2003 年 11 月开始同两家承包联合体谈判，2004 年 2 月 17 日签订特许经营合同。该合同由两国招标后共同确定，并依照欧洲经济共同体指令 93/97（EECDirective93/37）顺利完成。项目的特许经营期为 50 年，经营期结束后项目移交给两国政府。此外，项目建设过程中还得到法国、西班牙和欧盟共 5.4 亿欧元的补助，这些补助分 10 次支付，每半年支付一次。

在该 PPP 项目中，运营风险主要由社会资本方承担，政府和社会资本方均采取了一系列措施努力降低项目风险。这些措施包括：从融资角度来看，政府给予大量补贴，占到建设成本的 57%；社会资本方也为项目提供银行担保等资金支持。此外，在预测铁路客运量时，虽然社会资本方有意愿来最大限度地增加铁路客运量，但法国、西班牙两国政府基于客观因素给出了比较准确的预测结果，为风险合理分担奠定基础。

跨国铁路是影响到国计民生的重大项目，因此在项目合同中规定，如果社会资本方运营不合格，政府将对社会资本方予以处罚，而且可以随时终止合同。事实上，项目的成功实施离不开社会资本方和政府部门之间的良好配合，也需要两国政府在项目实施中进行有效协作，这种理念正内涵于政府与社会资本方的风险共担之中。

（资料来源：孟春. 法西铁路 PPP 项目：跨国铁路建设的一个样板[N]. 中国经济导报.）

问题：法西铁路的 PPP 项目，有哪些值得借鉴之处？

第 8 章　公共事业管理的西方实践

进入 20 世纪以后，随着垄断资本主义的发展，西方国家的政府管理进一步加强，其对公共事业的管理基本上经历了国有化与民营化两个阶段，尽管其中也有一些反复，但根据管理的目的、着眼点、方式与手段的不同，可以把 20 世纪 80 年代以前的公用事业管理称为传统的公用事业管理阶段，它体现的是严格的政府管制，主要的实现手段是国有化运动；20 世纪 80 年代以后的公用事业管理则可称为现代公用事业管理阶段，它体现的是放松管制的思想，与之对应的主要实现手段是民营化运动。本章主要介绍西方主要发达国家公共事业管理的发展历程以及非营利组织的发展概况。

第一节　西方发达国家公共事业管理的传统阶段

任何社会化的大生产，都要求各部门以及各类产品按照一定的比例发展，否则再生产就难以实现。在自由竞争的资本主义时代，这种比例是通过市场的自发力量来调节的。也就是通过部门之间的利润平均化以及资本、劳动力等要素的自由流动和转移来实现的。但是，如垄断在经济生活中占据了主角，这种依靠市场自发力量来调节社会再生产的条件便会遭到破坏，这就产生了国家干预经济的必要。具体到公用事业领域，由于其对整体经济的重要作用和初始投资规模巨大，客观上要求国家或政府进行直接投资、直接经营和直接管理。因此，在 20

世纪 80 年代以前，尽管西方各国的具体情况有很大差别，但是，各个国家基本上对公用事业都实行了以国有化或严格经济性管制为主要形式的管理。

一、西方发达国家公共事业管理传统阶段的发展历程

（一）美国公共事业管理的传统阶段

美国在建国后的 150 多年间，一直奉自由经济为圭臬，提出"管得最少的政府是最好的政府"。但是，市场经济这只"看不见的手"，在创造繁荣的同时也孕育着危机。贫富差距拉大的马太效应导致生产的相对过剩，失业加剧。"无为而治"的直接后果是垄断代替了竞争，20 世纪初期的美国，以控股公司为主的垄断组织，欺行霸市，妨碍公平竞争，导致消费者利益受损。随着 1929 年证券市场的崩溃，自由经济的黄金时代结束了。1933 年初，罗斯福总统入主白宫，掀起"新政"旋风，利用国家干预这只"看得见的手"清除自由经济的积弊，挽狂澜于将倾。美国，乃至世界的经济制度由此发生了深刻的变革：由传统的自由放任经济转向了萨缪尔森所谓的兼有国家干预与自由竞争的"混合经济"。

在大萧条中，经济衰退（美国的国民生产总值由危机前的 1044 亿美元下降到 410 亿美元）与失业（失业率一度高达 18.2%）是当时美国政府面临的最大的问题，对此，罗斯福总统审时度势，认为企业间的无序竞争、垄断盛行，是造成经济衰退的一大原因，因此，他力排众议，果断向垄断组织开刀。他宣称："我们要对所有形式的交通、通信及其他明确具有公用性质的设施实行国家计划和监督。"①于是，美国政府在早先的《谢尔曼法》《克莱顿法》《联邦贸易委员会法》这三个主要的反垄断法的基础上，制定了《公用事业控股公司法》，对公用事业领域的控股公司实行肢解和管制。《反差别价格对待法》和《米勒-泰丁法》等法案，则保护了小商人、小业主的利益，扼制大制造商和大经销商的垄断行为，强化了工商业的公平竞争。《通讯法》《商船法》《民用航空法》《运输法》的实施，更使得美国政府在邮政服务、电力、水力、交通等公用事业领域直接参与了生产经营活动，邮政部门更是成为美国宪法规定的少数几个属于国有的行业之一。同时，为解决就业问题和缓和政府财政对失业救济的沉重负担，罗斯

---

① 李剑鸣，章彤. 美利坚合众国总统就职演讲全集[M]. 陈亚丽，吴金平，顾中行，等，译. 天津：天津人民出版社，1996：354.

福总统兴建了大量的政府公共工程，建立了公共工程管理局负责工程的投资、建设、质量控制等。至此，公用事业行业私人企业垄断的坚冰被打破了。

在其后的三四十年间，继任的美国总统基本上承袭了对公用事业进行管制的政策，成立了很多管制机构，如美国商务部电信和信息管理局，负责对政府通信的管理；美国联邦通信委员会负责对民用通信和广播的管理；各州的公益事业委员会和公共服务委员会负责对州内通信的管理；同时州公益事业委员会除电话外也对电力、煤气、自来水等公益性基础结构设施进行管制；交通运输部负责全国海陆空交通运输以及石油天然气管道输送的管理；能源部，下设联邦能源调解委员会，负责管理能源价格和费用等；消费者安全委员会，负责公用事业物品或服务的质量与安全标准等。

应该看到，相对于西方其他国家，美国政府更崇尚自由的市场结构，因此对于微观公用事业领域的活动较少采用直接国有化或直接政府经营的方式，而是大量运用经济性管制和社会性管制，政府购买和政府补贴的方式。经济性管制主要是对价格的管制（其中又以收入回报率管制为主）和发放许可证的方式。社会性管制主要是对原料、工艺、标准、安全和环境污染的管制。

但是，即便如此，美国对公用事业的干预范围还是相当广泛的，从较宏观的区域规划、行业发展、基础设施建设、控制环境污染到微观的行业补贴、价格和许可证管制等无所不包。以交通业为例，美国许多重要的交通设施都是由政府投资建设的。如贯穿美国的州际公路和高速公路网，主要是由联邦政府出资建成的。在机场建设方面，政府也提供了大量的资金，并对航空运输和船舶等部门提供补贴。即使对于私有的铁路业（美国是少数几个铁路几乎完全私有的国家之一），政府也通过土地特许权形式给予了巨大的补助。政府对各类运输部门都有详细的管制条例，用来保障乘客和货物托运者的利益与安全。到了 20 世纪 80 年代，美国公用事业部门中共有 28% 的雇员来自于国有企业。邮电行业更是完全国有的部门。供水、供电、供气等公用事业部门是美国公有企业所占比重较大的部门。这表现在：美国全国至少 3/4 人口的饮水由公有企业提供；在电力行业，公有企业的发电量和装机容量占总量的 1/4 左右。政府对公用事业的大幅度投资和建设一方面遵循了美国宪法的精神；另一方面也与公用事业的公益性质，很多基本建设项目跨越洲际以及需要大量人力、物力、财力的投入有关。

（二）英国公用事业管理的传统阶段

英国在"二战"后到 20 世纪 70 年代末，指导政府的主流经济政策是凯恩斯主义。在对公用事业的管理上主要采用了收归国有和政府投资的手法。战后，英国一共经历了两次国有化高潮。第一次是在 1945—1951 年，工党政府将电力、煤气、电报、国际无线电、铁路、民用航空、公路运输、英格兰银行以及部分钢铁工业等收归国有。第二次是在 1974—1979 年，政府对港口、飞机工厂和造船厂实行国有化，建立了国家石油公司和国家企业局。

第一次国有化发生在"二战"以后，尽管英国是作为战胜国离开战场的，但胜利的背后，通常也有不为人知的酸楚：英国的很多基础设施经不起希特勒的飞机大炮的轰炸，许多工厂、桥梁、道路化为灰烬。"二战"结束后，百废待兴，要恢复经济，必须夯实基础，于是基础设施的重建被提上了日程。重建基础设施不仅耗资巨大，而且回收期长，私人资本势单力薄，不敢冒此风险。为尽快抚平战争创伤，让经济重整旗鼓，1945 年 7 月，由政府出面，掀起了第一次国有化高潮。一时间，英格兰银行、1500 多家煤矿、煤气厂、70 多家钢铁厂、供电、铁路等部门，统统归入"国"字旗下。据统计，英国在 20 世纪60 年代以前，国家投资的 90% 以上均集中于基础工业部门或基础设施部门，这一举措收效显著，它迅速改变了英国公用事业的落后面貌。

20 世纪 70 年代，西方国家普遍出现了"滞胀"（即经济停滞与通货膨胀并存）的病症，为治愈"滞胀"，刺激经济增长，英国从 1974 年起，掀起了第二次国有化高潮，把许多经营状况不佳，对国民经济有重大影响的公司、企业收归国有，维持了整个社会经济的正常运转。比如收购了四家大飞机公司组成英国宇航公司，将处于困境的造船厂联合组建成英国造船公司等。

在两次国有化运动中，英国出现了一批规模巨大、非常有影响力的国有公用事业企业，如英国航空公司、英国机场管理局、英国煤气公司、英国铁路公司、英国电信公司、英国邮政局、英国电力供应局等。到 1978 年，英国公用事业各部门中国有成分占的比重如下：邮政、电力、煤气、铁路以及电讯为100%，航空为 75%。由此可见，在 20 世纪 80 年代以前，英国的公用事业领域基本形成了国有企业一统天下的格局。

（三）日本公用事业管理的传统阶段

"二战"以后，为了弥补战争对经济造成的巨大冲击，刺激经济的发展，日本政府在很长一段时间采取了抑制财政消费支出、扩大政府投资支出的政策。庞大的财政投资投向铺设公路、修筑铁路、城市地铁、港湾和机场，改善通讯设施，解决用水用电等基础设施。这些举措对于振兴经济和间接诱导与扶持民营企业发挥了重要作用。

日本的公有企业分为中央政府的企业与地方的企业两类，约各占整个国民经济二分之一强。中央政府的公有企业主要控制铁路、邮政、电信、基础设施等公用事业，以及金融、盐业、烟草等行业，而地方性公有企业主要从事市政建设、地区和城市开发，住宅与城市服务及旅游、娱乐设施建设等。日本的公有企业大体有三个形态：第一，现业，是指所有制归政府有关行政部门，并由政府官厅首长或地方公共团体首长负责经营管理责任，从事经营的事业体。如地方公共团体的水道局、交通局等。第二，公共法人（公有公司），是指根据各自的特别法设立，由政府或地方公共团体出资，具有法人资格的企业。但其经营权则委托给其他企业去经营。如日本国有铁路、日本电信电话公社等。第三，股份公司（政府参股企业），政府或地方公共团体持有一部分资本，采取股份公司或有限公司形态的公有企业。它实际上是公私混合企业，如日本电信电话股份公司、电源开发股份公司。

除政府的"现业"外，政府拥有资产权的公有企业在日本被称为"特殊法人"。特殊法人都是依据特别事业法设立的。该法案对于企业的形态、经营范围、监督与监理的主体、管制的内容以及权利行使的方式等都做出了具体的规定。在企业形态方面，除了上述三种形态外，还要规定企业是否可以在特定的公用事业领域以独家垄断的身份从事经营活动。一般来说，政府严格控制这种独家垄断权力，因此，拥有法定垄断供给权的公有企业在日本并不多，仅有邮政事业和放松管制前的日本航空公司，电信公社（拥有国内电话的垄断供给权）与国际电信公社（拥有国际电信的垄断供给权）。除此之外，在公用事业的其他领域存在的公有企业，都不是独家垄断者，而是与私营企业处于竞争的状态。

二、西方发达国家公用事业管理传统阶段的理论渊源

（一）经济自由主义的渊源

古典经济学崇尚市场的力量，认为当人们追求自己的私利时，就会形成具有自我调节作用的市场机制。它会自动调节经济，从而解决经济学上的"生产什么，生产多少""如何生产"和"为谁生产"这三大问题，实现资源的有效配置。与之相对应，他们主张政府应该尽可能少地干预经济，此时的国家被称为"最低限度国家"，政府只是市场经济的"守夜人"。但是，即使是在经济自由

主义的鼻祖亚当·斯密那里，也还是认为公共设施应该由政府提供更为合适。亚当·斯密在其经济学名著《国民财富的性质和原因的研究》中指出，"建设并维持某些公共事业及某些公共设施"是政府的三大义务之一（另两项义务是国防和治安），且"其建设或者维持绝不是为着任何个人或任何少数人的利益"。①

亚当·斯密提出这一思想的论据有三：其一是财政学上的利益交换说，即税收的本质是政府与纳税人之间的利益交换。既然纳税人（全体民众）为政府的各项活动提供了充足的资金保障，政府理应为纳税人提供各种公共利益，如公共道路、桥梁等。其二是对政府职能范围的认定，即认为政府代表了公众利益，理所当然要为公众服务，而兴建公用事业就是便利公众生活和保障公众生产的重要举措。其三是对垄断的担忧，就公用事业的生产特性来看，公用事业是较容易形成垄断的行业。亚当·斯密曾从三个方面论述了垄断对社会福利造成的损失：第一，垄断导致了产量的减少，打乱了社会资源的自然分配；第二，为追求垄断利润，资源可能被用于无益于社会的场合；第三，垄断在技术上是低效率的，给定相同的投入量，垄断的产出将少于竞争性的产出。② 基于以上原因，亚当·斯密认为建设并维持公用事业就成为了即使"小政府"也应该要做的"大事情"。

（二）微观经济学的渊源

传统的微观经济学家在阐述市场运行的机理时，通常以完全竞争市场为讨论的对象，但完全竞争市场有着严格的假设：第一，有众多的买者和卖者，任何一个买者和卖者的交易量都不足以影响市场价格，或者说他们只是市场价格的接受者；第二，市场主体拥有完备的信息，买卖双方的信息对称或信息量大体相当；第三，生产要素具有充分的流动性；第四，产品是同质的。在完全竞争的条件下，市场机制可以实现资源的最佳配置，即使最后一个单位的资源在每一个行业中所生产的边际产品的货币价值相等。③ 但是，如此完美的市场就

---

① ［英］亚当·斯密. 国民财富的性质和原因的研究［M］. 郭大力，王亚南，译. 北京：商务印书馆，1974：253.

② ［英］亚当·斯密. 国民财富的性质和原因的研究［M］. 郭大力，王亚南，译. 北京：商务印书馆，1974：254.

③ 吴汉洪，董红霞. 管理经济学［M］. 北京：清华大学出版社，2005：159.

像物理学上的永动机一样，是一种理论的乌托邦，在现实生活中通常是不存在的，而且即便存在，当其发展到一定阶段后也会出现生产的积聚和集中，从而形成垄断。

对于结构主义学派而言，市场机制只有在充分竞争的状态下才能最有效地发挥作用。竞争与效率是对等的，而垄断与效率则是矛盾的。垄断一旦产生，就可能会破坏资源配置的均衡，造成配置于垄断行业的资源偏少，配置到非垄断行业的资源偏多。经济学家庇古据此认为："由于这种种弊端，没有人会真的反对，处于垄断性极强的地位的工业，特别是提供所谓公共服务的运输、自来水、煤气、电力等工业，即使交由私人经营的话，为了公众利益，也必须接受公共当局的监督。"①对公共性较强的垄断行业实行管制的一个重要目标就是保护消费者的利益，提高效率，实现社会效益的公平分配。所以，垄断在破坏市场功能的同时就锁定了政府管制的职能。

从各国的实践来看，具体的反垄断措施既有司法方面的，也有行政方面的。司法措施就是政府颁布并执行维护市场正常交易秩序的法规，如反垄断法、反托拉斯法等；行政措施包括政府对垄断行业进行管制，重点限制滥用市场力量，包括对垄断企业的价格、利润、投资和质量等进行管理和监督，在规模经济的限度内，强制分解大型企业；对自然垄断行业实行政府直接经营或政府所有、特许经营等。

(三)国家干预主义的渊源

1936 年，英国著名经济学家凯恩斯推出了其划时代的名著《就业、利息与货币通论》，系统地提出了国家干预经济的主张。凯恩斯认为，鉴于三大心理规律的作用，边际消费倾向递减使消费的增长赶不上收入的增长，引起消费的不足；资本边际效率的递减使得预期的利润率有下降的趋势，而灵活偏好的存在又使利息率可能偏高，引起投资需求不足。市场经济自身无法保持总供给与总需求的平衡，填补总供求缺口的重任只能由政府一方承担。"要达到离充分就业不远之境，其唯一办法，乃是把投资这件事情，由社会总揽。"②政府对公

---

① ［英］阿瑟·庇古. 社会主义与资本主义的比较［M］. 谨斋，译. 北京：商务印书馆，1963：28.

② ［英］约翰·梅纳德·凯恩斯. 就业，利息和货币通论［M］. 高鸿业，译. 北京：商务印书馆，1983：326.

用事业的大规模投资至少在以下三个方面有利于宏观经济目标的达成：

第一，调节经济，据此达到稳定经济的目标。按照宏观经济学的解释，一国政府的财政政策对于稳定和调节经济起着重要的作用，当经济处于萧条阶段时，政府有必要扩大政府支出，其中尤以投资公用事业或基础设施最为重要。

第二，创造更多的就业机会，据此达到充分就业的目标。据一些美国经济学家的估计，在美国每 10 亿美元的物质基础设施的投资就能够转化为 4 万~5 万个额外的工作机会。

第三，拉动内需，据此达到经济增长的目标。国有经济的广泛发展，国家作为工业和其他企业的最大所有者，直接参与再生产过程，无疑会对经济发展带来重大的影响。用国家预算来建立国有经济，保证了许多重要的工业部门得到有保证的资本投资，并且因此增加了社会的总需求量，人为地扩大了国内市场。同时，国家直接控制了邮电、交通运输、电力等基础经济部门和动力工业部门，为私人垄断资本提供廉价的原料、燃料、工业用水、运输服务等方便，使私营企业降低了成本，增强了其在国内外市场上的竞争能力。凡此种种，在一定程度上都对发达国家的经济增长起到促进作用。

在以上思想的影响下，西方国家早在 19 世纪就由政府出资兴建了大量的铁路、公路和码头等公共设施；司法上，继美国 1890 年颁布第一部反托拉斯法——《谢尔曼法》之后，各国都先后制定并出台了相关的反垄断法规；特别是在第二次世界大战以后，西方国家更是顺应凯恩斯的国家干预经济的思想，加深了政府对公用事业的投资、建设、经营和管制的幅度与力度。①

三、西方发达国家公用事业传统阶段的主要管理方式

在传统阶段的实践中，西方国家主要通过以下三种方式对公用事业进行管理。

(一)国有化

对公用事业进行国有化的管理是大多数西方国家 20 世纪 80 年代以前最重要的管理手段。国有化有两种实现途径：一种途径是政府直接从财政预算中拨出资金兴办国有企业，这在美国十分突出。"二战"后至 70 年代初，在生产国际化的影响下，美国政府在一些工业和公用事业部门建立了一系列国有企业。

---

① 张银银. 国有企业改革中政府角色的定位[D]. 上海：上海师范大学，2018：4.

另一种途径是通过收买私人企业而使之转为国家所有，这在西欧较为典型。例如，20世纪60年代初期意大利的电力工业的私人企业国有化过程。

西欧国家的国有企业按照其类型与功能的不同又可以细分为四种：一是国家企业（State Enterprises），它是由政府部门或类似的公共当局直接管理的企业，大多由政府部门直接经营，没有财务及账目上的独立性，没有法人地位。二是国管公司（State-sponsored Companies），这种企业从属于某个政府机构，但在管理上具有一定的自主权，它们是根据特别法律条款经营的公共公司，具有半法人地位。这些公司或完全为政府所有，或由政府通过特别的方式进行控制。三是国有公司（State-owned Companies），它是根据普通公司法组建的、政府在其中处于控制地位的股份公司。这些公司的股份可能全部由政府掌握，也可能只有一部分由政府掌握，但政府掌握的部分足以支配该公司的经营方向。这样的公司具有法人地位，且享有较大自主权。四是国有持股公司（Holding Companies），在这类公司中，政府持有一定比例的股份，但不一定处于控股地位。

根据政府与国有企业的关系，政府对国有企业的管理大致有两种方式：第一种是法国模式，即国家对企业拥有直接的领导权和严格的管理权。"二战"后，法国政府依据法律规定，对国有企业（或国有公司）实行国家或政府有关部门（如投资部或财政部）的直接管理。一方面，政府有权任命企业的主要领导人，并规定其薪金总额；政府有权规定国有企业的投资计划和提供资金的方式，包括发放贷款、发行债券和提供补助金等；有权决定企业的利润分配、亏损处理和扩大参股等；有权规定企业产品和劳务价格以及税制等。另外一方面，国家通过行政手段，例如，政府各部的"指令"，给企业规定指导原则；同时还利用经济手段，如与企业签订合同和采取财政监督等，给企业规定投资指标并对企业的投资、工资、价格等进行管制。

考虑到虽然这些企业属于国家所有，但是它们也同私人企业一样，是商品和劳务的独立生产者和销售者，在法律上一般属于独立的法人。因此，法国政府在直接管理监督国有公司的同时，也给企业提供一定的自主权。这些自主权包括：（1）生产、销售和管理方面的完全自主权，法国国有企业可以根据本企业的生产实际、财务状况和技术水平制订生产计划和销售计划。（2）人员管理方面的较大自主权。法律规定，国有企业的最高决策者（董事长）有权聘用或解雇所用人员。此外，在人员的编制结构、雇员人数、雇员报酬、雇员的升降级和雇员培训等方面，企业领导机构可以行使充分的自主权。总之，法国政府处理国家与国有企业关系的基本原则是：既保证国家对企业的所有权和领导权，又高度重视企业的自主经营权。

第二种是美国模式，即实行所有权与经营权适当分开的办法，政府把大部分国有企业"出租"给私人企业组织经营。美国政府认为，对于那些品质、用户、技术比较稳定的公共物品，一般都可通过这种方式提供，而不必建立国有企业。

(二)经济性管制

如前所述，政府管制的理论基点是为了克服市场的种种失效，因此必须对微观经济活动主体进行某种干预、限制和约束。政府的管制手法通常包括经济性管制和社会性管制两类，其中经济性管制是运用范围最广的一种管制方式。经济性管制"是在存在着垄断和信息偏在(不对称)问题的部门，以防止无效率的资源配置的发生和确保需要者的公平利用为主要目的，通过被认可和许可的各种手段，对企业的进入、退出、价格、服务的质量以及投资、财务、会计等方面的活动所进行的管制"①。其主要内容包括：

第一，价格管制。政府管制者对特定的产业，在一定时期内制定一个最高价格(有时也可能制定最低价格)，并规定价格调整的周期。另外，依据优质优价的原则，商品的价格始终是与质量联系在一起的，因此在价格管制的过程中往往还交织着对被管制企业的质量管制。

第二，进入和退出市场的管制。很多公用事业都具有规模经济和范围经济的特点，为维持一个较大的规模，政府通常会对新企业的进入实行管制。同时，为保证公用事业供给的稳定性，防止企业任意退出产业，还要实行退出管制。

第三，投资管制。一方面，出于满足人民日益增长的产品或服务的需求，政府鼓励对公用事业的资金投入；另一方面，出于防止重复投资的考虑，政府也会对公用事业的投资进行管制，试图制定一个最优的组合，以保证投资的经济效益。

(三)社会性管制

日本经济学家植草益认为，社会性管制是指：以保障劳动者和消费者的安全、健康、卫生、环境保护、防止灾害为目的，对产品和服务的质量以及伴随着提供它们而产生的各种活动制定一定的标准，并禁止、限制特定行为的管

---

① ［日］植草益. 微观规制经济学[M]. 朱绍文，译. 北京：中国发展出版社，1992：192.

制。为了实现这些目标，政府在禁止特定的行为和进行经营活动限制的同时，也根据资格制度、审查检验制度以及标准认证制度制定的对特定行为的禁止和营业活动的限制进行补充。

与经济性管制相比，社会性管制是一种较新的政府管制。由于环境污染，产品质量低劣会引发一系列社会问题，出于对居民和消费者健康与安全的关注，西方各国从 20 世纪 70 年代起陆续设立了许多有关健康、安全和环境保护的政府管制机构：如美国的环境保护局、消费者安全委员会等。社会性管制的内容非常丰富，在美国，社会性管制集中在三个方面：第一，保证健康和卫生；第二，保证安全；第三，防止公害和环境保护。因此，美国把社会管制定义为 HSE 管制（Health，Safety and Environmental Regulation）。

四、西方发达国家公共事业管理传统阶段的特点

（一）政府在公用事业管理中的作用不断放大

公用事业部门，由于广泛涉及生产、生活和社会的各个方面，所经营的业务与人们的生产生活有直接的联系。因此，一般均由政府及其相关机构直接建设经营或根据立法制定的政策措施来进行调控和管理。如对市场准入进行干预，严格控制新经营者进入市场或进入某些生产领域；在产品标准、价格、收费、安全保障、环境保护等诸方面制定比较严格的标准、要求和相关规定。公正地说，这种做法也确有其存在的客观理由。从各国的实践经验来看，政府兴建及管理公用事业的重要意义在于：

第一，提高整体的社会福利水平。公用事业会对民众的健康、卫生、安全、生活便利状况以及社区总体环境产生直接或间接影响，因此政府在这方面投入的多寡将直接影响到一国国民福利水平的高低。

第二，发挥稳定经济的作用。公用事业需要持续、稳定而大量的投资，而市场的短视与分散化决策可能并不适应公用事业的长期与大规模的投资，无助于充足而有效地提供社会所需要的公共物品，而长期、稳定、大量的投资正是政府投资优于私人投资之所在。因此，各国政府都致力于对公用事业的投资。通过政府的投资建设，促进了宏观经济环境的稳定。另外，国有企业本身也可以作为干预宏观经济的工具，例如国有企业可以降低销售价格，让消费者受益；可以扩大就业，维持社会稳定；还可以通过冻结产品价格与雇员的工资，来抑制通货膨胀。

　　第三，提供良好的投资环境。公用事业提供大量的基础设施与公用设施，这些"硬件"是私人企业选择投资场所时非常看重的。一个拥有良好的外部环境的地区，对资金的吸引力是巨大的。因此，西方发达国家的国有企业主要存在于公用事业部门，这些部门很大程度上是为了公共利益服务（主要是向私人资本提供了良好的投资环境）而不是为了获取利润。

　　第四，降低私人企业的成本。基础设施的改善将使企业更有效、可靠地生产和经营，随之而降下来的交易成本，又会促进企业生产率的提高。如美国建造运河、港口和水道等供私人运输公司无偿使用，免费为航空公司操作空中通讯和控制系统，从而降低了私人企业的相对成本，影响到其产品的价格、产量和投资决策。

　　基于上述的认识，伴随着凯恩斯国家干预主义的盛行，在对公用事业的管理中，政府的权限不断扩大。如果说 20 世纪四五十年代是政府管制夯实基础的时期，那么六七十年代则是政府管制不断巩固和扩大的时期。到了 20 世纪 80 年代，西方各国的政府已不再是昔日的"最小职能政府"，而是庞大的官僚机器，它已经承担起维护社会再生产的重任，政府管制的范围和幅度不断加大。以美国为例，从 1965 年到 1975 年的十年间，美国受管制的经济部门占国民生产总值的百分比由 8.2% 上升到了 23.7%；其间对铁路、汽车货运、航空、通信等公用事业和石油的价格管制也由 5.5% 上升到 8.8%。①

　　表 8-1 是英国《经济学家》1978 年刊登的资料，它表明当时 14 个主要发达国家的公用事业部门中国有企业所占的比重。

表 8-1　20 世纪 70 年代末期西方主要发达国家公用事业领域的国有企业的比重

（单位：%）

部门 国别	电力	煤气	铁路	航空	邮政	电讯
美国	25	—	25	—	100	—
加拿大	100	—	75	75	100	25
日本	—	—	75	25	100	100
西德	75	50	100	100	100	100

---

　　① 黄少军，何华权. 政府经济学[M]. 北京：中国经济出版社，1998：140.

续表

国别＼部门	电力	煤气	铁路	航空	邮政	电讯
法国	100	100	100	75	100	100
英国	100	100	100	75	100	100
意大利	75	100	100	100	100	100
荷兰	75	75	100	75	100	100
比利时	25	25	100	100	100	100
奥地利	100	100	100	100	100	100
西班牙	—	75	100	100	100	50
瑞士	100	100	100	25	100	100
瑞典	50	100	100	50	100	100
澳大利亚	100	100	100	75	100	100

从表 8-1 中可以看到，除美国的国有化程度较低外，其余发达国家公用事业领域的国有化程度都非常之高。在奥地利、英国、法国、意大利、瑞士、澳大利亚等国家，公用事业部门几乎是国有企业一统天下的局面，而日本、德国、加拿大等国家的国有企业也至少占据了公用事业领域的半壁江山。20 世纪 80 年代以前政府在公用事业中的强势地位由此可见一斑。

(二)公用事业管理中的"政府失效"及其表现

一般意义上，政府是本国公众利益的代表，也是公共利益的化身。然而，和市场失灵一样，政府也会失灵。政府失灵(Government Failure)，又称政府失效或政府失败。20 世纪中叶，学者们开始运用现代经济学理论知识对其展开深入分析。其中经常被引用、影响力最大的关于政府失灵概念的论述便是保罗·萨缪尔森和查尔斯·沃尔夫所作的解释。保罗·萨缪尔森认为"当政府政策或集体运行所采取的手段不能改善经济效率或道德上可接受的收入分配时，政府失灵便产生了"①，查尔斯·沃尔夫认为"由政府组织的内在缺陷及政府

---

① [美]保罗·A. 萨缪尔森，威廉·D. 诺德豪斯. 经济学(下)[M]. 北京：中国发展出版社，1992：643.

供给与需要的特点所决定的政府活动的高成本、低效率和分配不公平，就是政府失灵"①。尽管学者们对政府失灵基本内涵的理解不完全一致，但是无一例外地都认为当政府在克服市场失灵时由于行为不当而引起政策效果高成本、低效率甚至负效率时，政府失灵便会出现。

公用事业管理中的"政府管制失效"的表现形式主要有：

第一，政府行为低效率甚至负效率。政府行为低效率是指政府在弥补市场失灵而选择对经济进行干预时，由于政策制定与执行滞后，以及由于成本消耗较高而收益较低所造成的行为效率过低现象。这种政府失灵现象的突出特征是政府干预不仅没有完全弥补市场失灵，反而却事与愿违地产生了新的负外部性，或者干预消耗了大量成本而其效果远远低于预期，致使资源没有得到充分利用而产生浪费。人们通过纳税从而以税金形式"购买"政府提供的公共产品或服务，期望的是政府像具备高度竞争力的企业那样提供物美价廉的"商品"，然而，现实情况中却不尽如此。从获取公众对公共物品或服务的需求信息到制定相应的政策，再到"生产"所需的公共物品或服务，以至最终将公共物品或服务投入使用，在这一过程中政府工作流程的各个环节需要高度协调一致，稍加不慎就会造成长时间的工作滞后，从而使人们难以及时获取相应的公共服务。虽然政府最终能够满足公众的公共需求，但是也耗费了巨大的成本代价，使得资源使用效率较低。

第二，政府权力膨胀，规模扩大。政府权力和规模膨胀意味着政府调控在资源配置中所占比例越来越多，而市场这只"看不见的手"发挥作用的空间则变得狭小。这就说明市场机制作用的发挥受到了极大抑制。为追求个人权力扩大、官职升迁和轻松的工作环境，具有利己主义倾向的政府官员会想方设法扩大本部门规模和增加本部门公职人员数量，从而使得政府行政机构与行政人员不断膨胀，最终导致政府运转效率降低。

第三，设租、寻租及腐败。政府在干预市场时，倘若不按照法律法规办事，则会常常因为拥有权力资源而获得利益。设租、寻租及腐败现象的出现正是政府滥用权力的结果。当逐利的经济人意识到与其在激烈的市场竞争中争取利润，不如通过拉拢政府关系获得他人不具有或少有的权力创造利润时，就会转而依靠各种政治上的或经济上的、合法的或非法的、正常的或不正常的手段

①　[美]查尔斯·沃尔夫. 市场或政府：权衡两种不完善的选择[M]. 北京：中国发展出版社，1994：51-71.

来获取租金，如疏通、游说、拉关系、走后门甚至行贿等。为获得政府所给予的特权，寻租者经常消耗大量时间与精力，使用礼品等财物向政府官员拉拢关系，不仅付出大量的时间成本、精神成本、财务成本和物质成本，还影响了政府官员正常工作。一旦具有机会主义倾向的官员经受不住利益的诱惑，就会产生以权谋私行为。可以说，寻租行为不仅破坏了市场竞争秩序，还导致政府履行职能失灵，造成社会福利的严重损失。在缺乏有效约束和监督的情况下，以权谋私的政府官员为获取巨大利益，甚至可能主动设租、创租，从而导致资源配置更加低效。

第四，政府公共政策失灵。政府决策的主要目的便是提高社会福利水平，在现代主流经济学中，个人利益通常用个人效用函数来表示，通过对相关事物进行优劣排序来反映个人的偏好与需求，而公共利益用社会福利函数来表示，通过公众对各种事物及相关公共安排等进行偏好排序来反映社会效用。政府决策的主要目的便是提高社会福利水平，追求公共利益最大化。但是社会福利函数是否真正存在？肯尼斯·阿罗的"阿罗不可能定理"早已表明将个人不同偏好结合转化为集体偏好会十分困难。在现代社会中，几乎各个国家或地区都采用投票方式来选取领导者或政府官员。但是阿罗证明随着候选人和选民的增加，投票选举程序民主并不一定给人们带来实质民主。这也就说明，人们所选出的领导者并不一定能够符合大部分人的意愿。而由这样的官员构成的政府所制定及执行的公共政策也未必符合人们的共同利益。

第二节　西方发达国家公共事业管理的现代阶段

由于公用事业的特殊性，传统的政府管制理论认为，政府垄断经营公用事业并对其进行严格的管制是天经地义的。但是，国有企业的低效率和凯恩斯式的过度干预招致了越来越多的批评；可竞争市场理论的发展，使自然垄断的管制政策发生了变化，政府管制的巨大成本招致了强烈的反管制运动。

鉴于此，从20世纪70年代开始，西方国家的理论界对政府管制展开了更加深入细致的研究，提出了新的政府管制理论及改革建议，强调在公用事业领域放松管制，引入市场竞争机制，以提高经济效率。这在实践上表现为，20世纪70年代末期以来，以英、美、日为首的发达国家，对电信、电力、铁路运输、管道燃气和自来水供应等具有物理网络的自然垄断产业，积极引进并不断强化市场竞争机制，打破了长期以来政府或企业垄断经营的格局，从而形成了一股世界范围的将国有、公营的公用事业的所有权与经营权转移到民间，以"民营化"或市场化为特征的放松政府管制体制的浪潮。

一、现代西方国家公共事业管理的背景

20 世纪 70 年代末期掀起的放松管制的浪潮有着深刻的社会、政治和经济背景。

（一）经济滞涨加大财政赤字

1973 年爆发的石油危机加剧了西方各国的滞胀局面，为了刺激经济，各国政府不断扩大政府支出，巨额财政赤字的出现又迫使其纷纷精简机构，降低行政费用。因此，把那些政府管理的低效率企业盘活也被作为增收节支的大事提上了日程。

（二）信息技术挑战垄断行业

以信息技术为主的技术革命改变了垄断行业的技术基础，通过管制来保持电信、能源等公用事业领域完全垄断和寡头垄断结构的根基已经逐步动摇。自然垄断行业的边界在变，政府管制的边界也必须做出相应的调整。

（三）全球化趋势撼动政府管制

20 世纪 70 年代以后，各国在人、财、物等各个方面的全球化、国际化和一体化联系进一步加强，政府管制在某种意义上成为了束缚经济要素自由流动的绳索。正如一个再高明的舞者也无法在捆绑状态下跳出优美的舞姿，要想激活企业，尤其是国有企业，就必须先为其松绑，放松这些阻碍经济发展的"规则"。

当然，放松管制运动最主要的起因还是"政府管制的失败"。如前所述，政府管制失效的内容是多方面的，诸如国有企业的低效率问题、管制成本的负担、管制的时滞性等。由于"管制失败"的情形越来越多，成本开支越来越大，后果越来越严重，要求取消和改革管制的呼声也就越来越响亮。人们逐步认识到，公共利益应该由自由竞争而不是政府管制来得到保证。因此，一个"放宽管制"和"缓和管制"的时代就来临了。

二、西方发达国家公共事业管理现代阶段的发展历程

(一)美国公共事业管理的现代阶段

美国政府的微观经济政策从 20 世纪 70 年代起逐渐由政府干预型转向经济自由型。尤其是进入 80 年代以后，美国以简化管制为起点，逐步放宽了政府管制的范围和幅度，主要的做法是：(1)放松对定价权的管制，放宽或取消最低限价或最高限价，重新定义倾销价格，允许企业根据实际情况制定季节差价等；(2)逐步减少价格管制的范围；(3)放宽或取消进入市场的管制。

比较重要的阶段有：

第一，里根政府的简化管制与放松管制运动。里根政府在执政的第一个月就下令简化政府管制，提出"简化管制计划"，由副总统乔治·布什领导放松管制的特别小组，对简化管制计划进行政策指导。在公用事业领域取得的主要成效是：航空公司的运输费用由市场浮动；通过水运法案，放松对远洋公司的运输管制；取消或放宽了对运输、通讯、能源等行业的价格、投资和市场准入等方面的管制。根据一项评估表明，在 1977 年，美国 GNP 中的 17% 是由完全受管制的产业创造的；但是到了 1988 年，这一比例下降到了 6.6%。

第二，克林顿政府的简化管制与放松管制运动。在克林顿总统执政时期，美国的简化管制与放松管制运动进入到一个更积极更开放的时期，这一阶段，克林顿政府不但简化了大量的政府管制政策，而且着眼于对管制的成本与收益做出经济性分析，以此确定各项管制政策的优劣，并据此做出相应的调整或改革。例如，1996 年 2 月，美国颁布新电信法，撤除电报、地方及长话服务之间的间隔，从 AT&T 分离出来的 7 家地区小贝尔可以在美国电信市场与长途电话企业竞争，3 家长途公司(AT&T，MCTT 和 Sprint)也可以自由进入地区电讯市场。1996 年电信法的颁布，标志着美国电信已经从垄断行业转变为竞争性行业。①

(二)英国公共事业管理的现代阶段

英国公用事业改革的核心是私有化运动。英国政府于 20 世纪 70 年代末期逐步放开了对公用事业的所有制规定，尤其是在撒切尔首相执政时期，英国更

---

① 周德田，丁春香. 美英日垄断产业规制改革的经验借鉴[J]. 经济纵横，2008(10)：99.

是进行了大刀阔斧的"所有制开放"运动。截至 80 年代末期，英国的主要公用事业部门如电信、航空、运输公司、电力、天然气等都先后完成了私有化改革。为使这一改革有法可依，英国先后制定了一系列较为完善的法律法规，如 1984 年颁布的《电信法》，1986 年颁布的《煤气法》，1989 年颁布了《自来水法》和《电力法》；同时成立了综合的管制机构——垄断与兼并委员会和公平交易办公室，以及行业性的管制机构，如电信管制办公室，煤气管制办公室等。①

这一场私有化改革，一方面，它是一次放松公用事业领域进入管制的改革；另一方面，由于国有企业私有化以后，原先对国有企业才执行的资金、投资、价格、人事、采购等方面的审批制度也自动取消，因此，它也是一次放松审批管制的改革。在民营化和管制体制改革的同时，英国在引入竞争机制方面也进行了一些尝试，如在电力行业实行了分业经营，在输变电实行全国电网公司独家经营的前提下，在发电、供电市场引入竞争，从而促进了英国电力行业效率的提高。在电信方面，1996 年 6 月，英国宣布废止了英国电讯(BT)和大东(C&W)对国际长途电话的垄断。至此，英国国内、国际电信业务全面引入了竞争机制。

自 1979 年开始大规模推行民营化以来，英国的许多公用企业允许民营资本进入公用事业。民营化后的市政公用事业的企业效率有了不同程度的提高。英国主要市政公用事业的企业生产效率由民营化前的 1.63% 提高到民营化后的 5.73%，生产效率增长明显。②

(三)日本公共事业管理的现代阶段

受英美等国放松管制以及公用事业民营化思想的影响，日本于 20 世纪 70 年代末期开始了以放松管制、强化市场管理为目标的改革。从 1977 年到 1994 年，日本政府进行过大小不等的 13 次放松管制的改革。比如 1977 年日本政府推出《许可、批准等整顿的合理化建议》对 1240 项审批事项进行改革，或取消，或转移，或简化手续等。日本还先后成立专门的机构"临时行政调查会"(1981—1983 年)，"临时行政改革推进审议会"(旧)(1983—1986 年)，"临时行政改革推进审议会"(新)(1987—1990 年)负责对公有企业民营化过程的管

---

① 张春虎. 公用事业改革的国际经验及借鉴[J]. 学术观察，2009(1)：6.

② 范合君，柳学信，王家. 英国、德国市政公用事业监管的经验及对我国的启示[J]. 经济与管理研究，2007(8)：83.

理。其中比较重大的事件有 80 年代中后期的日本电信电话公司和日本铁道公社的民营化。表 8-2 是 20 世纪 90 年代末期西方主要发达国家公用事业领域中国有企业所占比重的情况。

表 8-2　20 世纪 90 年代末期主要发达国家公用事业领域中国有企业所占的比重①

（单位:%）

国家	铁路	民航	发电	煤气	邮政	通信
澳大利亚	100	75	100	0	100	100
奥地利	100	52	50	100	100	100
加拿大	75	0	100	0	100	25
芬兰	100	70	—	100	100	100
法国	100	100	100	100	100	100
德国	100	60	—	0	100	100
意大利	100	75	75	80	100	100
日本	66	0	0	0	100	46
西班牙	100	100	30	100	100	100
瑞典	100	—	—	0	100	100
瑞士	100	30	—	—	100	100
土耳其	100	85	—	100	100	100
英国	100	0	40	0	100	20
美国	0	0	—	—	100	0

对比 1978 年的资料可以发现，除法国外，各主要发达国家均在公用事业领域进行了以国有企业的淡出为标志的民营化改革，公用事业中的竞争态势初具规模。

三、西方发达国家公共事业管理现代阶段的特点

从西方发达国家公共事业管理的发展历程来看，现代公共事业管理是以新

---

① 耿明斋，李燕燕. 国有资本生存边界与管理模式［M］. 武汉：中国经济出版社，2009：110.

公共管理运动为主旋律的一个阶段，在实践中，主要是通过出售国有资产、放松管制、鼓励私人部门提供可以市场化的产品等方式来实现的。

（一）出售国有资产

出售国有资产，实现国有资产从公共部门向私人部门的转移。具体措施有两种：一是国有企业的整体出售，二是出售国有企业的股权。英国的民营化过程就主要采取了后一种形式（见表8-3）。

表8-3　英国主要国有公用事业企业的出售情况①

公司	行业	出售年月	出售资产比例（%）	出售收入（百万英镑）
电报和无线电公司	电信	1981. 10	100	1045
爱姆夏姆国际公司	电信化工	1982. 2	100	64
国家货运公司	运输	1982. 2	100	5
英国联合港口公司	港口	1983. 2	100	97
国际空间无线电公司	航空电信	1983. 3	100	60
海运公司	运输	1984. 7	100	66
英国电信公司	电信	1984. 11	100	3. 92

从总体上看，世界各国国有企业产权处置所带来的结果是积极的。学者们曾对智利、马来西亚、墨西哥和英国等12家企业（包括3家电力公司、4条航线公司、2家电力公司、1个集装箱集散站、1家轨道运输公司和1家抽奖公司）产权处理后的经济活动情况进行案例分析，所得出的结论是：产权处置使得生产力得以提高、投资得以增加、定价更加合理。这些积极效果既发生在竞争性市场中，也发生在垄断性市场中。

（二）放松政府管制

简单地说，放松政府管制，就是在市场机制可以发挥作用的行业完全或部

---

①　孙培毅，陈洁. 英国公用事业民营化改革及其对我国的启示[J]. 长沙民政职业技术学院学报，2006，13（4）：62.

分取消对价格和市场进入的管制，使企业在制定价格和选择产品上有更多的自主权。主要的放松体现在：①放松对定价权的管制，放宽或取消最低限价和最高限价，重新定义倾销价格，允许企业根据实际情况制定季节差价等。②逐步减少价格管制所涵盖的产品的范围。③放宽或取消进入该行业的管制，尤其鼓励民间资本的涉入。

放松政府管制，打破国有企业对某些领域的垄断经营，允许私有企业自由进入。经过一段时间，公用事业领域便形成国有企业与私人企业同时并存和相互竞争的格局，如果国有企业竞争乏力，自然就会被淘汰出局。当然，无论是在美国还是在欧洲，放松管制并不意味着管制的终结，恰恰相反，一些社会性的管制可能进一步加强了。同时，经济性的管制也可能顺应变化了的情况而应用新的管制办法。

在美国，通过放松管制而获得的福利是巨大的。通过进入和退出限制的消除，以及定价的自由化，美国一年的国民总福利增加了 354 亿~448 亿美元，其中，消费者从价格的降低和服务质量的提高中获得了 321 亿~415 亿美元的福利，而生产者从效率的提高和成本的降低中获得了大约 30 亿美元的福利。

具体来说，放松管制的积极效果主要表现在以下四个方面。

第一，企业效益得到提高。以英国为例，在私有化后的第三年，英国宇航公司的税前利润提高了 60.4%，电线电缆公司提高了 144.5%，全国卡车公司提高了 174.0%，英国港口联营公司提高了 27.3%，英国电信公司提高了 82.8%。英国绝大多数国有企业在产权处置以后生产增长速度明显加快。

第二，减轻了政府的财政负担。国有企业私有化从两个方面减轻了政府的财政负担：一方面，它在一定程度上甩掉了亏损国有企业的包袱，从而相应地减少了政府在这方面的财政支出；另一方面，通过出售国有资产，国家财政增加了一笔为数可观的收入。据测算，私有化给英国中央财政带来的增收节支金额达 700 亿英镑。

第三，多样化服务使公众受益。经过产权处置，企业服务意识和效率普遍提高，消费者主权得到了充分体现。1980—1981 年，英国全国电话待装户多达 12.2 万户，英国电信公司实行私有化后，这个数字下降到比较合理的 2000 户，长途电话费平均下调了 40%。智利电话公司在处置产权后的 4 年里，电话装机容量翻了一番，2000 年又实行了按秒计费制度。私有化还促进了公众股东人数的激增。1979 年，英国的股东不到 300 万人，到 80 年代后期，超过

900 万人。①

第四，通过降低收费水平和拓展新服务而引起需求的扩大，从而对提高经济增长率做出了贡献。这场管制改革极大地降低了价格水平，使以降价为目的的收费体系更加多样化，新的服务品种和营销手段不断扩大，启动了消费和投资。民众的消费和投资通过乘数效应提高了经济增长的速度。以电信产业为例，竞争机制的引入大大促进了电信业的发展。首先，竞争压力迫使电信业各企业不断加强技术开发，改善原有的服务，努力降低成本，提高劳动生产率，使电信产业在 20 年间有了飞速的发展；其次，对于消费者而言，则享受到了数量和品种更多，质量更好，速度更便捷，价格更低的服务。

（三）鼓励私人部门提供可以市场化的产品或服务

通过特许投标、合同承包，鼓励私人部门提供可以市场化的产品或服务。20 世纪 80 年代以来，国际上普遍流行的一种吸引外商和私人投资于基础设施的方式是 PPP（Public Private Partnership，公私合作制）模式。所谓 PPP，是指为了完成某些有关公用事业的项目而在公共机构和私营机构之间达成伙伴关系，签署合同明确双方的权利和义务，以确保这些项目的顺利完成。PPP 有很多种方式，比如 BOT（build-operate-transfer）方式，即建设—经营—转让，指外商或非国有公司承包某一基础设施项目，如港口、桥梁、公路，由它进行投资开发，建成后经营一段时期，用这一段时期的经营收入来收回投资和获得利润，承包期满后，再把整个项目交给国家或地方政府。

四、西方发达国家现代公用事业管理改革的启示：合理定位政府与市场之间的效率边界

市场经济必须在充分竞争的情况下，才能实现资源的配置效率，才能把有限的资源配置到最符合人们需要的地方，如果市场竞争不充分，例如存在垄断，就会产生一系列的低效率问题，因此传统的理论认为政府必须采取措施规范市场，通过政府垄断或政府管制等手法防止市场的失效。公用事业是国民经济的战略部门，具有自然垄断和规模经济的特点，因此，与一般工商业企业相

---

① 胡家勇. 一只灵巧的手：论政府转型［M］. 北京：社会科学文献出版社，2002：130.

比，政府应该更多地参与公用事业的建设。

实践证明，政府垄断或政府管制可能在短期内起到促进市场和规范市场的作用。比如：在政府财力允许的情况下对公用事业进行稳定而大量的投资；对价格进行管制，防止公用事业企业滥用垄断权力提高价格或者以次充好，降低产品质量等损害消费者的利益。但是，从长期来看，政府垄断或政府管制却可能是低效的：首先，政府垄断或政府管制会扭曲市场价格，影响市场供求均衡的形成，导致更大的社会静态的效率损失。其次，政府垄断或政府管制虽然在表面上使市场的运行比较"有序"，但是却牺牲了因竞争而带来的激励机制，从而使企业丧失了改善企业管理、提高技术水平和降低成本等对企业本身乃至整个社会大有裨益的动态效率。因此，有必要重新审视政府与市场之间的效率边界。

根据世界银行发布的《1994 年世界发展报告》，政府对公用事业进行改革的原则是：

(1)要像企业家那样管理基础设施，而不能像官僚

应把基础设施的提供看作对消费者需求做出反映的一个服务行业，并按此原则来经营。业绩不佳的原因是目的不明确，财政自主权和财经纪律几乎没有，以及不存在由消费者衡量的"最低满意度"。为了确保基础设施的商业属性，私营部门对管理、融资和产权的参与在绝大多数情况下都是必要的。

(2)引入竞争，可行时直接引入，否则就间接引入

竞争能给消费者更多的选择，以更好地满足其需求。它对提供者形成压力，使之提高效率并对消费者负责。直接引入竞争的方法可以是对没有技术障碍的活动实行自由准入。间接引入的方法是对那些存在自然垄断条件的专有服务的提供权进行竞争性投标，以及使替代服务的提供自由化。

(3)赋予使用者和有关人士更多发言权和实际责任

如果基础设施活动会产生重大的外部影响(不论是好是坏)，或者财经纪律还不足以确保对使用者和其他有关团体负责，政府就要通过其他手段解决问题。在设计和规范基础设施服务方面，使用者和其他有关人士均应有代表参与，在某些情况下，他们应在设计、经营和融资方面发挥重要的积极性。

(4)在融资方面有希望建立公共私人的伙伴关系

私营部门对新设施能力融资的参与正在扩大。其经验教训是，政府应从比较简单的项目入手，从而取得经验。投资者的收益应与项目进展情况联系起来，所有必要的政府担保都必须仔细斟酌。

(5)如果局面发生变化，政府将在基础设施领域继续发挥作用

在政府的直接控制下，除了采取改善基础设施提供业绩的措施以外，政府还应负责创立保护穷人利益的政策和规章框架，改善环境状况，以及协调部门间的相互作用——不论服务是由国有还是私营机构提供的。政府还要负责创建法律和规章框架，以支持私人参与基础设施服务的提供。①

总之，和谐的关键在于分工。在处理政府与市场的关系问题上，应始终坚持市场优先，作为扩展秩序的市场扩展到哪里，政府的规模与范围就应该收缩到哪里。

第三节　西方发达国家非营利组织的发展概况

自 20 世纪 80 年代起，西方发达国家公共管理的观念已经从传统的公共管理向公共治理直至善治转变，即是以治理的理念为前提的公共事业管理，这一理论主张社会应积极构建由公共部门、营利部门和非营利部门组成的新的网络。在这种理念的倡导下，非营利组织在西方发达国家得到了蓬勃发展。事实上，自 20 世纪后期以来，非营利组织已经作为一种社会自治力量登上了历史舞台，它与政府之间的平等合作关系正在迅速地显示出来。在现代西方社会中，非营利组织逐步成为克服政府失灵和修补国家社会服务职能的一支重要力量，特别是在公共产品的生产和供给上，已经展开了积极有效的合作，因此，非营利组织在西方发达国家的公共事业管理中发挥着不可替代的作用。②

一、美国非营利组织发展概况

在美国，多数非营利组织行使公共事业服务的职能。美国政府与非营利组织间的关系相当密切，这突出表现在：一方面，政府对非营利组织的资助达到相当高的水平；另一方面，政府向非营利组织购买服务非常普遍。政府拨款和政府合同是服务性非营利组织收入的一个重要来源。美国非营利组织通过投标，与政府签订合同，从政府那里得到公共服务项目，并由政府进行资助。除了直接资助外，联邦政府对非营利组织所得税的豁免，对个人和公司慈善捐款的减税，以及州以下政府对非营利组织所得税、财产税、销售税的豁免，实际

---

① 世界银行. 1994 年世界发展报告：为发展提供基础设施[M]. 毛晓威，译. 北京：中国财政经济出版社，1994：51.

② 李科利. 中外公共事业管理比较[M]. 湘潭：湘潭大学出版社，2014：1.

上都是对非营利组织的补贴。另外，美国的非营利组织经常受邀参加政府工作。由此可见，在美国公共事业管理模式中，非营利组织发挥着不可替代的作用，甚至主要作用。通过非营利组织在美国的发展状况，可以了解美国公共事业管理基本模式的概况。

（一）美国非营利组织概念与类型

美国是世界上非营利组织数量最多的国家。通过提供教育、培训、咨询、扶贫济困等各类公共服务，非营利组织在满足公共需求方面举足轻重，是美国社会中一支重要的文化、社会和经济力量。

在美国，很难找到关于非营利组织一致的定义。美国霍普金斯大学非营利组织比较研究中心主任萨拉姆教授从理论上阐述了非营利组织的特性，得到了业界的普遍认可。他认为，非营利组织应当具备以下几个基本特征，即：组织性、自愿性、自治性、非政府性、非营利性、非政治性。但在实际操作中，非营利组织是指根据美国税法 501（C）（3）规定的条件建立和运营的法人社团和基金会等组织。这些条件主要包括六个方面：一是不以营利为目的，具有 501（C）（3）项下列举的一项或多项条件；二是成立完全出于非营利目的；三是经营主要为达到规定的非营利目的；四是不得为个人谋取利益；五是不得参与竞选，即不支持或反对任何公共职位候选人；六是不得参与实质性游说活动，即不对立法进行实质性的支持或反对。因此，美国法律对非营利组织的认可远比理论对非营利组织的定义更为重要。①

美国的非营利组织主要包括各类学术研究机构、教育培训机构、医疗保健机构、专业协会、教会、工会、商会、体育组织、文化娱乐组织、青年组织、老年公民组织、志愿组织、民间基金会、公益性团体、慈善机构等。如哈佛大学、普林斯顿大学、美国红十字会、洛克菲勒基金会、大都会艺术博物馆、纽约交响乐团、环境保护基金、美国商会等，都是比较典型的非营利组织。②

依据不同的服务对象，美国的非营利组织大体分为两大类：公益性组织和互益性（会员性）组织。两大类组织互为市场，相辅相成，相互推动，共同发展。

①　唱丽玲. 浅析非营利组织——从中美两国对比分析的角度［J］. 中国外资，2013（3）：75.

②　徐青，华晓惠. 美国非营利组织发展概况初探及其对我国的启示［J］. 知识经济，2013（8）：42-43.

公益性组织主要提供公共服务，对象是社会公众。其又可分为专门以资金支持服务组织的资金组织和直接从事公共福利工作的服务组织两类。资金组织的功能是筹措、管理或向其他非营利组织提供资金。通常有基金会、联合筹款组织和专业筹款人或机构三种形式。服务组织是直接提供社会服务，包括提供医疗、教育、托儿、领养、社区、文化、音乐、戏剧、就业培训、个人和家庭危机咨询等服务的组织，还包括研究机构、推动某项事业的推促组织、以社区为依托的组织以及以海外救援和促进第三世界发展为宗旨的组织。

互益性(会员性) 组织主要指人们维护共同利益或追求共同兴趣，为其成员提供服务的组织，主要包括以下四类：(1)互助合作组织，如法律援助团体、教师退休基金会、互助保险公司、信用合作社等；(2)社交联谊组织，如房主协会、俱乐部、退伍军人协会等；(3)业主及专业组织，如律师协会、贸易协会、商会、工会、美国银行家协会等；(4)其他类组织，如政党、所有权凭证管理公司等。通常情况下，美国人并没有把会员性组织算在非营利组织范围内，但会员性组织对于促进互助关系的发展有着重要意义。①

(二)美国非营利组织的规模与分布

美国的非营利组织，数量庞大，从业人员众多，涵盖了社会生活的各个方面。美国非营利组织部门的绝对规模很大。1946 年美国有 20 万个非营利组织。1974 年，已经达到 110 万个。从 1974 年到 1984 年 10 年间，美国非营利组织的总增长率为 4.5%，而从 1985 年到 1999 年，6 年内总增长率高达16.6%，目前美国的非营利组织达 120 多万个，其中教会组织 35 万个，合乎联邦税法 501(C)(3) 条款的慈善机构 70 万个，在 501(C) 的其他条款下的非营利机构 54 万个。加上不需要登记注册的各类组织，如宗教团体等，美国非营利组织可能超过 200 万个，总资产高达 1.9 万亿美元，活动经费每年大约为6000 多亿美元，占国民收入总额的 11% 左右，占全世界所有非营利活动经费的 1/2，而机构开支不到 1/4，大部分经费用于社会福利和事业发展。②

美国非营利组织覆盖面非常广泛：文化、艺术、娱乐、教育、研究、卫生、医院、托老院、托儿所以及其他卫生机构；社会服务、残疾人救济、难民

---

① 王宗玉. 论我国非营利组织的法律地位[D]. 北京：对外经贸大学，2016：94.

② 马万里. 分权困境与多层治理：财力与事权相匹配的反思与路径重构[J]. 社会科学，2013(8)：53.

救济、环境保护和动物保护；经济、社会和社区发展；住宅、就业和就业培训；公民倡导组织；法律服务、慈善、宗教组织、专业或行业组织，等等。另外，美国还有 84800 个行业协会。美国非营利组织大部分规模很小，数量最多的是教育，规模最大、雇员最多的是医院等健康类组织。据统计，美国非营利组织机构中有 1100 万个有偿专职工作人员、5700 万个志愿者，平时参与服务与奉献的志愿者超过 8000 万人，号称拥有全世界非营利组织参加者人数的45%，美国非营利组织在文化教育、医疗卫生、妇女与儿童权益保护、老年人服务、消除贫困、就业、移民、环保、预防犯罪、社区改造、帮助少数族裔等许多方面，发挥着十分重要的作用。

值得注意的是，美国传统非营利机构是教会组织，但多年来，美国非营利组织的结构发生了很大变化，即非教会的非营利组织迅速增加，从事公共服务的非营利组织在增加，为美国人民提供社会福利服务。美国著名管理学专家彼得·德鲁克统计，20 世纪 90 年代中期，美国非营利组织绝大多数是社区服务性组织，这些组织大约 70% 是最近 30 年成立的。他还指出：根据最可靠的统计数字，现在 9000 万美国人，每两个成人中就有一个是在非营利组织工作的"志愿者"，他们平均每周工作 3 小时，非营利组织已成为美国的最大"雇主"。于是，彼得·德鲁克认为，美国的非营利组织从其功能和贡献来看已经发展成为社会的"第三部门"，是一种未来将要占主导地位的社会组织形式。[①]

(三)美国非营利组织的主要作用

非营利组织在美国已经与政府、企业渐呈三足鼎立之势。非营利组织遍布美国的东西南北，渗入社会生活的方方面面。美国非营利组织的作用可以归纳为以下几个方面。

1. 提供广泛的社会服务

相比其他西方发达国家，美国政府在为国民提供福利方面发挥的作用十分有限，不少在其他国家由政府提供的福利在美国主要是由私营的、非营利性组织提供的。美国非营利组织提供社会服务的优势在于：一是有利于降低服务成本，提高服务质量。为争取政府购买服务，各种非营利组织之间展开竞争。由于非营利组织付薪较低，且又能使用较多志愿者，因而可以与政府以低价签订

---

① 徐青，华晓惠. 美国非营利组织发展概况初探及其对我国的启示［J］. 知识经济，2013（8）：42-43.

合同。这样既为政府节约了购买服务的费用，也使服务机构精简、务实。同时，服务机构参与竞争，也提高了服务效率，保持了公共服务的高质量。二是在组织体制和运行方式上，具有很大的弹性和适应性。某些非营利机构专业性强、技术力量雄厚，能够对所服务的领域进行长远规划、深入研究，及时发现新的社会问题，提出具体的、切合实际的解决办法，直接影响列政府政策的制定和执行。三是具有与基层联系密切、适应基层实际情况的优势，善于创新、运作灵活。四是有利于政府把主要精力放在国家制定法律法规、推广外交等宏观战略方面，解放了政府。

2. 成为重要的经济力量

美国的非营利组织已成为美国市场经济中一个不可缺少的组成部分。非营利组织在很大程度上填补了政府社会发展资金的不足，创造了相当比例的国民生产总值。1990 年美国的非营利组织的资产为 9960 亿美元，2000 年达到19000 亿美元，2002 年达到 24000 亿美元，年收入为 1 万亿美元以上，年总支出 6700 亿美元，占 GDP 的 9%。美国非营利部门构成 6500 亿美元的产业。纽约市一地就有 8000 多个非营利机构，资产超过 2780 亿美元，年支出 990 亿美元。2002 年，美国 133 家最大的基金会资产总额为 14980 亿美元。有"地方捐助的基石"之称的美国社区基金会总资产超过 300 亿。①

3. 培育了志愿精神和慈善传统

美国的志愿精神和慈善传统是美国人引以为傲的，是美国国家软实力的重要组成部分，美国的非营利组织在这方面发挥着独特的优势和作用。1999 年，56% 的 18 岁以上美国成年人参加过志愿工作。2000 年，44% 的 26 岁以上美国成年人参加过志愿工作，工作量超过 900 万全日制雇员，创造价值 2390 亿美元。大多数美国家庭的捐款平均占家庭收入的 2~2.2%。据有关统计资料，1993 年，美国 73.4% 的家庭都做过捐助。各种企业、教会等也乐意捐助志愿活动，成立了许多公司基金和科学文化福利基金。

4. 成为吸纳就业的重要渠道

据 1996—1997 年美国《非营利组织年鉴》的统计，1994 年大约 140 万个非营利组织中，有 1000 万以上的带薪雇员在这些组织工作，约占全美劳动力总数的 9%。据估计，1994 年志愿者对非营利组织所做的劳动贡献相当于 600 万

---

① 陈东. 浅论美国志愿服务经验及其借鉴价值[J]. 广东青年干部学院学报，2006(2)：4.

个全日制工人，实际上，在非营利组织部门工作的人员要比某些工业的整个规模还要大，① 比如，1995 年，美国支薪就业的志愿者就业数超过三个制造工厂的总和(机械制造、交通工具制造、食品制造)，远远大于商业服务、金融、房地产和保险业。

(四)美国政府对非营利组织的管理方式

美国政府对非营利组织的管理较为宽松，少有成文法律对其成立、组织形态、功能、运行等进行明确而具体的规范。根据联邦税法 501(C)(3)，在宗教、慈善、教育科学、公共安全实验、文学、促进业余体育竞争和防止虐待儿童或动物七个方面，从事非营利性、非政治性活动的组织可以申请成为慈善组织，获得税收优惠。政府对非营利组织的日常管理主要有两方面：一是税务部门的常规性财务审计；二是对参与政治(主要指影响议会立法和政治选举) 的经费的监管。美国在税收方面对民间捐赠和建立慈善基金的激励和支持较高。在美国，民间慈善捐赠可通过比较简便的个人申报确认手续，来获得个人所得税的减免，而且几乎没有什么限制。② 美国非营利组织资金的来源主要得益于政府的免税政策，捐赠者和受赠者都可享受免税政策。非营利组织除每年向政府递交一份免税申请表外，不用交任何税费。值得关注的是，美国政府在2002 年启动了"发展社会企业"的国家战略，探索通过发展行业协会、基金组织、慈善组织、自愿组织、社会发展公司等多种模式的社会企业，创造更加宽松的社会环境，吸引更多国际智力和资本，进而实现非营利组织与国家协同发展的战略目标。

二、英国非营利组织发展概况

在欧洲，基于持续繁荣与休闲时间的增加(工时缩短、假期延长)、欧洲经济内部由生产向服务业转移、托付给志愿组织实施服务责任的增强、顾客对新需求的增长、国家赞助的扩张志愿部门的就业计划以及人口与社会经济的变迁(特别是老年人与失业人口数量的增长) 等因素，非营利部门承担着越来越多的公共服务，扮演着越来越重要的角色。欧洲国家非营利组织的一个突出特

① 马万里. 分权困境与多层治理：财力与事权相匹配的反思与路径重构[J]. 社会科学，2013(8)：44.

② 周批改，周亚平. 国外非营利组织的资金来源和启示[J]. 东南学术，2004(1)：94.

点是政府与社会团体的紧密合作。就国家与社会的关系而言，美国的主导理念是多元主义的制度安排，而欧洲则被称为社会合作主义或法团主义的制度安排。社会合作主义的基础是职能代表制，即代表社会经济利益的垄断组织被政府允许在商讨政府政策的过程中拥有特权地位，这种商讨过程通常是在正式的民主决策程序之外。作为对政府给予的这种特权地位的回报，利益组织则保证其成员服从利益。①

（一）英国非营利组织概念与类型

英国非营利组织兼具欧洲和美国的特征，涵盖范围非常广泛，涉及医疗保健、社会福利、环保、动物保护、艺术、体育、人权维护等社会的各个领域。非营利组织的形式和规模多种多样，既有年预算超过 500 万英镑的大型机构，也有年预算在 10 万英镑以下的草根组织。这些大大小小的团体没有一个统一的定义，比较具有代表性的是以下两个概念。

一是慈善法人团体。从狭义上说，非营利组织等同于慈善法人团体。在英国，"志愿部门"或慈善组织一直比较兴盛，根据英国全国志愿组织联合会发布的《2008 年公民社会年鉴》的统计数字，2005—2006 年度的慈善法人总数为 164195 家，总收入为 310 亿英镑。在英国已登记注册的 16 万多个慈善法人中，小型组织占了大部分。有约 1 万个组织规模较大，它们虽然只占组织总数的 5%，却拥有整个慈善行业总收入及总资产的 90%。根据 1960 年《慈善法》的规定，慈善法人的活动领域必须限定在以下四个方面：扶助贫困、发展教育、宗教推广、其他公益活动。2006 年颁布的《慈善法》在原有的四个活动领域的基础上又增加了维护人权，解决因为宗教、种族引起的争端冲突，保护环境，促进健康，社区发展，振兴文化艺术，保护文化遗产等新的内容。

二是第三部门团体。从广义上说，非营利组织可以泛指第三部门团体或公民社会团体。英国全国志愿组织联合会出版的《2008 年公民社会年鉴》首次公布了对"公民社会"整体的统计数据。根据年鉴，2005—2006 年度的公民社会团体的总数为 865000 家，总收入为 1089 亿英镑。这一统计数据除了包括上面提到的 164195 家慈善法人以外，还把工会、政党团体、合作社、住房协会、社会企业、宗教团体、体育俱乐部以及没有注册的社区组织都作为公民社会的

---

① 郑秉文. 论"合作主义"理论中的福利政制[J]. 社会科学论坛，2015(11)：23.

一部分，在越来越多的场合被统称为"第三部门团体"。将慈善法人以外的第三部门团体纳为公民社会的一部分，此举很好地证明了英国的公民社会正日趋多样化，而构成第三部门的非营利组织与政府和市场之间的界限也越来越模糊。英国第三部门里面具有代表性和影响力，且有一定参考价值的组织形态主要有合作社、住房协会、社会企业。

合作社涉及消费、保险、信用、社区等领域，其中消费合作社为数最多。不少合作社发展成为开展综合业务的合作社集团，服务领域涉及食品、百货、汽车、燃油批发、零售，以及信用、保险、农业、工业、住房、医疗、殡葬、社区互动，等等。2005 年，英国的各类合作社拥有近 1100 万会员，年经营额达 262 亿英镑。英国合作社联盟是英国合作社的最高组织机构。联盟最初的成员主要是消费合作社，后来逐渐发展到其他类型的合作社。目前参加联盟的有 45 个消费合作社和为数众多的其他各类合作社，同时，还有合作社的其他相关组织机构。① 合作社联盟在行业管理和服务方面发挥着重要作用。

住房协会主要与地方政府共同拥有和管理社会住房。住房协会是工业革命时期以中产阶级为主的福利性和志愿性的组织，因撒切尔政府时期推行公共住房私有化，允许租户通过自愿投票将其居住的公房整体转移给住房协会，从而得到了较大的发展。

社会企业并不是一种单一的法人形式，也没有一个全球统一的定义。在英国，慈善法人、发展信托基金、住房协会、合作社等机构中都有社会企业的身影。英国政府下属的第三部门办公室把社会企业定义为："拥有基本的社会目标而不是以股东和所有者的利益最大化为动机的企业，所获得的利润都再投入到企业或社会之中。"可以说，英国的社会企业是美国模式和欧洲模式的混合，其主要特征包括以下几点：(1)以解决社会问题、实现社会目标为宗旨；(2)利用企业运作的方法，高效整合资源但不聚敛财富；(3)资源的多样化，大部分社会企业除了通过商业活动取得收益以外，还要通过获得来自政府、基金会以及民间的各种资助或捐赠来维持发展；(4)关注人的成长和内心体验；(5)依靠横向联系来支撑、发展和壮大。②

---

① 李亮，柏振忠. 国外农业合作社典型模式比较及中国借鉴[J]. 理论月刊，2017 (2)：178.

② 徐家良，陈建刚，沈文伟. 多中心理论视角下的社会企业与公共物品供给——以深圳残友集团为例[J]. 天津行政学院学报，2014(6)：3.

（二）英国非营利组织的资金来源

英国非营利组织的收入来源按照性质可以分为捐助收入、商业收入和投资收入三种。其中，捐助收入包括个人募捐、遗产捐助、政府补助、彩票、慈善基金、企业捐助等。商业收入是指慈善组织通过开展收费的商业活动获得的收入。投资收入主要包括房租、利息、股息等。根据《2010 年公民社会年鉴》，2007—2008 年志愿组织通过商业活动获得的收入占总收入的 49%，投资收入占 42%，投资收入占 9%。[①]

若按照出资者分类，英国非营利组织收入来源可分为：来自个人的收入（包括捐助和服务收费）、来自政府的收入（包括补助和购买服务）、国家彩票收入和其他来源收入（来自企业、基金会等）。根据《2010 年公民社会年鉴》，2007 至 2008 年，英国非营利组织的收入中，来自个人收入和来自政府的收入各占总收入的 36%~37%。这说明政府部门仍然是英国非营利组织的重要资金来源，提供了英国非营利组织收入三分之一的资金。

（三）英国非营利组织的社会功能

英国非营利组织作为社会的一个重要组成部分，其功能主要体现在以下三个方面。

1. 提供具有社会包容性的公共服务

在"小政府，大社会"的方针下，英国中央政府正在把越来越多的公共服务功能下放到民间，而各级地方政府更是在与非营利组织密切合作的过程中发生了功能性的转变。在提供公共服务这一广阔的领域里，除了非营利机构以外，也有许多商业企业占据一席之地。非营利组织除了需要和商业企业一样提供专业性的社会服务外，另一个重要的特点就是其服务的社会包容性。无论是为残疾儿童提供教育的慈善机构，为智障成年人服务的社会企业，还是为吸毒人员建立的理疗中心，它们服务的群体大多是弱势或边缘群体。这是一个夹缝中的市场，是政府均一性的服务或者单纯追求市场价值的企业所难以触及的。通过非营利组织的服务体现平等的精神，它们的服务不仅高效，而且其运作成本远远低于同类的政府机构。[②]

---

① 胡琳琳，郝福庆. 英国公共服务类非营利组织发展的经验及其对我国的启示[J]. 四川行政学院学报，2011(5)：14.

② 丁元竹，丁潇潇. 国际视野中的基本公共服务提供模式[J]. 公共管理与政策评论，2013(10)：24-25.

2. 实现社会创新和社会改革

社会创新是指可以实现社会目标的新想法，通过发展新产品、新服务和新机构来满足未被满足的社会需求。① 这些社会需求覆盖了就业、扶贫、社区服务、医疗卫生、教育等各个领域。非营利组织服务的对象大多是政府的均一化服务或者以营利为主要目的的商业服务所无法触及的。正因为面对这样一个特殊的服务群体，非营利组织只有通过不断创新才能得到生存发展。例如，由英国名厨 Jamie Oliver 创立的餐厅 Fifteen 就是一个充满了创新精神的社会企业。这家餐厅不仅提供高端的美食，而且其雇佣的学徒都是有着各种各样问题的年轻人，因为有不良史所以无法接触到培训机会和就业市场。自开办以来，Fifteen 餐厅获得了巨大的成功，成为伦敦最受欢迎的餐厅之一。每年它所接待的客人超过 10 万，2007 年它的营业额突破了 400 万英镑，并向其基金会贡献了 25 万多英镑。从 Fifteen 餐厅毕业的学徒中，目前有 3/4 还在从事厨师工作。将近九成在 Fifteen 餐厅接受过培训的年轻人，认为这是一段非常有意义的经历。持续的社会创新最终带来的是有积极意义的社会改革。英国政府对第三部门在政策层面上的高度重视，从某种程度上来说也是对非营利部门创新价值的肯定。

3. 促进社区发展

20 世纪 70 年代以来，推动社区参与和社区发展一直都被认为是非营利组织的核心价值。社区发展涉及的群体与组织种类繁多，包括社区各利益代表机构、草根团体、社会工作者、志愿者、全国性协会、支持社区发展的基金会或信托、地方政府等。在协调各个利益相关群体合作的过程中，社区是主体，非营利组织是领导，政府部门则起到一个支持和监督的作用。伦敦东部著名的 Bromley-by-Bow 社区中心的诞生和发展，就是一个由充满创新精神的非营利组织牵头，整合社区各种资源，通过社区组织、居民、企业、当地政府等利益相关者的共同合作给贫困社区带来新生的例子。由安德鲁·英森领导的团体成立了 Bromley-by-Bow 社区中心（慈善法人），通过近 20 年的努力把社区中心由一个破落的小教堂逐渐发展成一个功能齐全、充满和谐的大社区，并拥有一个全英国首创的社区健康生活中心。社区中心由 115 名员工和几百名志愿者负责 18 个项目，包括医疗保健、电脑及语言教学、园艺公司、社区组织孵化器，

---

① 尹阿雳，赵环. 社会工作与社会创新的契合性研究[J]. 中国社会工作，2017(5)：32.

等等。开放和包容的哲学是中心得以建立的基础。中心的目标是和社区居民一起发展，通过设立最高的标准来开发居民的潜能，从而激发他们向上的动力和自信心。社区中心也是社区中各种不同利益群体聚集和交融的场所。中心创造出一个平台，让不同的人群可以来接受彼此的相异之处。Bromley-by-Bow 社区中心作为英国社区中心的典范，给英国社区服务和社区发展的模式带来了新思路。

三、澳大利亚非营利组织发展概况

澳大利亚属于普通法体系，法律制度深受英国影响，法律较为完备。澳大利亚的政府分为三级：联邦政府、州/地区政府及地方政府。这三个层级对于澳大利亚非营利组织的创建和管理都有相关立法规定，但是并没有一部统一的联邦法律规制各类非营利组织，对于不同类型组织的规范散见在各类相关法律法规之中。

（一）澳大利亚非营利组织的类型与规模

在澳大利亚，最常见的三种具有法律地位的非营利组织形式是：社团法人（incorporated associations）、慈善信托（charitable trusts）和担保有限公司（companies limited by guarantee）。此外，还有许多其他类型的非营利组织，包括合作社（co-operatives）、原著民公司、宗教组织（包括根据国会私法建立的组织）及根据英国皇家宪章或者国会特别法案成立的组织，还有以其他形式成立的组织等。[①] 这些组织都具有法律地位，拥有法人资格，政府每年还向这些组织提供拨款。合作社属于历史遗留的组织存在形式，目前已逐渐减少。而同样大规模存在的还有非法人社团（unincorporated associations），这类组织没有法律地位，通常是小型组织，非正式且仅在小区域内活动。由于其不具备法人资格，可以用全体成员的名义签订合同，但是出现法律责任要由个人承担，有的还会扩大到民事侵权责任。

澳大利亚作为一个市场经济高度发达的国家，其社会事业通常交给独立于政府的非营利组织承担，如基础教育、基础科学研究、卫生防疫、环境保护等。政府在其中发挥主导作用，确保做到公共服务职能不缺位。一方面，政府

---

① 李政辉. 慈善组织监管机构的国际比较与启示[J]. 北京行政学院学报，2016(1)：47.

切实保证经费投入。以教育、卫生为例，澳大利亚 2001 年度国家公共教育支出达到 375.4 亿澳元，约占国民生产总值的 5.3%，高于主要市场经济发达国家 4.8% 的平均值；澳大利亚 2000 年度公共卫生支出为 537 亿澳元，约占国民生产总值的 8.1%，也大大高于世界平均水平。另一方面，政府主办的非营利组织居主体地位。澳大利亚公立学校、公立医院与私营组织相比，都占据主体地位。截至 2000 年，全澳共有公立学校 6935 所，占学校总数的 72%（其中公立大学数占 95%），而且政府还明确要求私立学校比例不得超过 30%；共有公立医院 748 家，也占全部医院的近 60%。①

(二)澳大利亚非营利组织的收入来源

澳大利亚非营利组织最重要的收入是提供服务收取的费用。1995 年，会费收入占所有非营利收入的 62.5%，另外近 1/3 的非营利组织收入由公共部门提供，相对而言，私人的慈善捐助为总收入提供了少量的贡献，个人、法人、基金联合起来约占 6.4%。当考虑志愿者因素后，其收入结构有所改变，私人慈善捐助从 6.4% 上升到 23.4%，而会费收入所占比重则下降到 50% 左右，但仍然是最主要的收入。澳大利亚慈善捐款业绩最好的是 1990 年，共 16.5 亿澳元，其中以个人捐款为主，为 8.39 亿澳元（50%），其余有企业捐赠 4.71 澳元（28%），遗产捐赠 2.56 亿澳元（15%），基金会转移支付 1.22 亿澳元（7%）。各种形式的慈善捐款强度为全国人均每年 100 澳元。捐赠的对象主要是那些历史较长、规模较大的组织。

澳大利亚非营利组织收费的积极作用表现在两个方面：一是有利于扩大服务机构的资金来源；二是有利于维护受益人的自尊心。各种服务项目的收费主要根据其服务对象的特点来确定，面对家庭的服务一般收费较高，有时达到成本费用；而面对社会保障对象特别是对贫困者提供的服务，收费则很低。基金会是一种福利资金中介组织，它不直接提供服务，主要作用是募集资金，然后转移支付给社会福利服务组织。按照规定，基金会的资助只能提供给由政府确认的"公共福利机构"，这又限制了基金会对资助对象的选择自由，使许多小规模的服务组织没有资格接受基金会资助。基金会的收入和支出都可以免税，但按照国家税务局的规定，基金会每年必须将筹集资金的 85% 支付给福利机

---

① 许航宇，许青云. 澳大利亚非营利组织管理及其对我国的启示[J]. 特区经济，2007(3)：92.

构，才能保持这种免税资格。这种年度支出规定限制了基金会运营资金的灵活性，不能积累资金以扩大日后的资助能力。①

(三)澳大利亚政府对非营利组织的管理方式

澳大利亚社会福利服务组织均由民间主办，与政府形成一种合作关系。政府负责规划福利服务的发展方向，确定资助的总额和方向。政府并不直接设立服务机构，而是由民办机构提供服务，民办机构可以平等地通过竞争机制获得政府的资助，同时，它们必须履行相应的义务，提供政府规定的服务。为使所有服务组织都能够处于公平竞争地位，政府公布资助的原则和标准，其中公开招标为比较有效的形式。由政府公布招标项目，服务组织来竞标。招标的一种形式是价格竞争，项目说明中只列出服务内容、人数、质量标准，而无价格；另一种形式是固定价格的招标，项目说明中根据以往实际服务成本提出合理的成本，标明价格，通过招标选择最适当的服务机构。价格竞争往往有利于较大规模的组织，因为它们更有可能从慈善渠道得到资源，而只需要较少的政府资助。固定价格竞争的目的不是降低政府成本，而是选择能够提供最优服务的机构。招标只规定服务受益人数等"产出"指标，而不规定工资、租金等投入指标。在合同资助期内，政府可以对服务产出进行检查，如果服务达不到合同规定，可以中止资助。除此之外，最近尝试的新办法是面对受益人进行资助，其直接作用是提高受益人的支付能力，资助可以因人而异，经济状况较差者有资格得到较多的补贴，较好者就可能没有补贴。政府也可以通过减免税对非营利部门提供间接资助。

为了防止筹款活动中的误导和舞弊，保障捐赠人能够得到必要的信息，保证募捐机构使用正当的手段筹款，使热心公益事业的人可以从政府的管理中得益，国家有必要对募捐进行干预，至于国家干预到什么程度，则存在分歧，主要考虑的是如何从行政管理的成本和效益角度确定政府干预程度。同时为了最有效地满足居民的需要，政府需要对服务质量进行控制。在老年人照顾及残疾人服务领域，政府制定了行业标准，对服务机构起到约束作用，但其他一些领域则由各行业自行制定标准，达到服务标准是组织获取政府资助的必要条件。政府还进行不定期的服务质量检查。澳大利亚产业委员会认为，除了这些手段

---

① 田五星. 非营利组织中的管理会计技术应用研究——基于一个案例分析[J]. 会计之友，2014(26)：106.

外，还有必要建立服务机构资格认证，最终要按照1SO9000标准认证服务机构。还可以进一步采用基准制进行机构等级评定，澳大利亚正在开始进行这方面的探讨，其方法是设立一个基准性的标准，然后对服务机构进行评价，看它是否达到基准要求，对达到要求者，可进一步评价其超出基准的程度，设立等级。这种方法可以鼓励服务机构提高自身素质，因为机构等级的提高可以改善自己的公众形象，有助于争取政府和社会的资助。

四、法国非营利组织发展概况

法国是一个本土位于西欧的总统共和制国家，该国为欧洲国土面积第三大、西欧面积最大的国家。法国作为一个高度发达的资本主义国家、欧洲四大经济体之一，其国民拥有较高的生活水平和良好的社会保障制度。

法国的非营利组织自法国大革命以后很长时间处于被压抑的状态，到19世纪中期以后才逐渐发展，20世纪80年代得到了飞速发展，目前法国非营利组织的支出占到全国GDP的3.3%。法国的非营利组织被称为"社会经济"。在法律上，"社会经济"有四个组成部分：合作组织、互助组织、社团组织、信用合作社或合作银行。在1981—1990年间，非营利组织的雇员数量增加了40%，而在同一时期，法国总的受雇人口基本上没有什么变化。

在法律上，社团可分为四类：（1）不在册社团，如教区一级的宗教组织、邻里组织等；（2）在册社团；（3）公益社团，这些是慈善组织，主要活动是在医疗和福利领域；（4）基金会。互助组织是法国非营利部门里最古老的形式。现在互助组织把重点放在弥补社会保险的不足，如强制性医疗保险需要病人支付20%的医疗费，互助性保险可以为这20%提供再保险。互助性保险的收费不是看年龄和风险程度，而是看支付能力。除保险服务外，互助社还提供其他类型的服务，如开办诊所、医院、药房、托儿所、老人院、残疾人服务中心等。还有的互助组织帮助政府管理社会保险项目，成为准政府机构。

此外，值得一提的是法国特有的"工人委员会"。法律要求凡是50人以上的企业必须建立工人委员会。工人委员会的负责人由工会选举，工人每次发工资时要扣除1%作为其活动经费。工人委员会与工会各有分工，前者管工人福利，后者管集体谈判。工人委员会主要对食堂、托儿所、休假中心、文体活动中心及其他个人或家庭服务。在教育领域，政府虽然占统治地位，但商科学校却多为私立，由商会管理。中小学大多数是公办的，这些学校的教师工资由政府支付，学校的其他开支也接受政府补贴。尽管如此，它们仍保持某种独立的地位。

就非营利部门的收入结构而言，法国有两个特点：第一，政府资助的比重较高；第二，私人捐赠比重较低。私人捐赠少的原因与基金会不多有关。在教育、科研、医疗、社会服务等领域，非营利组织靠的主要是政府拨款。这说明政府与非营利组织是一种伙伴关系，前者出钱，后者办事。由于法国的非营利组织对政府拨款依赖性较大，一旦政府削减对这方面的开支，它们的地位便岌岌可危。

五、日本非营利组织发展概况

日本属于强政府型的社会，政府在经济和社会生活的各个方面都起着主导作用，非营利组织长期以来受到政府的严格控制，日本是对非营利组织限制最多最严的国家之一。

20世纪80年代以来，日本非营利组织得到较大发展，但是与整个国家的经济发展水平相比，日本仍然是发达国家中非营利组织最不发达的国家之一。日本的非营利组织大多与政府有各种牵连，缺少民间基层组织的有力支持，它们主要分布在卫生保健、教育和社会服务领域，这些领域的非营利组织加起来占到日本非营利组织总规模的80%以上，而其他领域非营利组织的发展远远低于其他发达国家。近年来，在环境保护、城市社区等领域发展起来一些基层组织，但大多数规模较小，没有进入立法视野，一些重要的权利没有得到法律的认可。1995年神户地震以及一系列政治丑闻事件，显示出官僚机构的弊端和非营利组织的活力，促使1998年《非营利组织法》出台，这对日本非营利组织的发展起到重要的推动作用。

在日本，开展国际合作的非营利组织是一支非常引人注目的力量，这些组织基本上是在20世纪60年代以后成立的，主要在发展中国家开展各种形式的援助和救援活动，如基督教海外医疗协会、难民救助会、曹洞宗东南亚难民救济会，日本国际服务中心等。① 它们早期的活动主要集中在提供各种形式的紧急救援方面，20世纪90年代以来则更多地侧重于帮助当地政府与非政府组织开展生产生活自救与产业开发，并积极协助当地居民进行自我组织与自治管理。日本政府也通过立法、优惠税制和提供财政补贴等措施积极支持这些非营利组织的活动。

---

① 李家成，王帅. 东北亚海权格局的演变与重塑[J]. 太平洋学报，2014，22(8)：7.

日本的法人系列能促使我们更好地了解日本的非营利组织，日本的法人有非营利法人和营利法人之分。非营利法人分为公益法人和中间法人，营利法人分为公共企业和营利企业。公益法人是指根据日本民法第34条而设立的社团法人和财团法人。公益法人中的社团法人是指以一定的目的而集结到一起的团体(人的团体)，设有专职职员，以团队的名义开展业务，根据民法的规定，具有法人资格。公益法人中的财团法人是以一定的目的而把财产聚集到一起的团体(物的团体)，由于是以公益为目的而进行管理运营，根据民法规定，也被赋予法人资格。

社团法人和财团法人的根本区别在于其构成要素是否设有专职工作人员。社团法人有专职工作人员，利用会费按照总会的决定自律地经营，其活动具有很大的灵活性。而财团法人则不设专职工作人员，利用基本财产的经营利益，根据创办者所规定的业务活动他律地进行运营，其活动是稳定持久的，不具有灵活性。当然，这只是法律上对社团法人和财团法人的明确区分。实际运营中，其差别是相对的，因为如果社团法人仅靠会费、财团法人仅靠基本财产的运营营利开展业务是难以维持其正常运营的。因此许多社团法人拥有基金，而许多财团法人也采取会员制。除社团法人与财团法人外，在日本还有一些是根据其他特别法律而成立的以公益事业为目的的法人，这种法人被称作广义的公益法人。广义的公益法人主要包括：学校法人(《私立学校法》，1949年法律第270号)、社会福利法人(《社会福利事业法》，1951年法律第45号)、宗教法人(《宗教法人法》，1951年法律第126号)、医疗法人(《医疗法》，1948年法律第205号)、再生保护法人(《再生事业保护法》，1995年法律第86号)等。日本政府对公益法人的审批要比其他法人严格得多。

日本还有一些既不属于公益法人又不属于营利法人的中间团体，由于民法中没有对公益或以营利为目的以外的法人的设立作规定，因此，它们或作为没有权力的社团存在，或由特别的法律规定而可获得法人资格，这种法人一般被称作中间法人。例如：根据《工会法》(1949年法律第174号)设立的工会，根据《信用金库法》(1951年法律第238号)设立的信用金库，根据《农业合作社法》(1947年法律第132号)设立的农业合作社，根据《中小企业等合作社法》(1949年法律第181号)设立的事业合作社，根据《森林合作社法》(1978年法律第36号)设立的森林合作社，根据各种互助协会法设立的互助协会等，都是中间法人，属于非营利法人的范畴。尽管农业合作社等具有劳动性质类的团体也从事商品的加工、生产、流通，也能盈利，但是由于它们不以营利为目的，而是组织成员间相互帮助、有机结合而成的劳动集团，具有成员互益性，是为实现特定人群的利益服务的，所以日本的法律将其视作非营利法人。

思考题

1. 西方国家政府公共事业管理职能的演变轨迹？
2. 西方政府公共事业管理有何特征？
3. 当代西方政府为何要进行公共事业管理改革？
4. 当代西方政府公共事业管理改革有哪些基本内容？
5. 谈谈如何借鉴西方经验推进我国的公共事业管理改革？

案例分析

法国的"特许经营制度"

法国城市公用事业实行特许经营制度的历史十分悠久，积累了丰富的经验，在世界范围内得到推广应用，被世界银行称为"一种真正的法国模式"。比如公共交通，目前法国公共交通每年会得到国家财政大约 50％ 的补助。事实上不同的承租和发租者，在对待某一个具体的公用事业项目时，他们签订的特许经营合同的内容都是不同的，而且会有相当大的区别。传统的方式至少在几百年前就出现了，但它有一定的局限。而后的改进方式和相关单位直接管理的方式对传统方式是一种必要的补充和完善，并更好地解决了私营企业不愿意投入和经营那些利润微薄或是有一定风险的公用事业的问题。

实行特许经营制度有几个问题是不能回避的，第一个就是风险和风险分担问题。因为客观来讲，公用事业特别是基础设施建设虽然有自然垄断的"保险"，但也存在着时间长的"风险"。一个是基础设施的使用时间长，投入规模大。一般周期要几十年上百年的时间，自然不确定因素很多，风险会更大。再一个是政治的介入。很多公用事业项目是出于政治的因素提出的。虽然是合法的，但有可能影响决定项目的需求和成本的市场真实性。所以一方面出于财政和效率的原因，需要大量引入私人经营；另一方面出于盈利率和风险的原因，几乎没有私人投资者愿意经营低盈利率、高风险的事。怎么办？分担风险的问题提出来了，政府负担相应甚至大部分风险，似乎是合乎情理又十分必要的事情。合乎情理，是因为如果企业经营成功它应该分得利润。十分必要，是因为它一旦遇到巨大风险时不能被压垮，要保证公用事业服务的连续性。但政府又不能为一切风险担保，因为那么做会使企业丧失承担责任和提高效益的原动力。所以合理确定分担风险是实行特许经营成败的关键，也是特许经营合同的重要内容。

第二个关键问题就是模式。长期以来，法国发展了一套自己的公用事业特许经营模式。在第二次世界大战以后的大规模城市建设进程中得到了充分的验证，并在世界五大洲得到推广。法国模式的基本特点是：(1)设施公有；(2)以合同形式规定双方权宜；(3)政府对其拥有监督权；(4)企业拥有开发权；(5)政府保留对价格的干预以及单方中止合同的权力。但是必须注意不能随意地曲解甚至是照搬"模式"。因为"模式"是历史长期发展演变的结果。"模式"一词并不意味着一成不变和机械地用于所有的城市和所有的公用事业。而正好相反，法国模式的一个显著特点就是具有极大的灵活性，组织结构、合同内容和技术手段都具有极大的可变性。我们在考察中特别感觉到这一点，法国人是实用思想多于学说，具体办法多于抽象理论，正像法国的自然风光多彩多姿，而其城市建设风格各异一样。一种模式或是一个特许经营合同，是某一特定时期为解决某一具体问题而形成的一种生动而专门的形式。连法国人自己也讲，先人留下的"模式"遗产的宝贵之处，就在于它的多样性、丰富性和适应性。

第三，价格也是一个非常核心的问题。法国在实行特许经营制度的过程中，政府始终控制着价格。并保持着几个特点：(1)不管采取何种委托形式，价格都要经过市政议会讨论确定。(2)这些价格是由社会咨询公司在预测的基础上计算得出的。这种计算是非常科学和详尽的，比如水的销售价格及废水处理价格，主要根据收支平衡原则，并考虑服务数量变化、经营形势变化、地方税收等因素来进行。有时为解决需要政府投入的那部分资金，测算时还包括政府设施使用税和附加税等(如法国苏伊士里昂水务公司供应巴黎的生活水价为每立方米 17 法郎，其水成本加利润 5 法郎、污水处理费 5 法郎、税 7 法郎，包括农村发展税、水资源税、增值税)。(3)价格变化和企业报酬会定期地进行复核，一般情况下四五年一次。(4)如果双方无法达成价格协议，需要成立一个三人委员会对复核结果进行仲裁。合作双方各选一位，第三位由已选定的两位委员共同选定。

第四个关键问题是监督。在法国，特许经营制度的监督是靠体制和机制进行的。首先是企业生存机制，在市场经济国家，企业必须为自己的长期利益考虑，再没有比一件丑闻或是一项质量低劣的工程更糟糕的事情了。它可以使多年努力建立起来的企业形象一夜之间化为乌有。企业生存和自我约束机制是重要的一条。其次，市长在市民眼中始终是负责一切的，当选市长必须向选民有所交代。当然这种监督不是按照技术和财务标准进行，而是建立在一种"人们都很满意"的综合的政治标准上。当选者和选民常常会同邻近城市的公用事业做比较，这就使城市之间出现了竞争的局面。再次，出现垄断经营怎么办，在法国绝对的垄断是不存在的，企业的业务不可能覆盖生产的全部过程，企业必须同其他部门开展一定的合作。即使是大的燃气集团，也会面临来自供电、燃油和煤炭经营者的竞争，迫使企业自觉地避免超额利润情况的出现。如果出现超额利润，会按合同约定被政府拿走。又次，在法国人看来，企业并不一定私营才有效益，决定企业行为的因素不在于企业是姓公还是姓私，也不在于市场是以竞争形式还是以寡头卖方市场形式出现，重要的在于企业的股票上市交易。企业股票一旦上市交易，向公众征集资金，那它就自然处在同其他企业竞争的局面，因为企业必须获得足够的利润以吸引股东。在这种情况下，其他的监督方式似乎都不那么重要。最后，强调公用设施的公有性也是一条很重要的机制，对企业来讲，它必须"墨守成规""克己奉公"来追求合同的续签和扩大政府委托内容的可能性。所以，企业想为所欲为，服务质量低劣，赚了大把钱就走的情况在法国是没有的。

（案例来源：徐宗威. 法国城市公用事业特许经营制度及启示
［J］，城市发展研究，2001（4）：1-5，16.）

问题：我国公共事业管理中，可以借鉴法国"特评经营制度"
的哪些经验？为什么？

第 **9** 章 公共事业管理的中国实践

由于政治、文化、经济、社会背景的不同，中国的公共事业管理与世界上其他国家的公共事业管理在机制、方式和制度上存在较大的差异。本章分别介绍计划经济体制和社会主义特色市场经济体制两个不同的历史时期中国公用事业管理的历史沿革、改革现状等。

第一节 计划经济体制下的中国公共事业管理

一、计划经济体制概述

计划经济是根据政府计划调节经济活动的经济运行体制。一般是政府按事先制订的计划，提出国民经济和社会发展的总体目标，制定合理的政策和措施，有计划地安排重大经济活动，引导和调节经济运行方向。资源的分配，包括生产什么、生产多少，都由政府计划决定。中华人民共和国成立头七年，我国逐步走上了计划经济体制的轨道。它的基本形成过程，大致可以分为三个阶段。

(一)计划经济体制的萌生阶段(1949 年 10 月至 1950 年 6 月)

1949 年底，中国没收了 2858 个官僚资本主义的工业企业，建立了国营工业(占全国工业资金的 78.3%)，掌握了国民经济命脉，开始建立了社会主义公有制。不久，对非公有制的私营工商业实行了调整，使私营企业初步纳入了计划生产的轨道。在组织机构方面，1949 年 10 月建立了中央财政经济委员会。以后，又相继成立了其他专门性的负责计划管理的中央机构。如全国编制委员会、全国仓库物资清理调配委员会，指定人民银行为国家现金调度的总机构等。通过这些机构，国家开始对经济活动实行行政指令的直接管理。1949 年冬，中央确定实行全国财政经济统一管理的方针，并通过 1950 年 2 月召开的全国财政会议，以指令性方式提出了"六个统一"：财政收支统一、公粮统一、税收统一、编制统一、贸易统一、银行统一。这一时期已开始提出发展国民经济的某些计划和措施。如粮食、皮棉、煤炭等安排了 1950 年生产的计划指标。在此期间，还进行了某些年度计划的试编工作。如 1949 年年底编制出《1950 年全国财政收入概算草案》，1950 年 5 月又试编了包括农业、工业、文教卫生等 20 多项内容的《1950 年国民经济计划概要》，为后来编制中长期的国民经济计划摸索了经验。1950 年 6 月举行的党的七届三中全会认为，这一时期在对旧的社会经济结构进行不同程度地重新改组的同时，老解放区"特别是东北，已经开始了有计划的经济建设"，但在新解放区"还没有获得有计划地进行经济建设的条件"。

（二）计划经济体制的初步形成阶段（1950 年 6 月至 1952 年 8 月）

党的七届三中全会以后，开始在全国范围内创造有计划地进行经济建设的条件。1950 年 8 月，中央召开了第一次全国计划工作会议，讨论编制 1951 年计划和 3 年的奋斗目标。要求各部门先订出 3 年奋斗目标和 1 年计划，然后由中央综合拟出全国计划纲要。会后，3 年奋斗目标虽然没有形成计划文件，但已初步形成了我国计划经济体制决策等级结构的雏形。[①] 即决策权归国家，决策权力的分配采取行政方式形成条块分割的等级结构。之后，中央首先加强了对国营工业生产和基本建设的计划管理。"在工厂内，以生产计划为中心，实行党政工团的统一领导。"首先，在基本建设方面，把建设单位划分为"限额以上"和"限额以下"两种具体投资额，并确定把重点放在交通运输的建设上。其次，在对农业、手工业的计划领导方面，在 1951 年 9 月召开的第一次互助合作会议上，提出在完成土改的地区，通过开展互助合作运动，克服农民分散经营中的困难，以保证国家农业生产计划的实现。并积极地推广生产互助组与供

---

① 舒宁. 由"分异"到"融合"：我国城乡土地使用制度变迁分析[J]. 北京规划建设，2017(2)：7.

销合作社的"结合合同"制度的经验，使互助组有计划地生产和消费，供销社实现有计划地经营。对手工业生产，中央要求各地将组织和发展手工业生产合作社的计划，纳入地方工业计划，并以国家和上级合作社的订货作为发展手工业生产的关键。再次，在 1950 年调整私营工商业的基础上，要求私营工商业遵照执行政府制定的产销计划。当时开展的"五反"斗争的目的之一，就是为了"彻底查明私人工商业的情况，以利团结和控制资产阶级，进行国家的计划经济。情况不明，是无法进行计划经济的"。最后，在市场管理方面，国家指令要求国营贸易公司正确地执行价格政策。总之，在党的七届三中全会以后，我国计划经济体制的决策结构初步形成，在国家的集中统一领导下，以制定指令性的经济发展计划的形式，对国民经济各方面开始实行全面的计划管理，计划经济体制已初步形成。到 1952 年 8 月，七届三中全会提出的任务已提前完成。

(三)计划经济体制的基本形成阶段(1952 年 9 月至 1956 年 12 月)

1952 年 9 月，毛泽东提出了"10 年到 15 年基本上完成社会主义"的目标。为了实现这一目标，计划经济体制进一步健全并得到法律的确认，在已建立的各种专门性的计划管理机构的基础上，1952 年 11 月成立了国家计划委员会，1954 年 4 月中央又成立了编制五年计划纲要草案的工作小组。[1] 该小组在 1951 年以来几次试编的基础上，以过渡时期总路线为指导，形成了第一个五年计划草案(初稿)。经过法定的审批程序之后，"一五"计划由国务院以命令形式颁布，要求各地各部门遵照执行。1954 年我国制定和颁布了第一部宪法，其第十五条规定："国家用经济计划指导国民经济的发展和改造，使生产力不断提高，以改进人民的物质生活和文化生活，巩固国家的独立和安全。"这表明，计划经济体制已成为我国法定的经济体制。

总之，中华人民共和国成立初期，在产权方面，经过社会主义改造，基本实现了对社会主义公有制目标的追求；在对经济活动的管理形式方面，以行政命令方式制定颁布了发展国民经济的第一个五年计划，并于 1956 年底提前完成了"一五"计划中预定的大部分指标。在实际经济生活中运行的这种计划经济体制已被中华人民共和国宪法明文确认为国家法定的经济体制。因此，到

---

[1]　舒宁. 由"分异"到"融合"：我国城乡土地使用制度变迁分析[J]. 北京规划建设，2017(2)：7.

1956 年底我国的计划经济体制已基本形成，并具有自己的若干特点。

二、计划经济体制下的公共事业管理

计划经济时期，我国公共事业管理体制可以概括为政府直接经营，或者说，是一种政府直接经营型的管理体制。公用事业完全属于国有，政府作为生产资料所有者的代表，直接规划、组织、协调、监督公用事业企业的生产和发展。政府对其进行人、财、物的全面计划管理，实行计划性垄断，企业的创办、原材料的购进、产品的销售、企业的扩大或关闭等都由政府计划部门决定。政府一般不允许公用事业行业有过多的生产者，更不允许有私人进入该领域经营。

这种"政企合一"或"政府垄断经营"的体制在运行初期曾起到过积极作用。它使中国基础设施框架能在较短的时间内得以形成，促进了网络的较快扩张和公用事业服务一定程度上的普及，对加速中国工业化和城市化起到积极作用。但是"政企合一"体制在运行一段时间以后，其固有的弊病便开始暴露。

从企业内部来看，由于企业管理的纵向依赖关系，打破了正常的委托-代理关系，剥夺了企业的决策权，使企业成为行政机关的附属物，丧失了经营自主权。企业缺乏活力，成为"死"企业。当时企业的制度特征表现为：

其一，企业产权尤其是资产收益权的不可交换或转让，使企业受到政府的庇护，免去了被兼并、接管和破产的风险，丧失了进入、退出的正常机制，导致了软预算约束，形成了企业"铁饭碗"制度，缺乏内在的激励。

其二，资产收益权（剩余索取权）和监督其他要素权利的高度集中统一以及剩余索取权的完全外化，一方面使经营人员丧失监督动力，监督系统失灵；另一方面造成工人"搭便车"和偷懒动机强烈，形成了"大锅饭"制度。

其三，公用事业企业处于垄断地位，这些企业的产品定价不是竞争定价，其服务价格由政府制定。结果，公用事业产品或服务的价格既不能准确地反映生产成本，又不能准确地反映社会需求；既不能对生产形成有效的激励，又不能正确地引导消费。这就产生了两个方面的问题：一方面，政府在制定价格时，往往更多地考虑政治和社会目标，如公共福利目标、社会经济稳定目标和产业结构调整目标等，较少按照经济规律办事。因此，这类企业在计划经济时期，价格通常定得较低，多数公用事业企业（如自来水企业）处于亏损状态。公用事业企业的亏损加深了国民经济中公用事业发展滞缓的矛盾，政府在财力有限的情况下，既要补贴公用事业企业的亏损，又要顺应国民经济扩大的要求对公用事业的发展进行投资，往往两者难以兼顾。另一方面，出于对生产者利益的庇护，政府对某些公用事业所制定的垄断价格过高（如电信企业），这又会对消费者的利益造成侵害，降低了社会整体福利水平。

从组织外部看，正因为缺乏竞争，一方面使该行业生产效率和产品与服务的供给质量难以提高；另一方面该行业的单一投融资渠道（政府财政融资），使公用事业领域的投资严重不足，供需矛盾日益尖锐。由于其他非公用事业企业在计划经济时期也完全由政府投资和管理，公用事业企业的发展就常常因投资不足导致发展滞缓，而这种公共品供给不足反过来又阻碍了其他国民经济产业部门的发展，形成了国民经济发展的"瓶颈"。这些原因共同造成了公用事业组织运行的低效率局面。

第二节　社会主义市场经济体制下的公共事业管理

一、社会主义市场经济体制概述

社会主义市场经济体制是中国改革开放所建立的市场经济体制。建立和完善社会主义市场经济体制是中国进一步深化经济体制改革的一项重要内容。1992年邓小平南方讲话时提出要建立社会主义市场经济体制改革，中共十四大正式建立社会主义市场经济体制。

在中国共产党的领导下，建立社会主义市场经济体制，既是改革开放实践的必然结果，也是十一届三中全会以来理论探索的重要成果。1978年，以党的十一届三中全会的召开为标志，我国走上了改革开放的道路，工作重心转移到经济建设上来。1979年，我们党领导人民在实践中摸索，实施的改革方针政策实际上是以市场为取向的改革。

1981年党的十一届六中全会通过的《关于建国以来党的若干历史问题的决议》中提出"以计划经济为主，市场调节为辅"的理论，尽管这一理论仍然坚持计划经济的总框架不变，但是，必须按照尊重和利用价值规律的要求来进行经济活动已开始成为人们的共识，从而现实经济活动也逐步纳入真正意义上的商品经济的发展轨道上来。1987年党的十三大提出"社会主义有计划商品经济的体制应该是计划与市场内在统一的体制"的观点。1992年党的十四大正式确立"我国经济体制改革的目标是建立社会主义市场经济体制"。

在党的十四大报告正式确定我国经济体制改革是建立社会主义市场经济体

制的方向以后，1993 年党的十四届三中全会作出了《关于建立社会主义市场经济体制若干问题的决定》。《决定》基于当时对社会主义市场经济的认识，设计了社会主义市场经济体制的基本框架，确立了社会主义市场经济体制改革的各项任务。从目前我国改革发展所取得的成就来看，总体上说，这一改革进程是顺利的，实践是成功的。

也可以说，原定初步建立社会主义市场经济体制的目标基本达到。社会主义市场经济体制是一种史无前例的体制，邓小平同志从社会主义的现实出发，提出"计划经济不等于社会主义，资本主义也有计划；市场经济不等于资本主义，社会主义也有市场"的科学论断，打破了长期以来禁锢人们头脑的传统观念，丰富和发展了马克思主义理论。① 二十几年来，我们在建立社会主义市场经济体制的改革实践中，对社会主义市场经济体制的建立和发展有以下认识：(1)社会主义市场经济体制是由计划经济体制向市场经济体制的飞跃；(2)社会主义市场经济体制是由私有制经济向以公有制为主体、多种所有制并存的所有制结构的飞跃；(3)社会主义市场经济体制是由自由放任的经济向有国家政府宏观调控的经济飞跃；(4)社会主义市场经济体制是由平均主义"吃大锅饭"的经济向效率优先、兼顾公平，逐步走向共同富裕的经济飞跃；(5)社会主义市场经济体制是由地区保护、行政垄断、闭关锁国的经济向内外开放、平等竞争的经济飞跃。

二、社会主义市场经济体制下的公共事业管理

进入 20 世纪 80 年代以后，我国政府深化了公用事业的改革，公用事业的单一经济体制已有突破，我国的公用事业得到了很大的发展，缓解了历史形成的"瓶颈"矛盾。政府对提供公用事业产品采取了两种基本的方式：一是政府直接生产，二是政府间接生产。政府直接生产的公用产品通常是邮政通信业、自来水、煤气、电力、铁路和公路系统等。这类公共品的自然垄断性较高，所以，它们的投资和管理基本上是由政府直接控制和监督的。政府间接生产的公共产品通常在交通运输、工程服务、基本设施等领域。间接生产方式主要是通过政府与非国有企业签订合同、授权经营、政府经济资助、政府参股等方式进行。如工程招标，桥梁、道路、发电站、港口、机场的政府参股，允许私人参

---

① 徐士英. 竞争推进及竞争文化建设的路径探寻[J]. 中国价格监管与反垄断，2017(10)：18.

股或兴办通信传呼等。这些措施的实施在一定程度上弥补了政府对公用事业投入的不足。①

　　20 世纪 90 年代以后，中国在公用事业管制改革方面的步伐加快，并取得了积极的效果。例如，航空业由于有多家新航空公司进入，改变了以往由中国民航独家经营的垄断局面。通过竞争，航空业的服务水平有明显的提高。电信业则由于中国联通的加入，结束了邮电部统一组网、独家经营的局面，竞争促使电信产品的服务价格不断下降。在价格管制方面，经过价格改革，逐步放开了价格的定价权，在公用事业定价方面引入了价格决策听证制度。另外，在市政公用事业方面，随着我国公用事业改革的深入和政府职能的转变，部分发达地区的外资与民营资本逐渐参与到公用事业的建设和投资中。例如，目前我国最大规模的污水处理厂——上海竹园第一污水处理厂项目，就是由以民间资本为主的投资联合体用 BOT 形式投资建设并专营 20 年。尽管在转型时期，我国政府逐步放松了原来严格的管制，也出台了一些放松管制的法规和政策，例如，2003 年年初建设部发布的《关于加快市政公用事业行业市场化进程的意见》就明确提出了开放市政公用事业市场，进行市政公用事业的市场化改革。但是，与世界大多数国家相比，中国公用事业行业的开放还很不够，其产业结构状况和现行的管制政策还很难适应社会主义市场经济的要求和自然垄断行业放松管制的世界潮流。中国对公用事业行业的政府管制仍过于严厉，放松管制的空间还很大。

第三节　中国公共事业管理体制改革的必要性分析

　　所谓公共事业管理体制，是指一个国家的公共事业经营管理体制，它具有两层含义：一是公共事业产品的生产方式，即由谁来生产公共事业产品；二是在生产方式基础上生成的政府对公共事业的经营管理体制，主要包括政府所规定的公共事业的市场结构（如独家垄断或寡头垄断），以及政府对公共事业生产经营的干预方式和程度。以上两方面内容结合起来，构成一个国家的公共事业管理体制。②

---

　　①　丁兆君. 公共产品理论适用性的再讨论——兼论社会共同需要论的回归[J]. 社会科学辑刊, 2014(3)：47.

　　②　任俊生. 论公用事业体制改革目标模式的四大特征[J]. 长白学刊, 2003(2)：56.

改革开放以来，我国对旧的公共事业管理体制进行了初步改革，自 1999 年以来，改革明显地加快了步伐，加大了力度。归纳起来，这些改革内容主要集中在以下三个方面：一是改革公共事业的投资体制，拓宽融资渠道，在一定程度上改变了我国公共事业产品的生产方式，开始由单一的公共生产方式向多元化的生产方式转变。二是打破垄断、引入竞争，改变公共事业的市场结构。在这方面，中国电信业和电力部门的改革最引人注目。三是实行政企分开，调整政府管制机构。如现在国家信息产业部已与中国电信等国有电信企业实现了政企分开。这些改革的内容在方向上应该说是正确的，在一定程度上缓解了旧体制与市场经济体制之间的矛盾，促进了我国公共事业的发展。但是，改革还仅仅是取得了阶段性成果。为进一步推进改革进程，当务之急是进一步明确公共事业政府管理体制改革的基本任务和目标模式，以便更快地实现政府对公共事业从直接经营到微观管制的角色和功能转换。

我国公共事业管理体制改革势在必行，主要有以下几个原因。

一、经济体制渐进式改革的结果

几十年来，由于我国坚持的基本方针是公共事业部门主要由国家兴办，国家直接管理，经费主要靠国家财政负担，致使国家兴办的公共事业部门规模过大，增长过快。公共事业部门人员剧增，给国家的财政造成沉重的负担，事业费开支高达上千亿元，几乎占国家财政总支出的1/3。

除了公共事业部门主要由国家兴办，经费主要由国家提供外，国家对公共事业部门的直接管理，也带来了许多问题。比如，国家对公共事业部门的直接管理，实际上都是通过各级政府或政府各个部门具体管理的，这就势必会造成条块分割、条块矛盾以及重复建设等弊端，其结果还会造成大量资金的浪费。上述问题，显然与市场经济发展的客观要求，与建立社会主义市场经济体制的目标，都是相距甚远的。

我国公共事业部门的主要症结是政事不分。所谓政事不分，是指公共事业部门承担的社会服务功能与拥有的某些行政权力合二为一，导致公共事业部门在实际运行中职能的混同。具体来说，政事不分表现在管理方式上，国家对公共事业部门的管理，基本采取了对行政机关管理的办法，在劳动、人事、工资、财务以及机构规格、名称等方面，都做出了与行政机关相同的规定，从而形成了国家对公共事业部门管得过死，统得过多，公共事业部门内部机制不完善，缺乏活力和效益的局面，在一定程度上影响了公共事业部门的自主性和积极性。表现在职能配置上，则是行政性公共事业部门职能的混淆。一方面，行政性公共事业部门行使的行政权力，代表着政府，发挥着"准政府机关"的作用；另一方面，按照公共事业部门的属性，它又承担某种社会服务的职能，这使国家对公共事业部门的管理出现了种种困难。因此，适应市场经济发展的需要，认真解决公共事业部门政事不分的问题，分离公共事业部门两种性质不同的职能，就成为公共事业部门改革的关键所在，也是促进公共事业部门走向社会化的根本途径。

公共事业部门在建设与发展中和经济建设脱节的现象仍比较突出，相当一些公共事业部门的经济效益、社会效益不好。在现代化建设中，国家、社会对公共事业部门的要求不断提高，特别是科研性公共事业部门，在促进科技进步、提高社会生产率方面有着举足轻重的作用。然而在现实生活中，有些公共事业部门长期游离于经济建设主战场之外，使科研成果难以转化为生产力，再加上科研与生产的脱节，以及传统科研管理体制的束缚，直接影响着企业的技术进步和技术构成的提高，也不利于产业结构向技术密集型转化。

与此相联系，在中国的众多公共事业部门中，还有相当一部分是社会效益不高、经济效益也不好的。为了改变这种状态，国家虽采取了种种措施，但至今仍收效不大。比如，从 1988—1992 年，国家通过一系列政策调整，试图扩大自收自支公共事业部门的比例。经过 5 年的努力，只从"吃财政"的公共事业部门中分离出 160 万人，绝大多数事业单位仍然靠财政拨款维持。由于经费不足，有些公共事业部门的事业发展缓慢，经济效益、社会效益都难以提高。以上情况说明，在新的形势下，改革公共事业部门，已成为我国行政体制改革中一个不容忽视的重要课题。

二、公共服务需求和供给严重不平衡的结果

随着我国市场经济的不断发展，一方面，经济的高速增长必然要求具有基础产业性质的公共事业的高速发展来支持；另一方面，我国城市化水平的不断提高必将对公共事业建设形成不断增长的巨大需求。要满足日益增长的需求，仅依靠政府的资金投入显然不够，这就要求进一步推动公共事业的市场化改革。我国公共事业必将有一个大发展时期。通常，城市化到 30% 以后是一个加速发展的时期，到 70% 以后是一个比较稳定的发展时期。

另外，人均 GDP 达到 800 美元 ~1000 美元的时候，是整个社会消费结构和经济发展的转折阶段。1000 美元以后则是解决住和行的问题、环境问题和

不断增长的物质文化需要问题。而我国目前恰恰是在 30% ~70%这样一个城市化快速发展时期。这就决定了在城市化快速发展时期，公共事业必须有一个较快的发展速度与之相适应。

改革开放以来，我国通过初步建立市场经济体制，比较好地解决了私人产品的供给问题。进入新世纪新阶段，我国的发展面临着新问题、新矛盾，诸如资源和环境的制约、发展不平衡，以及社会转型期城乡居民公共需求的全面快速增长等。实现新阶段的可持续发展，实现基本公共产品和服务的均等化，已经成为满足新阶段 14 亿中国人"物质文化需求"的两大任务。①

所以，从不同层面讨论民生问题，正是社会公共需求变化在社会中的反映。应当说，公共需求的全面快速增长同公共产品和服务不到位、基本公共产品短缺之间的突出矛盾，暴露出我们现行制度安排的某些缺陷，并对改革提出了新的要求。

新阶段的突出矛盾表明，当前我国已处在从初步小康向全面小康社会过渡、从生存型社会向发展型社会转变的关键时期。这个判断也揭示了进入新阶段基本公共产品短缺的原因所在。

三、国际环境影响的结果

国家环境的影响主要来自两个方面：一是世界性的公共事业民营化改革的浪潮冲击；二是我国加入 WTO 后的冲击。20 世纪七八十年代以来，以美国和英国为首的政府放松管制、开放公共事业市场、引进和强化市场竞争机制的民营化浪潮波及全球，对我国公共事业的改革也产生了一定的冲击。"入世"又强化了这种冲击。为改变我国公共事业部门的落后面貌，适应加入 WTO 的需要，近年我国开始对公共事业部门进行引入竞争机制的改革，但目前我国的公共事业大体上仍然是政府占据着主导地位，因此，有必要对我国公共事业部门进行市场化改革。

第四节　中国公共事业管理部门改革的实践

中国对公共事业管理改革是伴随着中国经济体制的市场化而进行的。在相当长的历史时期内，中国公共事业管理体制最基本的特征就是公共事业的具体

---

① 迟福林. 公共服务不足凸显"短缺"矛盾[J]. 人民论坛，2007(16)：18.

组织实施由政府设立的公共事业部门甚至政府机构直接承担，发展什么内容和什么水平的公益事业由政府计划确定，所需资金全部来自政府投入。这种体制产生了三个方面的问题：一是公共服务匮乏、水平低；二是不少领域存在效率低下问题；三是公共事业部门的发展模式受意识形态及政治运动影响突出。

自 20 世纪 80 年代中期以来，中国对公共事业部门体制进行了一系列改革探索。这些改革主要包括以下三个方面的举措：①调整行政管理体制，把部分过去由政府承担的事务交给市场；②改革公共事业部门的具体管理与运行方式，或对相关公共事业部门实施企业化改革；③在公共事业部门发展中引入民间和市场的力量，简而言之，就是对公共事业管理的三大主体即政府、非政府组织、市场之间的关系、主体功能、主体运作方式进行重新调整。

一、政府机构改革

基于国内外政治经济文化形势的变化，改革开放以来，中国政府先后进行了 10 次集中改革。这些改革大致经历了三个阶段：第一阶段是 20 世纪 80 年代，主要围绕中央和地方之间"集权与分权"的博弈而展开，随着中央的部分权力下放到地方，地方政府的积极性得到释放。第二阶段是 90 年代，随着市场经济的逐步确立，政府改革围绕政府与市场之间"哪些归政府管，哪些归市场管"的话题展开，认为国家与社会、政府与市场是此消彼长的关系，因此，无为而治的"小政府"模式被一度看好，裁并机构、精简人员成为政府改革的主要内容。进入新世纪，改革进入第三阶段，这时人们对政府改革的认识进一步深化，认为一个良好的政府，应该是能有效提供公共管理和公共服务的政府。基于这种认识，"转变政府职能"成为这一时期政府改革的关键词。这里着重介绍其中几次政府机构改革。

（一）1998 年改革：大幅精简机构，分流人员近半

这次改革是改革开放以来职能转变最彻底、机构变动最大、人员精简最多、改革力度最大的一次。虽然此前进行的多次改革都取得了一定进展，但由于受历史条件限制和宏观环境制约，很多问题未能得到根本性的解决，随着市场在配置资源中的基础性作用日益增强，政府职能、机构设置和人员编制等与社会主义市场经济发展需要之间的矛盾日益突出，改革势在必行。1997 年 9 月，党的十五大提出进行机构改革的要求。1998 年，改革开放以来的第四次政府改革启动。这次改革的首要任务仍然是转变职能，对宏观调控部门和专业

经济管理部门承担的主要职责进行了区别划分。同时按照权责一致的原则，调整和理顺了部门职责分工，相同或相近的职能尽可能交由一个部门承担，较好地解决了过去长期存在的职能交叉、权责不清、政出多门、"九龙治水"等问题。经过改革，国务院组成部门由 40 个精简为 29 个。与此同时，这次改革还对党中央、全国人大、全国政协、法院检察院、人民团体等机构进行了调整，通过分流、培训等渠道，党政群等机关人员精减 20%，国务院各部委人员精减 48%。

(二)2008 年改革：探索大部改革，加强民生职责

经过 30 年的改革开放，我国进入全面建设小康社会新的历史时期。面对新形势新任务，2007 年，党的十七大明确提出要加快推进行政管理体制改革。十七届二中全会讨论通过了《关于深化行政管理体制改革的意见》和《国务院机构改革方案》。这次改革的最大亮点是探索实行职能有机统一的"大部门"制改革，进一步转变政府职能，理顺部门职责关系。改革的主要内容：一是进一步优化国家发改委、财政部、中国人民银行等宏观调控部门的宏观经济调控职能，建立健全协调配合机制，形成科学、权威、高效的宏观调控体系。二是组建国家能源局，统一管理国家能源工作，由国家发改委管理。三是组建工业和信息化部，管理国家国防科技工业局，统一领导国家工业和信息化工作。四是组建交通运输部，整合除铁路以外的公路、民航、水运等交通管理职责，管理国家民用航空局、国家邮政局等。五是组建人力资源和社会保障部，统筹各类人力资源管理，组建国家公务员局，由人力资源和社会保障部管理。六是将原环保总局升格为环境保护部，负责协调解决重大环境问题。七是着眼于解决住房等民生问题，组建住房和城乡建设部。八是着眼于加强食品安全管理的地方政府职责和综合治理，将食品药品监管体制由省以下垂直管理调整为各级地方政府分级管理。经过改革，国务院设置组成部门 27 个，直属特设机构 1 个，直属机构 16 个。

(三)2013 年改革：大部制改革的延续

2013 年政府机构改革紧紧围绕职能和理顺职责关系，稳步推进大部门制改革，实行铁路政企分开，整合加强卫生和计划生育、食品药品、新闻出版和广播电影电视、海洋、能源管理机构。主要包括以下几个方面：一是实行铁路政企分开；二是组建国家卫生和计划生育委员会；三是组建国家食品药品监督

管理总局；四是组建国家新闻出版广播电影电视总局；五是重新组建国家海洋局；六是重新组建国家能源局。①

这次改革，国务院正部级机构减少 4 个，其中组成部门减少 2 个，副部级机构增减相抵数量不变。改革后，除国务院办公厅外，国务院设置组成部门 25 个。

(四)2018 年改革：进一步深化改革，未来可期

2018 年，国务院机构改革的要求是，深化国务院机构改革，要着眼于转变政府职能，坚决破除制约市场在资源配置中起决定性作用、更好发挥政府作用的体制机制弊端，围绕推动高质量发展，建设现代化经济体系，加强和完善政府经济调节、市场监管、社会管理、公共服务、生态环境保护职能，结合新的时代条件和实践要求，着力推进重点领域、关键环节的机构职能优化和调整，构建起职责明确、依法行政的政府治理体系，增强政府公信力和执行力，加快建设人民满意的服务型政府。

二、事业单位管理体制改革

(一)事业单位管理体制的特点

事业单位管理体制是为了有效地对事业单位进行管理，使之更好地提供事业产品即必需的公共服务，保障和发展公共利益，国家通过相关的法律法规等形成的一整套有关政府对事业单位进行管理的各种制度和行为规范的总和。在这里，事业单位管理体制主要是指国家对事业单位进行管理的制度和机制，而不是事业单位内部的管理机构和机制。在我国，事业单位管理体制相当程度上是行政管理体制的一个重要组成部分，也是国家政治体制的一个组成部分。因此，事业单位管理体制改革的实质是要解决政府与事业单位的关系问题。

事业单位管理体制是我国计划经济体制的产物，传统的事业单位管理体制最突出的特点就是国家对事业单位的集中统一管理。主要表现为：（1）政府办事业，即事业单位主要由各级政府及其工作部门直接举办；（2）政府管事业，即事业单位的管理和经营活动均由其主管的政府直接控制；（3）政府养事业，即事业单位经费由国家财政供给。这种高度集中的事业单位管理体制有以下几

---

① 戴安林. 新时期行政体制改革的历程[J]. 湘潮，2014(4)：43-44.

个特点。

1. 事业单位活动的非经济化

我国事业单位活动开展缺乏公共事业与经济之间的内在联系，不能促进事业单位的商品化生产经营的发展，从而既影响了"公共事业"经济的成长和事业本身的发展，又影响了其他"非事业"产业经济增长的速度和质量。

2. 事业单位的行政化

我国公共事业机构存在行政化问题。各类公共事业机构之间的责、权、利划分界限不清，国家包办并直接控制公共事业运营的情况严重，现有的许多公共事业组织仍带有浓重的"官办"色彩，其业务展开不是依靠市场而是依靠政府主管部门的"权威"。

3. 资源配置的非社会化

我国公共事业资源配置存在非社会化问题，即我国公共事业资源配置缺乏明确的目标，各事业部门和单位之间不通有无，相互分割，相互封闭，互不开放，由于低水平的重复建设造成公共事业资源的大量浪费。

4. 运行机制的非效率化

我国事业单位运行机制存在非效率化问题，事业单位内部缺乏利益激励机制、竞争机制、约束机制、风险机制等，事业单位存在无效率运行状态和公共事业部门人浮于事、资源利用率低、不计成本、不讲效益的问题。①

（二）事业单位管理体制存在的问题

现阶段，虽然事业单位仍然是我国提供公共服务的主要承担者，但是，随着建立和完善社会主义市场经济体制改革的深入，随着国企改革已基本告一段落和行政机构改革走向实质性改革阶段，计划经济体制下形成且目前总体仍未根本改变的事业单位及其管理体制与现实的不相适应之处日益突出，已难以满足社会经济发展的需要和广大人民群众不断增长的对事业产品的需求，一定程度上已成为当前改革继续走向深入的瓶颈。

1. 事业单位存在的问题

改革开放后，尤其是建立社会主义市场经济体制改革展开以来，随着我国社会主义市场经济体制的初步确立，在经济获得较大发展的基础上，公众的自主独立意识增强，对公共服务的数量和质量的要求不断提高，公共消费需求呈

---

① 吕梅花. 浅谈我国公共事业发展的现状及对策[J]. 改革与开放，2011(24)：9.

现个性化的特点，事业单位与现实不相适应的矛盾日益突出，主要表现为以下几点。

（1）事业单位经费支出大，人头费比例高，使国家财政负担十分沉重。相应地，事业单位机构臃肿，人浮于事，效率低下，而且收费过多过乱。事业单位人员的快速增长尤其是"吃皇粮"的人员增长过快，使得事业单位的人头费每年高达上千亿元，各级财政不堪重负。

（2）社会效益不佳，官僚作风严重。由于事业单位总体上仍然由国家财政供给，且与行政管理部门的隶属关系没有从根本上改变，因而，一方面，国家对事业单位统得过多，管得过死，导致事业单位内部机制不完善、影响活力和效益的情况仍然存在。在国家财力紧张的情况下，事业单位得不到足够的发展事业的经费，事业发展缺少必要的资金，从而使事业单位在从事本职工作时积极性不高，导致了事业单位服务社会功能不断弱化、萎缩。另一方面，由于在对事业单位"放权""搞活"时对事业单位的根本性质缺乏明确的定位，因而使不少事业单位热衷于通过各种方式甚至利用手中所执掌的行政权力去"营利""创收"，总是千方百计地争取收费项目，进行事业收费，其名目繁多、数量过大、标准过高，而且往往是多收费、少服务，甚至是收费而不服务，加重了群众负担，损害了公共部门的形象。

（3）与经济建设结合不紧密。由于传统的总体上将事业单位视为非经济领域的定位没有改变，也没有相应提高对现代公共事业本质及其与社会经济联系的认识，没有对事业单位尤其是其中的科研等单位进行必要的分类管理，因而或是使科研单位的成果难以转化为生产力，或是使科研单位难以有必需的经费支持从事虽不是直接但却是经济建设基础性的研究工作，结果使事业单位长期游离于经济建设之外的情况没有根本的改善。

（4）内部运行机制不活。由于事业单位隶属于各级政府部门，各种公益事业活动主要依靠行政部门和行政官员运用行政手段进行组织协调和管理，事业单位免不了成为主管部门的附庸，各级政府部门对事业单位，从用人、工资分配到资金、项目和具体业务各方面都进行直接管理，且决策高度集中，使事业单位尚未有从事专业性很强的公益活动的自主权，社会化程度低，缺乏自主为经济建设服务的动力和活力。事业单位内部在分配制度上仍然存在吃"大锅饭"现象，没有形成公平竞争。同时，事业单位在组织形式、管理方式、人事制度等方面还在仿效行政机关，内部管理基本照套党政机关的科层模式，行政化十分突出。

2. 事业单位管理体制存在的问题

事业单位运行中存在的种种问题，究其原因，主要并不在于事业单位本身，而在于现行事业单位管理体制。现有的事业单位管理体制是在计划经济体制下形成的，虽然改革开放以来经历了多次改革，但其基本结构没有改变，即总体上仍然维持政府办事业、政府管事业、政府养事业的管理体制，政府全权负责并垄断事业领域的格局没有变，从而与正在走向深入的社会主义市场经济体制改革形成了诸多矛盾和问题。事业单位管理体制存在的问题，相当程度上就是事业单位运行中存在问题的原因。现阶段事业单位管理体制存在的主要问题是：

其一，投资主体单一。传统上，我国事业单位基本由国家主办和管理，改革开放以来，虽然开始有民间力量参与公益事业服务，但总体程度仍然很低，不仅一些行业存在国家垄断，整个事业单位中也缺乏竞争，从而不仅影响了事业单位自身发展与创新的积极性和主动性，不利于提高事业单位的经济效益和社会效益，而且使政府背上了沉重的财政负担，反过来又影响了事业单位发展水平的提高。

其二，布局结构不合理。由于我国事业单位大多是由各级政府及其工作部门运用行政手段按部门和地区层次举办和管理的，这种部门所有、条块分割的布局一般都缺乏统筹规划，结构极不合理。部门分割、地区分割、军民分割的结果是盲目发展，结构失衡，资源浪费，效率不高。而且，事业单位在资源配置格局上的条块分割和资源利用方式上的内部封闭，使得各个事业单位自成系统，只能在狭小的范围内为本部门提供自我服务，"大而全""小而全"，自给自足、自我满足，不仅使闲置的资源不能共享，存在明显的浪费，而且不利于政府统筹规划，充分有效地利用现有资源。

其三，政事不分的格局没有打破，管理手段不适应。我国计划经济体制下形成的事业单位管理体制，总体上呈现出政府办事业、政府管事业、政府养事业的基本特点。正因为这一管理体制，将事业单位纳入了行政管理部门的一体化系统中，事业单位相当程度上成为政府机构的延伸，从而最直接的结果就是政事不分与政事一体化。这样，一方面，在事业单位提供什么样的公共服务、提供多少数量的公共服务、以什么样的方式提供公共服务的问题上，政府部门往往将事业单位的"事"作为"政"，直接以包括行政命令、指示、规定、条例、指令性计划等在内的行政手段进行管理，这些管理直接涉及事业单位具体而微观的活动，如事业单位的目标、任务、人员编制、活动经费、岗位设置、人事任免等，均由上级行政主管部门负责。① 另一方面，国家财政对事业单位的运行全面负责，具体表现在：一是事业单位的人员全部列入国家编制，由国家财政供养；二是事业单位所需的活动经费由财政负担；三是国家为事业单位制定了统一的事业财务制度，包括事业单位经费预算收支科目、预算级别，开展事业活动中有关事业经费的领拨、缴销、运用、管理、监督等，都进行了具体的规定。而就事业单位而言，由于人员列入国家编制，以财政支撑并接受行政指令来运行，也就将自己范围内的"事"作为"政"，相当程度上也就成了行政管理部门的一个下级部门，因而事业单位都具有相应的行政级别，其财务制度、人事制度和社会福利制度也完全等同于行政单位，其职能行使也带有较为明显的行政性。所以，整个事业单位的运行上表现出明显的行政化。

（三）我国事业单位改革的历史沿革

党的十一届三中全会至今，我国事业单位改革大体经历了四个阶段。

第一阶段：1978 年党的十一届三中全会到 1992 年党的十四大。这一阶段主要是拨乱反正，恢复社会事业，适当下放各类事业单位的管理权，大多数事业单位实行行政首长负责制，行政首长对本单位有经营管理权、机构设置权、用人自主权和分配决定权。1985 年 3 月，中央下发了《关于科学技术体制改革的决定》，科技体制改革全面展开。在科研事业单位改革的同时，同年 4 月，国务院批转了卫生部《关于卫生工作改革若干政策问题的报告》，对卫生事业单位改革提出了要求：扩大卫生机构自主权，实行院、站、所长负责制；发展集体卫生机构，鼓励和支持集体经济组织、城镇和街道组织举办医疗卫生设施，支持个体开业行医，村一级卫生机构可以由集体经济组织举办，也可以承包给乡村医生和卫生员集体举办，也可以由卫生院下乡设点。5 月，中央又下发了《关于教育体制改革的决定》，决定对教育事业单位进行改革：有步骤地实行九年制义务教育，基础教育由地方负责、分级管理；调整中等教育结构，大力发展职业技术教育；改革高等学校的招生计划和毕业生分配制度，扩大高等学校办学自主权。之后，中办、国办又转发了文化部《关于艺术表演团体改革的意见》，对文化事业单位改革作出了部署。在上述文件的指导下，从 1985 年开始，我国事业单位改革在科研、卫生、教育、文艺等领域陆续展开。②

---

① 朱仁显，李楠. 我国事业单位管理制度构建与改革的价值选择——基于公平与效率的视角分析[J]. 山东社会科学，2017(1)：87.

② 王澜明. 改革开放以来我国事业单位改革的历史回顾[J]. 中国行政管理，2010(6)：9.

第二阶段：1992 年党的十四大到 2002 年党的十六大。1993 年，党中央印发的《关于党政机构改革的方案》和《关于党政机构改革方案的实施意见》中明确提出，事业单位改革的方向是实行政事分开，推进事业单位的社会化。各级党政机关尤其是中央和省级机关要减少对事业单位的直接管理，有条件的事业单位要下放；打破部门所有制和条块分割，拓宽事业单位的服务领域，使事业单位成为面向全社会提供服务的独立法人，促进事业单位与经济建设相结合；鼓励集体、企业、个人和各种社会力量兴办事业单位；事业单位在职能、人事制度、工资制度、管理体制等方面，都要与党政机关区别开来。这期间，事业单位的改革，结合党政机构改革同步进行。在此基础上，1996 年，中办、国办印发了《中央机构编制委员会关于事业单位改革若干问题的意见》，这是党和国家就事业单位改革下发的第一个专门文件。文件提出了事业单位改革的指导思想和目标，以及事业单位改革的具体措施。按照这一文件，主要从事生产经营活动但作为事业单位管理的事业单位，原则上改为企业；一些实行企业化管理又主要由市场引导资源配置的应用技术开发单位等，并入企业或改办为科技先导型企业。

第三阶段：2002 年党的十六大至 2007 年党的十七大。党的十六大报告进一步强调，"按照政事分开原则，改革事业单位管理体制"；十六届三中全会提出"继续推进事业单位改革"；四中、五中全会进一步提出"加快推进事业单位分类改革"。按照这些精神，各省区市都选择了一些领域和若干地市开展分类改革的综合试点。这期间，有 9 个省、区、市出台或研究拟定了分类改革方案，13 个省、区、市对事业单位进行了摸底调查和清理整顿，7 个省、区、市对事业单位进行了模拟分类，13 个省、区、市推进了改革试点工作，其中进展较快的省、区、市已完成试点。各地开展事业单位分类改革综合试点的主要做法有：合理划分政事职责，把事业单位承担的行政职能划归行政机关，把机关承担的一些辅助性、技术性、服务性职能交给事业单位；推进事业单位社会化，建立事业单位法人登记制度，鼓励支持事业单位实行横向联合，变事业单位由国家举办、靠国家花钱为"花钱买服务"；对重复设置、业务相近、规模过小、任务已完成或严重不足的事业单位予以撤销或合并，将主要从事生产经营活动的事业单位转制为企业，部分具有行政职能的事业单位并入行政机关。这期间，文化事业单位改革试点成为事业单位改革的一个亮点。从 2003 年 7 月开始，在党中央、国务院的领导下，在中央文化体制改革试点工作领导小组的具体指导下，在全国 9 个地区和 35 个单位进行了文化体制改革试点。试点将文化事业单位分为公益性和经营性两类，前者以增加投入、转换机制、增强活力、改善服务为重点，后者以创新体制、转换机制、面向市场、壮大实力为重点。经过试点，文化事业单位的体制机制有了较大突破，一大批事业单位通过改革焕发了生机与活力。

第四阶段：2007年党的十七大至今。党的十七大要求进一步深化事业单位的分类改革。十七届二中全会通过的《关于深化行政管理体制改革的意见》对深化事业单位改革提出了具体要求，明确按照"政事分开、事企分开和管办分离"的原则，对现有事业单位分三类进行改革。主要承担行政职能的，逐步转为行政机构或将行政职能划归行政机构；主要从事生产经营活动的，逐步转为企业；主要从事公益服务的，强化公益属性，整合资源，完善法人治理结构，加强政府监管。为了探索经验，2008年国务院决定在山西、上海、浙江、广东、重庆进行事业单位改革试点。文化事业单位改革整体推进，各地在已取得成效的基础上，继续扩大改革范围，深入发展。为了推动改革，2008年10月国办印发了《关于文化体制改革中经营性文化事业单位转制为企业和支持文化企业发展两个规定的通知》，明确了改革的配套政策措施。到2008年年底，全国333个地级市中，开展文化事业单位改革的已达117个。2009年，对出版社进行改革，全国出版社除保留4家外，全部转企改制为企业；杂志社的转企改制工作也逐步展开。多年来，卫生事业单位改革一直没有停止。在新农合和城市社区卫生服务机构基本健全后，2009年4月，党中央、国务院下发了《关于深化医药卫生体制改革的意见》，提出医药卫生体制改革坚持公共医疗卫生的公益性质，实行政事分开、管办分开、医药分开、营利性和非营利性分开，以建立健全覆盖城乡居民的基本医疗卫生制度，切实缓解"看病难、看病贵"的问题。

(四)我国事业单位管理体制改革的基本共识和分歧

我国事业单位的改革始于1984年。但近20年来主要是局部改革而非整体改革，主要侧重于机制改革而非体制改革。在积累了近20年公共事业部门改革经验、20多年经济体制改革经验、近50年行政体制改革经验的基础上，党的十六大提出了"按照政事分开的原则，改革公共事业部门体制"的要求，由此为事业单位改革定了基调。

由于事业单位的复杂性，事业单位改革的艰巨性远甚于行政体制改革和经济体制改革，由此导致事业单位改革的整体方案很难确定。事业单位改革大幕就是在缺乏中央统一的整体方案的背景下在一些地方悄然开始的。这也是我国公共事业部门改革与行政体制改革、经济体制改革的不同之处，同时也反映出，在事业单位改革的一些基本问题上还缺乏足够的共识。

1. 关于事业单位改革方向的基本共识

此方面的基本共识是，事业单位改革的方向是去行政化和去企业化。作为事业单位改革的两项基本原则——政事分开和事企分开，清楚地表明去行政化和去企业化只是事业单位改革的一个大方向，它如何转化为具有可操作性的改革目标，还需进一步探索。具体而言，事业单位改革应该聚焦三个重点问题：一是政府、市场、社会的角色定位和职能分工；二是公共服务部门的激励机制与付费机制；三是公共服务的组织方式和管理机制。①因此，此项改革的目标是建立一个能够与社会主义市场经济体制相适应、精简高效、结构合理的现代事业组织体系。改革后的事业单位管理体制，应当更有利于各项事业的发展和单位自身的发展、改善和提高公共服务的质量、推动经济发展和社会进步、尽可能满足社会各方面的需求。理性的做法是，不同的事业单位应该根据自身的特点选择不同的改革目标。

2. 关于事业单位改革思路的基本共识和分歧

对于事业单位的改革思路，已形成的基本共识是分类改革，即在分类的基础上对不同类型的事业单位分别确定不同的改革目标、适用不同的改革方案，然后按照政事分开、事企分开的原则提高事业单位的纯度，使行政职能尽量收归行政机关，市场业务则交由企业。

但如何对事业单位进行分类却存在分歧。目前存在着"三分法""四分法""五分法"三种有代表性的观点。所谓"三分法"，即将事业单位划分为行政执行类(也称行政管理型、社会管理型)、公共事业类(也称社会公益型、公共服务型)、开发经营类(也称生产经营型)。所谓"四分法"，即行使支持类(管理执法型)、公益类(公益型)、准公益类(技术和中介型)、服务经营类(生产经营型)。所谓"五分法"，即行政执法类、社会公益类、技术服务类、中介服务类、生产经营类。无论是哪种分类方法，都改变了过去以财政拨款的经费形式为唯一的分类方法，而以事业单位的职责和功能进行分类，并对不同类别的事业单位采用不同的管理机制。

尽管存在分歧，但事业单位改革已进入快车道，从事业单位改革的整体出

① 陈那波. 中国事业单位改革方向[N]. 中国社会科学报，2018-07-09(8).

发，中编办一位官员所提出的"两点三线论"值得注意：今后，我国事业单位改革应"立足两个点""把握三条线"，即立足市场、立足法治，推进事业单位举办主体多元化、管理体制多元化、分配方式灵活多样。

三、非政府组织管理体制改革

非政府组织是公共事业管理主体系统的必要组成部分，而从我国公共事业发展的基本需求，正在开展的政府社会管理改革中已出现的大量社会性、群众性、公益性和服务性职能从政府职能中分离出来，以及政府社会管理方式的市场化和社会化来看，通过加强对非政府组织的培育和监督管理来促进非政府组织的发展和完善，是一项极为重要的改革任务。

发展和完善非政府组织的目标，是在继续扩大数量的同时，重点加快非政府组织的自治化进程，使之成为比较规范的非政府组织。从我国的国情来看，这一过程无疑有待于市场经济改革的继续深入，以及社会财富的增加、民众公共意识的提高，但从操作的角度看，政府无疑居于关键的地位。培育和监督管理好非政府组织应是政府社会管理改革的重点，因为只有通过政府社会管理方式改革及相关法律法规的确立，才能为非政府组织的发展造就必需的外部条件，而只有在非政府组织的发展基础上，政府社会管理改革才有达到目标所必需的社会条件。

非政府组织管理体制改革主要包括以下几个方面。

(一)推进"政社分开"改革

从培育非政府组织来看，现阶段政府有两项主要的工作，即在社会领域推进"政社分开"改革，在全社会逐步树立起"只要是社会能做的事，政府就不要插手"的观念，并在社会生活的各个方面确立相应的法律制度。政府逐步有序地从社会微观领域中退出，使非政府组织有必需的活动空间，扩大非政府组织的数量，加快非政府组织的自治化进程。

(二)改革有关登记管理方面的法规政策

当前我国非政府组织登记管理体制的基本特点是：门槛高、限制多、监管不力。其中最核心的原则是双重管理体制，即对非政府组织实行"登记管理机关"和"业务主管单位"双重审核、双重负责、双重监管的原则。由于业务主管单位要对所属非政府组织的活动负责，却不能从中受益，加之条例中并没有对业务主管单位作明确指定或者必须审批的义务规定，从而导致各业务主管单位对申请的非政府组织，尤其是民间成立的组织，大多采取推托的态度，使得独立申请的非政府组织很难被批准，不得不转而求助工商登记或者不登记。双重管理体制成为制约非政府组织发展的门槛。另外，分级管理原则、非竞争性原则、限制分支原则等均遗留着计划经济体制下政府对社会事务采取行政管理的痕迹，制约了非政府组织的独立发展。①

(三)加强政府采购对非政府组织的财政支持

资料显示，非政府组织的平均收入来源结构为：服务收费(49%)、政府资助(40%)和慈善所得(11%)，其中保健(55%)、教育(47%)和社会服务(45%)领域政府的资助尤其显著。这说明政府的财政支持对非政府组织的发展是必不可少的。政府采购，尤其是公开招标的方式，应是非政府组织获得财政支持的重要渠道，但在目前的实际运行中，大部分非政府组织尚未被纳入采购的对象。因而，在政府采购的进一步改革中，有必要认识到非政府组织是政府采购的重要面向对象，政府采购需要认真贯彻公开透明、公平竞争、公正和诚实信用的原则，这样才能有利于非政府组织的发展和社会公益事业的开展。

(四)完善相关法律法规

一方面，需要逐步完善有关非政府组织尤其是其活动的民事法律法规，在制定有关民间组织的基本法律的基础上，需要修改和进一步完善民间组织登记管理的专项法规体系。在现行法规的基础上，就基金会、行业协会等经济团体、海外民间组织的登记管理尽快制定专项法规，并在时机成熟的时候探讨制定有关公益慈善团体、公共筹款机构等团体的登记管理方面的专项法规。

另一方面，我国目前尚缺乏一套系统、可行的针对非政府组织的税收政策。一般而言，对非政府组织的税收优惠包括两个方面：一是对非政府组织自身的优惠；二是对面向非政府组织的捐赠方的优惠。我国现行有关非政府的税收优惠主要依据国税发〔1999〕65号文件《事业单位、社会团体、民办非企业单位企业所得税征收管理办法》，此前有1997年财政部和国家税务总局下发《关于事业单位社会团体征收企业所得税有关问题的通知》及《关于对社会团体收

① 周海博. 第三部门提供公共物品与服务的 SWOT 分析及对策研究[J]. 山东青年政治学院学报，2015(4)：119-120.

取的会费收入不征收营业税的通知》，规定了对社会团体的财政拨款、政府资助、社会捐赠、会费等方面收入免征企业所得税，对社会团体规定标准的会费不征收营业税等。1999 年国家税务总局《关于基金会应税收入问题的通知》又对基金会的企业所得税问题做了规定。在对捐赠方的优惠方面，1999 年国务院公布《公益事业捐赠法》规定，自然人、法人或者其他组织对公益事业的捐赠享受相应的税收优惠，这是涉及捐赠方税收优惠的重要法律。税法中应明确体现出对非政府组织的界定、对不同类型非政府组织减免的税种、减免幅度等具体内容。

（五）完善社会监督机制

我国目前监督管理社会团体和民办非企业单位，采取登记管理机关和业务主管单位的双重管理体制，资产来源属于国家资助或者社会捐赠、资助，并接受审计机关的监督。但事实上，尽管年检工作消耗大量的时间和精力，面对成千上万个各式各样的非政府组织，有限的管理人员很难通过年检真正达到对非政府组织的有效监督。从国际经验来看，社会监督是一个不可替代的机制。社会监督机制的首要原则是公开。非政府组织必须向社会公众公开其财务、活动、管理等方面的信息。另外，非政府组织由于其民间性和非营利性，与政府和企业的财务制度有着许多不同之处，如利润计算、报表项目、评价标准等，因而建立非政府组织独立的财务和审计制度，是对其实行监督管理的前提。

总之，中国的非政府组织已经取得了一定的发展，但仍处于营养不良的起步阶段，尤其是构建有效促进非政府组织的培育、发展和管理的法律制度体系，仍然是一个需要长期努力的系统工程。但是非政府组织发展的大趋势已经不容改变，面对市场经济、多元治理的必然趋势，迫切需要构建和完善相关非政府组织的法律体系，用良好的制度条件促进非政府组织的健康发展，逐步建立起一个成熟的公民社会，以应对不断改变的公共事业管理的需求。

思考题

1. 简述计划经济体制下公共事业管理的特点。
2. 社会主义市场经济体制下公共事业管理改革的动因是什么？
3. 我国公共事业管理部门改革的原因有哪些？
4. 我国事业单位管理体制存在哪些问题？

5. 你对我国事业单位改革有哪些好建议?

案例分析

2009 年 3 月,《中共中央国务院关于深化医药卫生体制改革的意见》就进一步完善医疗服务体系指出:坚持非营利性医疗机构为主体、营利性医疗机构为补充,公立医疗机构为主导、非公立医疗机构共同发展的办医原则,建设结构合理、覆盖城乡的医疗服务体系。

公立医院是公益性的事业单位,但由于多年来政府补偿机制不完善,造成公立医院主要靠业务收入维持医院的正常运转,使公立医院偏离了应有的公益性。目前,上海公立三级和二级医院的政府投入分别占医院收入的 5% 和 10% 左右。上海市某区一项研究显示:2006—2008 年上半年,该区公立二级医院的医疗支出通过医疗收入补偿的占 80% 左右,通过药品结余补偿的占 10% 左右,政府经常性补贴补偿的占 8% 左右,医疗支出主要通过医疗收入、药品结余得到补偿。公立医院主要通过提供医疗服务和提供药品服务来获得生存和发展的资金。同时,为了获得收入,各级公立医院无序竞争加剧,使得医疗资源配置更加不合理,还出现了过度医疗、以药养医、拿红包、拿药品回扣等问题。所谓过度医疗,是指医生违背医学规范和伦理准则,脱离病情实际需求,实施不恰当、不规范、不道德的医疗行为,包括过度检查、过度治疗、过度用药等。过度医疗使"治病救人"变成"不治病而害人",在社会上造成恶劣影响。

(资料来源:薛迪. 试论我国公立医院改革的关键点[J]. 中国医院管理,2010,30(7):2.)

问题:公立医院存在的这些问题与我国的公共事业管理体制有什么关系?

第 ⑩ 章　听证制度

伴随着公共权力的扩张，听证制度作为现代化进程中民主的一种实现形式、管理的一种有效方式，已成为公共事业管理现代程序中的一项重要制度，被现代法治国家所普遍采用。在我国，听证制度是一个舶来品。自 1996 年我国实施听证制度后，现已成为程序法律制度中的核心制度之一，在立法上得以确立，在我国立法、行政、司法等领域的实践中得以广泛施行。而且，随着我国各级公共组织听证制度的不断推出，尤其是其较强的功能体现，使得听证制度越来越成为社会关注的焦点。作为公众参与的决策制度，听证制度正在走进中国普通百姓的生活。怎样认识听证制度，不仅是公共管理部门的任务，每一个社会成员也必须在思想上正确看待这一"新生事物"。本章主要介绍听证制度的内涵、原则、功能以及我国听证制度的现状等。

第一节　听证概述

不同国家，不同层面，不同角度，对听证均有不同理解。一般来说，作为一种制度，听证是指在决定重大问题前，作为一项程序专门听取相对人（多指社会公众）的申述和辩解（护）等。它是权力公正行使的一项程序，被认为是现代民主、法治和科学管理的重要标志。由于它所运用的领域不同，也呈现出不同的状态。若运用于立法领域，则称之为"立法听证"；若运用于司法领域，则称之为"司法听证"；若运用于行政领域，则称之为"行政听证"。本章主要根置于公共事业管理领域，从公共决策的角度重点探讨"行政听证"。

一、听证的定义

听证，有广义和狭义之分。广义的听证泛指行政机关听取当事人意见的程序，如在美国，听证是指听取利害关系人意见的法律程序。① 狭义的听证特指行政机关以听证会的形式听取当事人意见的程序，是一种正式的听取当事人意见的程序，如日本、韩国等一些大陆法系国家。在采用狭义听证概念的国家，行政机关听取当事人意见的方式，除听证外，还有其他形式，并有专门的概念与听证区分。我国对听证采用狭义的概念，如行政处罚法中规定的听证指"行政机关在作出行政处罚之前，公开举行由利害关系人参加的听证会，对事实进行质证、辩驳的程序"。②

在理论研究领域，国内学者对于听证的概念也是众说纷纭。我们倾向于这样去界定听证：听证是指以政府为核心的公共部门在作出影响公民或公众利益的公共决策之前，以听证会的形式听取利害关系人、社会各方及有关专家的意见，并据此作出公共决策以实现良好治理的一种规范性程序制度。

二、听证的基本内涵

尽管对听证的定义多种多样，但就其内涵而言，最直接最根本的一点就是"听取当事人的意见"，特别是在作出不利于当事人的决定之前，听取其意见，以确保有关决定的公平和正确。③ 具体来说，主要体现在以下几方面。

(一)公共决策前行为

听证是在公共部门作出决策之前的一种行为，体现的是公共决策制定过程中的一个环节，一种程序。它的目的就是为了广泛听取各方面的意见，尽可能地体现公众的意志，使制定的公共决策合法合理，以确保其有效实施。因而，听证发生的时间对于听证的意义有着决定性的作用，它必须安排在公共部门作出决策之前，否则，就背离了它最初的目的，失去了听证根本性的意义和作用。

---

① 王名扬. 美国行政法[M]. 北京：中国法制出版社，1995：382.
② 《中华人民共和国行政处罚法》第四十二条。
③ 王名扬. 英国行政法[M]. 北京：中国政法大学出版社，1989：15.

(二)多元参与主体

公共决策本身体现了决策范围内的人的共同利益，其涉及的利益主体，一是数量多，二是利益主体多元化。所以，参加听证的代表应该是来自社会各领域、各阶层、各方面的，且必须具有一个较为合理的比例，这样才能保证公共决策尽可能地体现公众的意志，顾及各方的利益。

(三)听证代表发表意见

法律赋予了听证代表陈述权、质询权和申辩权等，所以，听证代表必须充分利用这种权利，在认真调研的基础上，如实反映群众和社会各方的意见，发表自己的看法、见解；对决策支持与否，都必须表明态度并阐明理由，切实履行代表职责。

(四)公共部门听取意见

公共部门在听证过程中要努力创造条件，使听证会真正成为公共部门和广大人民群众之间汇集各方面意见和建议的渠道，且必须充分听取各方面的意见，并在作出决策时充分考虑这些意见，让公众最大限度地参与国家事务决策。否则，不仅架空了听证，而且增加了公共管理成本。

三、听证的渊源与法理基础

"听证"(Hearing)，源于西方资本主义国家，最初开始适用于司法领域，是诉讼上应当听取利害关系人意见的法律程序，谓之"司法听证"；后来，听证也被广泛应用于立法和行政方面，谓之"立法听证"和"行政听证"。现在，听证制度是西方资本主义国家普遍推行的制度，而且已成为西方国家行政程序法基本制度的核心。

英国普通法中的"自然公正"(Natural Justice)原则一般被认为是西方听证制度最早的法理基础，它包含两个最基本的程序规则：一是任何人不能成为与自己有关案件的法官；二是任何人的辩护必须被公正地听取。[1] "自然公正"原则在英国具有主导地位，尤其是 20 世纪后，随着行政权的不断扩张以及由此而产生的对当事人权利剥夺现象的日渐增多，公众要求听证权便成为普遍诉

---

[1]　周佑勇. 西方两大法系行政法基本原则之比较[J]. 环球法律评论，2002(4)：478.

求。"公正将要求一个或许会受到行政决定不利影响的人有机会在决定做出之前代表自己的利益为导致一个有利的结果而作出陈述，或决定做出以后为了促成改变这一决定而作出陈述，或两者兼而有之。"①英国听证制度的发展以及听证权的不断扩大都被认为是"自然公正"原则的进一步适用。

后来，美国的"正当法律程序（Due Process of Law）"又深化了这一法理基础。美国法源于英国法，美国宪法中的"正当法律程序"可以溯源至英国普通法，该原则是听证制度发展的有力动因。在今天的美国，任何一种听证程序必须包含正当法律程序的核心内容：当事人有得到通知及提出辩护的权利，是否具备这两种权利是区别公正程序与不公正程序的分水岭。而且，"正当法律程序"通过美国最高法院的解释使之不仅适用于司法程序，还扩大到行政程序，它同样要求行政机关在作出对公民个人自由或财产有不利影响的决定时，应及时通知当事人，必须听取公民的意见，给他以充分陈述自己立场和观点的机会，并使当事人获知作出决定的理由。听证制度已经成为美国宪政的一部分，它既是行政机关的宪法义务，也是公民的宪法权利。确立听证程序并使之成为行政程序法核心制度的是 1946 年公布的《美国联邦行政程序法》（共有 12 章，其中有 7 章和听证有关，该法明确规定行政决策适用听证），它对很多国家行政听证制度的建立起到了典范作用。②

第二次世界大战后，听证制度又传到亚洲和拉丁美洲一些受美国影响较大的国家。此外，听证，作为体现公正、公开、民主的核心制度，也被广泛应用到大陆法系的各国。德国的听证制度是大陆法系国家的一个典型代表，其依法治国理论特别是依法行政理论的完善，为大陆法系国家的行政听证制度直接提供了法理基础。不过，德国的听证制度不像英国、美国有深刻的法哲学基础，而直接源于德国基本法确立的法治原则以及在其行政程序法中由基本法而确立的依法行政原理，较重视国民对行政活动的事前、事中参与。③

最近几年，随着民主观念的逐步拓展，我国在借鉴国外听证制度的操作形式、汲取其精华的基础上，把听证制度引入到了我国的立法、行政和司法领

① 马怀德. 行政法制度建构与判例研究［M.］北京：中国政法大学出版社，2000：277.

② 湛中乐，王敏. 行政程序法的功能及其制度——兼评《行政处罚法》中程序性规定［J］. 法学研究，1996（6）：17.

③ 许江涛. 公众感知理论：我国行政决策听证程序的理论基础［J］. 理论界，2009（10）：11.

域，为我国立法民主、行政决策民主、司法审判民主添加了一种新的实现形式。而且，我国宪法中对人民当家做主原则的规定，也为听证制度提供了深厚的法理基础。至此，听证制度在我国悄然兴起，逐渐成为司法、立法和行政领域中一种行之有效的民主程序，"听证"一词开始深入民心。

四、听证的基本原则

没有规矩，不成方圆。听证的基本原则是指在听证的制度构建与实施过程中所遵循的基本指导思想。综观各国的听证制度理论研究与实践，结合我国现阶段的听证状况与基本国情，听证应该遵循的基本原则主要有以下几个方面。

（一）公开原则

听证制度的英文是 Public Hearing，意指"公开听证"。公开原则是听证程序顺利进行的前提条件，听证程序公开化不仅可以保证公共决策更加公正、全面、客观，而且有利于加强对公共部门尤其是政府机关的社会监督，是防止用专横的方法行使公共权力的有力保障，从而也可以提高公民的法治意识。依据我国《行政处罚法》的有关规定，除了涉及国家机密、商业秘密或个人隐私外，听证会必须公开举行，允许除涉及当事人以外的人旁听，允许媒体报道。

（二）正当原则

英国普通法中的"自然公正"原则和美国的"正当法律程序"，被认为是听证制度最根本的法理基础，对西方听证制度的产生、发展和逐步走向成熟具有极其重要的推动和支撑作用。坚持正当原则的目的是保护当事人在听证过程中的权利，具体应做到：在符合法定条件的情况下，不能拒绝当事人要求听证的申请；要保证当事人在听证过程中有充分进行陈述、质询和申辩的权利；主持听证的行政机关必须按照法定程序进行听证。

（三）职能分离原则

职能分离原则是指在听证过程中从事裁决和审判型听证的机构或人员，不能从事与听证和裁决行为不相容的活动，以保证裁决公平。我国《行政处罚法》"听证由行政机关指定的非本案调查人员主持，当事人认为主持人与本案有直接利害关系的，有权申请回避"和《行政许可法》"行政机关应当指定审查该行政许可申请的工作人员以外的人员为听证主持人，申请人、利害关系人认为主持人与该行政许可事项有直接利害关系的，有权申请回避"的规定也体现了这一原则。① 这是听证程序公正的前提条件，即听证的主持人员不能是从事听证案件的调查人员或审查人员。这是为防止偏见，或因利害关系而产生偏私从而可能丧失公平而制定的。

(四)言辞辩论原则

言辞辩论原则是指当事人自己和其代理人在听证过程中可以进行辩论，有提出意见、建议和议案的权利，有维护自身利益与公益的"言论免责权"，以保证当事人的意见得到充分的陈述，使信息更加真实、全面、有说服力，以利于弄清事实，从而使公共部门作出正确的公共决策。当然也有例外，即在当事人同意以书面形式作为听证内容或者公共部门未经言辞辩论而作出公共决策，同时当事人也未提出异议的情况下，可以不采用该原则。除此之外，听证程序都必须经过言辞辩论的过程。公共决策的听证过程本身就是利益相关者的博弈过程，是就各方利益的公共决策的论辩过程，只有如此，才能真正使听证制度成为公共部门与广大人民群众之间的一座友好而有效的沟通桥梁。

(五)法治原则

"听证"(Hearing)，本来是司法领域的一个概念，是法院在审理案件中的一个程序，后来也被广泛应用于立法和行政方面。现在，听证制度已成为行政程序法的核心制度，在立法上得以确立，是现代民主社会公众参与公共决策途径与渠道的重要法律保障机制。而且，听证制度的产生和发展也有其深厚的法理基础；有关听证的具体制度、原则及程序和各方当事人在听证程序中的权利和义务等，也都是以法律形式被规定下来的。无疑，听证制度的框架构建和具体实施始终应遵循法治原则，这也符合当今依法治国的基本要求，有利于公民基本权利的实现。

(六)民主原则

当今，社会利益主体日益多元化，公民权益意识也在不断增强，人们对民主决策的要求越来越迫切。正如美国学者科恩所说："我们可以自己参与管理过程，也可以参与选择别人代替我们管理。当民主社会成员选择他们中间的某

---

① 裴蓓. 我国行政听政制度现状分析[J]. 思想战线，2003(4)：168.

些人代表全体时，并没有放弃对社会方针政策的最后控制权。"①的确，真正体现人民主人翁地位和作用的是人民对国家事务有政治参与权利，享有对公共决策发表意见的资格，并在公共决策的结果中体现自己的意志。因而，作为民主决策之重要程序的听证制度便悄然兴起，而且，其深厚的民主底蕴与价值使其迅速发展成为公众参与公共决策的重要路径依赖，并保证了各方利益主体的平等、有效参与，是公共决策民主的制度基础，是现代社会民主制度的重要标志。其实，听证制度的内在要义和主要目的也就是实现最大程度的民主，民主原则理应成为听证制度建构与实施的最基本、最核心的原则。

五、听证的类别

依据不同的标准，世界各国对听证作了不同的分类。

(一)法定听证和任意听证

这是日本《行政程序法》对听证所作的一种分类。根据日本《行政程序法》第 13 条第 6 款的规定，法定听证主要适用于不利处分之中的撤销(包括行政行为的撤销和撤回两方面)、相对人的资格或地位的剥夺、干部等的解任命令等不利程度严重的事项。根据日本《行政程序法》第 13 条第 2 款的规定，行政厅根据其裁量判断对除法定听证以外的不利处分，认为适当时也可以采取听证。

(二)事前听证、事后听证与结合听证

事前听证是指行政机关作出决定之前举行听证。行政机关的决定如果使当事人立即陷入危难的情况或可能给当事人造成不可弥补的损失时，必须举行事前听证。事后听证是指行政机关作出决定之后举行听证。如果行政决定不能使当事人立即陷入危难或对相对人不会产生不能弥补的损失时，都可由行政机关立即决定。利益受到不利影响的当事人，可在事后要求进行符合该决定具体情况的听证。结合听证是指将正式听证与非正式听证在事前和事后结合进行的听证。行政机关有时对于某些决定，事先进行非正式听证；决定后当事人不服时，再进行正式听证。或者当事人不服行政机关决定时，先进行非正式听证；不服非正式听证时，再进行正式听证。

---

① [美]卡尔·科恩. 论民主[M]. 聂崇信，朱秀贤，译. 北京：商务印书馆，1988：80.

(三)正式听证与非正式听证

这是美国行政程序法对听证所作的一种分类。所谓正式听证是指行政机关在制定法规或作出裁决时，举行正式的听证会，使当事人得以提出证据、质证、询问证人，行政机关基于听证记录作出决定的程序。正式听证又被称为"审判型听证""准司法式听证""标准听证"等。非正式听证是指行政机关在制定法规或作出裁决时，只需给予当事人口头或书面陈述意见的机会，以供行政机关参考，行政机关必须基于听证记录作出决定的程序。这种听证又被称为"辩明型听证"或"陈述式听证"等。不过，由于正式听证需要耗费大量人力、物力，在某种程度上会影响行政效率，使得其在美国的适用远不如非正式听证，因此实施范围很小，仅限于涉及相对人重大利益，法律规定必须根据听证记录决定时才适用。①

(四)书面听证和口头听证

这是以当事人陈述意见的方式为标准所作的分类。书面听证指当事人以书面形式向行政机关表明其意见。口头听证指以口头陈述的方式向行政机关陈述意见。这种分法主要体现于葡萄牙和我国澳门地区行政程序法，采用书面听证还是口头听证取决于行政机关。

第二节　听证制度的功能定位与程序构建

一、听证制度的功能定位

听证制度的功能就是听证制度所应达到的功效与作用，或应该实现的目的。对此，不同学者从不同角度具有不同理解，较有代表性的有如下几种。

简·麦特认为，听证包括十大目的：(1)依法决策；(2)了解民情民意；(3)让公众了解政府情况；(4)提高公共决策的质量；(5)促使公共决策被公众接受；(6)改变政治权力运作方式和资源配置方式；(7)回应市民热点问题；(8)拖延或回避有困难的公共决策；(9)获得政治好处；(10)寻求合作式解决问题的办法。②

---

① 应松年. 比较行政程序法[M]. 北京：中国法制出版社，1999：189-190.

② Mater Jean. Public Hearings Procedures and Strategies[M]. New Jersey：Prentice-Hall，1986：16-18.

我国学者杨惠基认为，行政处罚听证程序的主要目的是赋予受处罚决定影响的当事人以辩护权，这种听证有三大功能：（1）保护功能，即保护当事人的合法权益。（2）监督功能，让公民监督行政机关的执法活动和行政处罚的合情合理情况。（3）教育功能，处罚听证实际上就是惩罚决策前对当事人进行的法制宣传教育活动。此外还有权利与义务的平衡功能。①

我国学者丁煌认为，决策性听证的主要目的就是决策的科学化和民主化，就是把科学引进决策过程，运用民主和科学的方法，把决策变成集思广益、有科学根据和制度保证的过程。②

我国学者彭宗超、薛澜、阚珂则认为，听证制度对于公共决策应有六大功能定位：公正平等、公众参与、公开透明、理性选择、合法规范和提高效率。③

由此可见，在不同的领域，从不同的视角，可以对听证制度作不同的功能定位。但总体来说，它们还是具有很强的共性。

（一）促进公共决策管理制度的完善

20 世纪初期，听证制度就成为一种被普遍采用的管理制度。1911 年，美国东方铁路公司就举行了提高票价的意见听证会，其在管理理论发展史上具有非常重要的历史意义，即将现代科学管理理论引入社会和企业经营活动中，听证制度在西方发达国家宏观经济管理中的有效运用，对西方资本主义市场经济的发展起到了推动作用。随着我国政治经济体制改革的不断深入，尤其是对事关广大民众切身利益的公共决策体制变革，迫切需要完善和创新各种公共决策管理制度和方法，听证制度便是其中之一。

公共决策本质上是一种权威性的价值分配方案，但其效能必须经过实际的执行过程才能得以发挥，再好的决策也只有通过有效的执行才能保证其目标的实现。而公共决策执行的效果往往要受诸多因素的影响和制约，其中首要的就是制定的公共决策是否合理。公共决策的合理性包括三个方面的含义：其一，公共决策的客观性。即公共决策是否针对了客观问题，公共决策的每项内容是

①　杨惠基. 听证程序概论［M］. 上海：上海大学出版社，1998：29-33.

②　丁煌. 听证制度：决策科学化和民主化的重要保证［J］. 政治学研究，1999（1）：59.

③　彭宗超，薛澜，阚珂. 听证制度［M］. 北京：清华大学出版社，2004：36.

否反映了客观存在着的现实情况，其规定的各项行为是否符合客观事物的发展规律。其二，公共决策是否反映了人民的愿望、意向和利益。在公共决策制定过程中，公共部门在多大程度上真正代表全体人民，对人民负责，而不是对特殊利益负责，决定着公共决策的生命力及效用。而且，公共决策能否达到预期的目的，能否发挥其应有的效力，还与目标群体(即与公共决策直接相关的群体和个人)能否接受公共决策有直接的关系。目标群体接受公共决策，公共决策就会得到有效的实施；反之，公共决策的预期目标就难以实现。其三，公共决策执行是否具有现实可能性。如果一项公共决策不具备应有的实施条件，那么，即使其符合了前两项条件，其执行效果也不可能令人满意，甚至使目标落空。

可见，仅靠公共部门自身，由于其人力、物力、财力和思维等条件的局限，不可能制定出完全合理的公共决策，尤其是对于要求严格遵循客观求实和信息完备原则的重大公共决策。因而，只有发动广大人民群众的力量，充分听取各方面的意见和心声，集思广益，才能奠定公共决策合理的基础，制定出更具针对性、有效性、准确性的公共决策。这充分说明了公共决策"公共"参与的必要。近年来，我国在这方面也进行了多种尝试，其中之一就是实行公共决策听证制度，且已经取得了一定成绩。听证制度的推行，可以进一步完善我国公共决策管理体制，使公共决策越来越体现出其公正、透明、规范、高效的内在要求和特征，从而促进我国公共部门整体管理模式的科学化，其社会效益是非常巨大的。正如有些学者所言："公共政策听证制度有三方面的重要意义：首先，它可以在相当程度上保证政策的合理性，有效地避免重大的政策漏洞；其次，政策听证过程本身就是一个利益相关者参与决策的过程，它能够在相当程度上保证政策的代表性，不至于在政策出台后面临多数利益相关者的反对和抵触；最后，它可以及时发现政策在实施过程中的重要不足，以便不断调整和完善相关政策。"①

无疑，听证制度的推行是公共决策科学制定和有效执行的有力保障，是我国公共决策管理制度的一大进步。

(二)促进国家的民主政治建设

政治中最古老而又最新颖的话题无疑是民主(Democracy)。尽管现代民主

---

① 俞可平. 增量民主与善治[M]. 北京：社会科学文献出版社，2002：231.

政治仍是以代议民主(即人民选举出特定公职人员实行社会政治管理的间接民主)为主体,但不能忽视直接民主的价值。而且,在制度建构上要注意保障直接民权,使民意得以充分直接表达,民众对社会公共事务得以普遍和直接参与。

此外,现代社会是一个结构分化、利益多元化的社会,为了给予不同利益主体一个制度性的表达途径,使利益冲突能达成某种程度的共识,现代民主国家纷纷设立听证制度,以公开和理性的沟通途径化解冲突,尤其赋予利害关系人表达意见之机会,使人民能直接参与决策制定,实现直接民主。可以说,听证制度是实现直接民主的基础性要求和生动体现。的确,从公共决策制定来看,公共决策听证过程就是一个公共决策方案初拟、优化和择定的过程,是利益相关者就各方利益的公共决策的论辩过程,同时它也是公共部门(尤其是政府机关)聚合公民的愿望、意向和利益的过程。纵览世界各国公共决策听证制度的实际经验,通过实行听证制度,公共部门利用大众传媒让公众了解决策议题,拓宽公众表达意见的正式渠道,保障公众的民主参与权利,从而为实现公共决策民主化提供了有效途径。

在社会主义国家,决策民主是社会主义制度的本质要求。我国《宪法》明确规定:"一切国家机关和国家工作人员必须依靠人民的支持,经常保持同人民的密切联系,倾听人民的意见和建议,接受人民的监督……"①真正体现人民主人翁地位和作用的是人民对国家事务有政治参与权利,享有对国家事务发表意见进行决策的资格,并在决策的结果中体现自己的意志。听证制度赋予了公民以表达自己的愿望、意向和实现自己的利益的政治资格,是实现宪法所赋予公民自由、财产、平等等基本权利在公共决策领域的体现与具体保障,蕴含了民主参与、尊重公民尊严的人文精神。从"关起门来决策,一纸通知执行"到举行听证,让公众知情参政,应该说是我国在引进民主议政机制、推进民主法制建设方面跨出了重要一步,这是政治文明的重大发展。而且,要代表最广大人民群众的根本利益,就必须了解民情,反映民意,集中民智,珍惜民力。所以,听证制度是实现"三个代表"重要思想的载体和切入点,也是政治文明发展的民主诉求。

总之,作为一项重要的程序制度,听证制度保障了人民群众参与公共事务的决策过程,从而真正行使当家做主的权利,促进了国家的民主政治建设。

---

① 《中华人民共和国宪法》第二十七条第二款。

(三)适应全球化和加入 WTO 的客观要求

随着新技术革命和社会现代化进程的加快,全球化已成为当今人类社会发展一种不可逆转的重要趋势。从全球化对各国政府的影响来看,全球化趋势的扩展将主要对传统意义上的主权国家功能提出挑战。所以,可以形象地打个比喻,对于政府而言,全球化的最大含义使得每一个国家的政府都成为全球市场中的一个"企业",时刻面临着竞争的考验,且必须要根据环境的复杂多变作出有效而灵活的反应。特别是中国通过坚持不懈的努力在 2001 年 11 月顺利加入世界贸易组织(WTO)后,来自全球的这种压力和挑战更是越来越大,当然,这无疑也会给中国的经济发展带来前所未有的发展机遇。

世贸组织的大部分规则是规范政府行为的,在所有的挑战中,最大的挑战是对政府职能定位和运作方式的挑战。因此,怎样改革政府的管理体制和进一步转变职能,从而有效且合理地利用全球化所带来的发展机遇,就成为加入WTO 后面临的新问题和最大的挑战。例如,按照 WTO 有关透明度规则的要求,我国政府应更快更好地转变政府的运作方式,建立高效运转的透明政府,实行政务公开。其中关键是,通过引入听证制度,将公共决策的依据、规则、程序及结果向公众公开,彻底改变过去政府"暗箱操作"和"独家运作"的做法,并设定公众参与程序,接受公众的广泛参与和监督,真正实现公共决策的公开透明,这在我国整个公共管理体制改革中势必将占据着日趋重要的地位。

具体来讲,其一,从信息的角度,在这个瞬息万变的复杂社会,尤其是加入 WTO 后,全球经济一体化进程的加快,要求市场主体要有灵通、宽而广的信息渠道,以准确而快捷地获悉信息并充分利用。作为国家经济职能主体的政府不仅必须为其提供信息,而且还必须及时制定相应的政策适应形势,并引导市场主体的发展。但作为一个人力、物力、财力都有限的机构,政府已越来越不能独自担此重任,而必须依靠广大人民群众的力量。其二,从民主的角度,市场经济酝酿培育的平等、公平、竞争观念深入人心,且时刻影响着人们的思维及行为,主体意识复苏的人们也要求有更多的途径和渠道参与公共决策,表达自己的愿望,争取自己的权利,实现自己的利益。由此,听证制度应运而生,适应了全球化尤其是加入 WTO 后政府工作要进一步公开透明的客观要求。

因此,随着全球化和加入 WTO,不仅在经济领域,而且在社会生活及政治领域中,包括听证制度在内的种种公正、透明的"游戏"规则,成为人们义无反顾的永恒追求，也将给我国公共管理带来更加科学、高效的光明前景。

(四)促进公共部门依法决策，对公共部门行为进行有效监督

作为公共决策的核心、制定与执行主体，公共部门并不是神造物，并不具有无所不在和正确无误的天赋。而且，由于公共部门在社会生活和经济生活中所处的特殊地位使其在制定与实施公共决策时，往往会借社会利益之名行机构私利之实，这当然就难以制定并执行正确而有效的公共决策。正如孟德斯鸠所说："一切有权力的人都容易滥用权力，这是万古不易的一条经验。"①公共选择学派也认为，政治家和官员在参与公共决策时有自私的动机，政府不可能自动代表公共利益。所以，公共部门在制定与实施公共决策时必须依法进行，且要接受社会的监督。

听证制度作为行政程序法的核心制度，正是契合了公共决策的这一内在要求，对公共权力进行合理的规范和控制，从而有助于公共决策旧体制的消解和新体制的建立。具体来说，听证制度可以使公共部门的决策依据、决策过程在一定程度上为公众所了解，使公众能有效地行使监督权，从而减少"暗箱操作、内部交易"，减少贪污腐败现象的发生，保证公共权力的正当设定与运行，使公共行为尽可能合法、合理、公开、公正，树立公共部门的良好形象。如，价格听证会的实践证明，通过价格听证会这一形式，不仅加强了对企业或行业成本价格情况的社会监督，也对政府价格决策过程是否科学、政府价格主管部门是否依法行政等具有明显的监督作用，同时还能促进政府价格主管部门工作人员的工作水平进一步提高，使政府价格主管部门的工作更加严谨、规范，进而对改进政府工作、提高政府部门的工作水平也十分有益。另外，作为公众参与和监督公共决策的重要法律保障机制，听证制度可以以程序制约实体，以程序公正尽可能保障公共权力实体设置和运行的合法与公正，防止因权力失衡、异化与低效而造成对社会和个人的不正当侵害，从而达到控制公共权力、保障利害关系人合法权益的目的。从这种意义上说，听证，作为现代民主法律中的程序性权利，它更多的是对公共权力运行过程的监督，"通过对过程的控权，实际上就是监督理论所谓的'事中监督'，它更具有控制的效果，更容易达到权力控制的目的"。② 而且，在听证过程中，还能使与法律、法规及

---

① [法]孟德斯鸠. 论法的精神[M]. 张雁深，译. 北京：商务印书馆，1961：154.

② 孙笑侠. 法律对行政的控制[M]. 济南：山东人民出版社，1999：228.

政策等有利害关系的人和具有专业学识的专家学者充分发表意见、建议和看法，以促使国家各部门适时地有针对性地调整法律、法规和政策，有助于国家的法制建设。

总之，听证制度是促使公共决策依法进行、约束公共权力、限制公共部门尤其是政府机关恣意妄为的重要机制，是现代民主监督体系的重要组成部分。

（五）增进公共部门与公民之间的良好沟通，提高公共行为的可接受性

无论是民主政治还是专制政治，都需要追求政治秩序的合法性，以降低统治成本，提升统治效益。它强调公民对政治统治的自愿接受性，蕴含着一种价值判断，正如法国学者雷蒙·博兰所说："凡是建立在价值基础之上并以此得到公共舆论承认的即为合法的。"①在现代社会，政治程序合法化已成为民主政治合法化的主要来源，德国社会学大师尤根·哈贝马斯认为，"合理化的程序与预设本身，现在已经成为赋予合法性的根源"。②

在我国建设民主法治和加入 WTO 的今天，人们更应该认识到：依法行政更应依程序行政，因为"一个健全的法律，如果使用武断的专横的程序去执行，不能发生良好的效果。一个不良的法律，如果用一个健全的程序去执行，可以限制或削弱法律的不良效果"。③ 而在公共权力运作过程中设置的各种程序的监督机制中，听证制度尤为重要，其是政治统治合法性的重要来源和支撑。

在我国当今的公共管理实践中，由于一些决策透明机制不足，加之一些其他机制的影响，公共部门与人民群众的关系还存在着这样那样的问题。究其原因，相互间的沟通和了解不够是一个重要因素。在没有听证制度的情况下，公共部门作出公共决策时，由于与公民之间信息交流不够，公民对公共部门作出公共决策的动机、原因、必要性及过程等了解不多，因而对公共部门的公共决策有时不能理解甚至产生误解，在执行公共决策时可能会进行一定程度的怠慢甚至抵制。而公共部门在作出公共决策之前举行听证会，可以通过公共部门与

---

① 吴惕安，俞可平. 当代西方国家理论评析［M］. 西安：陕西人民出版社，1994：284.

② 罗传贤. 行政程序法论［M］. 台北：五南图书出版公司，2000：228.

③ 王名扬. 美国行政法［M］. 北京：中国法制出版社，1995：41.

公民之间的良好沟通，使公民了解公共部门作出公共决策的动机、原因、必要性及过程等，也使作出的公共决策更能反映民众的意见，因而有助于提高公共行为的可接受性。

无疑，听证制度为人民群众了解公共决策、参与公共决策提供了一种合理、合法和合适的对话途径。同时，通过听证过程，也可以使人民群众更真切、更深入地了解公共部门的处境和出发点，加强人民群众对公共部门的体谅、认同和关心，对公共行为更易于接受和执行，无形中化解、消除和避免了由于没有机会了解情况和陈述自己意见而产生的不满情绪和无端猜疑，从而进一步融洽了公共部门与人民群众的关系。

二、听证制度的程序构建：以我国价格听证制度为例

近年来，随着我国体制改革的逐步深入，尤其是西方新公共管理理论、方法与技术的不断引入，我国进行了大刀阔斧的价格改革，进一步放开了价格管制，积极引进市场竞争机制，使市场调节价的比重越来越大，政府指导价和政府定价的比重则日趋缩小。尤其是我国加入 WTO 以后，政府定调价的范围更是大幅度地缩减。这就要求政府价格主管部门必须把主要职责转移到加强价格宏观调控，切实提高价格决策和管理水平上来，尤其是要着力建立与完善科学、民主、公正、透明、规范和高效的价格决策机制。于是，在国家计委的积极推动下，1997 年 12 月 29 日第八届全国人民代表大会常务委员会第 29 次会议通过并在 1998 年 5 月 1 日实施的《中华人民共和国价格法》中做了关于听证会的规定，标志着价格听证制度在我国价格决策体制中得以正式建立。随后，全国性的价格听证暂行条例《政府价格决策听证暂行办法》于 2001 年 7 月 2 日由国家计委颁布并于同年 8 月 1 日正式实施；2002 年 12 月 1 日，国家计委废止该暂行办法，同时开始实施《政府价格决策听证办法》。这标志着我国价格听证制度走上了一个更加规范化的发展轨道，我国价格决策的科学化和民主化进程进入了一个崭新阶段。

国家计委在《政府价格决策听证办法》中规定，政府价格决策听证是指制定(包括调整，下同)实行政府指导价或者政府定价的重要商品和服务价格前，由政府价格主管部门组织社会各有关方面，对制定价格的必要性、可行性进行论证。实行政府价格决策听证的项目是中央和地方定价目录中关系群众切身利益的公用事业价格、公益性服务价格和自然垄断经营的商品价格。政府价格主管部门可以根据定价权限确定并公布听证目录，列入听证目录的商品和服务价

格的制定应当实行听证；制定听证目录以外的关系群众切身利益的其他商品和服务价格，政府价格主管部门认为有必要的，也可以实行听证。

依据《中华人民共和国价格法》和《政府价格决策听证办法》，价格决策听证的程序主要包括以下几个步骤。

（一）听证会前的准备程序

1. 提出申请

申请制定中央和地方定价目录中关系群众切身利益的公用事业价格、公益性服务价格和自然垄断经营的商品价格的经营者或其主管部门（以下简称申请人），应当按照定价权限的规定向政府价格主管部门提出书面申请。经营者也可以委托有代表性的行业协会等团体作为申请人。消费者或者社会团体认为需要制定中央和地方定价目录中关系群众切身利益的公用事业价格、公益性服务价格和自然垄断经营的商品价格的，可以委托消费者组织向政府价格主管部门提出听证申请。

申请人提出的书面申请应当包括以下材料：①申请单位的名称、地址、法定代表人。②申请制定价格的具体项目。③现行价格和建议制定的价格、单位调价幅度、单位调价额、调价总额。④建议制定价格的依据和理由。⑤建议制定的价格对相关行业及消费者的影响。⑥申请企业近三年经营状况、职工人数、成本变化、财务决算报表，人均产值、人均收入水平及上述指标与本地区同行业和其他地区同行业的比较等，该定价商品或服务近三年供求状况和今后价格走势等情况说明。⑦政府价格主管部门要求提供的其他材料。

另外，在无申请人的情况下，政府价格主管部门或者有权制定中央和地方定价目录中关系群众切身利益的公用事业价格、公益性服务价格和自然垄断经营的商品价格的其他有关部门（以下简称价格决策部门），认为需要制定价格的，应当依据定价权限，参照有关规定提出定价方案，并由政府价格主管部门组织听证。

2. 审核申请

政府价格主管部门收到书面申请后，应当对申请材料是否齐备进行初步审查、核实。申请材料不齐备的，应当要求申请人限期补正。

具有下列情形之一的，政府价格主管部门应当对申请不予受理：①申请制定的价格不在定价权限内的。②制定价格的依据和理由明显不充分的。③申请制定的价格不属于听证项目，政府价格主管部门认为不必要听证的。

此外，政府价格主管部门认为申请人提交的有关财务状况的说明材料需要评审的，可以指定具备资质条件的评审机构对申请人的财务状况进行评审，由评审机构出具能证明材料真实性和合理性的评审报告。

政府价格主管部门对书面申请审核后，认为符合听证条件的，应当在受理申请之日起 20 日内作出组织听证的决定，并与有定价权的相关部门协调听证会的有关准备工作。

3. 听证代表和旁听人员的组成和产生

对于公开举行的听证会，政府价格主管部门应该先期公告举行听证会的时间、地点和主要内容；并且，根据听证内容合理安排及确定听证代表的构成及人数，聘请听证代表。听证代表应该具有一定的广泛性、代表性，一般由经营者代表、消费者代表、政府有关部门代表以及相关的经济、技术、法律等方面的专家、学者组成。

政府价格主管部门聘请的听证代表可以采取自愿报名、单位推荐、委托有关社会团体选拔等方式产生。

另外，对于公开举行的听证会，公民也可以向政府价格主管部门提出旁听申请，经批准后参加旁听。

4. 提请参与各方做好会前准备

政府价格主管部门应当在作出组织听证决定的三个月内举行听证会，至少在举行听证会 10 日前将聘请书和听证材料送达听证代表，并提请参与各方做好准备。同时，确认能够参会的代表人数，听证会应当在三分之二以上听证代表出席时举行。

听证代表要多花时间、多花精力去针对听证内容开展调研，广泛听取不同行业、不同阶层、不同地域等各方面的意见，尽可能客观地获取与听证内容相关的信息，以力求使自己的发言更全面、更充分、更具代表性、更符合实际，切实履行好自己的代表职责。

听证会也要设听证主持人，并赋予听证主持人以中立、客观的地位及相应的权利，以保证听证会的公平、公开与公正。同时，也要对听证主持人所应具备的素质进行严格要求，规定听证主持人的责任制，以提高其主持听证会的水平，增强其责任感。

另外，各地可以依据《政府价格决策听证办法》制定各自的听证会前的准备程序，见表 10-1。

表 10-1　中国 10 个地方价格听证制度规定的听证准备程序统计

序号	程序步骤	河北	云南	内蒙古	广西	北京	陕西	河南	福建	深圳	山西
1	申请方按有关规定提交调价方案	1	1	1	30						
2	价格主管部门收到申请后的初审	1	1★	1★	1★	1	1	1★	1	1★	1★
3	符合要求就及时组织听证	1				1	1				
4	确定并落实被邀请的单位和人员	15	1								
5	提前书面通知各方并附材料(天数)	7	15	10	7	7	7	15	10	10	
6	参与各方应提前做好准备	1	1	1				1	1		
	统计	6	5	4	3	3	3	3	3	2	1

注：表中除统计栏和序号栏外的数字均代表该地方价格听证制度中具有相应项目的具体内容；[①] 其中大于 1 的数字均表示各地相应项规定的应提前的天数；"★"表示该地的价格听证制度具体规定了初审意见书应包含的内容。

(二)听证会中的进行程序

这是整个听证程序中的核心环节，应该遵循在基本保证听证的公正、民主、效率等目标的前提下进行程序设计。《政府价格决策听证办法》第二十三条规定，听证会按下列程序进行。

(1)听证主持人宣布听证事项和听证会纪律，介绍听证代表。

(2)申请人说明定价方案、依据和理由。

(3)政府价格主管部门介绍有关价格政策、法律、法规、初审意见及其他

---

① 彭宗超，薛澜，阚珂. 听证制度：透明决策与公共治理[M]北京：清华大学出版社，2004：189.

需要说明的情况。

（4）政府价格主管部门要求评审机构对申请方的财务状况进行评审的，由评审机构说明评审依据及意见。

（5）听证代表对申请人提出的定价方案进行质证和辩论。

（6）申请人陈述意见。

（7）听证主持人总结。

（8）听证代表对听证会笔录进行审阅并签名。

这八条规定是听证会的基本进行程序，不过，还有待进一步细化，以更好地保障政府价格决策听证制度功能的实现。而且，各地还可以依据《政府价格决策听证办法》制定具体的实施细则，如可以增加"政府价格主管部门与听证代表形成和议意见"一条；可以对每一道基本程序进行具体规定，特别是关于保障听证代表应享有的平等的陈述权、申辩权和质询权等方面。让我们看一下现实中各地价格听证制度规定的听证进行程序，见表 10-2。

表 10-2　中国 11 个地方价格听证制度规定的听证进行程序统计

序号	程序步骤	陕西	河南	深圳	福建	山西	青岛	内蒙古	云南	广西	北京	河北
1	主持人宣布开始议程、纪律或与会人	1	1	1							1	1
2	申请方代表及主管机关发言或汇报，出示有关资料	1	1—	1—	1—	1—	1	1	1	1	1	
3	政府价管部门介绍政策或背景情况，说明初审意见		1	—1	—1	—1	1	—1	—1	1		1
4	其他参会代表发表意见，质询论证	1—	1	1	1—	1	1	1	1	1	1	1
5	与会代表填写征求意见表					1						
6	申请方及其主管部门申述	1										
7	价管部门与听证代表形成和议意见				1		1					

续表

序号	程序步骤	陕西	河南	深圳	福建	山西	青岛	内蒙古	云南	广西	北京	河北
8	主持人小结，宣布会议结束	1	1	1								
9	中间可以应代表要求中止会议	1										
	统计	6	5	5	4	4	4	3	3	3	3	3

注：表中除统计栏和序号栏外的"1"代表该地方价格听证制度中具有相应项的具体内容；"—1"说明某地缺少相应项的前半部分内容；"1—"表示某地缺少相应项的后半部分内容。

（三）听证会后的后续程序

1. 制作听证纪要

政府价格主管部门应当在举行听证会后制作听证纪要，并于 10 日内送达听证代表。

听证纪要应当包括下列内容：①听证会的基本情况。②听证代表意见扼要陈述。③听证代表对定价方案的主要意见。

而且，听证代表对听证纪要提出疑义的，可以向听证主持人或者上级政府价格主管部门反映。

2. 价格决策部门依据听证笔录和听证纪要制定定价方案

价格决策部门应当依据听证笔录和听证纪要制定定价方案，且必须告之利害关系人，以为其提供辩论的机会或重开听证会。

若听证代表多数不同意定价方案或者对定价方案有较大分歧时，价格决策部门应当协调申请人调整方案，必要时由政府价格主管部门再次组织听证。

需要提请本级人民政府或者上级价格决策部门批准的最终定价方案，凡经听证会论证的，上报时应当同时提交听证纪要、听证笔录和有关材料。而且，政府价格主管部门应当向社会公布定价的最终结果。

3. 对听证进行成效分析

听证结束后，政府价格主管部门还应该组织有关专家，采用科学的衡量指标与方法，多方面、多角度地对听证进行成效分析。尤其是，要根据听证的种类采用相应的成本分析方法，对听证的成本进行仔细的实际考量，并根据听证的功能需求来确定合理的成本范围，进行科学的程序构建，尽可能地降低成本和提高效率。最后，政府价格主管部门还要组织各方代表尤其是相关资深专家，为听证的进一步发展和完善提出一些具有前瞻性和现实可行性的对策与建议。不过，无论是现有的法律规定还是当今的听证实践，在听证的成效分析方面还极度欠缺，亟待进一步完善。同样，各地对价格听证的后续程序也有各自规定，见表 10-3。

表 10-3　中国 11 个地方价格听证制度规定的听证后续程序统计①

序号	程序步骤	陕西	河北	云南	北京	福建	深圳	山西	内蒙古	河南	广西	青岛
1	做出并发送会议纪要或备忘录，或写综合报告	1	1	1	1		1	1	1			
2	政府价格主管部门有权对意见分歧过大的方案决定再进行听证	1	1		1							
3	价格主管部门确定调价方案（并颁布执行）	1	1	1		1	1	1	1	1		
4	需提请上级部门批准的，应附会议纪要（或综合报告等材料）	1	1	1	1	1	1			1	1	1
5	价格决策机关或上级机关决定、批复的期限（天数）			30		15		30				
	统计	4	4	4	3	3	3	3	3	2	1	1

注：除统计栏和序数栏外单独的“1”均表示某地有该项规定。

最后，还需说明的是，除涉及国家秘密和商业秘密外，听证会的全过程都要充分利用各类新闻媒体向社会公开；政府价格主管部门、听证主持人、相关评审机构、申请方及听证代表等听证参与各方，若违反相关法律规定，未履行其应尽职责，有关机关应依法追究其相应责任。

① 彭宗超，薛澜，阚珂. 听证制度：透明决策与公共治理［M］北京：清华大学出版社，2004：192.

第三节　我国听证制度的现状、问题及改进策略

一、我国听证制度的引入与发展

我国的听证制度是一个舶来品，引自于西方国家。我国八届人大四次会议于 1996 年 3 月 17 日审议通过了《中华人民共和国行政处罚法》，并在该法中初步确立了听证制度，这是现代意义上的听证制度第一次在我国出现。随后，国家计委在部署 1997 年物价工作任务时，明确提出将推行"价格决策听证制度"作为其工作的要点之一。据此，有不少省、市物价部门在进行调整价格时进行了一些听证试点工作。1997 年 12 月 29 日全国人民代表大会常务委员会第 29 次会议通过并在 1998 年 5 月 1 日实施的《中华人民共和国价格法》中关于听证会的规定，又使听证从具体行政行为向抽象行政行为方面迈了一大步，也标志着我国的听证制度进入了一个新阶段。全国性的价格听证暂行条例《政府价格决策听证暂行办法》于 2001 年 7 月 2 日由国家计委颁布并于同年 8 月 1 日正式实施；2002 年 12 月 1 日，国家计委废止该暂行办法，同时开始实施《政府价格决策听证办法》，标志着我国价格听证制度走上了一个规范化的发展轨道；2000 年 3 月 15 日第九届全国人民代表大会第 3 次会议通过并于 2000 年 7 月 1 日实施的《中华人民共和国立法法》又将听证会作为行政法规起草过程中听取意见的一种方式，从制度上探索了一条使人民群众更好参与立法的新路子。为了贯彻《中华人民共和国立法法》的有关规定，国务院在 2002 年发布了《行政法规制定程序条例》和《规章制定程序条例》两个文件，对立法听证制度做了进一步的规定。2003 年 8 月 27 日由中华人民共和国第十届全国人民代表大会常务委员会第四次会议通过并于 2004 年 7 月 1 日起施行的《中华人民共和国行政许可法》又对听证程序作了专门规定，使听证制度又向前迈了一步。

我国宪法的人民民主原则为听证制度提供了深厚的宪法和法理基础。2002 年 11 月中共十六大报告明确提出要广泛建立听证制度："正确决策是各项工作成功的重要前提。要完善深入了解民情、充分反映民意、广泛集中民智、切实珍惜民力的决策机制，推进决策科学化民主化。各级决策机关都要完善重大决策的规则和程序，建立社情民意反映制度，建立与群众利益密切相关的重大事项社会公示制度和社会听证制度，完善专家咨询制度，实行决策的论证制和责任制，防止决策的随意性。"这是我国听证制度建立和完善的重要指导思想。

近几年来，听证制度已经开始在全国范围内的立法、行政、司法等领域逐步展开，全国各地各行各业举行了诸多听证会，引起了社会各界的广泛关注，如首次针对春运价格的"2002 年广东省春运公路客运价格听证会"，其后国家计委主持召开的"部分旅客列车票价实行政府指导价格听证会"等，反响强烈，受到了普遍好评。

毋庸置疑，听证制度是拓宽民主渠道、依靠人民群众、把权力运作置于有效的监督之下的一种新的民主形式，是我国公共管理现代化与民主化的重要标志。

二、当前我国听证制度存在的主要问题

然而，我们也应该看到，我国的听证制度尚处于起步阶段，虽然在探索中不断推进且进展很快，但因制度不成熟等原因，在实践中难免会出现这样或那样的问题。

(一)听证范围狭窄，且规定不明确

1. 我国听证制度的适用范围相对狭窄

如我国《行政处罚法》规定，只有责令停产停业、吊销许可证或执照、较大数额罚款三种处罚适用听证程序。而实际上，与此三种处罚性质、特点、程度相同或比此三类情况更能影响当事人利益的几种情形则被排除在外，如没收财产、限制人身自由等就是典型。行政处罚中的三种情况从某种意义上说只涉及当事人的财产权，并不影响其他权利。而人身权是公民所享有的权利中最基本也是最重要的权利。公民被限制人身自由使人身权的完整性受到破坏，但却不能因此要求举行听证会，这种立法上的缺陷是违反立法的轻重先后顺序的，也丧失了程序公正的一般性要求。

2. 现有听证条款对听证范围的规定不明确

如我国《行政许可法》第四十六条规定：法律、法规、规章规定实施行政许可应当听证的事项，或者行政机关认为需要听证的其他涉及公共利益的重大行政许可事项，行政机关应当向社会公告，并举行听证。显然，这种规定较模糊，且范围也相对狭窄。事实上，行政许可是当事人在符合法定条件时，行政机关应履行的职责和义务。任何应许可的不许可或不该许可的乱许可都是滥用职权的不正当的行政行为，这种有瑕疵的行政作为与不作为不仅侵害当事人享有的合法权益，而且也违背了行政执法的公正、公平原则。因此，行政许可也应扩大其听证程序的适用范围，且作明确规定。再如，我国《行政处罚法》中

"较大数额罚款"，是一个模棱两可的概念。不同地区、不同主体、不同时期的较大数额是无法用一个统一的标准界定的。

3. 我国现行的听证制度的立法形式缺乏前瞻性

我国现行的听证制度的立法形式是对允许听证的情形采用列举式规定。听证是一个国家民主程度的体现，只有扩大听证的范围，保证听证程序的公正，才能实现充分的民主。为此，立法时应坚持听证是基本程序规定的要求，不听证是例外的情况，对允许听证的采用概括式规定，对不能或不需要听证的采用列举式规定。

(二)利害关系人的权益得不到应有保护

当前，我国听证实践中利害关系人的权益没有得到应有的保护，主要体现在以下三个方面。

1. 职能分离难以落实

要想让当事人的合法权益得到应有保护并真正体现听证的公正性价值，必须严格遵守职能分离的原则，符合三种禁止性要求：听证人员不得与调查人员或当事人接触；听证程序的主持人或裁决人员不对调查人员或追诉人员负责，不得出现调查人员是听证主持人的上级或受其监督的局面；禁止调查人员主持听证或作出裁决。对此，我国《行政处罚法》第四十二条也作了相关规定，即"听证由行政机关指定的非本案调查人员主持；当事人认为主持人与本案有直接利害关系的，有权申请回避"。总的来说，我国行政机关基本上能够按照法律的规定来执行听证制度，但部分行政人员在执行公务或行使权力时，仍然存在违反上述三种禁止性要求的情况，而且这种现象未受到足够重视。这种不良现象的存在有两种弊端：一是听证人员在意识上往往会因单方面的接触而先入为主，这使得听证人员在主观上产生偏向性，直接影响听证的公正程度；二是易产生腐败问题或行政效率低下的后果，严重影响行政机关的形象及当事人权益的正当保护。另外，我国听证制度中听证主持人的身份也比较含糊，缺乏明确规定。

2. 听证代表的代表性不足

现在许多听证会的代表，既有政府官员、人大和政协代表，又有专家学者，也有普通群众，看起来参加者面面俱到。但实际上，真正有直接利害关系的群体代表较少。以2002年1月国家发展改革委员会召开的铁路春运价格听证会为例，33名听证代表，来自各种职业和阶层，但是受春运价格影响最大的打工者和学生只有 1 名代表。无疑，这不利于利害关系人权益的保护。

3. 听证代表的权利得不到应有的保障

听证代表是从广大的利害关系人中产生的，是代表群众行使权力的公民，应该具有广泛性和代表性，应当如实反映群众和社会各方面的意见，可以提出质询和辩论，也有权查阅听证笔录和听证纪要。因此，听证代表应当享有参加听证程序中的言论、人身、财产等方面的保护权。然而事实并非如此，特别是在有关行政审批或制定羁束性行政行为的听证时，听证代表的人身权、财产权往往得不到应有的保障，言论自由也受到一定程度的限制等。

(三)程序意识不强，公开程度不高

长期以来，我国就存在"重实体，轻程序"的问题。很多公共管理者听证的程序意识不强，处理问题时往往只注重实体内容，认为只要事情没办错，程序上有点问题没什么大不了的。这种认识和观念是十分错误和有害的。从当前我国听证的现实看，一方面，公共部门耗费大量的人力、物力、财力，举行听证会；另一方面，要么听证结论难以产出，要么听而不证，程序完全虚置，未能收到应有的实效。具体来说：

(1)听证代表产生上走形式，未能真正达到听证代表应该具有的"广泛性、代表性"这一要求。真正有直接利害关系的群体代表较少，且有相当部分听证代表还是由听证主持部门委托有关部门推荐或随意内定的。

(2)听证内容未及时且完备地告知当事人。依据我国《行政处罚法》的规定，在行政处罚听证之前，行政机关应当告知当事人作出行政处罚决定的事实、理由及依据，并告知当事人依法享有的权利，让当事人能有一个在听证中充分进行陈述和申辩的机会。而实际上，在听证会前，听证主持人只告知当事人听证的时间、地点，对具体的听证内容则告知不够详细。

(3)听证会中的进行程序也不够完备，缺乏应有的规范化程序，且听证代表没有足够的发言机会。

(4)听证会后的后续程序有时也形同虚设。虽然《政府价格决策听证办法》作出了"听证会代表多数不同意定价方案或者对定价方案有较大分歧时，价格决策部门应当协调申请人调整方案，必要时由政府价格主管部门再次组织听证"的规定，但从目前实际情况看，在调整或制定某一产品价格时，价格听证会通常是一次性的，听证会结束后，便由价格主管部门制定最终价格，缺乏多次性和反馈性。

(四)听证的"论辩性"不足

随着当今社会利益主体日益多元化，阶层意识、行业意识、地域意识、团体意识等所导致的利益分化和多元格局的存在，使得听证尤其是具有较强论辩性的听证愈加必要。如前所述，言辞辩论原则是听证制度的基本原则之一。而且，由于信息的不对称和利益的非均衡，也必然会使听证会上出现参与各方的论辩或是"针尖对麦芒"的激烈争论。因此，可以说，听证过程也就是论辩过程。但从目前现实情况来看，透明度不高、公正性不足、平等性缺位现象的存在，致使当下一些决策听证成为非对称的、不充分的论辩，严格来说还不能称之为"论辩"。

(五)听证笔录缺乏其应有的法律效力

听证笔录应当具有一定的法律效力，这是听证制度实现其根本价值的关键所在。如，在日本，行政厅的判断要斟酌听证笔录及主持人的意见做出，并不是单纯地予以参考，行政厅当然不能基于笔录上没有记录的事实进行判断。①

在我国，现有的有关听证的规则中，虽然有听证会活动必须有笔录，以及让听证代表审阅并签名等规定，但是缺乏决策部门作出决策时必须以该听证笔录为依据的规定，而只是规定作决定时"应当充分考虑听证会提出的意见"。这样的规定，实际上使得听证笔录只对公共决策的作出具有有限的约束力，听证笔录只是公共部门作出公共决策的参考，而不是作出公共决策的法定依据。所以，公共部门仍可依据听证笔录之外的当事人所未知悉和未申辩的事实作出公共决策，而这是与听证制度的价值取向和本质特征相背离的，其后果将使听证流于形式。

三、我国听证制度的改进策略

我国听证现实中存在的种种问题，引起了某些人的怀疑——"听证"这个舶来品是否在我国"水土不服"呢？其实不然，听证制度已成为我国公共政策决策中一项不可或缺的核心制度。当前迫在眉睫的是，我们必须从理论与实践的层面对听证制度的某些问题或瑕疵进行深刻反思，并逐步构建适合我国国情

---

① ［日］盐野宏. 行政法［M］. 杨建顺，译. 姜明安，审校. 北京：法律出版社，1999：220-221.

的科学、高效的听证制度。

(一)推进理论研究，建构我国听证制度的法律体系

由于我国实行听证制度的时间不长，具体制度上还存在着诸多欠缺和有待改善的地方。因此，有必要从听证的背景、条件、具体实施和影响因素等方面进行深入分析和研究，使听证制度的推行具有科学的理论基础，从而进一步完善我国的听证制度。从研究的视角来看，听证制度是一项有着很强的理论创新性和实践操作性的课题，应该采用理论与实践相结合的研究途径，在借鉴国外的先进经验和总结自身实践的基础上，着重探索我国听证制度的不足之处、改进措施及未来的发展方向，用于指导我国的听证实践，增强理论与实践的互动。

在理论研究的基础上，我们还必须尽快完善我国听证制度的立法，这是构建我国听证制度体系的当务之急。目前，我国还没有一套统一的关于听证制度的法律规范，有关听证的规定，大多散见于不同的法律文件中，且不够完备。同时，这些规定过于笼统，基本上都是原则性的，有许多具体问题还有待完善。从规定的统一和完备角度看，距离听证制度的法制化还有很大差距。由此可见，开展和加强听证制度的立法工作可谓是必要而又迫切。我们可以在对我国国情及听证实践进行认真分析的基础上，充分汲取西方国家听证制度立法模式中的精华，建构我国听证制度的法律体系。

(二)扩大听证范围，采取多种听证形式

听证适用范围过于狭窄，是我国听证制度所面临的首要问题。故通过立法扩大听证的适用范围就显得尤为必要，只有扩大听证的适用范围，听证制度才能更好地体现其自身价值。具体来说，可以按下述思路进行：(1)逐步将我国现已规定的行政处罚、行政许可、政府价格决策等行政行为中的听证适用范围适当放宽。如行政处罚中的"没收财产、限制人身自由等"，以及价格决策中的"自来水价格、天然气价格、出租车价格、邮资收费、高等教育收费等"，也应赋予其适用听证的法律规定。(2)逐步将听证程序的适用范围扩展至其他具体行政行为，如行政强制措施、行政收费、行政征收、行政裁决等。当然，在扩大听证程序适用范围时，还必须注意区分不同种类的具体行政行为，分别予以规定。原则上，所有可能侵犯相对人已有权利的不利行政行为均应纳入听证范围。(3)逐步将听证程序的适用范围扩展至其他抽象行政行为。与具体行政行为相比，抽象行政行为的范围更广，影响更大。因而，许多国家通过立法

和判例确定了多种对抽象行政行为的监督途径，其中听证程序就是一种极其重要的监督形式。从今后发展来看，将听证适用范围扩展至多种抽象行政行为不仅是必要的，也是可能的。

另外，我国对听证范围的立法规定应当采取概括式、列举式与例外式相结合的方式。概括性条款只是规定听证的整体适用范围；列举条款应当明确、具体，具有可操作性；例外条款应当严格控制，原则上除涉及国家安全的决定、紧急情况、行政执行行为、批量行政行为和根据技术标准而为的羁束行政行为外，不得再有例外。

在适当的听证范围内，可以根据不同的听证种类采取不同的听证方式，这也是各国共通的现象。立足我国国情，借鉴他国经验，我国宜采取正式听证与非正式听证，事前听证、事后听证与结合听证多种形式并存的听证制度。对正式的听证应当以法律形式予以规定，原则上对于在全国范围内影响较大的公共决定，关系到群众切身利益的公益性、公用性的事件与行为，较严厉的行政处罚以及事实不清、难以确定的行政处罚，垄断经营的商品价格，不根据技术标准而为的羁束行政行为等宜采取正式的听证程序。非正式听证不等同于不举行听证，只是从效率原则出发，程序较正式听证简单，通常采取书面的、口头的或通过其他手段来达到听证的目的，而不采取"审判型"的听证形式。一般认为，从简便易行、有效实用出发，我国应当以非正式听证为主，以正式听证为辅；同时，结合事前听证、事后听证与结合听证进行。

(三)建立一个科学、系统的管理制度和机制

关于听证，目前也只是由政府部门作出一些相应的规定，缺乏一套科学、系统的规范化程序及相关配套措施。为了满足听证制度的功能需求，我们必须要建立一个科学、系统的管理制度和机制，以确保听证的真实可信、公平公正，避免因空洞的形式而使听证一开始就遭遇信任危机。现着重从以下几个方面进行分析。

1. 完善听证代表制度

要完善听证代表产生机制，使听证代表具有一定的广泛性和代表性。对此，我们可以从两个方面加以考虑：一是要努力创造条件，充分利用多种途径，广泛地选择能实际代表社会各领域、各阶层、各方面利益的代表参加听证会，使各社会群体均能在听证会上就事关其切身利益的问题发表意见，且注意听证代表的合理比例，尤其是保证受影响最大的人群有适当多一些的代表参加

听证会，以及弱势群体的发言权。二是规定听证代表遴选的基本原则及听证代表应当具有的基本素质与条件，如要求具有一定的文化水准、独立思考能力及价值判断能力的社会成员及具有相关专门知识、技能和经验的专家型人才参与听证会，以保证听证代表具有一定的代表能力，能充分反映所在群体的心声，并作出客观的分析。

2. 规定听证代表的权利、义务与法律责任

听证代表在听证中所享有的各项权利，如依法享有的听证申请权及出席听证的权利、申请回避的权利、知情权、调研权、陈述权、申辩权、质询权、维护自身利益与公益的"言论免责权"、人身保障权、适当的补贴和物质上的便利权以及权利受侵害时的法律救济权等。听证代表在听证中应履行的各项义务，如遵守国家的法律法规、保守国家秘密和商业秘密、遵守听证纪律、维护听证秩序、通过认真调研广泛听取并如实反映群众和社会各方的意见、审阅听证笔录并签名等。另外，若听证代表在听证中玩忽职守、滥用权力或不尽法律义务，应当依法追究其相应的法律责任。

3. 建立规范的听证主持人制度

听证主持人的素质、地位及其权力等对听证的效果有着直接影响，决定着听证能否有效发挥作用。但目前，我国还没有建立起一支专业的听证主持人队伍，现有的法律、法规对此也规定得较少，这不利于听证主持人规范化建设。因而，我们有必要尽快建立规范的听证主持人制度，推动听证制度快速发展。具体来说：必须赋予听证主持人以中立、客观的地位及相应的权利，以保证听证的公平、公开与公正，这也是听证制度中职能分离原则的具体体现和根本要求；必须规定听证主持人应具备的基本素质和能力。听证会的实质在某种程度上与司法庭审相似，听证主持人自身的素质与水平将直接影响听证会的效果，这一点已为实践所证明。听证主持人必须具备相应的法律素养、专业知识与经验积累，否则将不足以驾驭听证的进程。因而，应对听证主持人的条件、选拔、任职、岗位培训、管理与监督等事项作出统一的规定，通过规范化建设，强化责任意识，培养敬业精神，并通过他们独立而卓有成效的工作充分地展现听证所具有的公开、公正的价值与功能。

4. 确立听证程序中的案卷排他制度

既然听证制度体现的是民主和法治的价值，那就必须要确立听证程序中的案卷排他制度，赋予听证案卷记录一定的法律效力，使其成为公共部门作出公共决策的重要甚至是唯一的依据，从而防止公共部门滥用职权，使人民群众真

正参与到国家事务的管理中来，并切实保护人民群众的正当权益。借鉴西方国家的成功经验，确立我国听证程序中的案卷排他制度，是完善我国听证制度的必要之举。具体来说，确立案卷排他制度应明确规定，听证会上所获得的证据、观点和意见，应作为公共部门作出公共决定时必须考虑也是唯一可以考虑的观点，而听证会以外的其他观点、意见和证据，不得作为公共部门作出公共决定的依据；如果公共部门要采用听证案卷记录以外的事实和证据，必须告之相关利害关系人，并对其提供辩论的机会或重开听证会。否则，不仅有悖听证制度的基本原则，而且也必然会阻碍听证作用的有效发挥，甚至会使听证制度名存实亡。

另外，对证人作证、当事人委托代理、听证调研、组织旁听、听证救济、听证的成效分析、舆论和新闻宣传的科学管理与疏导以及必要的物质技术支持等，也需要加以具体规定。同时，随着听证制度的建立，也要相应地修改和完善相关配套制度及措施。

(四)加强对听证的监督，提高听证的透明度

听证制度的顺利实施，离不开一套系统而有力的监督机制。其一，建立健全的内部监督体系。通过立法明确界定听证关系中各方的权限范围及相应的法律责任，准确认定其行为的效力。听证与裁决职能实行分离，使二者互相牵制、互相监督。其二，加强对听证的外部监督。公开、公正、民主，都是听证制度所应遵循的基本原则，这必然要求增强听证的公开、透明，加大社会对听证内容、程序和结果的广泛监督。这既有利于提高公众的认同度和参与度，又有利于利害关系人获取充分的信息，有效制约公共权力，保证公共决策的客观、公正，同时也能使公共决策成本和执行成本降低。因此，在召开听证会(尤其是重大事项的听证会)的事前、事中和事后，都要充分利用电视、广播、报刊、互联网等新闻媒体，报道听证会的有关情况，公开征集听证代表，对听证会进行现场直播，向社会公布最终决策，真正做到在"阳光"下接受监督。而且，在一定条件下，还应允许一定数量的普通公民旁听，从而动员广大公民了解听证会、关注听证会、参与听证会，彻底改变过去公共部门"关门决策"的方式，防止腐败和滥用职权的发生。

另外，公共部门还应做好社会宣传工作，适时地对听证制度的基本内涵、实际意义、具体程序等内容加以广泛的宣传，提高听证制度的社会认知程度。

总之，无论在理论研究上，还是在实践操作中，听证制度将会日渐成熟。

我们期待着通过不断完善的听证制度使公共管理更加科学化、理性化、高效化——这也是现代民主与法治国家的现实要求。

思考题

1. 举例说明近年来我国举行的听证会内容。

2. 你认为一个科学、高效的听证会应该遵循哪些基本原则，为什么？

3. 举例说明听证制度应该发挥哪些功能？

4. 试以一个你最熟悉的听证会为例，描述一下它的基本程序，并结合听证的原则和功能定位，分析一下还可以从哪些方面完善该听证会的程序。

5. 我国的听证制度如何进一步改进？

案例分析

厦门鼓浪屿票改听证会

2004 年 5 月，鼓浪屿—万石山风景区管委会拿出了票务制度改革方案初稿，提出收取鼓浪屿大门票 80 元，或者将大门票与所有景点门票"打包"为统一的 190 元"套票"的建议。

随后，厦门市举行了鼓浪屿景区收费标准听证会，市人大常委会也举行了"鼓浪屿票改征求意见会"。2015 年 9 月 21 日，厦门市政府召开新闻发布会，宣布鼓浪屿需购买每人 50 元的门票，时机成熟提高到每人 80 元，景区内一些特定景点另外购票。

新的票改方案出台后，对不少游客而言，这种 8 元旅游的"幸福生活"就要结束了，这一消息发布后，出现了不少批评的声音，随后政府召开厦门选民听证会讨论鼓浪屿票价问题，最终结果决定：鼓浪屿票改方案暂不执行，这意味着游客还可像往常一样可花 8 元轮渡费进出鼓浪屿。

（资料来源：卢志勇. 3 元轮渡费仍可进入鼓浪屿 [N]. 北京青年报，2005-03-30.）

问题：厦门鼓浪屿票改听证会取得成功的要素有哪些？

311

第 **11** 章 公共危机管理

　　自从有文字记载以来，人类社会始终面临着各种各样的危机，可以说，人类文明的发展过程便是回应各种危机的挑战的过程。当今世界，人们注意到，全球化的不断推进和深化，全球公共生活的日趋复杂化，利益和信念分散性的日趋凸显，科学技术的迅速发展及其广泛应用，各国各地区之间的依存度以及人类社会对环境之依存度的增加，已在某种程度上进一步增加了公共危机事件发生的可能性或是加速了公共危机事件的蔓延和扩张。在当代社会，危机给社会造成的损失是巨大的。危机管理是政府的重要职能之一，公共危机管理的能力也是政府综合能力的体现。如何提升政府的危机管理能力，是当代公共管理面临的　个重大挑战。

第一节　危机与公共危机

一、危机概述

(一)危机的内涵

　　学习和研究公共危机管理涉及的第一个基本概念就是"危机"。从词源上考察，英文中的"危机"(crisis)一词来自希腊语，其字根 krisis 意味着"分离"，最初用于医学领域，意指人濒临死亡、游离于生死之间的那种状态，后来所指涉的对象不断扩大。在 18—19 世纪，危机的概念逐渐被引入政治领域，表明政治体制或政府处于紧急状态，继而有了危机管理的概念。①

　　作为一个常规词语，中外很多词典中都对"危机"进行了界定。按照《韦氏英文词典》的解释，"危机"是指"有可能变好或变坏的转折点或关键时刻"。《现代英语词典》对"危机"的解释是：（1）严重疾病突然好转或者恶化的转折点；（2）事物发生过程中的一个转折点、不确定的时间或者状态、非常危险或者困难的时刻。② 由此可见，对危机的传统理解主要是从两个方面出发的，即事件发生的时间紧迫性和事件发生所可能造成的负面影响性。英文中的 crisis，一般是指事物具有高度危险性和高度不确定性的情形。在现代汉语中，"危机"一词的语义比较清晰，是"危险或威胁"和"机会或机遇"的复合词，同时包含着这两者之间的辩证关系，《现代汉语词典》的解释是：（1）危险的根由，危机四伏；（2）严重困难的关头，如经济危机。《辞海》的解释是：（1）潜伏的祸根；（2）指生死成败的紧要关头；（3）即"经济危机"。翻阅相关的工具书，可以看到对"危机"的界定基本上大同小异。从中外同义上看"危机"对应着一个具有决定性的时点或时段，这时的决定或行为决定着事态会向更好或更糟的方向发展。

　　自从"危机"这一概念被引入到管理领域，学者们便对其开始界定，但是，始终没能形成一个一致认可的表述，可以说，没有哪一种定义能够涵盖危机涉及的所有方面。③

　　赫尔虽认为危机就是一种情境状态，其决策主体的根本目标受到威胁，在改变决策之间可获得的反应时间很有限，其发生也出乎决策主体的意料。④ 这是从状态角度来界定"危机"的定义。国内学者大多赞成从状态角度来定义危机，认为危机事件不等同于危机本身，如果将危机解释为一种事件，将会缩小危机的外延。董传仪认为，危机的发生是社会组织内部与外部的构成要素、运转规则和发展秩序由常态异化、裂变为威胁性体系的过程。在危机中，组织面临的挑战不单纯是一个威胁性事件，更是一种涉及内部与外部多重利害关系的

---

　　① 冯慧玲. 公共危机启示录：对 SARS 的多维审视［M］. 北京：中国人民大学出版社，2003：2-3.

　　② 辞海［M］. 上海：上海辞书出版社，1979：1412.

　　③ 张永理，李程伟. 公共危机管理［M］. 武汉：武汉大学出版社，2010：6-7.

　　④ 薛澜，张强，钟开斌. 危机管理：转型期中国面临的挑战［M］. 北京：清华大学出版社，2003：25.

复杂困境，故而可以把危机定义为一种对组织可能存在破坏性的状态。①

实际上，从上述两个角度对"危机"的界定是相互包容的。因为组织或系统的危机状态总是通过一定的突发事件来表现的，这里的事件，可以是原生事件，也可以是次生事件或衍生事件；可以是现实事件，也可以是拟态事件或潜隐事件；可以是单个事件，也可以是两个或多个事件的组合等。从认识论的角度看，人们总是通过对一定事件多角度和多层面的解析来具体认识组织或系统的危机状态。从管理实践的角度看，人们也总是以一定的事件为操作对象来进行决策和实施具体的应对措施。这里的"应对"是突发事件全过程应对的含义，包括事前的预防、事中的处置和事后的恢复与重建等一系列内容。

(二)危机与风险

风险(risk)一词，在社会生活中有多种解释，并常与"灾害事故""危险因素"等词混用。从公共管理的角度来讲，风险是指对社会或组织发生不利事件的可能性以及政府、社会或组织对不利事件发生在认识上的不确定性。所谓不利事件发生的可能性，是指不利事件可能发生也可能不发生，发生或不发生的可能性是可以用概率来描述的；政府、社会或组织对不利事件发生在认识上的不确定性，是指对不利事件可能发生的时间、地点、原因以及造成的后果在主观认识上的难以确定和预料。

风险发生所造成的结果是损失，风险是导致危机爆发的导火线。若对风险防范不力，控制不当，当其造成的危害达到一定程度时就会爆发危机，从而引起社会秩序的不安定、民众心理的恐慌、政府公信力的下降。我国西安体育彩票造假事件就是一个很好的事例。2003年上半年，陕西省体委体育彩票发行中心在发行体育彩票时，严重违反国家的有关规定，擅自使用个体经营者作为体育彩票发行的经销商。由于省体委体育彩票发行中心无视国家规定，缺乏风险意识，再加上管理和监督不力，出现了假彩票事件。在公安机关的介入下，通过深入调查，彩票发行中存在的政府官员受贿、彩票发行中的造假舞弊、公证人员玩忽职守做假公证等一系列案件浮出水面。全国各大新闻媒体跟踪报道了事件的全过程，假彩票事件一时成为全国公众的关注焦点和热门话题。假彩票事件在社会上造成了极其恶劣的影响，导致了政府机构信用危机发生，该危机造成的危害是无法估量的。因此，政府或组织必须有风险意识，认真对待

---

① 董传仪. 危机管理学[M]. 北京：中国传媒大学出版社，2007：6.

风险。

只有对风险进行有效的评估和防范，才能减少或避免危机的发生。危机与风险之间的关系主要表现在以下几个方面：

第一，风险是危机的诱因，危机是风险聚集到一定程度而爆发的表现形态。

第二，风险是一种可以用概率来描述的随机事件，是可以进行有效评估和管理的，而危机的爆发往往是很难评估和预测的，更具隐秘性和不确定性。

第三，并不是所有的风险都能导致危机，只有当风险造成的危害达到一定程度时才会爆发危机。

第四，对风险的管理是日常管理工作的内容之一，可以使用常规的管理方法，而对危机的管理则要采用超常规的管理方法，需要更多的人力、物力、财力来处理危机。

第五，风险一词通常用来表示某个决策可能出现的失败和负面结果，例如投资风险、交易风险、汇率风险等；而危机则用来表示重大的突发事件所造成的一种形势或一种状态，例如经济危机、金融危机、政治危机、石油危机等。危机与风险相比，不论是从危害性还是从影响的深度和广泛性来讲，都远远地超过了风险。换句话讲，危机更具宏观性、整体性和危害性，会对整个社会或组织的基本目标构成威胁，而风险较微观一些。

(三)危机的特点

1. 必然性与偶然性

正如有句名言所说："危机就像死亡和纳税一样是不可避免的。"但危机的发生又是偶然的，组织的任何薄弱环节都有可能因某个偶然因素导致危机发生。这就是危机防不胜防、容易给组织带来混乱和惊慌的原因。因此必须防患于未然，做到居安思危。

2. 未知性与可测性

危机在什么时间、什么地点发生，破坏性多大往往是难以预料的，特别是自然灾害、科技新发明等带来的冲击是难以抗拒的。但是危机的发生也存在一定的规律性因素，可以通过对这些规律性因素的研究来预见发生危机的可能性，这就是可测性。

3. 紧迫性与严重性

危机发生后，情况往往瞬息万变，危机的应对和处理具有很强的时间限制。严重性是指危机往往具有连锁效应，引发一系列的冲击，不仅破坏正常的经营秩序，更严重的是会威胁组织的未来发展。

4. 公众性与聚焦性

组织的危机事件会影响公众的利益，公众会对整个事件高度关注。由于现代传播媒体十分发达，组织的危机情况会迅速公开化，成为各种媒体热评的素材；同时公众不仅关注危机本身，更关注组织的处理态度和采取的行动。媒体对危机报道的内容和对危机报道的态度影响着公众对危机的看法和态度。

5. 破坏性与建设性

危机必然会给组织造成不同程度的破坏，但处理危机的过程也是体现组织决策能力、应变能力的时机，更是展示组织形象、塑造组织形象的难得机遇。[①] 抓住这个机会，就会坏事变好事，迅速提高组织的知名度、美誉度。

(四)危机的类型

对于危机的类型，不同的划分角度就有不同的危机类型。按照危机事件发生的原因划分，可以分为外源危机、内源危机和内外源危机；按照危机事件发生的机理划分，有自然危机、人为危机和自然-人为复合危机；按照危机事件的影响范围划分，有全球性危机、区域性危机、国内危机、地方危机、行业危机、组织危机等；按照危机事件威胁的对象划分，有威胁公民人身安全的危机，威胁社会基本价值的危机，威胁经济繁荣的危机等；按照危机事件的性质划分，有政治危机、经济危机、文化危机、生态危机等。

二、公共危机概述

(一)公共危机的内涵

所谓公共危机(Public Crisis)，是一种比危机更为特殊的危机状态。"公共"的字面解释是指居于全社会的、公有公用的。在西方，公共一词起源于古希腊，当时它具有两重含义：(1)具备公共精神和公共意识，是衡量一个男性公民已成熟并可以参加公共事务的标志；(2)人与人之间在相互交往中相互关心和照顾的一种状态。随着时代的发展，"公共"一词一度演变成"政府或政治

---

① 闫冬梅. 图书馆危机管理研究[J]. 合作经济与科技，2014(5)：108.

的同义词"。① 有的学者认为："在公共管理领域，公共危机通常是指由于深层的社会问题、制度问题和体制问题的长期积累，在某些偶然事件的激发下而产生的对于整个社会的正常生产生活秩序及基本价值体系产生严重威胁的具有突发性、不确定性和严重危害性的事件。"②简而言之，公共危机就是指全社会共有的、需要共同面对的危机。公共危机除了具有突发性和紧急性、高度不确定性、危害性和破坏性等一般危机的特性之外还有自己独有的特征，那就是影响的社会性和扩散性。

国内有的学者认为公共危机"就是一个事件突然发生对大众正常的生活、工作以至生命财产构成威胁的状态"③，或指"由于内部和外部的高度不确定的变化因素，对社会公共利益和安全产生严重威胁的一种危险情况和紧急状态，那么，能够引起这种危险情况和紧急状态的事件就是公共危机事件"④。还有的认为，公共危机是指"政府或其他社会组织通过监测、预测、预控、应急处理、评估、恢复等措施，防止可能发生的危机，处理已经发生的危机，以减少损失，甚至将危险转化为机会，保护公民的人身和财产安全，维护社会和国家的安全和稳定"，对公共危机概念的界定不像对危机那样多元化，大多是从危机影响范围的角度出发的。

以上是目前一些学者对危机和公共危机内涵的阐述，本书认为，公共危机指由于突发事件引起、严重威胁与危害社会公共利益和公共安全，并引发社会混乱和公众恐慌，需要运用公共权力、公共政策和公共资源紧急应对和处理的危险境况和非常事态。⑤

(二)公共危机的类型

目前，关于公共危机的分类十分庞杂，出现这种情况有以下几个原因：一是由于爆发公共危机的诱因复杂而多变，因此公共危机的表现形式及其危害性也就各不相同；二是不同的学者和专家为了便于开展研究，依据不同的标准对

---

① 郑杭生，何珊君. 和谐社会与公共性：一种社会学视野[J]. 甘肃理论学刊，2005 (1)：5.

② 周庆行，唐峰. 公共危机决策绩效评估指标权重研究——基于层次分析法[J]. 理论与改革，2005(6)：115.

③ 龚维斌. 公共危机管理的内涵及特点[J]. 西南政法大学学报，2004(3)：7-12.

④ 王茂涛. 政府危机管理[M]. 合肥：合肥工业大学出版社，2005：3.

⑤ 张永理，李程伟. 公共危机管理[M]. 武汉：武汉大学出版社，2010：8.

公共危机进行各种不同的分类；三是为了管理公共危机的需要。

对公共危机类型的划分，使用的划分标准不同，划分的结果也就不同。目前，主要的划分标准有如下几种。

1. 按诱发公共危机的因素划分

按诱发公共危机的因素来划分，可以分为自然公共危机和人为公共危机。自然公共危机是指由自然界中的不可抗力直接引发的公共危机，也可以称为天灾。这类公共危机通常是人类难以控制和抗拒的，但是，如果能在公共危机的潜伏期察觉到公共危机的征兆，主动采取一些积极措施，则可以减少生命和财产的损失。人为公共危机是指由人的行为诱发的公共危机，也可以称为人祸。它是由于人类不理智、不合理的生产方式、生活方式或行为方式而故意引发的公共危机，或由于疏忽大意而发生意外事故所造成的公共危机。这类公共危机的爆发都与人类的行为密切相关。既然是人为因素造成的，那么，只要对它们进行认真分析和研究，采取相应的防范措施，是可以减少公共危机发生的概率或危害性的。例如，两国之间的政治或经济利益冲突往往可以通过双边谈判或其他国家从中斡旋而化解，冲突双方可以达成谅解，从而避免公共危机爆发。

2. 根据公共危机影响的时空范围划分

根据公共危机影响的时空范围来划分，可分为国际公共危机、国内公共危机、区域公共危机和组织公共危机。

国际公共危机主要是指国家与国家之间或国家与国家集团之间，由于政治利益、经济利益或文化的冲突而引发的公共危机。国际公共危机的特点是，公共危机的爆发是由两个或两个以上的国家或地区之间的冲突引发的，它必然在两个或两个以上的国家或地区产生不良影响。因此，公共危机的控制和处理比较复杂，必须通过当事各方的对话、沟通、协调等方式来化解或借助于国际社会的力量来解决。

国内公共危机是指公共危机的影响范围只限定在一个国家或地区内，公共危机会对该国整个社会系统或一些子系统造成严重破坏，使它们不能正常运转。例如，一国发生军事政变造成国内局势动荡，政府政策大调整引发的社会动乱，经济衰退引发的失业率上升，还有社会暴乱、重大事故、恐怖袭击、宗教冲突、自然灾害、疾病流行等。例如，2003 年我国 SARS 疫情流行，英国爆发疯牛病等。处理这些公共危机往往是对政府或当局控制能力和管理能力的一个严峻考验，也是对整个社会力量的一个考验。公共危机需要政府和公众齐心合作才能得到控制和处理。另外，国内公共危机的爆发有时是由复杂多变的国际政治、经济环境所造成的。换句话说，国内公共危机的爆发有时与国际因素密切相关。

区域公共危机主要是指公共危机影响的范围只限于某一地区。例如，城市公共危机、农村公共危机、洪水或地震造成的区域受灾、区域森林大火、污染造成的区域公共危机等。这类公共危机只对社会系统的子系统或局部系统造成破坏。区域公共危机的特点是，公共危机爆发的诱因往往与该地区的地理位置或其他区域特性密切有关。例如，沿海地区会受到台风的袭击，而山区会受到森林大火、山洪和泥石流的威胁。专家的研究结果表明，目前，城市是各种公共危机爆发最频繁的地区。联合国 1999 年 7 月通过的日内瓦战略就明确提出，21 世纪全球减灾的重点是城市、社区及建筑安全本身。

3. 按照公共危机发生的领域划分

按照公共危机发生的领域划分，可以分为政治公共危机、社会公共危机、经济公共危机、生产性公共危机和自然性公共危机。

政治公共危机是指由政治因素导致的公共危机，即由于在政治问题上的争议而导致公共危机爆发。例如，国与国之间的政治冲突、侵略战争、政变、大规模政治变革、恐怖袭击、腐败、不同党派之间的冲突、反政府武装的分裂行为等。社会公共危机主要是指由于社会系统内在的缺陷或社会中各群体之间的利益冲突而产生的公共危机。其主要形式有社会骚乱、大罢工、示威游行、邪教活动、黑社会的暴力活动、民族问题、贫富差距的扩大等。经济公共危机是指发生在宏观经济领域的公共危机，诱因可能是政策失误、体制上的缺陷等。例如，恶性通货膨胀和通货紧缩、汇率和利率的巨变、产业结构失衡、大量工人下岗失业、农村问题、国际经贸摩擦等。生产性公共危机是指由生产中的安全事故或产品安全事故引发的公共危机。例如，苏联切尔诺贝利核电站核物质泄漏、印度美资化工厂有毒气体泄漏事件、我国的毒奶粉事件等。自然性公共危机是由自然灾害造成的公共危机，这些自然灾害通常是不可预见、不可阻止、不可控制的。

4. 按照公共危机爆发和结束的速度划分

按照公共危机事件发展的速度分类，罗森塔尔将公共危机分为四种：龙卷风型公共危机、腹泻型公共危机、长投影型公共危机和文火型公共危机，见表11-1。

表 11-1 公共危机的类型与特点（按爆发和结束的速度分类）

公共危机类型	特　点
龙卷风型	来得快，去得也快。如人质挟持事件
腹泻型	潜伏期长，但爆发后很快结束。如军事政变
长投影型	突然爆发，影响深远。如美国 9·11 事件
文火型	来得慢，去得也慢。如中东地区巴以冲突

5. 按照公共危机状态下主体采取的态度划分

按照公共危机状态下主体采取的态度划分，可分为和平方式公共危机和暴力方式公共危机。和平方式公共危机是指静坐、示威游行、上访等事件产生的公共危机。暴力方式公共危机是指由恐怖活动、战争、暴乱等事件引发的公共危机。

以上介绍了公共危机分类的标准及对应的公共危机类型。应当说，不论什么类型的公共危机，给社会带来的危害都是巨大的，都会影响到社会和经济的正常发展，影响到国家或组织的生死存亡。

(三)公共危机的分级

不同层次的危机在严重性程度上可以分为不同的级别。对危机事件进行分组，则为危机治理所需动员的资源和能力提供了基本的依据。将危机事件划分为不同的级别，根据不同的级别采取不同的应急措施，是各国危机治理的共同经验。2001 年"9·11"恐怖袭击事件发生后，美国建立了一套五级国家威胁预警系统，用绿、蓝、黄、橙、红五种颜色分别代表从低到高的五种危险程度（见表 11-2）。

表 11-2 美国国家威胁预警系统

颜色	威胁程度	采取的行动
红	严重	动员紧急救护队，布置工作人员评估紧急需要
橙	很高	地方、州和联邦机构开展协调工作，加强公众的安全工作
黄	较高	加强对重要地方的监视活动及对威胁的评估工作
蓝	警戒	检查紧急程序，通知公民所要采取的必要措施
绿	低	保持安全培训和准备状态

根据"绿、蓝、黄、橙、红"的五级分类，美国将其威胁程度分别定为"低、警戒、较高、很高、严重"。绿色的低级别，表示处在应对不安全的准备状态；蓝色的警戒级别，表示处在应对不安全的检查紧急程度与通知公民采取必要措施的工作状态；黄色的较高级别，表示处在应对不安全的直接监视与对威胁进行评估的工作状态；橙色的很高级别，表示处在应对不安全的地方、州和联邦机构协调并动员公众行动的工作状态；红色的严重级别，表示处在动员紧急救护队、布置相关人员评估紧急需要，并采取随时启动紧急行动的工作状态。①

在我国，根据危机事件的性质、严重程度、可控性和影响范围等因素一般可分为四级：Ⅰ级（特别重大）、Ⅱ级（重大）、Ⅲ级（较大）和Ⅳ级（一般）。

（1）一般危机事件，表示其影响限在社区和基层范围之内，可被县级政府所控制。

（2）较大危机事件，表示后果严重，影响范围大，发生在一个县以内或是波及两个县以上，超出县级政府应对能力，需要动用市级有关部门力量方可控制。

（3）重大危机事件，表示其规模大，后果特别严重，发生在一个市以内或是波及两个市以上，需要动用省级有关部门力量方可控制。

（4）特别重大危机事件，表示其规模极大，后果极其严重，其影响超出本省范围，需要动用全省的力量甚至请求中央政府增援和协助方可控制，其应急处置工作由发生地省级政府统一领导和协调，必要时由国务院统一领导和协调应急处置工作。②

（四）公共危机的特征

1. 危害性

公共危机的危害性有有形和无形、现时和长远之分。有形的危害包括物质财富受损、人的生命财产受到损害。例如，地震、洪水等自然灾害造成灾民房屋被毁、庄稼绝收、人员伤亡等，根据全球灾害统计所提供的数据，1996—2000 年，各种灾害危机所造成的直接经济损失高达 2350 亿美元，并且导致425000 人死亡。

---

① 黄顺康. 公共危机管理与危机法制研究［M］. 北京：中国法制出版社，2006：125.
② 余潇枫. 公共危机管理［M］. 杭州：浙江人民出版社，2008：16-18.

无形的危害和破坏是指公共危机造成了人们心理、精神的伤害，造成了危机发生单位或地区形象的破坏，社会基本价值观受到挑战和威胁。例如，SARS事件不仅对人们的健康状况构成威胁，而且对人们的心理健康、社会关系、政府形象、生存伦理提出了挑战，产生了消极影响。无论是有形的还是无形的危害性和破坏性，都有可能是现时的，也有可能是长远的。有些影响可能在发生危机的当时就显现出来，而有些危害性和破坏性则需要经过一定时期才会反映出来，有些危害性和破坏性不仅事发当时就表现出来，而且不易消除，有一个较长的影响期。

2. 二重性

公共危机代表着"危机"和"机遇"，也就是说如果处置妥当，危机也可以化作机遇，可以变成改善当前状况的一种"契机"。辩证地看，公共危机虽然主要是危害性和破坏性，但是它们往往又是与建设性紧密相连的。危害和破坏之中孕育着建设性和新的机会，危机是风险与机遇的统一。因此，有人对"危机"作了这样的解释，认为危机是"危险+机遇"。中国人经常说要把坏事变好事，也是这个道理。当公共危机发生后，如果人们能够及时客观准确地总结经验教训，找出造成危机的症结，采取对策，防止类似危机再次发生，就是建设性的，就可以把危险变成机遇，从而推动社会的进步。

3. 突发性

突发性以及与此相连的紧急性并不意味着公共危机是空穴来风、横空出世。公共危机的突发性只是一种表象和一种结果，它的爆发从本质上说有一个从量变到质变的过程，酿成公共危机的因素是一个逐渐积累的过程。如果事先这一过程未被人们认识到并且得到有效控制，到一定程度后，就会形成质变，这个质变就是危机。突发性的背后是渐变性，只是渐变的过程被人们忽略了，人们注意到的是突发性和紧急性。

4. 紧迫性

公共危机往往是在意想不到、没有准备的情况下突然爆发的，这也就是说，危机发生之前，很少有人意识到会发生危机，这也是一般危机的共性。例如，2001年美国"9·11"恐怖袭击事件、2003年初韩国大邱地铁纵火案等都是如此。由于公共危机来得突然，又有很强的冲击力和破坏力，往往使人们措手不及。如果处理不当可能会给公共生活和公共秩序带来巨大的破坏，需要社会公众和管理部门及时拿出对策、化解危机、消除影响以减少损失。由于危机突然出现，可资利用的资源又是十分有限的，例如，信息不对称、技术手段缺乏、物质保障不到位等，使决策和指挥控制、民众反应与配合都显得十分紧急，因此需要作好提前预防。

5. 公共性

危机可以涉及不同的对象，而公共危机则是特指影响大众生活和社会秩序的危机，因此，公共性是公共危机区别于其他类型危机的特征，并且公共危机对于公众的影响范围更广、破坏性更大。当然，现代企业危机也越来越具有社会性的特征。由于市场经济的发展，大型跨国公司面对的危机以及危机管理对社会大众也往往具有较大的影响，例如，2001 年美国安然公司财务丑闻披露以后，公司经营很快陷入危机。由于无力应对危机，该公司最终破产关门。与此同时，能源股票大幅下跌，给股民造成损失。由于卷入安然假账丑闻，世界最大的会计师事务所也旋即关门，被普华永道收购。这一系列企业危机的结果使人们开始怀疑企业、社会、政府的诚信，诚信危机成为人们关注的焦点。

(五)公共危机的生命周期

公共危机从其潜伏直至消亡，就是完成了一个生命周期。危机事件在整个生命周期里，其危害性是在不断发展变化的，因而与之对应的管理方法和措施也有所不同。因此，为了便于有效地管理危机，专家和学者们常常将危机事件的生命周期划分成不同的阶段。有的学者将危机的生命周期划分为三个阶段——潜伏期、发生期、消除期；有的学者将危机的生命周期划分为五个阶段，即潜伏期、爆发期、蔓延期、恢复期和消除期。本书将危机的生命周期划分为四个发展阶段：潜伏期、爆发期、处理期和解决期(如图 11-1 所示)。

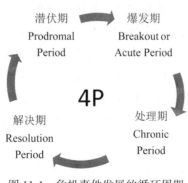

潜伏期　Prodromal Period

爆发期　Breakout or Acute Period

4P

解决期　Resolution Period

处理期　Chronic Period

图 11-1　危机事件发展的循环周期

1. 潜伏期(Prodromal Period)

公共危机是由风险引发的,是当风险的危害性达到一定程度时而诱发的。因此,大多数危机的爆发是风险由量变转为质变的过程。潜伏期就是一些能诱发危机发生的因素积聚的过程。这些因素相互作用,不断地积累具有破坏性和毁灭性的能量,达到一定程度时会喷发而出,危机随之而爆发。在这个阶段会出现一些征兆,但是,这些征兆往往具有很强的隐秘性,人们不容易觉察到,也很难进行识别和预测。有时,人们觉察到了一些征兆,却往往又忽视了它们。因此,危机的爆发常常使我们措手不及。假如人们能够在危机的潜伏期内就发现这些征兆,并对它们进行正确的判断和评估,及时采取措施,就可以化解和遏制危机的爆发。

然而,在现实社会和生活中,要在危机的潜伏期就发现危机征兆并化解危机是十分困难的,主要决策者们往往会忽视已出现的危机征兆,或是有了征兆而又很难判断什么因素会真正导致危机发生。例如,1986年1月28日,美国"挑战者"号航天飞机刚发射不久就发生了爆炸,造成7名宇航员全部遇难,由此美国国家航空和宇航局面临信誉危机,也给美国航天事业的发展带来不利影响。这次重大的灾难在很大程度上是由于决策失误造成的。因为在航天飞机发射之前,聚硫橡胶公司的工程师曾提出,用以密封火箭助推器部分的圆形橡胶环在低温环境下可能会出现被侵蚀之处,这种情况在以前的实验中出现过。根据当时的天气情况,工程师建议不要按原计划进行发射。但是,国家航空和宇航局的主要决策者们以及聚硫橡胶公司的高级管理层并没有考虑这个建议。正是由于忽视了这一风险和征兆——圆形橡胶环在低温下密封能力有所降低,并且不听从专家们的建议,才导致如此重大灾难的发生。

此外,危机爆发的另一个重要原因是人们忽视或者不能真正认清已出现的危机征兆。2003年3月29日,首次提出非典型肺炎(SARS)的意大利著名传染病专家卡罗·乌尔巴尼因感染SARS病毒去世。可是,他的去世并没有引起世界各国对他死因的重视,对SARS病毒传播的速度和广度也没有医学机构去进行认真研究,结果使我们失去了遏制SARS危机爆发的最佳时机。

2. 爆发期(Breakout or Acute Period)

如果在潜伏期里不能发现危机征兆,或发现了征兆却忽视它们,当危机的诱因产生的危害积聚到一定程度时,危机就会突然爆发,所积聚的破坏能量得到释放。危机往往使政府或组织的正常工作秩序完全被打乱,给整个社会系统或组织系统造成很大冲击与破坏，社会生产和生活偏离正常轨道。危机爆发时会给政府、社会、组织以及公众都带来特别强烈的震撼和巨大的压力，使人们产生恐慌。危机在这个阶段的危害性最强，会造成巨大的财产和生命损失，带给人们巨大的精神痛苦，造成社会局面的暂时混乱。

　　一般而言，公共危机事件爆发后不会马上结束，危机事件仍在发展或恶化，但演进的速度已经放慢。危机事件爆发后，政府或组织都会立即采取措施来控制危机事件的进一步发展，但实际上并不能立即消除危机的危害。因为，当危机爆发后，危机会带来一系列的连锁反应，其影响会延伸到社会或组织生活的方方面面，并继续产生危害，而且危害性可能比爆发阶段更严重。例如，美国"9·11"恐怖袭击事件发生后，不仅直接造成几千人失去生命和巨大的财产损失，还由此引发了全世界股市的暴跌、世界贸易量的减少、美国社会的恐慌、航空业的亏损及大裁员等。

　　危机所产生的危害程度与危机蔓延期的长短有直接的关系，而蔓延期的长短则取决于国际社会、各国政府或组织的控制能力以及决策的果断性、正确性；同时，还与科学技术发展水平密切相关。因为科学技术的发展可以使人类控制危机的手段及物质条件不断得到改善，人类能更有效地遏制危机危害的蔓延。我国 SARS 疫情的爆发，不仅直接造成了一些患者失去生命，还严重影响到我国的政治、经济、文化和社会生活，影响了我国与其他国家的正常交往，造成企业不能正常生产，学校不能正常教学，人们不能正常生活，更给我国的旅游、交通运输等行业带来了巨大损失。值得庆幸的是，我国政府在认识到问题的严重性后，能够快速、正确地进行决策，积极采取隔离、救助等有效措施来应对危机，成功地遏制住了 SARS 疫情的蔓延，使危机的蔓延期大大缩短，被控制在短短的几个月内，将 SARS 疫情的危害程度降到最低。我国之所以能快速、有效地控制 SARS 疫情的恶化，其中有两个重要的原因：一是我国政府强有力的领导才能以及广大民众的积极配合；二是与科学技术的发展水平紧密相关。

　　3. 处理期(Chronic Period)

　　危机爆发后，由于政府当局、社会或各级组织会立即采取应对措施来控制危机的发展和蔓延，使得危机的危害性得到遏制，并逐渐进入处理期。这一时期内，政府或其他组织着手对危机进行处理，包括开展危机调查、进行危机决策、控制危机危害范围与程度、实施危机沟通、开展各种恢复性工作等。在这个阶段，政府处理的决策水平和决策速度至关重要。

4. 解决期（Resolution Period）

危机经过潜伏、爆发、处理、恢复等几个阶段，其危害性基本消失。此时，政府或组织也会找到危机爆发的主要原因，通过对前期工作的评价和总结，会提出有针对性的预防和改进措施，防止危机卷土重来。这一时期，危机对社会、经济、组织和公众的不良影响基本消除；社会系统或组织系统得到修复、改进，开始步入正常运转，政府或组织回到常规的管理状态。这时，危机被宣布消除。

上述危机生命周期的四个阶段是大多数危机所要经历的。但是，有的危机可能只经历其中的一些阶段而不是全部阶段，有些危机可能没有潜伏期，有些危机可能没有蔓延期，有些危机可能没有恢复期等。例如，如果危机是致命的，造成了一个组织倒闭，就不可能再有危机的恢复及消除阶段出现了。

第二节 公共危机管理概述

一、公共危机管理的内涵

"危机管理"最先是由美国公关活动的先驱人物艾维·李提出的。当时主要是用在商业组织的公关活动中。现在公共危机管理机制已被各行各业所广为引进。危机管理是一个典型的非程序化决策过程，早期的危机管理主要局限于经济、军事和外交领域。

关于公共危机管理的定义，部分学者认为："公共危机管理应该是有组织、有计划、持续的动态过程，政府和其他社会组织通过风险评估、预警、准备、反应、评估、恢复、检测、总结等措施，针对潜在的或当前的危机，在危机发生的不同阶段采取一系列的控制行为，以达到减轻损失，甚至将危险化为机遇，维护公共安全，保护公民的人身权和财产权的管理活动。"还有部分学者将公共危机管理的定义概括为："政府为主的公共管理机构，以保障公共安全为目标，通过采取一系列必要措施，如预防、预警、预控等来防范化解危机，或者通过危机应急管理、危机恢复补偿等措施来减少危机损失，避免危机扩大和升级，使社会秩序恢复正常，保持社会稳定的一整套管理体系。"

本书认为，公共危机管理是指政府和其他社会公共组织等危机管理主体，以公共危机为目标，通过监测、预警、预控来防止公共危机发生，或者通过控制、应急处置、评估、恢复补偿等措施减少危机损失，避免危机扩大和升级，使社会恢复正常秩序的一整套管理体系与运作过程。①

二、公共危机管理的特征

(一)为社会提供公共产品

公共危机管理以保持社会秩序、保障社会安全、维护社会稳定、提供公共产品为目标。尽管任何一种危机管理都是追求最大限度地降低风险，防止悲剧发生。但是，企业危机管理者追求的是经济利益，而公共危机管理者关注的则是公共利益、社会大众的利益，这种利益不仅仅是经济的，还有社会、政治等方面的内容。

(二)管理的综合性

这种"综合性"表现在三个方面：首先，强调"治理"的理念，使危机管理成为一种实现了分权、分层次、分目标的多元化系统管理。当公共危机出现的时候，如果组织动员得当，盈利的企业组织、非政府组织、各种政治派别、国内国外人士、普通民众都会积极参与危机管理，共同对付危机，共渡难关。因此，公共危机管理的主体是多元的，是多元化管理。其次，危机管理不仅仅是政府的事情，企业和个人都要有意识地参与危机管理的各个环节，与政府形成良性互动。如美国的危机管理机制是由美国联邦紧急事务管理署(FEMA)、州政府、地方郡市、志愿者组织、民间团体、私人企业等共同组成的。最后，重视各部门的协调和信息共享。

(三)依法行政

在法治国家，公共危机管理需要依法进行。为了严格规范在紧急状态下的政府行使紧急权力，大多数国家在宪法中规定了紧急状态制度，给政府的行政紧急权力划定明确的法律界限，同时制定统一的紧急状态法来详细规范在紧急状态时期政府与公民之间的关系，以保障政府在紧急状态下充分、有效地行使

---

① 张永理，李程伟. 公共危机管理[M]. 武汉：武汉大学出版社，2010：10.

危机管理权力，同时也保护公民的基本宪法权力不因紧急状态而遭到侵害。尽管在特殊的时候和紧急情况下，可以采取一些非常手段，但是，也必须符合紧急状态法律的要求，决不能因为是危急时刻，公共管理人员就可以任意妄为，超越法律。公共危机管理主要依靠行使公共权力进行管理，而公共权力的行使，常常是刚柔并济，强制性和非强制性并行。公共危机管理者既受到法律的约束，同时又可以以法律为手段规范和约束管理对象的行为。

(四)受到公众的监督和约束

公共危机管理是一种非营利性社会活动，是公共管理机构的重要职能之一。因为公共危机管理所消耗的资源主要是公共的，所需要的经费主要来自于国家的财政收入，属于公共财政的范畴。这就决定了行使公共危机管理权力的公职人员不能随意支配这些费用，还要使其管理活动公开化，并接受纳税人的监督。在公共危机管理中，如果公共管理机构接受了营利和非营利机构的捐赠，同样需要遵循公开透明的原则，接受公众特别是捐赠人的监督，用好每一分钱，使其发挥最大效益，① 公共危机管理需对社会公众负责。

(五)管理难度大

公共危机发生时，因为情况紧急来不及按照正常的科学程序进行定量分析判断和决策，因此，危机决策的约束条件往往特别苛刻。与常规决策相比，信息有限，同时资源也有限，既来不及也不可能收集到全面的信息，即便得到了信息也有可能是不准确的，甚至是虚假的。由于时间的限制，公共危机决策无法充分有效地利用社会和专家的智力资源，无法借用外脑来进行科学决策；在紧急状态下，物质技术支持系统常常无法及时提供帮助。因此，公共危机管理中决策主要采用经验式的、非程序性的决策，而这种决策方式虽然效率较高，但是，往往准确性较差，潜藏着很大的风险。

同时，在公共危机出现的时候，即使领导者做出了正确的决策，管理难度也比常规管理大得多，指挥协调和物资供应任务重。要在短时间内指挥各个管理机构协调联动、保障物资供应本身就是一件艰巨繁难的工作。在公共危机发生的紧急状态下，所需要的物资往往难以充分及时供应，特别是一些以前没有

---

① 郑建明，顾湘. 公共事业管理[M]. 上海：上海交通大学出版社，2011：167.

出现过的新的危机事件所需物资，保障供应要求更是难以满足。此外，管理对象配合程度差。受到危机影响的管理对象情绪不稳定，难以像平常那样理智地配合管理者的工作，一些群众往往处于紧张、恐慌、激动之中，这也加大了管理的难度。

第三节　公共危机管理流程

政府的危机管理能力是现代政府必备的能力之一，政府作为当地公共危机管理的主要承担者，科学应对公共危机是我国政府管理能力的体现，也是必然要求。危机事件的发生过程可分为三个阶段：危机前阶段、危机阶段以及危机后处理阶段，各个过程体现了危机发展的一个循环周期。对危机管理过程的各个阶段应当采取什么策略和措施，有哪些需要注意的问题，如何尽可能地将危机事件的发生控制在某一个特定的阶段，使它不朝性质更为严重的阶段演变，防止危机扩大，减少损失，这是危机管理需要解决的问题。危机管理的各个阶段，实际上也是面临危机的公共管理机构处理危机事件的工作流程（如图 11-2 所示）。

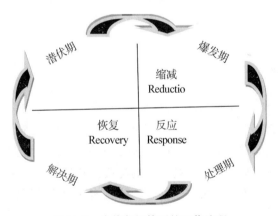

图 11-2　公共危机管理的工作流程

一、潜伏期的危机管理

公共危机潜伏期的管理包括危机的预警及预防危机的准备工作等，它是公共危机管理过程的第一个阶段，目的是有效地预防和避免危机事件的发生。在某种程度上，公共危机的预防以及公共危机升级的预防比单纯地应对某一特定公共危机事件显得更加重要，因为，如果能够在公共危机未发生之前就及时把公共危机的根源消除，则均衡的社会秩序就能够得以有效保障，可以节约大量的人力、物力和财力。但是，由于许多管理者将公共危机看成日常工作中不可避免的现象，因此，避免公共危机经常被管理者疏忽，甚至完全忽略，成为公共危机管理过程中不受重视的一环。公共危机潜伏期的管理主要包括以下几个方面。

(一)避免过分自信和麻痹大意

对待公共危机，没有"预防"的"应对"，是带有盲目性的"应对"，它会造成在危机事件前的失控和失序，导致损失的增大。在公共危机管理过程的几个阶段中，人们往往把注意力更多地投向公共危机事件已发生的紧急救援方面，而对于危机潜伏时期的各种症状却置之不理、麻痹大意，结果会带来很多无谓的损失。同时，组织的管理者往往受传统思维惯性和认识盲区的束缚，过于相信组织抵御各类公共危机事件的能力，未能做到居安思危、防患于未然，结果很多原本有足够的时间可以避免，或是及时采取各种措施可以把危机控制在某一特定范围内的公共危机事件，由于组织管理者的粗心大意、过于自信而导致发生严重的危机事件。①

(二)动态监测

有效地预防公共危机，有赖于对公共危机准确、及时的科学预报。要预防公共危机，首先要在日常生活中将所有可能会对组织活动造成潜在威胁的公共危机事件(灾害源、灾害体)一一列举出来，并加以分类，考虑其可能造成的后果，设计应对的预案，估计预防所需的花费，并且应当把这样的组织行为变成组织的惯例，以便事关组织安全的各项信息能得到适时更新。如果信息及时得以监测，损害就可在一定程度上减轻甚至避免。同时，各类灾情的预警信息要千方百计努力为全体社会成员——特别是那些在灾害中"最容易受伤害"的群体共知、共享，使他们能够采取有效的防御措施。许多灾害之所以不能及时防止和抢救，原因之一就是没有预警措施，或者预警信息在传递过程中不断被"吞噬"和"不到位"。

---

① 陈越.试论政府公共危机决策的困境与机制创新[J].商业经济，2005(2)：7.

(三)构建良性激励机制

目前，我国一些地方政府和组织在突发公共危机事件处理过程中呈现出一种普遍的趋势，那就是虚报、隐瞒事件真相，相互推诿扯皮，不惜弄虚作假。发生这种现象的原因是，现行的干部考核体制不完善或过于笼统或指标单一，民主程序流于形式，以致在实际干部考核中无法形成良性激励机制，常常出现默默无闻避免危机得不到奖励，轰轰烈烈解决危机成为"英雄"的现象。而要纠正突发公共危机事件管理中激励机制和惩罚机制错位所引发的种种弊病，关键是在日常的公共决策中，要以广大群众利益为先导，采取科学民主的决策方式，在源头上降低公共危机发生的可能；要标本兼治，建立科学合理的公共治理结构。

(四)规划与物质准备

公共危机的应对，需要在短时间内迅速做出决策并集中相关资源。因此，在公共危机的潜伏期就应该做好准备，加强战略规划、物资储备、长期预算和设立意外事故基金，制定和实时完善公共危机管理预案等。在预案中，需落实公共危机事件的应对组织系统构建，以此作为政府和其他组织具体应对各类突发性危机事件的应急平台，以提高政府和各类组织在危机状态下非常规决策和紧急救助的效率和质量。同时，还必须制订一整套的公共危机应对计划，防患于未然。一方面，公共危机管理体系必须用法制化的方式明确政府危机处理的管辖范围；另一方面，公共危机管理体系必须加强反公共危机的战略规划和长期预算，使它具有对未来的预测和防范功能，形成未来可供选择的方案，为政府危机管理的预警提出建议和目标。

(五)公共危机事件的社会模拟演习

既然很多时候公共危机事件的发生是不可避免的，那么，社会情景模拟练习就成为在为公共危机所作的准备中必不可少的一环节。通过模拟公共危机情势，防患于未然，不仅可以不断完善公共危机发生的预警与监控系统，也能够使政府和公众培养危机意识。

(六)学会识别危机

识别公共危机事件的关键工作是通过危机监测系统或信息监测处理系统认识和辨别出危机潜伏期的各种症状。在公共危机事件彻底爆发之前，各个方面会不同程度地反映出一些迹象，即引发危机的一些基本条件正在不断地形成和积累，并通过一定的方式表现出来。这是防范危机发生的最好时期，政府有关部门和高层决策者必须密切关注这些社会中存在的问题，争取在社会问题孕育时期控制问题的发展，很好地解决问题，将危机消灭在萌芽状态。

二、爆发期与处理期的危机管理

公共危机事件虽然大多是局部的危机，但也有少数事件引发的危机会深化到一定的程度，使组织赖以运转的结构和机制遭受严重破坏，社会秩序趋于严重瘫痪和混乱，组织及其成员的生产、生活受到严重影响。在这种情况下，危机管理机构就要寻求一些可行的办法，以争取在最短的时间内控制危机，在公共危机事件过程中，迅速恢复公共管理机构主要的工作有以下几个方面。

(一)人员调度的管理

危机情景下，人力资源成为一个重要的约束条件。一方面，威胁生命、健康的危机事件容易使正常的宪法和法律秩序趋于瘫痪，受灾民众心理不稳定，这需要组织的最高领导层出面稳定民心；同时，危机事件应对也需要组织各部门和人员的协同运作，动用组织的各种资源争取迅速控制危机局势。另一方面，对于那些因工业技术而引起的公共危机事件（如有毒有害的危险物品、辐射事故），在处理过程中应当特别注意科学性、技术性，切忌盲目行事，这就需要大批技术专家的参与。危机发生时，可先让主要人物亲赴危机事发现场，发挥领导者的人格魅力，不仅表明组织对危机事件的责任和重视，具有凝聚和威慑的作用，提高工作人员的自信心，而且组织的主要领导人在危机现场也便于调动组织内外的各种资源，和各方积极沟通，并实施有效决策。国外的反危机策略专家将领导亲临第一线指挥的任务归纳为三项，人称 3C 策略，即命令（Command）、控制（Control）和沟通（Communication）。同时，在处理公共危机事件时，往往需要专家到达现场处理。一些专业技术性危机事件正是由于得不到专业技术人员的指导和支持，而常常引发新的灾害。

(二)紧急决策管理

由于危机发展具有变化性和潜在的巨大破坏性，危机状态下很多事情都是不确定的，都要在特别短的时间内决定，而时间是稀缺资源，机会稍纵即逝，因此，无论是安排组织工作的优先次序，还是主要人物亲赴危机现场，都必须强调快速决策，争取时间尽快控制危机事态，解决危机。首先，要做到快速决策。对于组织高层决策者和危机管理人员而言，危机状态下的决策能力包括快速判断、快速反应、快速决策、快速行动及快速修正的综合能力。当危机解决的机会出现时，组织应在科学的危机信息调查和准确的危机预测基础上迅速做出决策，把握机遇及时控制、解决危机。其次，尽量避免过度分析。危机状态下，要在信息极其有限的条件下迅速做出决策，组织决策者和危机管理队伍必须避免优柔寡断、犹豫不决、过度分析的倾向，否则就有可能让灾害蔓延，造成更大的生命和财产损失。

(三)媒体的管理

在突发事件应对过程中，新闻媒体作为危机管理组织的主要合作对象之一，在危机状态下，发挥着极其重要的作用，承担着多重任务。危机管理组织从控制社会秩序、防止危机升级和避免不必要的恐慌等实际出发，要有目的、有选择地控制信息源和信息传播渠道，这就涉及妥善利用新闻媒体力量的问题。危机公关理论强调，信息沟通是危机管理的核心。英国危机公关专家里杰斯特曾提出著名的危机沟通"3T"原则：第一，以我为主提供情况(Tell Your Own Table)；第二，提供全部情况(Tell It All)；第三，尽快提供情况(Tell It Fast)。①以我为主提供情况，掌握信息主渠道，避免以往在某些公共危机事件发生后管理机构不得不在不利信息满天飞的情况下，再被动地"辟谣"这种情况的发生。

(四)社会参与管理

需要动员全社会参与危机救治，增强社会认同。对社会来说，危机造成的最大危害在于社会正常秩序遭到破坏并由此带来社会心理的脆弱。所以，保持稳定的社会秩序，保持原有的社会运行轨迹是必要的。首先，尽可能保证社会公共生活的正常化，通过促进社会的正常运转，尽可能避免对公众造成更大的心理伤害。其次，开展政府公关工作，加强与公众的沟通，使政府与社会各界保持紧密的联系，确保政府的危机救治得到公众的广泛支持和必要的谅解。

解决公共危机，没有社会力量的参与是不可想象的。政府要努力拓宽社会参与渠道，形成全民动员、集体参与、共渡难关的局面。社会力量的参与，一

---

① 孙大江. 公务员应对突发事件胜任力模型构建[J]. 江南大学学报(人文社会科学版)，2015(2)：28-37.

方面，可以缓解危机在公众中产生的副作用，使公众了解真相，消除恐惧，消除与危机伴生的流言和恐慌，起到稳定社会、恢复秩序的作用；另一方面，由于社会力量的参与，信息通道不再堵塞，政府决策的可信度和可行性得到提高，从而大大降低政府救治危机的成本。①

三、解决期的危机管理

公共危机事件危机管理阶段的结束，并不意味着危机管理过程已经完结，组织的危机管理任务宣告完成，只是组织的危机管理进入一个新的阶段——危机后处理。经过危机管理前两个阶段的共同努力，危机事态得以完全控制，危机事件最终被解决。但是，危机事件导致组织或社会出现一种高度不稳定的紧张、失衡状态，这种状态可能会持续一段较长的时期。而且，一些危机还具有明显的多因性、变异性和互动性，集中体现组织面临的各种问题的复杂性和尖锐性。因此，从极度紧迫的逆境状态解放出来的政府及其他组织，其危机管理过程应当还有危机后的特定时期的跟踪、反馈工作，确保危机事件得以根本解决。

(一)危机后的恢复重建和危机后遗症的处理

一般说来，经过公共危机事件危机管理前两个阶段的工作后就马上进入了恢复重建阶段，争取尽快恢复秩序，重新创造正常的生活秩序并帮助民众建立信心。同时，公共危机事件本身往往会带来各种各样的危机后遗症，严重影响人类的健康、社会行为和心理活动。因此，危机发生后，组织必须采取各种策略和措施，矫正治疗各种危机后遗症，抚平受害民众的心理创伤，尽快让他们恢复生理和心理健康，恢复生活的信心。

(二)建立独立调查制度和问责制度

在危机后处理阶段，政府及其他组织必须设立第三方性质的独立调查制度，公正甄别事件诱因，举一反三，吸取教训，最大限度地杜绝和减少类似的事件再次发生。同时，独立调查委员会还应当进行责任归属、纠纷处理及补偿分配等工作。探究危机事件诱因需要有一个独立于行政之外的司法体系和独立调查制度，具有相对的独立性并具有相当的权威性，以公正甄别事件诱因。同时，独立调查委员会作为督察机关，有权将调查报告连同有关建议向新闻界公

---

① 赵纪河. 全球化背景下社会危机治理原则探究[J]. 理论建设，2017(4)：70.

布，以寻求社会舆论力量的支持，给监督对象以压力，迫其改正。①

(三)危机后的学习机制

对政府来说，发生的每一次公共危机事件，都是一次新的体验，可以从中获益，发现原有危机管理体制中存在的种种问题，进而加以修正和改进。而实际观察中，我国有些部门在危机事件的处理中却往往敷衍应付、草草了事，未能从事故中吸取经验教训，导致同类危机事件重复发生。

(四)危机后的组织变革

在现实社会中，突发公共危机事件往往是组织变革的主要促进因素。当在常态秩序下，组织自身无力修复和遏制其结构、功能失调时，危机正是激发组织进行积极变革的外部刺激物和动力。经过各种类型的突发性危机事件后，组织应当综合分析，检讨在技术、管理、组织机构和运作程序上的不足之处，进而提出改进组织的相关意见。一方面，组织应当及时检查组织内各个职能部门，对这些部门的职能、权限、危机应对原则等提出系统的修正和改进意见。另一方面，组织应当分析和反思危机发生的原因和危机处理过程，根据对新形势、新环境下各类危机性质、特点的预测和判断，建立新的危机应对机制。

思考题

1. 如何动态预测公共危机的发生？
2. 简述公共危机各个生命周期的特点。
3. 公共危机管理的特点是什么？
4. 请联系实际，阐述公共危机管理的流程。
5. 应该怎样提升我国公共危机管理水平？

案例分析

SARS 事件的危机应对

2003 年 1 月，广东省河源市、中山市发生两起医院和家庭聚

---

① 薛澜，张强，钟开斌. 危机管理：转型期中国面临的挑战[M]. 北京：清华大学出版社，2003：53.

集性不明原因肺炎病例，广东省卫生厅及时派出临床医学和流行病学专家进行临床和流行病学调查。经回顾性调查，最早的病例发生在 2002 年 11 月 15 日。2003 年 1 月至 2 月间，广西、湖南、四川三省分别有少数输入性病例报告。2 月下旬，山西省发生 1 例输入性病例，并引发当地传播。2003 年 3 月初，北京市发现来自山西省、香港特别行政区的输入性病例。很多不具备收治条件的医院开始收治非典患者，由于防护不到位，交叉感染严重。3 月 27 日，世界卫生组织宣布北京为非典疫区。全国内地除海南、贵州、云南、西藏、青海、黑龙江、新疆外，其余 24 个省份均有非典临床诊断病例报告。全国累计报告诊断病例 5327 例（其中医务人员 969 例），死亡 349 例。6 月 2 日，全国首次出现无新发病例报告，此后再无新增病例。6 月 2 日，世界卫生组织将广东从"近期有当地传播"的名单上删除，标志着广东防控非典疫情取得了重大胜利。6 月 24 日，世界卫生组织宣布解除对北京的旅行警告，并从"近期有当地传播"的名单上删除，标志着北京和全国防治非典的斗争已经取得了阶段性胜利。

2003 年非典疫情爆发后，党中央、国务院明确判断非典疫情扩散蔓延的严峻形势，果断采取一系列重大措施，成立全国防治非典指挥部，对非典防治工作提出了明确的要求和指示，各相关部委和有关省市政府对非典疫情的防控工作高度重视，团结一致，同心同德，共同做好疫情防控工作。全国防治非典指挥部由党中央、国务院、军队系统和北京市等 30 多个部门和单位的人员组成，下设 10 个工作组和办公室，负责防治非典的 10 个方面的重要工作。全社会广泛动员起来团结一致、共同行动，互相帮助、互相关心，一方有难、八方支援，做到了同呼吸、共命运、心连心，全社会成功战胜疾病的挑战。

（资料来源：梁旭光，王娟. 我国危难救助的法律机制研究[J]. 湖北警官学院学报，2011（5）：27.）

问题：我国政府对 SARS 危机采取了哪些应对措施？

第12章 公共项目管理

公共项目是经济系统和社会生活系统的重要组成部分，为整个社会运转提供了基础条件。世界经济发展的实践证明，运行良好的公共项目对国家的经济发展有极大的促进作用。随着我国经济、社会的快速发展以及全球化的日益推进，公共项目的投资额度、资金来源和币种的多元化、管理上的复杂性都大大超过了以往的项目，迫切需要运用先进的项目管理技术，以确保公共项目达到时间、成本、质量管理等方面的要求，更好地服务于经济、社会的发展。本章主要介绍公共项目管理的内涵、方法与存在的问题。

第一节　公共项目管理概述

公共项目是经济系统和社会生活系统的重要组成部分，为整个社会运转提供基础条件。公共项目大多体现为经济、社会发展服务的公益性项目，这些项目是非营利、难以营利或投资回收期较长的，却又往往是国家或区域经济发展必不可少的基础设施，关系到改善投资环境、提升生活水平、增强国防安全等重要问题。①

一、项目的定义与特征

要理解什么是公共项目，必须先理解什么是项目。因为公

---

① 郭俊华. 公共项目管理[M]. 上海：上海交通大学出版社，2014：4.

共项目是项目的一种特定类型，它既具有项目的共性，同时又具有自身公共性的鲜明特色。

1. 项目的定义

关于项目的定义很多。典型的有美国项目管理协会（PMl）给出的定义：项目是完成某一独特的产品或服务所做的一次性工作。德国标准化学会给出的定义：项目就是在总体上符合三个条件的唯一性任务，而这三个条件是：具有特定的目标；具有时间、财务、人力和其他限制条件；具有专门的组织。

简单地说，项目就是以一套独特而相互联系的任务为前提，有效地利用资源，为实现一个特定的目标所做的努力。项目是一种组织单位，其中包括固定的时间、固定的预算，以及为达到某个明确的最终目标而临时组织在一起的一组资源。每个项目只进行一次，它有具体的开始时间和结束时间，以及最后交付的结果。

各种层次的组织都可以承担项目工作。这些组织也许只有一个人，也许包含成千上万的人；也许只需要不到 100 个小时就能完成项目，也许会需要上千万个小时。项目有时只涉及一个组织的某一部分，有时则可能跨越好几个组织。通常，项目是执行组织战略的关键。

2. 项目的特征

（1）目标性

项目有一个明确界定的目标。即项目有一个期望的结果或产品，它通常按工作范围、进度计划和成本来定义。例如，一个项目的目标可能是在 10 个月之内以不超过 50 万元的预算把一个新产品投放市场，期望能够高质量地完成，并使客户满意。

（2）寿命周期性

寿命周期性指每个项目都有明确的开端和结束。当项目的目标都已经达到时，该项目就结束了；或者当确定项目的目标不可能达到时，该项目就会被中止。时限性并不意味着持续的时间短，许多项目可能会持续很多年。但是无论如何，一个项目持续的时间是确定的，项目作为一个整体是不具备连续性的，尽管其内部的每一个环节都前后相关。然而，由项目所创造的产品或服务通常是不受项目的时限性影响的，大多数项目的实施是为了创造一个具有延续性的成果。例如，一个竖立民族英雄纪念碑的项目就能够影响好几个世纪。

（3）一次性

项目通常是独一无二的、一次性的努力。每一个项目从其时间、空间、人力、运作等方面来看都是独一无二的，即使一项产品或服务居于某一大类别，它仍然具有自身唯一性的特点。例如，我国近年来修建了许多桥梁，但是每一座独立的桥梁都是唯一的，它们分属于不同的业主，作了不同的设计，处于不同的位置，由不同的承包商承建等。具有重复的要素并不能够改变其整体根本的唯一性。

3. 项目的分类

项目分类可以采用多种方法，例如：

(1)按项目规模，分为大型项目、中型项目、小型项目；

(2)按项目的复杂程度，分为复杂项目、简单项目；

(3)按项目的公共性，分为公共项目、准公共项目和非公共项目；

(4)按项目所属的行业，分为农业项目、工业项目、投资项目、建设项目等。

还可以根据项目的不同特征进行组合分类。例如，依据项目的产品(新、旧)、产品的生产过程(事先完全明了、需要边干边探索)、项目的文化强度(强文化、弱文化)等维度来分类。

二、公共项目的定义及特征

1. 公共项目的定义

公共项目是国际上普遍采用的概念。国际上一般把工程项目按照资金来源及社会效益影响的不同分为公共项目和私人项目。前者是代表公众意志的非政府行为，政府是工程项目的最终业主；而后者是个人行为，政府除了环保、劳保、安全等方面外，基本不干预。

从投资项目产出品的属性来看，公共项目本质上是提供公共物品的投资项目。尽管近年来公共项目以及公共物品的供给模式，从单一由政府承担发展为由政府主导、市场机制参与的多元化趋势，但公共物品的非排他性和非竞争性决定了公共项目的主要资金来源仍然是公共财政支出。

在西方经济学的研究视野中，公共项目是以政府为投资主体，在市场失灵的基础设施和自然垄断行业中建设的投资项目。公共项目主要涉及道路、水库、大坝等公共工程；公路、铁路、港口、桥梁、机场等重要基础设施；供水、供电、管道煤气、排污、固体废弃物处理等城市公共基础设施。

国内学者对公共项目的界定主要有以下三种代表性观点：

一是从不同投资主体的利益取向来界定。刘汉屏和刘锡田(2002)、侯样朝和林知炎(2004)从不同投资主体的利益取向来界定公共项目和私人项目的范围。公共和私人的根本区别不是政府和私营部门的区别，而是追求公共利益与追求个人利益的区别；公共项目不等于政府投资项目，公共项目也不排斥私人资金参与，但即使利用私人资金兴建的公共项目也不能看做私人项目，因为公共项目具有社会公益性。

二是根据项目向社会提供社会物品(或服务)的类别来界定。齐中英和朱彬(2004)将公共项目定义为直接或间接向社会提供公共消费品的项目。显然，他们是根据项目向社会提供社会物品(或服务)的类别来区分公共项目和私人项目的。社会物品可分为公共物品(Public Goods)和私人物品(Private Goods)两类，而公共物品又可细分为纯公共物品和准公共物品(也叫混合物品，布坎南称之为"俱乐部物品")。纯公共物品在消费上是非竞争性的，同时在技术上是非排他性的，或者排他是不经济的；准公共物品是介于纯公共物品与私人物品之间，只具备消费上非排他性和非竞争性两个特征之一的物品。公共性是一个连续的区间，公共物品和私人物品不存在泾渭分明的边界，因此公共物品的边界也是不固定的。人类社会化程度较低情况下的私人物品到了社会化程度较高时则可能转化为公共物品。

三是官方对公共项目的界定。2006年，国家发改委和建设部联合发布《建设项目经济评价方法与参数(第三版)》，首次明确给出了公共项目的概念，即"建设项目按项目的产出属性，分为公共项目和非公共项目。公共项目是指为满足社会公众需要，生产或提供公共物品(包括服务)的项目，公共项目不以追求利益为目标，其中包括本身就没有经营活动、没有收益的项目，如城市道路、路灯、公共绿化、水利灌溉渠道、植树造林等项目，这类项目的投资一般由政府安排，营运资金也由政府支出"。

还有些学者对以上几种概念进行了综合，例如，尹贻林、杜亚灵(2010)将公共项目界定为："公共项目是指为满足社会公众需要，提供和生产公共物品(包括公共服务)的项目，通常是固定资产投资项目；公共项目的业主是政府，政府在公共物品供给中起决策和牵头作用；公共项目追求公共利益，具有公共物品和公益性目标；公共项目的狭义理解就是非经营性政府投资项目，即政府是项目的出资人，项目具有公益性质。"

公共项目有广义和狭义之分。广义的公共项目是指所有投向公共基础设施和公共服务行业，能为社会提供基础性和公共性商品或服务的投资项目，其资金来源既包括政府投资也包括非政府投资，既包括物质性投资也包括非物质性投资。狭义的公共项目特指政府作为投资主体，在基础设施和自然垄断行业投入建设的固定资产投资项目。

从我国的公共项目范围来看，公共项目主要包括：(1)永久性重大公共工程和国土整治项目，例如大型水库、水利枢纽、江河流域治理、防风固沙、重要防护林建设等；(2)公共性基础设施项目，根据基础设施服务和影响范围的不同，可分为全国性公共基础设施和地方性公共基础设施项目，例如公路、铁路、港口、桥梁、机场、电网、邮路等；(3)城市公共基础设施投资项目，例如供水、管道煤气、城市道路、污水处理、固体废弃物处理等。

2. 公共项目的特征

(1)项目目标的公共性

公共项目提供的是满足社会公共消费需要的公共物品，公共物品具有鲜明的非排他性和非竞争性，使其在生产和消费上与私人产品有明显的不同。非排他性是指一个人在消费这类产品时无法排除其他人也同时消费这类产品，比如灯塔；非竞争性是指增加一个公共消费者，公共产品供给者并不增加成本，它不仅可以让许多人同时消费，还可以重复消费，因而其效率远远高于私人产品，比如不收费的公路。由于公共项目目标的公共性，在对项目绩效进行评价时，应当特别关注项目公共性目标的实现程度。

(2)项目收益的外部性

外部性是指一个市场主体的行为对其他主体带来的非市场性影响。这种影响可能是积极的，也可能是消极的。积极的影响(收益外部化)称为正外部性(或正外部效应)；消极的影响(成本外部化)称为负外部性(或负外部效应)。

公共项目提供的公共物品具有明显的收益外溢性，它关注的不仅是项目的经济效益，更重要的是项目产生的社会效益。公共项目一般不以盈利为目的，更多地考虑项目的社会效益。如建水坝，只有支出没有收入，但政府并不会因此而放弃投资，而是关心水坝对河流再生产以及附近区域生态环境的影响。因此，公共项目的社会效益往往大于经济效益，有些项目甚至根本无直接的经济回报，也不具备还款能力。所以，政府在评价某些公共项目时，不能直接采用市场的财务价格、收益率等指标，而必须采用社会价格(又称影子价格)、社会贴现率等指标进行分析。此外，公共项目也可能具有一定的负外部性。由于公共项目涉及面广、包含者众，所以在使一部分人获益的同时也可能会损害另一部分人的利益。比如，高速公路的修建对路边的居民产生噪声干扰；水利工程的建造和实施可能使区域自然、社会、人文景观等遭到破坏；公园的音乐、人流使附近的居民难以清静等。

(3)项目投资规模巨大

公共项目的典型特点就是所需的投资金额巨大，其核心问题是成本及费用估算。多年来，能源、交通、通信等公共项目一直是束缚我国经济发展的瓶颈，公共项目建设投资长期相对不足，其中最直接的制约因素就是资金短缺。

从投资主体来看，在市场经济条件下，公共物品的供给机制决定了政府和私人资本在公共项目投资机制中各自发挥不同的作用。长期以来，政府都是公共项目最重要的投资主体，非政府投资在公共项目投资中只占较小的比例。近年来，随着吸引私人资本参与公共项目投资机制的不断完善，以及私人资本规模的扩大，公共项目投资结构中私人资本所占的比例有明显的提高。政府有时不再对项目直接投入资金或者投入较少的资金，而仅以建设方的身份出现，在保证对项目所有权的前提下用以吸引建设资金。

(4)项目复杂性和风险性高、影响面广

公共项目多为基础设施建设项目，由于其目标的公共性，在一个公共项目实施的前后往往有相关的前期项目或后续项目，因此公共项目具有规模大、结构复杂、系统性强、涉及管理单位多、专业化程度高、风险高等特征。同时，由于它涉及社会公众文化和生活的各个方面，有的公共项目投资全部或绝大部分来源于国家的公共资金，因此备受公众的关注，影响面广。[①]

三、项目管理的定义与特征

1. 项目管理的定义

项目管理是以项目为对象的系统管理方法，即通过一个临时性的专门的柔性组织，对项目进行高效的计划、组织、协调和控制，以实现项目全过程的动态管理和项目目标的综合协调与优化。[②]

2. 项目管理的特征

与传统部门管理相比，项目管理最大的特点是把项目的整个生命周期划分为不同的阶段来进行决策，注重综合性管理，有严格的时间期限和人、财、物的约束。其主要特征表现在以下几个方面：

(1)项目管理的全过程贯穿系统工程思想。

---

① 郭俊华. 公共项目管理[M]. 上海：上海交通大学出版社，2014：8-9.

② 张维. 浅析电力工程施工中的项目管理[J]. 城市建设理论研究，2011(31)：12.

（2）项目本身作为一个组织单元，围绕项目来组织资源，突出协调和控制，常是临时性、柔性、扁平化的组织。

（3）项目管理的体制是一种基于团队管理的个人（项目经理）负责制。

（4）项目管理的方式是以有效授权为手段的目标管理，它只要求在约束条件下实现目标，而实现的方法具有灵活性。

（5）项目管理的使命是创造和保持一种使项目顺利进行的环境。①

四、公共项目管理的定义及特征

1. 公共项目管理的定义

公共项目管理，是指通过政府部门、建设单位等各方面的共同努力，运用系统理论和方法对公共项目及其资源进行计划、组织、协调、控制，实现公共项目的建设、维护、运营等目标的管理方法体系。

2. 公共项目管理的特征

与一般项目管理相比，公共项目管理具有以下显著特征：

（1）管理目标的多重性

公共项目管理的基本目标与一般项目管理相同，即关注如何在时间—成本—质量的三向连续体内达到既定的项目目标。但是，公共项目不同于一般的私人项目，单纯地从一般项目管理角度去界定公共项目管理的目标是不充分的，其界定必须以公共项目目标为前提，充分考虑其公共物品的性质和公益性目标。在公共项目管理领域有一句名言："是你在管理项目，还是项目在控制你。"也就是说，在公共项目执行过程中逐渐地把公共项目当作一般项目做了（孔志峰，2006）。因此，公共项目管理应特别关注项目公共性目标的实现，而不仅仅是经济效益。在对公共项目管理绩效进行评价时，应当更加注重项目满足社会公共需求的优劣程度，更多地从宏观效益、社会效益、生态效益等方面来评价。

（2）以政府为主导进行管理

根据西方福利经济学理论，政府的主要任务是提供公共物品，而公共物品的主要特点就是公共性和天然的垄断性。相应地，提供公共物品的公共项目也具有鲜明的公共性和垄断性，这些特点决定了公共项目不适合由个人、家庭或者企业来管理，而只能由政府或其他公共组织来进行经营和管理。公共项目的

---

① 郭俊华. 公共项目管理［M］. 上海：上海交通大学出版社，2014：14-15.

立项权、投资决策权等围绕项目的相关权力主要集中在政府手里，政府将运用公共权力，动用公共资金或其他多种渠道筹集的资金，对公共项目的立项、组织、建设、运行等各个环节进行管理，其他部门或个体只有在政府的允许和监督下才能参与公共项目管理。

（3）项目管理的复杂性和要求更高

公共物品的非排他性和非竞争性决定了公共项目大多是规模巨大、技术复杂、施工难度高、建设风险高的项目，在时间、空间以及总量平衡、结构平衡方面相互联系的紧密程度非常高，因此具有比一般项目更为严格的项目管理程序，也更加强调项目管理的系统性和协调性。例如，由于难以在短期内完成整个项目，必须对项目进行科学的统一规划和布局，区分轻重缓急逐步建设；要按照国家规定履行报批手续，严格执行建设程序；对项目建设进行统一的规划与布局；严禁挤占、挪用政府投资；严禁搞边勘探、边设计、边施工的"三边"工程等。公共项目涉及的部门及人员众多，关系复杂。例如，主体对象涉及政府、项目公司、项目投资机构、运营公司、项目工程公司等；大型项目可能涉及多个地区，甚至包括国际公司与国际财团的参与。为此，公共项目的建设和运营必须强调通用基准与具体条款、注重国际合作与国际标准、需要跨行业/学科的从业者等。

第二节　公共项目管理的内容和过程

与一般项目类似，公共项目也包含一定程度的不确定性，因此在实施公共项目时通常会将每个项目分解为几个项目阶段，并且将每一正在执行的阶段性项目与整个项目连接起来，以便更好地管理和控制。

一、公共项目管理的内容

1. 项目时间管理

（1）项目进度计划

公共事业项目进度计划是在项目工作分解结构的基础上，对项目活动做出一系列的时间安排，包括项目活动定义、项目活动排序、项目时间估算以及项目进度计划的编制。

（2）项目进度优化

项目进度优化是指在项目实际的运行过程中，根据项目遭遇的实际情况，对项目计划做的一种建设性调整。项目进度优化的途径主要有：在不增加资源的前提下压缩项目时间，即时间—费用优化法。

(3)项目进度控制

项目进度控制方法有：加强对项目团队的管理，利用甘特图等进度图表实施控制。

2. 资金管理

(1)项目资源计划

项目资源计划是指确定完成项目活动所需资源的种类、数量、质量、来源等，从而为项目成本估算提供信息的活动。实际的项目资源计划主要包括以下内容：资源需求分析、资源供给分析、资源分配。

(2)项目资金估算

项目资金估算是指对项目执行前后的费用进行尽可能精确的估算，这是安排项目进度的前提。项目资金的估算方法有自上而下法(专家法)、自下而上法、参数模型法、计算机工具法。

(3)项目资金控制

项目资金控制指为保障项目实际的资金不超过项目预算而进行的管理活动。对公共事业组织来说，项目资金控制的方式主要有直接管理和托管机构代管。

3. 质量管理

(1)项目质量概述

项目质量就是项目的可交付成果满足项目相关方要求的程度。影响公共事业项目质量的主要因素有：人员素质、材料与设备质量、运作程序、环境条件、目标群体的观念。

(2)项目质量管理的原则与内容

有效的公共事业项目质量管理应遵循以下原则：顾客导向性原则、全员参与性原则、系统性原则、持续性原则。

公共事业项目质量管理一般包括项目质量规划、项目质量控制和项目质量保证三大板块。

4. 人力资源管理

(1)项目人力资源管理的内容

项目人力资源管理是对人力资源的取得、培训、保持和利用等方面所进行的计划、组织、指挥和控制活动。主要内容包括：项目人力资源规划、项目人员招聘、项目人员培训和开发、项目薪酬管理、项目绩效评估。

（2）项目人力资源管理的关键

项目人力资源管理的关键在于如何激发项目人员的热情，提高相关人员的工作效率，也即如何采用有效的激励方式来激发项目人员积极性的问题。

一般而言，对公共事业项目人员的激励主要有：物质性激励、社会情感激励、项目自身的激励性。

5. 风险管理

（1）项目风险概述

项目风险是指在实现项目目标的过程中所存在的不确定性或可能发生的突发事件。项目风险具有如下特征：不确定性、客观性、相对性、阶段性。

（2）项目风险管理及步骤

公共事业项目风险管理是项目管理人员对可能影响项目的不确定性或潜在的不利事件进行预测、识别、分析和处理，并力求最大限度地达成项目目标的活动。项目风险管理一般包含以下内容：项目风险识别、项目风险分析、项目风险处理。

二、公共项目管理的过程

简要地说，项目管理的基本过程就是制订计划——执行计划——实现目标，又可以细分为起始、计划、执行、控制、结束五大程序块。

1. 公共项目的立项与启动

这一阶段就是通过可行性研究及论证，进行公共项目的立项决策，如需外包的项目，立项后需要进行公共项目的招投标，然后由政府与中标方签订合同，项目正式启动。

在这一环节以前，必须回答好五个重要的问题：需要解决的问题是什么？公共项目的目的是什么？为实现这一目的，有哪些子目标是必要的？如何确认公共项目的目标是否已经达成？是否存在可能影响公共项目成功的假设、风险、障碍，分别会有哪些？

2. 公共项目的计划

完整的公共项目计划要说明将要做什么、如何去做、由谁来做、何时做、在什么地方做、需要什么资源等，它包含了实施、完成一个项目所需要的人、财、物、时间、空间等各项要素。

3. 公共项目的执行

这包括组织人员利用所需的各种资源，根据进度计划安排任务的开展，确定活动的开始和结束时间。

4. 公共项目的控制

公共项目的实施过程中应该有相关控制，以此保证既定方向和目标的实现。

5. 公共项目的结束

整套项目管理过程包括公共项目的进度控制、成本控制及公共项目验收及收尾，总结公共项目执行的结果，对比预定目标的完成情况，总结项目过程的经验、不足等。

公共项目管理的这些程序块通过前后顺序进行连接，一个程序块的结果或输出是另一个程序块的输入。核心程序块之间会反复进行连接，比如计划在开始时为执行提供了一份书面的项目安排，随后又给项目计划提供一份更新的书面文件，以示项目的进程。项目管理程序块不是相互分立的、一次性的事件，在整个项目的每一个阶段它们都会不同程度地相互交叠。①

第三节　英国的公共项目管理

英国在公共投资管理领域是一个先行者，研究英国的公共项目管理模式对于我国借鉴国外先进的管理经验，改革和完善我国的公共项目管理有着非常重大的意义。②

一、决策制度

在英国，长期发展起来的民主思想使取之于民、用之于民的理念深入人心。从公民到政府官员都认为：公共项目的资金来源于公民的纳税，政府只是公共资金的管理者，而不是所有者，因而公共投资项目的投资应该以广大纳税人的利益为基，使投资"物有所值"（value for money）是英国在政府投资决策中的一个核心理念。这个理念也成为政府投资决策的最终目标。其关键在于在公共项目中有效地使用资源，保持供应商、承包商和服务提供者在政府采购市场中充分的竞争性，把资源分配到能提供高质量、低成本的产品和服务的生产者和供应商手中。而公共项目建设存在一个所有者"缺位"的问题，政府部门虽

---

① 郭俊华. 公共项目管理[M]. 上海：上海交通大学出版社，2014：16-17.

② 李艳飞. 英国公共项目管理寻租问题研究[J]. 项目管理技术，2004(9)：21.

然理论上只是作为资金的管理者，但是其权力很大，政府部门权限的过分膨胀就会带来严重的"设租"行为，随后导致各承包商、供应商的"寻租"，从而导致权钱交易，使政府和承包商一起损害纳税人的利益，使"物有所值"成为一句空话。

为了避免这些问题，英国在公共项目管理中运用了招标制度以保证充分的竞争，避免或减少了公共投资项目中的寻租行为；使用了专业人士制度以解决政府与承包商之间的信息不对称问题，这些制度安排在几百年的发展中不断完善，制度的完善促进了人理念的更新和完善，同时也促进了制度的不断发展。

公共投资具有特殊性，其在投资目的、成本收益计量、产权约束等方面与私人投资完全不同，制定相应的法律法规是一项必不可少的工作。英国在管理的过程中甚至不惜牺牲效率，也要保证依规则办事，这样，可以有效地避免人为因素，排除不同利益目的的管理干扰，保证政府投资达到预期目标。

二、政府采购机制

当前国际上通行的政府采购制度起源于欧洲，早在 1782 年英国就设立了政府采购机构，中央各部门的采购活动都是在政策引导下进行的，经过长期的发展演变，特别是在 1973 年英国加入欧共体之后，逐步形成了一套较为完善的政府采购体系和运作规则。从政府采购机构来看，英国中央各部门和地方政府都有自行采购的权力，独立承担本部门、本地区的采购事务，财政部作为政府采购的协调和牵头机构，主要起管理作用。

（一）政府采购机制简介

英国实行的是一套政府指导、预算控制、部门决策、个人负责、议会监督的采购体制。在该政策指导下，各政府部门的采购活动都实行自我决策，可以根据本部门的需要进行采购，但这些采购行动必须控制在财政授权支出的范围内，所有支出都要向议会负责。财政部通过预算确定收入和借款需要，提出未来 3 年内每年的公共支出"总额控制"预算，并在各部门支出和应急备用资金之间做出总额控制的分配建议（即"供应估算"），报议会审查后在每年的"公共支出咨情"中解决资金问题。下院通过投票批准预算，议会进一步通过"拨款条例"，并以该条例赋予各部门正式权力；经议会授权后，政府各部门方可支出，如有必要还可以通过"补充预算"安排一定的专用资金。各部门对财政部授权的支出在一定范围内可以支配使用，但对大型项目和特殊项目的支出通常

需要同财政部经费小组协商。每个部门有一个会计官员，负责公共财政秩序和
法规，保证财政支出全面合理。另外，设公共账目委员会对政府和议会的账目
进行审查和监督，国家审计署又对公共账目委员会进行监督，部门之间相互制
约。而国家审计署是完全独立于政府的部门，其最高长官由女王亲自任命，对
议会直接负责。国家审计署职员也不是公务员，其在财政上和机构上都完全独
立于行政部门，运行机制如图 12-1 所示。

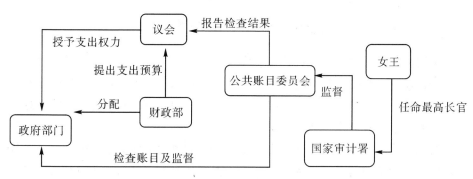

图 12-1　英国政府采购机制

英国的政府采购制度是通过强制招投标来实现的。英国是最早将招标这种
竞争采购方式加以完善，并应用在政府采购中的资本主义国家之一。1782 年，
英国首先设立文具公用局，作为特别负责政府部门所需办公用品采购的机构。
之后发展为物资供应部，专门采购政府各部门所需的物资，该部门的建立，为
公开招标这种采购形式的发展奠定了基础。英国传统的招标过程可以分为以下
几个阶段：资格预审→编制招标文件→发出招标文件→现场考察→对投标书的
修改→疑问及答复→提交标书及接受标书→开标→评标→签订合同。

(二)避免或减少了寻租现象

这种采购机制能够避免寻租行为的产生是因为这种制度安排能够增加寻租
行为的经济和制度成本，使寻租者在寻租过程中得到的收益小于其成本，因而
寻租者就会自动放弃寻租行为而进行生产性活动。首先，英国政府采购机构设
置既相互分离又相互制约：财务授权与购买授权相分离，审查机构与执行机构
相分离；政府各部门的采购行为受到财政部、议会、公共账目委员会、国家审
计署的监督和约束，公共账目委员会又受到议会的约束，国家审计署独立且直

接对女王负责。在这种相互约束的制度下，不论是对寻租者还是设租者来说，想要寻租成功就要使相互制约的政府机构集体腐败，难度可想而知，成本相当巨大。其次，英国公民民主意识很强，"物有所值"的理念深入人心，官员们寻租的舆论成本很高。最后，强制采购制度及其程序使其制度弹性较小，增加了寻租的成本，这就是为什么英国宁愿牺牲效率也要遵守规则的原因。

正是通过严格细致的制度安排实现了政府采购的高效、廉洁，避免了寻租现象的发生，使我国类似于"豆腐渣"工程、"三超"工程得以减少或杜绝。

三、施工建设管理和工程合同管理

英国公共项目的施工建设管理主要体现在立项上，建设过程中的管理主要靠市场机制。严格的招标制度保证了承包商在技术、管理、资历和信誉上都是可以信赖的，英国政府采用 PSA(Property Service Agency) 方式将施工的管理委托给专业咨询机构，由专业人士来负责重要技术环节的把关，工程中质量、技术、安全、成本责任非常明晰。由于专业人士的风险责任制度、无限经济责任和责任保险制度的约束，形成了整个工程咨询行业人员必须向政府负责、向业主负责的运行机制。

英国是现代合同管理的发源地之一，以总承包为基础的工程项目管理模式已经有近 200 年的历史。英国的公共项目没有专门的合同文本，而是采用英国的两个标准合同格式，即英国土木工程师学会(ICE)编制的《土木工程施工合同条款》范本和英国皇家建筑师学会(JCT)编制的《建筑业标准合同条款》。ICE 合同条款属于固定单价合同的格式，以实际完成的工程量和投标书中的单价来控制工程项目的总造价。而 JCT 则以总价合同的形式出现，当然，这个合同总价是随着一定的工程变动而变动的，当工程实施过程中实际完成工程量较合同中的工程量增多时，则作为工程变更，相应地调整总合同价的金额。

四、专业人士制度

英国建筑业的专业人士包括特许建筑师、特许工程师、特许测量师和特许建造师。他们无论是在私人项目还是公共项目中都发挥着非常重要的作用。在项目的可行性研究、投资估算、合同订立、施工建设、竣工结算等一系列过程中都有专业人士的身影。在公共投资项目中，专业人士凭借自己的专业知识和良好的职业道德承担了公共项目的微观管理的职责。

(一)专业人士的准入和审核

英国的政府不负责专业人士的资质管理，而是通过一套严格的注册制度来确认和授予专业人员的执业资格，由专业学会或者协会对专业人士的准入进行严格的审核，准入后对其执业能力、职业操守进行定期的评定。例如，皇家特许工料测量师(相当于我国的工程造价师)就从属于皇家特许测量师学会(Royal Institution of Chartered Surveyors-RICS)这个独立于业主和承包商的组织。工料测量师的准入制度非常严格，要求其具有大学毕业(或同等学力)的水平，并经过 2 年有记录的在职培训，最终通过专业能力考试(Assessment of Professional Competence)。学生在大学毕业以后在学会认可的公司进行工作就可以向学会申请报考专业能力考试。一经批准就要记录一天的工作简报及业务分析，由专门的督导进行每周次的检查，18 个月后进行中期报告，最后通过专业资格评核委员会的审查才具有考试资格。另外，特许测量师也不是终身制。有效期满后，必须重新申请续期，接受学会的审核后再接纳或者不接纳。如果在执业过程中遭到投诉，专门的研讯机构会对其进行调查研讯，经复核委员会确认后，给予不同的纪律制裁，甚至取消其执业资格。严格的准入和审核制度，可以保证专业人员不仅具备专业的技能，还具备良好的职业操守。

(二)专业人士在公共项目管理中的作用

英国的专业人士制度对于公共投资项目的管理有以下两个方面的作用。

1. 提供了专业的知识和技能

政府各部门对建筑或土木项目管理或者一无所知或者知之甚少，通过雇用专业人士获得了专业性的服务。例如，英国的工料测量师可以为政府提供如下服务：预算咨询、可行性研究、成本和控制、通货膨胀趋势预测、就施工合同的选择进行咨询、选择承包商、建筑采用的招标文件的编制、投标书的分析和评价、标后谈判、合同文件的准备、在工程进行中的定期成本控制、财务报表、变更成本估计、已竣工工程的估价、决算、合同索赔的保护、对承包商破产或被并购后的应对措施，应急合同的财务管理等。

2. 专业人士的参与使政府和承包商之间变成了一个信息对称的博弈

在专业人士参与之前，政府部门不占有土木建筑市场的信息，而承包商则占有这方面的信息，这时在双方谈判过程中，政府不占据优势，甚至要为信息缺乏而付出成本。专业人士参与进来后，博弈的双方改变了，变成了政府所委托的专业人士与承包商或其雇佣的专业人士之间的博弈，这才是平等博弈。①

思考题

1. 近年来我国进行过哪些大型的公共项目？
2. 请结合一个具体的公共项目实例阐述公共项目的生命周期。
3. 如何理解公共项目与其他一般项目的区别？
4. 我国公共项目管理存在哪些问题？
5. 英国公共项目管理中有哪些是值得我国借鉴的？

案例分析

上海世博会中国馆大事记

中国 2010 年上海世博会的核心建筑之一中国馆建设大事记：2007 年 4 月 25 日项目建筑方案公开征集；2007 年 12 月 18 日，开工建设；2008 年 1 月 30 日，展示设计方案答疑会；2009 年 5 月中国馆亮起"中国红"；2009 年 6 月 23 日，中国馆正式通电；2010 年 2 月 8 日，中国馆正式竣工。

据了解，作为上海世博会永久性场馆之一的中国馆是上海世博园区的核心建筑，上海世博会中国馆位于世博会规划核心区，处于世博会园区浦东区域主入口的突出位置。规划中的中国馆由建筑面积为 2 万平方米的中国国家馆、3 万平方米的中国地区馆以及 3000 平方米的港澳台馆三部分组成。在世博会举办期间，中国馆是上海世博会主题演绎的主要展示区和重要载体。

中国馆建筑外观以"东方之冠"的构思主题，表达中国文化的精神与气质。国家馆居中升起、层叠出挑，成为凝聚中国元素、象征中国精神的雕塑感造型主体——东方之冠；地区馆水平展开，以舒展的平台基座的形态映衬国家馆，成为开放、柔性、亲民、层次丰富的城市广场，两者互为对仗、互相补充，共同组成表达盛世大国主题的统一整体。国家馆、地区馆功能上下分区、造型

---

① 郑建明，顾湘. 公共事业管理[M]. 上海：上海交通大学出版社，2011：204-209.

主从配合，空间以南北向主轴统领，形成壮观的城市空间序列，形成独一无二的标志性建筑群体。世博会期间，国家馆将在"城市，让生活更美好"主题下，展示"城市发展中的中华智慧"，展现出一幅伟大的中国城市文明图。地区馆将为全国 31 个省、自治区、直辖市提供展览场所，展示中国多民族的不同风采，以及全国各地的城市建设成就。世博会后，国家馆将成为中华历史文化艺术的展示基地，地区馆将转型为标准展览场馆，和世博会主题馆一起，作为举办各类展览和活动的场所，并与周边的世博建筑共同打造以会议、展览、活动等功能为主的现代化服务业聚集区。

上海世博会组织者于 2007 年 4 月 25 日开始向全球华人公开征集中国馆建筑设计方案，在国家建设部、中国建筑学会的大力支持和协助下，短短几个月内，得到了全球华人建筑设计家的热烈响应，共收到设计方案 344 个。经过专家评审，评选出 3 个各具特色的方案，其中"东方之冠"的方案在 2007 年 9 月举行的世博会组委会第五次会议审议并原则通过，会议同时决定成立由组委会 9 个成员单位组成的中国馆筹备领导小组，专门负责中国馆的筹备事务。上海世博会组织者根据组委会审议意见，组织专业团队对方案进行深化和优化。11 月 12 日，中国馆筹备领导小组第一次会议审议并通过了这个优化方案。

（资料来源：2007-12-18 戴爽 中国广播网）

问题：

1. 公共项目管理的知识和理念如何体现在上海世博会中国馆的建设中？

2. 中国馆筹备领导小组在上海世博会中国馆建设项目管理中扮演怎样的角色？发挥了哪些作用？

参考文献

[1] 崔运武. 公共事业管理[M]. 上海：复旦大学出版社，2013.

[2] 郑建明，顾湘. 公共事业管理[M]. 上海：上海交通大学出版社，2011.

[3] 王乐夫，娄成武，等. 公共事业管理概论[M]. 北京：高等教育出版社，2006.

[4] 杨冠群. 关注蓄势待发的世界非政府组织运动[J]. 国际问题研究，2001(3).

[5] 吴湘玲. 公共管理的重要主体：迅猛崛起的第三部门[J]. 武汉大学学报（人文科学版），2004(5).

[6] 李智，左同宇. 第三部门及其与相关部门比较释义[J]. 南京医科大学学报（社会科学版），2004(1).

[7] 李正明. 公共事业管理教程[M]. 北京：机械工业出版社，2006.

[8] 侯江红. 公共事业管理的比较研究[J]. 思想战线，2002(2).

[9] 米艳玲. 高校公共事业管理专业发展对策研究[D]. 哈尔滨：哈尔滨工程大学，2009.

[10] 林宇波，周毕芬. 公共事业管理专业建设中存在的问题及对策[J]. 赤峰学院学报（自然科学版），2016，32(14).

[11] 赵立波. 公共事业管理[M]. 济南：山东人民出版社，2005.

[12] 廖晓明，刘圣中. 公共事业管理概论[M]. 武汉：武汉大学出版社，2006.

[13] 温来成. 现代公共事业管理概论[M]. 北京：清华大学出版社，2007.

[14] 徐双敏，张远凤. 公共事业管理概论[M]. 北京：北京大学出版社，2013.

[15] 邱锐. 公共事业管理[M]. 北京：北京出版社，2008.

[16] 王高玲. 公共事业管理专业导论[M]. 南京：东南大学出版社，2014.

[17] 胡杨. 管理与服务：中国公共事业改革30年[M]. 郑州：郑州大学出版

社, 2008.

[18]朱广忠. 我国政府在公共事业管理中的主体职责[J]. 中国行政管理, 2007(9).

[19]魏雅妮. 我国公共事业管理主体的二元式结构[J]. 辽宁经济, 2005(8).

[20]吴菲. 公共事业管理体制创新研究[D]. 大连：大连理工大学, 2004.

[21]郭锋. 新一轮事业单位改革的特点和思路[J]. 国家教育行政学院学报, 2005(8).

[22]王名. 非营利组织管理概论[M]. 北京：中国人民大学出版社, 2002.

[23]辛传海. 公共管理学[M]. 北京：对外经济贸易大学出版社, 2007.

[24]张成福. 公共管理学[M]. 北京：中国人民大学出版社, 2015.

[25]吴爱明. 公共管理学[M]. 武汉：武汉大学出版社, 2012.

[26]娄成武, 郑文范. 公共事业管理学[M]. 北京：高等教育出版社, 2002.

[27]苏力, 葛云松, 张守文, 等. 规制与发展——第三部门的法律环境[M]. 杭州：浙江人民出版社, 1999.

[28]陈昌柏. 非营利机构管理[M]. 北京：团结出版社, 2000.

[29]周志忍, 陈庆云. 自律与他律——第三部门监督机制[M]. 杭州：浙江人民出版社, 1999.

[30]郑文范. 公共事业管理案例[M]. 北京：高等教育出版社, 2004.

[31]冯云延, 陈静. 中国公共事业管理体制改革研究[M]. 沈阳：东北大学出版, 2003.

[32]朱仁显. 公共事业管理概论[M]. 北京：中国人民大学出版社, 2009.

[33]王德清, 张振改. 公共事业管理[M]. 重庆：重庆大学出版社, 2005.

[34]丁华, 徐永德. "福利私营化"、"社会福利社会化"：辨析与反思[J]. 江淮论坛, 2011(4).

[35]冯云延, 苗丽静. 公共事业管理导论[M]. 北京：中国商业出版社, 2001.

[36]曲恒昌. 当今世界教育私营化特典探析[J]. 比较教育研究, 2001(1).

[37]赵海越, 蔡文柳, 赵春利. 关于美国城市政府公共服务私营化的思考[J]. 改革与战略, 2009, 25(2).

[38]陈雪明. 对中国城市公共交通私营化有关问题的思考[J]. 城市规划, 2003, 27(1).

[39]王洪沙. 警务私营化理论和实践[J]. 上海公安高等专科学校学报, 2003, 13(2).

[40]卓泽林，赵中建.外包：美国公立大学私营化不可避免的抉择[J].外国教育研究，2015，42(6).

[41]郝明君.私营化：教育发展的动力还是阻力——基于智利教育券的研究分析[J].外国教育研究，2006，33(4).

[42]唐俊.拉美"私营化"的经验教训及其对中国的借鉴——以公路为案例的公共产品提供模式再思考[J].拉丁美洲研究，2009，31(3).

[43]曾华.中国高等教育私营化问题探析[J].陕西学前师范学院学报，2012，28(4).

[44]刘冀徽，贾丽凤，陈曦.谈公共服务的私营化[J].煤炭技术，2009，28(8).

[45]吴时辉，徐佳.福利私营化改革过程中的国家与市场[J].长春理工大学学报，2006，19(6).

[46]卓泽林.美国公立研究性大学私营化：原因、路径及影响——以弗吉尼亚大学为例[J].清华大学教育研究，2014，35(5).

[47]丁煌，定明捷.西方民营化改革的实质[J].经济研究参考，2003(79).

[48]吉耶斯·让诺，吕克·卢邦.法国公共职能的变革.郑寰，潘丹，摘译.国家行政学院学报，2010(3).

[49]刘小玄.转轨过程中的私营化[M].北京：社会科学文献出版社，2005.

[50]蒋云根.公共管理与公共政策[M].上海：东华大学出版社，2005.

[51]余晖，秦虹.公私合作制的中国试验[M].上海：上海人民出版社，2005.

[52]宋波，徐飞.公私合作制(PPP)研究——基于基础设施项目建设过程[M].上海：上海交通大学出版社，2011.

[53]王俊豪，付金存.公私合作制的本质特征与中国城市公用事业的政策选择[J].中国工业经济，2014(7).

[54]余晖.管制与自律[M].杭州：浙江大学出版社，2011.

[55]王晓腾.我国基础设施公私合作制研究[D].北京：财政部财政科学研究所，2015.

[56]李世峰.公私合作制与中国实践[J].唯实，2015(11).

[57]王松江，王敏正.PPP项目管理[M].昆明：云南科技出版社，2007.

[58]北京大岳咨询有限公司，深圳市大岳基础设施研究院.中国PPP示范项目报道[M].北京：经济日报出版社，2015.

[59]赖丹馨，费方域.公私合作制(PPP)的效率：一个综述[J].经济学家，

2010（7）.

[60] 刘晔. PPP 模式下建设项目工程审计方案优化研究［D］. 北京：北京交通大学，2017.

[61] 黄伟. PPP 模式应用于产业新城开发的案例研究［D］. 成都：西南交通大学，2017.

[62] 樊阳. 论我国 PPP 模式法律制度构建［D］. 济南：山东大学，2017.

[63] 朱娜. PPP 模式在我国城市基础设施建设中应用的研究［D］. 南昌：江西财经大学，2016.

[64] 陈帆. 基于契约关系的 PPP 项目治理机制研究［D］. 长沙：中南大学，2010.

[65] 何寿奎. 公共项目公私伙伴关系合作机理与监管政策研究［D］. 重庆：重庆大学，2009.

[66] 李本公，潘继生，罗新. 国外非政府组织法规汇编［M］. 北京：中国社会出版社，2003.

[67] 黄志雄. 国际法视角下的非政府组织：趋势、影响与回应［M］. 北京：中国政法大学出版社，2012.

[68] ［美］詹姆斯·P. 盖拉特. 非营利组织管理［M］. 邓誉腾，邓国胜，桂雅文，译. 北京：中国人民大学出版社，2013.

[69] 黎熙元，姚书恒. 港澳非营利组织发展比较研究［M］. 北京：中国社会科学出版社，2013.

[70] 汪锦军. 走向合作治理：政府与非营利组织合作的条件、模式和路径［M］. 杭州：浙江大学出版社，2012.

[71] 陈晓春. 非营利组织经营管理［M］. 北京：清华大学出版社，2012.

[72] 王智慧. 非营利组织管理［M］. 北京：北京大学出版社，2012.

[73] 郑国安. 国外非营利组织法律法规概要［M］. 北京：机械工业出版社，2000.

[74] 石国亮，张超，徐子梁. 国外公共服务理论与实践［M］. 北京：中国言实出版社，2011

[75] 曾维和. 当代西方国家公共服务组织结构变革——基于服务需求复杂性的一项探讨［M］. 北京：中国社会科学出版社，2010.

[76] 王名，李勇，廖鸿，等. 日本非营利组织［M］. 北京：北京大学出版社，2007.

[77]王名，李勇，黄浩明. 美国非营利组织[M]. 北京：社会科学文献出版社，2012.

[78]王名，黄浩明. 英国非营利组织[M]. 北京：社会科学文献出版社，2009.

[79]廖鸿，石国亮. 澳大利亚非营利组织[M]. 北京：中国社会出版社，2011.

[80]颜佳华，李科利. 中外公共事业管理比较[M]. 长沙：湘潭大学出版社，2014.

[81]郝娜. 事业单位人事制度改革探讨[J]. 现代经济信息，2017(16).

[82]齐书花. 我国事业单位人事制度改革评价与建议[J]. 中国人力资源开发，2016(21).

[83]袁科夫. 深圳市教育事业单位人事制度改革研究[D]. 南昌：南昌大学，2016.

[84]尤君志. 关于事业单位人事管理制度改革分析[J]. 东方企业文化，2015(23).

[85]方栓喜. 深化以简政放权为重点的政府改革——"十三五"：全面深化改革的关键环节[J]. 上海大学学报(社会科学版)，2015，32(3).

[86]刘兵. 事业单位向非盈利组织转化研究[J]. 南阳理工学院学报，2013，5(1).

[87]庄玉红. 关于我国非盈利组织发展状况的研究[J]. 中小企业管理与科技(下旬刊)，2012(12).

[88]李强. 地方事业单位分类改革研究[D]. 南京：南京大学，2012.

[89]马斌. 民主政治视野下的中国政府改革研究[D]. 兰州：兰州大学，2012.

[90]李文钊，董克用. 中国事业单位改革：理念与政策建议[J]. 中国人民大学学报，2010，24(5).

[91]俞佳辰. 试论公共事业管理体制创新[J]. 现代商业，2010(18).

[92]王澜明. 改革开放以来我国事业单位改革的历史回顾[J]. 中国行政管理，2010(6).

[93]刘晓苏. 事业单位人事制度改革研究[D]. 上海：华东师范大学，2009.

[94]刘啸，胡欣. 关于政府职能改革的几点认识[J]. 社会科学论坛(学术研究卷)，2007(11).

[95]王君丽. 关于界定中国事业单位与政府、非政府组织、非政府的文献综述[J]. 现代经济(现代物业下半月刊)，2007，6(6).

[96]孔祥振. 事业单位体制创新研究[D]. 北京：中共中央党校，2006.

[97] 世界银行课题组. 深化事业单位改革改善公共服务提供[J]. 中国经贸导刊, 2005(14).

[98] 谢泗薪, 张金成. 从服务层面探讨非盈利组织的管理思维与战略启示[J]. 管理科学, 2002(1).

[99] 王名扬. 美国行政法[M]. 北京: 中国法制出版社, 1995.

[100] 汪全胜. 试论立法听证制度产生的法理基础及其法律功能[J]. 政法论丛, 2001(2).

[101] 俞可平. 增量民主与善治[M]. 北京: 社会科学文献出版社, 2002.

[102] 俞可平. 权利政治与公益政治[M]. 北京: 社会科学文献出版社, 2000.

[103] 罗传贤. 行政程序法论[M]. 台北: 五南图书出版公司, 2000.

[104] 江泽民. 全面建设小康社会, 开创中国特色社会主义事业新局面——在中国共产党第十六次全国代表大会上的报告[M]. 北京: 人民出版社, 2002.

[105] [日] 盐野宏. 行政法[M]. 杨建顺, 译. 姜明安, 审校. 北京: 法律出版社, 1999.

[106] 王珉. 公共危机管理[M]. 北京: 中国传媒大学出版社, 2008.

[107] 龚维斌. 公共危机管理的内涵及其特点[J]. 西南政法大学学报, 2004(3).

[108] 黄勇, 余媛. 公共危机治理研究[M]. 南昌: 江西高校出版社, 2012.

[109] 张永理, 李程伟. 公共危机管理[M]. 武汉: 武汉大学出版社, 2010.

[110] 胡税根, 余潇枫. 公共危机通论[M]. 杭州: 浙江大学出版社, 2009.

[111] 黄顺康. 公共危机管理与危机法制研究[M]. 北京: 中国法制出版社, 2006.

[112] 王德高. 公共管理学[M]. 武汉: 武汉大学出版社, 2005.

[113] 刘丽霞. 公共管理学[M]. 北京: 中国财政经济出版社, 2002.

[114] 王乐夫. 论公共管理社会性内涵及其他[J]. 政治学研究, 2001(3).

[115] 冯慧玲. 公共危机录——对SARS的多维审视[M]. 北京: 中国人民大学出版社, 2003.

[116] 龚维斌. 公共危机管理的内涵及其特点[J]. 西南政法大学学报, 2004(3).

[117] 薛澜, 张强, 钟开斌. 危机管理——转型期中国面临的挑战[M]. 北京: 清华大学出版社, 2003.

［118］罗伯特·希斯. 危机管理［M］. 王成，等，译. 北京：中信出版社，2001.

［119］黄顺康. 公共危机管理与危机法制研究［M］. 北京：中国法制出版社，2006.

［120］杨艳. 公共管理［M］. 北京：国家行政学院出版社，2005.

［121］郭俊华. 公共项目管理［M］. 上海：上海交通大学出版社，2014.

［122］陈旭清. 公共项目管理［M］. 北京：人民出版社，2010.

［123］齐中英，朱彬. 公共项目管理与评估［M］. 武汉：科学出版社/武汉出版社，2004.